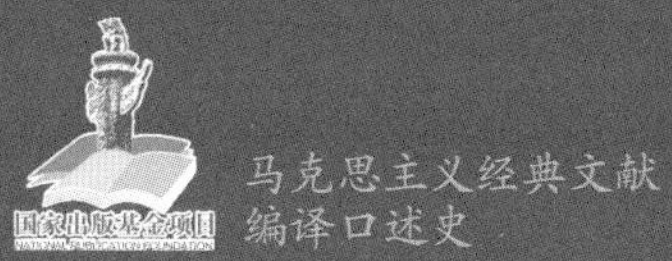

马克思主义经典文献
编译口述史

人是要有一点精神的

本卷主编：龚格格　路　军

中央编译出版社
Central Compilation & Translation Press

师哲、陈昌浩、张仲实、姜椿芳铜像

追求理想
传播真理
陈昌浩
（1906-1967）
姜椿芳
（1912-1987）

总序
向“播火者”致敬

魏海生

在人类发展的历史长河中，有一种理论犹如壮丽的日出，照亮了人类探索历史规律和寻求自身解放的道路，为人们认识世界、改造世界提供了强大思想武器和精神力量，对世界产生了广泛而深刻的影响。它就是以全世界无产阶级和劳动人民的革命导师、近代以来最伟大的思想家马克思的名字命名的科学理论——马克思主义。

马克思主义自创立以来，跨越国度、跨越时代，在世界范围内得到广泛传播，以其强大的实践指导力、深邃的理论穿透力、巨大的精神感召力，不仅深刻改变了世界，也深刻改变了中国。中华民族有着5000多年源远流长的文明历史，为人类文明进步作出了不可磨灭的贡献。然而进入近代以后，西方列强入侵，封建统治腐败，中国逐渐成为半殖民地半封建社会，中国人民饱受战乱，生灵涂炭，中华民族遭受前所未有的劫难。为了改变这种内忧外患的悲惨境遇和命运，许许多多爱国先驱前赴后继，不懈探索。

魏海生为第十三、十四届全国政协委员，中央编译局原副局长，中央党史和文献研究院原副院长。

太平天国运动、戊戌变法、义和团运动、辛亥革命……一场场气壮山河的抗争接连而起；资本主义、改良主义、自由主义、社会达尔文主义、无政府主义、实用主义、民粹主义、工团主义……各种主义和思潮“你方唱罢我登场”。但最后都以失败而告终，没能解决中国的道路和命运问题。中国依然山河破碎、积贫积弱，中华民族依然被压迫、被奴役，中国人民依然生活在苦难和屈辱之中。中国迫切需要新的思想引领救亡运动，迫切需要新的组织凝聚革命力量。

“十月革命一声炮响，给中国送来了马克思列宁主义”，引导苦苦探索救亡图存之路的中国人民实现了伟大觉醒，走出了漫漫长夜，找到了前进方向。李大钊、陈独秀、毛泽东、邓中夏、蔡和森、李达、李汉俊等一批先进知识分子纷纷高擎马克思主义真理的火种，点亮神州大地。正是在马克思主义传播的历史大潮中，一个宣示以马克思主义为指导思想的政党——中国共产党应运而生。从此以后，马克思主义的命运同中国共产党的命运、中国人民的命运、中华民族的命运紧紧连在了一起，中国共产党人成为了马克思主义的忠诚信奉者、积极传播者、坚定实践者。

今天，中国共产党已走过了100多年的光辉历程。一部中国共产党的历史，就是一部不断推进马克思主义中国化的历史。马克思主义的中国化，首先是马克思主义文本的中国化，即将马克思主义的载体——马克思主义经典著作在中国编译、出版和传播。无论在战争年代还是在和平环境，无论在革命时期还是在建设、改革时期和新时代，我们党都始终高度重视马克思主义经典著作的编译、出版和传播工作。1921 年 9 月，中国共产党成立仅仅两个月后，党中央就在上海成立了我党第一个出版机构——人民出版社，负责人是党的一大代表李达。李达拟订了丰富的出版计划，包括“马克思全书”15 种，“列宁全书”14 种，等等；1923 年 11 月，党中央组建了上海书店，毛泽民担任经理，组织翻译出版了一批重要的马克思主义经典著作，1926 年被查封；同年底，党中央在汉口建立了长江书店，在瞿秋白领导下，不到一年的时间就出版马克思主义书籍 40 多种，1927 年遭查封；大革命失败后，白色恐怖笼罩中华大地，中国共产党人冒着被关押、被杀头的危险，秘密创办了华兴书局、上海神州国光社、北方人民出版社等，翻译出版了大量马克思主义经典著作；中央红军长征到达陕北后，为提高全党的理论水平，党中央于 1938 年 5 月 5 日，即马克思诞辰 120 周年纪念日当天成立了马克思列宁主义学院（简称马列学院），马列学院下设干部培训部和编译部，编译部专门负责编译马列主义著作，张闻天担任马列学院院长兼编译部主任，这是中国共产党历史上第一个专门编译马列主义经典著作的机构，也被看作是后来的中共中央马恩列斯著作编译局的前身。编译部汇集了一批精通外语、又有一定理论水平的同志，先后编译出版了《马克思恩格斯丛书》10 册、《列宁选集》20 卷以及其他马克思主义著作，对提高全党马列主义理论水平起了极其重要的作用。毛泽东同志热情称赞这些从事马列著作翻译工作的同志："如果没有翻译工作者的努力，中国哪晓得什么是马列主义？"，"没有你们的工作，我们就是聋子瞎子"，他鼓励翻译工作者"学个唐三藏及鲁迅，实是功德无量的"；1943年5月，毛泽东同志主持中央书记处会议，作出关于翻译工作的决定，强调马列主义经典著作的翻译工作"是党的重要任务之一"，决定由何凯丰、博古（秦邦宪）、洛甫（张闻天）、杨尚昆、师哲等同志组成翻译校阅委员会，并开始重新校阅马恩列斯著作的中译本，以提高译文质量；1948年，中央宣传部在河北平山县设立斯大林全集翻译组（1949年初改设为斯大林全集翻译室）；1949年2月，党中央重新编审一套"干部必读"书目，包括《共产党宣言》等12种重要马克思主义著作，由毛泽东亲自审批推荐给党的七届二中全会，成为广大干部学习马列主义理论的必备书，为有效提高全党的理论水平起了十分重要的作用；1949年5月，中共中央作出《关于成立外文翻译机构的决定》，6月，中央俄文编译局正式成立，师哲任局长。新中国成立后，马克思主义经典著作编译工作更加有组织、有计划地大规模展开。1953年1月29日，毛泽东主席亲自批准了关于成立中共中央马恩列斯著作编译局的决定。决定指出："中央决定将中央俄文编译局与中央宣传部斯大林全集翻译室合并，并以此二单位为基础成立马恩列斯著作编译局，其任务是有系统地有计划地翻译马克思、恩格斯、列宁、斯大林的全部著作。"中央编译局的成立，是马克思主义百年传播史上的大事，标志着马克思主义经典著作编译工作进入了一个崭新的阶段。根据党中央的要求，中央编译局全面实施三大全集编译工程，取得丰硕成果；改革开放以来，马克思主义经典著作编译工作开创了新的局面，特别是党中央组织实施马克思主义理论研究和建设工程，有力推动了马克思主义经典著作的编译、出版和传播；党的十八大以来，以习近平同志为核心的党中央立足强国建设、民族复兴伟业，高度重视理论强党，推动马克思主义经典著作编译事业进入新时代，取得新辉煌。习近平总书记多次围绕马克思主义理论主持中央政治局集体学习，要求“加大经典著作编译力度，坚持既出成果又出人才，培养一支新时代马克思主义经典著作编译骨干队伍。要深化经典著作研究阐释，推进经典著作宣传普及，让理论为亿万人民所了解所接受，画出最大的思想同心圆”。

在党中央的坚强领导下，经过几代马克思主义经典著作翻译家的不懈努力，我国先后编译出版了《马克思恩格斯全集》中文第一版、第二版（至今已出版36卷），《列宁全集》中文第一版、第二版、第二版增订版，《斯大林全集》，《马克思恩格斯选集》《列宁选集》《斯大林选集》《马克思恩格斯文集》《列宁专题文集》《马列主义经典作家文库》以及大量的马克思主义经典著作单行本和专题汇编，已成为世界上翻译出版马克思主义经典著作最多、最全的国家，逐步形成了种类齐全、形式多样、系统完整、准确可靠的马克思主义经典著作版本体系，建立起全球最大的马克思主义理论宝库，为马克思主义中国化时代化提供了源源不竭的思想理论资源，充分彰显了中国共产党人对马克思主义科学真理的坚定信仰。

回首马克思主义在中国传播的百年历程，从第一本《共产党宣言》中文版的艰难问世到今天马克思主义经典著作的大规模编译出版，我们永远不会忘记那些追求真理、坚守信仰、呕心沥血、无私奉献，用汗水、鲜血乃至生命翻译和传播马克思主义的优秀中华儿女，他们就像希腊神话中的普罗米修斯一样，为盗取天火造福人类而历经磨难、百折不挠，在东方这个古老大地上播撒了马克思主义的火种，照亮了中国人民前行的征程。

在血雨腥风的革命年代，许多马克思主义"播火者"，为传播真理而前赴后继、视死如归，有的遭到反动势力的迫害，有的甚至为此献出宝贵的生命，演绎出一曲曲荡气回肠的英雄赞歌。中国共产党的主要创始人、马克思主义在中国传播的伟大先驱李大钊，"铁肩担道义，妙手著文章"，面对敌人的绞刑架，他"实践其所信，励行其所知，为功为罪，所不暇计"，从容就义。中国共产党早期领导人蔡和森，在法勤工俭学期间不顾严重的哮喘疾病，废寝忘食地"猛看猛译"马克思主义著作，翻译了《共产党宣言》《社会主义从空想到科学的发展》《国家与革命》等著作的重要段落，回国后创作的《社会进化论》一书，是中国人以马克思主义唯物史观写就的第一部社会发展史，后被国民党反动派残酷杀害。与李大钊并称"南杨北李"的另一位传播马克思主义的先驱杨匏安，四次被捕入狱，最后英勇就义。被董必武称为自己的“马克思主义老师”的一大代表李汉俊，是《共产党宣言》陈望道译本的校对者，所翻译的《马格斯资本论入门》成为最早的《资本论》中文解读本，毛泽东等老一辈无产阶级革命家正是通过这本书对《资本论》有了最初的了解。后被反动军阀秘密杀害。马克思主义早期传播者瞿秋白，“在青年期走上了马克思主义的初步，无从改变”，立誓“取得火种，把它点燃在中国的黑暗的大地”，被俘后唱着自己翻译的《国际歌》走向刑场，慷慨就义。“黑地有灯，热焰不熄”的马克思主义播火者恽代英，曾翻译了考茨基的《阶级争斗》一书，该书被毛泽东称之为特别深地铭刻在自己心中，建立起他对马克思主义信仰的三本书之一。后遭蒋介石下令杀害。将翻译《资本论》作为自己毕生事业的潘冬舟，敌人因其“信仰马克思列宁主义，就非杀不可”，后被国民党反动派秘密杀害，为真理献出了年轻的生命。中国共产党的主要创始人陈独秀，也是中国早期传播马克思主义的主要代表人物，为了自己的理想和追求曾经五度入狱，“出了研究室就入监狱，出了监狱就入研究室”就是他为真理而不屈不挠的真实写照。《共产党宣言》第一个中文全译本的翻译者陈望道，呕心沥血，食不知味，用真理的甘甜哺育灾难深重的中国，为中国共产党的诞生作了思想理论上的准备，而自己长期受到反动当局的监视和迫害。著名马克思主义传播者吴亮平，在遭受王明的打击和国民党的白色恐怖下，夜以继日地翻译恩格斯的《反杜林论》，首次把这部马克思主义重要著作介绍给中国人民，后被国民党关进监狱，历经磨难。人们熟知的郭沫若，也是一位马克思主义传播者，早年抱定全文翻译《资本论》的决心，虽因种种原因未能实现自己的抱负，但“为翻译《资本论》而死，那也是死得光荣的”的精神，激励着后来的翻译者。他翻译完成的《政治经济学批判》《德意志意识形态》第一章以及《神圣家族》部分章节，对马克思主义唯物史观和唯物辩证法的传播起了重要的作用。中国《资本论》翻译第一人陈启修，大革命失败后流亡日本，潜心研究和翻译《资本论》，1930 年，他翻译的《资本论》第一卷第一分册在上海昆仑书店出版，成为我国最早的中文译本。还有侯外庐、王思华、郭大力、王亚南、吴半农等，他们不畏艰难，不计得失，先后投入《资本论》翻译事业，把马克思的这一宏伟巨著翻译、传播到中国，谱写了一曲曲马克思主义传播史的动人篇章。《共产党宣言》的翻译者华岗、成仿吾、徐冰、博古、乔冠华、谢唯真、陈瘦石等，以及在马克思主义传播史上彪炳史册的李达、邓中夏、邓恩铭、何叔衡、张太雷、何孟雄、施存统、张西曼、邵飘萍、杨明斋、朱镜我、朱泽淮、沈雁冰、沈泽民、张闻天、李立三、冯雪峰、艾思奇、柯柏年、李一氓、许德珩、周建人、何锡麟、王学文、何思敬、沈志远、曾涌泉、曹汀、曹葆华……他们用一部部闪耀着真理光芒的马克思主义文献译本，有力地推动了马克思主义在中国的广泛传播，生动地诠释了“理想之光不灭、信念之光不灭”的深刻意义。

新中国成立后，一代又一代马克思主义经典著作编译工作者赓续先驱者的精神，怀着对马克思主义的坚定信仰，日复一日、年复一年，殚精竭虑、无私奉献，让“代圣人立言”的崇高事业代代相承，让传播真理之火的神圣工作永续下去。师哲、陈昌浩、张仲实、姜椿芳，这一个个闪光的名字，是新中国成立后相当长一段时间马克思主义经典著作编译事业的领导者和翻译大家，为“三大全集”工程，即《马克思恩格斯全集》《列宁全集》《斯大林全集》的编译出版作出了重大贡献，树立了不朽丰碑。林基洲，《列宁全集》中文第二版的设计师和组织者、中央编译局原副局长，被同事们称为“拼命三郎”，为马克思主义经典著作编译和理论研究事业工作到生命的最后一息，生动地诠释了“人是要有一点精神的”这句话的深刻意义。周亮勋，国内权威的马克思恩格斯著作编译大家和带头人、全国“五一”劳动奖章获得者，年逾七旬仍全力以赴地从事马克思主义经典著作编译工作，最后病倒在工作岗位上，去世前能记得的只有稿件，说得最多的就是“我要工作”。宋书声，曾担任中央编译局局长16年，对马克思主义的坚定信仰和信念，对党对国家对人民的无限忠诚，对所从事的工作的无限热爱和执着，一直是支撑他的精神支柱，50多年如一日，始终坚守马列经典著作编译阵地，“甘为真理付韶光”，忠实地践行了“用我一生，去为党的事业贡献自己的力量”的承诺，如今虽已96岁高龄，仍关心着马克思主义经典著作编译事业的发展。曾长期担任中央编译局局长的韦建桦，自1978年起，已在马克思主义经典著作编译事业中耕耘了46个春秋，从满头青丝到两鬓斑白，清苦寂寞而乐此不疲，因为他在马克思主义经典著作编译中“找到了守志报国的阵地、安身立命的家园”，马克思在17岁时写下的名言“如果我们选择了最能为人类而工作的职业，那么，重担就不能把我们压倒”，一直是他恪守不渝的信念，为此而殚精竭虑、奋斗不息。顾锦屏，一位至今仍坚守在马列著作编译战线上的92岁老人，见证了新中国马列著作编译事业的起步与发展，正如他所说的那样：“我把我的一生献给了传播马克思主义科学真理这一崇高事业”，“无怨无悔”。在新中国70多年的马克思主义经典著作编译事业中，这样平凡而又伟大的翻译家还有许许多多，这是一个坚守信仰、默默奉献的群体，是一个薪火相传、接续奋斗的群体，“一群人、一辈子、一件事”就是他们的真实写照。虽然他们的名字在这里无法一一列出，但为历史做出贡献的人们，历史终究不会忘记。在马克思主义中国化的百年史册上将永远镌刻着这些伟大而又平凡的“播火者”的名字！

为生动讲好这些“播火者”的故事，记录马克思主义在中国百年传播的艰辛历程，缅怀一代代编译人为马克思主义中国化作出的不可磨灭的贡献，致敬那些默默无闻播撒真理之光的马克思主义经典著作翻译家群体，激励后来者赓续马克思主义传播先驱的崇高精神，弘扬经典著作编译人的光荣传统，学习经典著作编译人的优良作风，为新时代推动马克思主义中国化时代化凝聚起砥砺前行的磅礴力量，我们编辑出版了这部“马克思主义经典文献编译口述史”丛书。

“马克思主义经典文献编译口述史”项目早在10多年前就启动了。2010年以来，中央编译局曾组织人员采访了几十位老翻译家，积累了一大批口述史料。但由于种种原因，一直未能整理出版。其间有多位接受采访或撰写回忆资料的老翻译家已离开了人世，这使我们感到深深的遗憾和愧疚。得益于国家出版基金的支持和许许多多老领导、老同志的鼓励和帮助，我们克服重重困难，终于可以使这部丛书与读者见面了。

首批推出的口述史丛书共五卷。第一卷《播撒火种的伟大先驱》，收录了53位马克思主义文献编译家、出版家本人或亲属或研究者的口述、回忆资料53篇，生动记述了马克思主义在中国早期翻译、出版、传播的艰辛历程。第二卷《跨世纪的宏伟工程》，收录了27位马克思主义经典文献编译家和年轻编译工作者本人或亲属的口述、回忆资料36篇，其中包括四任中央编译局局长的采访录。从不同侧面讲述了新中国成立以来几代编译人组织领导和参与《马克思恩格斯全集》《列宁全集》《斯大林全集》三大全集编译这项跨世纪工程以及其他经典文本编译的奋斗历程。第三卷《为了共同的事业》，收录了37位从事中央文献对外翻译、马克思主义理论和世界社会主义研究、马克思主义文献资源建设、马克思主义宣传普及以及学术交流活动等方面的专家学者的口述、回忆资料43篇。我们知道，经典著作编译是一项复杂的系统工程，新中国成立以来，中央编译局始终坚持中译外和外译中同行、翻译与研究及宣传普及并重，不同岗位的工作相伴相生、相辅相成，共同构成了经典著作编译事业的完整体系。本卷就是这些工作领域的真实写照。第四卷《人是要有一点精神的》，收录了37位马列经典著作编译者本人或亲属、同事的口述、回忆资料45篇，另附有媒体采访报道8篇。生动记述了新中国成立以来，老一代编译人“严谨治学、无私奉献、追求理想、传播真理”的崇高品格、精神风范、优良传统、工作作风、治学经验以及青春风采，彰显了他们对马克思主义编译事业的敬畏与坚守、热爱与奉献。这是他们用心血和汗水凝结而成的宝贵精神财富，将激励后来者一代接着一代干，一棒接着一棒跑，奏响接续奋斗、无私奉献的时代强音。第五卷《我与〈资本论〉翻译》，是马列经典著作翻译家张钟朴先生的个人口述录。作为一套开放的丛书，今后我们还将陆续推出其他一些马克思主义文献编译者的个人口述资料。

需要说明的是，在马克思主义文献编译史上还有许许多多著名的翻译家，但由于我们无法查找到他们本人或后人有关这一方面的口述、回忆资料，因此未能在本丛书中得以反映，留下了很多遗憾。同时，由于历史久远，加之口述者个人的记忆有限，同一件事，可能在不同的口述者中有不同的说法，也难免有不准确的地方，但作为口述历史，我们不作考证和修改，原汁原味地呈现当事人及其后人的记述。此外，由于口述者讲述的内容繁杂，而且口语化，整理起来难度很大。本丛书难免有疏漏和不妥之处，谨请读者批评指正。

该丛书在编辑、出版过程中，得到了各方面的大力支持。李大钊的后人李亚中先生、陈望道的后人陈振新先生、李达的后人李典女士、恽代英的后人恽梅女士、秦邦宪的后人秦红女士、郭沫若的后人郭平英女士、郑超麟的后人郑晓方女士、何思敬的后人何理良女士、毛岸青的后人毛新宇将军、张仲实的后人张复先生、姜椿芳的后人谭琦女士、许德珩和齐淑文两代经典著作翻译家的后人许进先生，以及马克思主义军事著作翻译家鲍世修研究员，马克思主义在中国早期传播史专家、湖北大学马克思主义学院田子渝教授等，热情关心和支持本丛书的编辑出版，并欣然接受我们的采访或专门为本书撰写了回忆文章。编译局的老领导宋书声、韦建桦、贾高建、柴方国和顾锦屏、尹承东、张海滨、王学东、杨金海等，一直关注着该丛书的进展情况并给予多方指导，有的老领导还不顾高龄、病痛，手写或者口述了多篇回忆资料。中央编译局及机构改革后的中央党史和文献研究院所属的信息资料、老干部工作等部门的部分同志做了大量联络协调、采访、口述资料整理等工作。国家出版基金将该丛书列入资助项目，给予了鼎力支持。本丛书还转载了部分已出版、发表的口述或回忆资料，弥补了我们在一些编译者口述资料采集方面的缺憾。中央编译出版社的张远航、李媛媛等为本丛书的出版付出了辛勤劳动。在此，谨向所有关心、支持和参与本丛书编辑、出版工作的同志们、朋友们一并致以衷心的感谢！

目　录

上篇　坚守：个人自述

中篇　奉献：他人忆述

下篇　传承：媒体采访

上篇

坚守：个人自述

师哲（1900—1998），马列主义经典著作翻译家。著名苏联问题专家。陕西韩城人。1926 年加入中国共产党。1938 年任中共驻共产国际代表团团长任弼时同志的秘书。1940 年回国后，在中央办公厅、中央社会部工作。1945 年后任中央书记处办公室主任，中央书记处政治秘书室主任。新中国成立后，任中央办公厅政策研究室主任、中央俄文编译局局长兼北京俄文专修学校校长、中央编译局首任局长（1953.1—1957.1），并长期兼任毛泽东、周恩来、刘少奇、朱德同志的俄文翻译。1957 年任山东省委书记处书记。参与组织领导《马克思恩格斯全集》中文第一版、《列宁全集》中文第一版、《斯大林全集》编译和《毛泽东选集》1—3 卷俄文版翻译工作。

“恨无分身术”

师哲

编译局全名是“中共中央马克思恩格斯列宁斯大林著作编译局”，直属党中央。正式成立于1953年1月29日，而它的前身是1949年6月，党中央尚未进入北京城时，在香山决定成立的中央俄文编译局，由我任局长。如果追溯到更远，那就是早在1938年5月5日就在马列学院设立了编译部，专门负责马列著作的编辑和翻译工作，由张闻天兼任部主任，该部参加了《马克思恩格斯丛书》《列宁选集》的编译出版工作。1943年5月27日，中央又做出决定：“翻译工作，尤其是马列主义经典著作的翻译工作，是党的重要任务之一”。“为提高干部理论学习，许多马恩列斯的著作必须重新校阅。为此，特指定凯丰、博古、洛甫、杨尚昆、师哲、许之桢、赵毅敏等同志组织一翻译校阅委员会，由凯丰同志负责组织这一工作的进行。”不过这些组织与现在的编译局没有连续性。而中央马恩列斯著作编译局，则是直接从中央俄文编译局更名而来的。因此，这个局实际上是1949年6月就成立了。

本文节选自师秋朗整理的《我的一生——师哲自述》，人民出版社2001年版。师秋朗为师哲之女。

俄文编译局的成立，是形势的需要，是党的理论建设的需要。建国初期，我国对外的关系主要是苏联，一切文字资料、文字信息来自苏联，翻译任务十分繁重，而翻译力量尤显不足，集中使用是有必要的。另一方面，社会上原有的一切俄文人才，也纷纷希望为新中国贡献力量，而对这些人尚不摸底，既不能不使用，又不能不加以防范，所以，编译局成立后的数年间，不仅是翻译业务方面的任务，还有对所有俄语人才的培养、管理和调配的任务，所有需要俄文、俄语翻译的单位，都向编译局要人。这后一个任务比前一个任务更繁重。同时，尽管有个俄文编译局，

1955 年 5 月，师哲（右二）等中央编译局领导与苏联专家在长城合影

我的翻译任务一点儿也未减轻，重要的文字资料仍由我亲自翻译，亲自保管。张锡俦、王一飞是副局长，当然分担了不少工作，但许多行政事务我不能不参加研究做决定。

这一时期，组织已有力量翻译苏联报刊的消息和文章，也着手翻译了一些马列著作，更重要的是培养了一些俄文翻译人才。与此同时，中央宣传部设立了一个斯大林全集翻译室，负责斯大林著作的翻译，由姜椿芳负责。1953 年 1 月 29 日正式成立马恩列斯著作编译局时，斯大林全集翻译室并了过来。姜椿芳也任副局长。

随着解放全国形势的发展，随着百业并举的经济发展，随着抗美援朝的到来，随着大批苏联专家来华……需要很多的俄文翻译，可是一时从哪里来？在延安培养的俄文人才，在新的形势下简直等于零，何况他们都要担负更重要的任务。在苏联留过学的干部不少，但他们都有独当一面的工作，何况作为翻译，他们远不能胜任。

中央俄文编译局时期，人员较少，我因不能常驻局机关，便依靠两位得力助手。一位是何匡，他是在延安学了俄文的，在延安培养的俄文人才能到我的身边，十分珍贵，他在业务上多照顾一些；另一位是丁守和，小青年，但肯学习，常常学到深夜，他负责人事和部分行政工作，那时急需扩充人员，所以调配、审查干部的任务很重，多依靠他。

1952 年，全国开展“三反”“五反”运动，我们编译局这个“清水衙门”也不例外，在运动的压力下，有人就会乱“咬”。1949 年刚进北京时，俄文编译局接收了东单的一个电影院，即现在的“红星电影院”，由办公室主任宗群兼管，于是在运动中有人“揭发”宗管理电影院有贪污行为。而且问题没有弄清楚，就把宗调到哈尔滨去了。我得知后，认为这是一个人的政治生命问题，马虎不得。派了丁守和去哈尔滨找本人谈，并从多方证明，宗群确实是个好同志，没有贪污行为。那么，还他一个清白，我们也才能安心。

在调入干部方面，丁守和做了大量细致的工作。那时多半是青年干部，都要在工作中培养提高。例如现编译局顾问顾锦屏，1951 年调来编译局时只有 18 岁，对于编译局的工作一无所知，他给我说他是学师范的，我说：“我也是学师范的。咱们学的一样，工作也同行，没问题，一定能干好！”他一直在编译局成长起来，后来担任了常务副局长。

1949 年 4、5 月我们住在香山时，王稼祥也在那里，为毛泽东访苏做准备，他建议我把俄文翻译工作组织起来，并培养俄文翻译人才。我告诉他：我历来就没有考虑过这件事，而且我认为自己就不适宜做翻译，也不愿意做翻译，我随时都想摆脱它！

他诚恳地劝告我：“如果你不从现在起就抓翻译工作的组织建设，抓翻译干部的培训，那么你就长期不能摆脱这项工作。只有把这一套建立起来，然后摆脱就比较容易了。”

我觉得言之有理。他比我年龄小，但他有许多真知灼见，我很佩服他，他要我做的事情，我也从不含糊。他对国际问题尤其有研究，建国以后，几乎所有外宾来访（如：

英王鲍里特、意大利那位以记者身份来华的共产党代表、南斯拉夫的波波夫、日本的德田球一、印度的艾地等等）之前，王稼祥都做分析和预测，并把自己的看法向周恩来或刘少奇或邓小平有关领导汇报，供他们参考，但他自己从不出头露面，不露锋芒。那么关于俄文翻译的组织机构和人才的培养，他是否给中央提过建议，我不知道。只是他同我谈过上述意见之后，中央很快做出了成立俄文编译局、俄文专修学校和外文出版社的决定，并任命我为局长、校长和社长。

俄文翻译人才当然主要靠俄专（俄文专修学校的简称，下同。今外语学院前身），可是培养学生要教师，教师也奇缺。王稼祥又给予鼎力帮助，他从东北调来一些略懂俄语的人，实际上这些人根本不够教师资格，我记得那些人中，俄语最流利的，最胆大，敢于上台讲的，是一个年轻姑娘，她的父亲在哈尔滨经商，雇了个白俄人，她的俄语是跟白俄雇员学的，我们的教师水平，可见一斑。

但各方催要俄语翻译，急得火上房。不说别的，几百名苏联专家撒在各行各业的各个岗位上，每个专家都需要一个翻译，在这种情况下，不容你“精雕细刻”，所以最初培养出来的俄语翻译不仅会话不很标准，各方面的知识都欠缺。刘亚楼（空军司令员）讲过他的翻译的笑话：一次，他同苏联专家谈话时，说到“胸有成竹”这个成语，俄文中没有这个词，翻译想了想，给苏联顾问翻译成“肚子里有根棒”。中国把掩蔽飞机的大篷叫“机窝”，翻译缺乏这方面的知识，当他说到“机窝”时，翻译给译成了“鸡窝”，苏联人当然不能明白飞机怎么可能进了“鸡窝”。刘亚楼是留过苏的，他尚且需要翻译；给他翻译，就出了这么些笑话，前文说到彭德怀在朝鲜因翻译不得力而同苏联人争吵，就不足为怪了，其他大面积上的问题可想而知了！由此，我所受的压力，也不难想象吧！好在那时人们都能不怕困难，兢兢业业地工作，在工作中不断学习提高自己的水平。我很感谢我的学生们！

后来苏联派来一些俄语教师，但他们又不懂汉语，对初学者不能用汉语解释，自然又是困难。我们的学生就是靠互帮互学克服困难的。

经过四五年的艰苦努力，我们才有了自己的一套教学人才，不过那时又快要用不着了。

编译局和俄专都受到毛泽东、刘少奇、周恩来的亲切关怀和关注，实际上，有关的方针、规模、措施等他们直接过问，是在他们的直接授意下进行的，朱德也时常来视察、指导。某部有时来人指手画脚，又同毛、刘、周的意图不相符合，于是就有这样的议论：“师哲红得发紫”“师哲是通天的”“师哲老虎屁股摸不得”，等等。

外文出版社也是同时成立的，缺乏干部、缺乏人才、缺乏设备是必然的。当时也不可能出版其他外文，仍是从俄文起步，俄文出版物也只限于俄文教材、小册子等。副社长是启用的原北京留用人员，叫刘尊琪，英文水平不错，为了适应需要，他在苏联驻华大使馆办的俄文短期训练班

20 世纪 50 年代，师哲（右二）等中央编译局领导在北京前门火车站送苏联专家回国时合影

1983 年，师哲参观中央编译局成立 30 周年成果展览

学习过。此人本来就是循规蹈矩，很胆小，还被误捕了（因为他出入使馆——学俄文）。担任外文出版社副社长，认真负责，但几乎大小事不敢作主。

三个单位都是初创，问题之多，不言而喻。那时，用布匹换了南宽街一院房子，是原属京剧艺术家马连良的。我有时住在这里，处理三个单位的事务；书记处有事，我又到中南海锡福堂住几天。就这样两头跑，颇有按下葫芦起来瓢之感，恨不能有分身术，多头招架。陪同领导人出国，也不能忘记给这三个单位搞点设备，几乎所有设备：印刷机、打字机（俄文）以及放映机等，都是捎带着从苏联买回的。

张仲实（1903—1987），马列主义经典著作翻译家，马克思主义理论家、出版家。陕西陇县人。1925年加入中国共产党。1926年赴苏联，先后就学于东方大学、莫斯科中山大学。1930年回国后在唐山任中共京东特委宣传部长。1931年到上海，从事进步文化活动和马克思主义革命理论的传播工作。1935年任生活书店总经理，后兼任理事会主席。1940年到延安，先后任马列学院编译部主任、中宣部出版科科长等职。新中国成立后，任中央编译局副局长、顾问，为中科院哲学社会科学部委员。第四届、五届全国政协委员，第六届全国政协常委。参与组织领导《马克思恩格斯全集》中文第一版、《列宁全集》中文第一版和《斯大林全集》的编译工作。译有恩格斯《费尔巴哈与德国古典哲学的终结》《家庭、私有制和国家的起源》等，著有《马克思恩格斯传略》《列宁传略》等。

“争取能工作一天，就多工作一天”

张仲实

一、我的编译生涯

1903年夏天，我出生在陕西省陇县北郊店子村一个中农人家，年青时在陕西省立甲种工业学校学习，在进步书刊的影响下，逐渐接受了革命思想并参加了共青团。

1926年7月，我从陕西来到上海投考大学，得知中央要送一批人去苏联学习。我因在陕西时已和上海党中央有联系，所以就给中央写信提出了出国学习的要求。考试合格后，在党组织的安排下，从上海出发，经符拉迪沃斯托克（海参崴）到莫斯科，进入东方大学学习。1928年，东方大学和中山大学合并后，我也转到中大，被编在翻译班翻译教材，成了工作人员，到1930年才回国。在这4年里，我学习了俄文，开始接触了翻译工作。

第一次从事翻译工作，大约是在1931年。当时我在上海，失掉了党的关系，又没有固定职业。花了半年时间译

本文第一部分节选自《马克思恩格斯著作在中国的传播》，人民出版社1983年版；第二部分节选自《仲实：张仲实画传、忆念与研究》，中央编译出版社2014年版，全文标题为编者所加（引自文中）。

出了拉皮杜斯、奥斯特洛维恰涅夫的《政治经济学》，可惜找不到关系，没有人肯出版。译稿没有印制成书，想弄点稿费来维持生活的打算也随之落空。尽管如此，翻译这30万字的《政治经济学》对日后从事马列主义著作的翻译工作还是很有好处的。

正当我苦于无生活来源之际，偶然从《中报》上看到了神州国光社招考校对生的广告，遂去报考，记得是刘执之考的我，结果被录取到神州国光社当校对。1932年我辞退神州国光社工作，去中山文化教育馆工作，在那里主要是给《时事类编》杂志从苏联报刊上翻译国际问题的文章。干了一年左右，在该馆迁往南京前，我又退出文化教育馆，留在了上海。

1935年2月，经胡愈之介绍，我进入生活书店。生活书店是30和40年代在国民党统治地区的一家进步书店。它是个合作社组织，所有该店的工作人员都是它的社员。股金从每月工资中扣除。起初它是邹韬奋主编的《生活周刊》社的书报代办部，1932年改为生活书店。到1935年时发展成为在全国拥有分、支店50多处，工作人员数百人的有影响的书店。生活书店的最高领导机构是理事会，由全体工作人员选举产生。

在30年代，生活书店是韬奋据以进行政治斗争、文化斗争的坚固堡垒。他所办的《生活》周刊被封了，又出《新生》;《新生》被查封了，又出《大众生活》;《大众生活》被禁了，又出《永生》(《新生》《永生》两刊，虽不是韬奋

1955 年夏，张仲实（左四）等与苏联专家在中央编译局院内合影

主编，但实际上则是一脉相承）；《永生》被查禁了，又办《生活日报》，这个日报自行停刊后，又出《生活星期刊》；《生活星期刊》停了，“八·一三”沪战开始，又出了《抗战》三日刊，进而发展为《全民抗战》；在《全民抗战》被禁，迁到香港后，又恢复了《大众生活》。这样再接再厉、不屈不挠的斗争，一方面说明了韬奋如何坚持岗位，令人尊敬，同时也说明了生活书店是一个如何重要的文化堡垒。

当时生活书店还是一个进步的出版、发行中心。在这个时期，生活书店除出版《生活》周刊和其后继的一脉相承的姊妹刊物外，还出版有《世界知识》《文学》《妇女生活》《太白》《生活教育》《译文》等。这些杂志都是进步的，风行一时，大受读者欢迎。

我进生活书店后，主持编辑原来由胡愈之主编的《世界知识》杂志，直到1936年1月我被选为生活书店理事会理事。《世界知识》杂志无论在介绍国际时事和论述国际问题方面，还是在宣传抗日救亡方面，都起了巨大的作用。周恩来曾为这个刊物亲笔题写刊头“世界知识”四个字。陈毅在它创刊30周年时，亲自写了纪念文章，说《世界知识》在解放以前“是有进步作用的”，在解放以后“也是有成绩的”。

1935年底到1936年初，邹韬奋主编的《大众生活》（我和金仲华、柳等都是《大众生活》编辑组成员），热烈地支持党领导的“一二·九运动”，热烈地拥护党“停止内战，一致抗日”的主张。这个刊物的销售额因而增加到20多万份，创造了我国历史上报刊销数最高的记录。于是国民党就对邹韬奋大加迫害，邹被迫逃亡香港，他临走时对生活书店作了一番安排，让我担任该店总编辑。我主持生活书店的编辑工作以后，为了宣传抗日救亡，为了宣传革命理论，曾把该店出版范围扩大，有计划地出版了“青年自学丛书”“黑白丛书”“救亡丛书”“世界文库”和“世界名著译丛”等。凡生活书店出版的马列主义著作，均属“世界名著译丛”（或“世界学术名著译丛”）之列。

此外，我在这些年里，利用业余时间翻译了一些马列主义著作和进步政治书籍。我给自己作了每天至少翻译两个小时的规定。当时年轻，精力旺盛，书店下班后就抓紧时间搞翻译。这样坚持不懈译出的书籍有：苏联大百科全书的“哲学”条目、恩格斯的《费尔巴哈论》和《家庭、私有制和国家的起源》、普列汉诺夫的《马克思主义的基本问题》和列昂节夫的《政治经济学讲话》等等。这本《政治经济学讲话》通俗易懂，深受青年读者的欢迎。它不仅在提高青年社会科学知识方面起了巨大的作用，而且好多青年因读了此书而参加了革命。

这样，从 1926 年学习俄文开始，到生活书店的实践，使我最终决定了今后要走的道路：毕生从事马列主义著作的翻译研究工作。

后因生活书店要在新疆建立编辑中心，我又于 1939 年春和茅盾一家来到迪化（今为乌鲁木齐），那里盛世才统治严密，共产党员和进步人士纷纷遭到逮捕迫害，遂于 1940

年和茅盾一起经西安到延安。

我来到革命圣地后开始在马列学院搞翻译工作，主要是根据俄文校订《列宁选集》的译稿，因为有些译稿是从英文译出的。

1941 年 7 月，中央决定把马列学院改组为中央研究院。该院设八个研究室：哲学、马列主义、国际问题、经济学、文学、党史等。我任国际问题研究室主任。

1941 年 9 月，中央设立中央政治研究室，毛泽东任主任。该研究室下设政治、经济、国际问题三个研究组，我任国际问题研究组组长。

1942 年的一天，在毛泽东办公室参加了他召集的《马恩列斯思想方法论》一书编辑会议，到会者有艾思奇、吴亮平、柯柏年等。会议决定：大家分头找材料，由一个人整理编辑，最后送毛泽东审阅。后来毛泽东看了这份整理的初稿，认为不适用。他自己重新编辑最后成书。这就是后来流行的《思想方法论》。1943 年 6 月至 1946 年 11 月，我被调往中宣部工作，担任出版科科长，主管马恩列斯经典著作的翻译和出版，即延安解放社的编辑出版工作。

1947 年 4 月，中央决定成立中央工作委员会。以刘少奇为首的中央工作委员会在西柏坡住定后，就开始筹备全国土地会议，委派我到晋察冀中央局去找材料，结果，我编印了一本《马恩列斯论农民土地问题》。

1949 年 2 月间，七届二中全会时，中央叫我提出一个学习理论的计划，我就同胡乔木同志商量，拟定了一个学习书目，经中央批准，这就是“干部必读”十二种书。其中《列宁斯大林论中国》《列宁斯大林论社会主义经济建设》《社会发展简史》等系我编译，《马恩列斯思想方法论》系毛泽东同志在延安时亲自编辑，我和艾思奇同志、吴亮平同志、柯柏年同志等参加了搜集材料的工作。

全国解放后，先在中宣部后在西北局宣传部工作过一段时间，绝大部分时间是在中央编译局任副局长，从事马列主义著作的编译研究工作。

二、在中共中央编译局

这时编译局正副局长分别是师哲和陈昌浩、姜椿芳。我来后，起初主要负责局里业务工作——校订译稿。师常出国，他走后，局内常务由陈来抓，姜主要管专家。1955年四五月间开始搞肃反运动，由陈负责，我本来未参与。陈的一些做法，群众不满意。党总支叫我出来抓运动，到年底基本搞完。同时，我代表编译局参加中直党委，直到1961年。

1961年1月底，东德科学院经济研究所举行讨论资本主义发展周期性问题学术会议，邀请我国相应机关派代表前去参加。我被定为中国科学院经济研究所代表（此时我被中国科学院聘为兼职研究员）；此外还有外贸部杨西孟同志、新华社胡某，加上一个翻译共4人，组成一个代表团，以我为团长，出席了会议。在会上我作了一个一般性发言。

会开了七八天。会后，我们被招待参观了卡尔·马克思城、韦玛、埃森纳赫、莱比锡、泰勒、罗斯托克等地，约40天后回国。据沿途所见，德国人民群众对驻东德苏军极其不满。

1958年三四月间，赫鲁晓夫写信给毛主席，主张社会主义阵营应联合出版一个杂志《和平和社会主义问题》。各党都须派一个代表加入该杂志编辑部的工作，党中央鉴于与苏修的分歧尚未公开，不好拒绝，中央便决定赵毅敏为代表前去，还派我担任该杂志“民族解放运动部”主任，另配备了一个翻译员（徐坚）。当时国内正在进行“大跃进”，我的心情很激动，不问客观条件如何，心里想这次出去，一定要把跃进的精神表现出来。我于1958年6月17日乘飞机从北京起飞，次日到布拉格，不久上了班。编辑部“民族解放运动部”编制有七八个人，但到职上班的只有我和一个苏联人，其余的都是空缺。9月下旬我被调回国。

1958年10月，我回中央编译局工作，担任局领导小组组长。当时全国上下都在进行“大跃进”，编译局的同志也都意气风发，斗志昂扬，一致主张也进行“大跃进”。《列宁全集》俄文版共39卷，连补卷6卷算上，共45卷。从1955年1月到1958年8月四年多时间，翻译出版的共7卷，已译出尚未定稿的7卷。这样正卷尚未译出的还有25卷。全体业务干部都团结一致，共同努力工作，从1958年10月起到1959年9月底这一年时间内，把尚未定稿的定了稿，把尚未译出的全部译出定了稿，付排出版，作为向国庆10

周年的献礼。当时为了完成这个计划，实行全局“一盘棋”，局内各室其他工作都停止，所有力量都投入《列宁全集》的翻译工作。在这个期间，几乎全体同志都加班加点，有的同志晚上搞到十一二点，有的同志还搬到办公室来住。到1958年9月中旬，《列宁全集》中文版第一版39卷全部出版了！1959年9月，在一次编译局向中宣部汇报工作的会议上，周扬同志在发言中说：“看来，同有些新成立的单位比较，编译局的工作成绩很大！”《列宁全集》中文版是“大跃进”的产物，译文尚较粗糙，但它的政治的意义却很不寻常，给我国社会主义革命和建设事业提供了强大的马克思列宁主义思想理论武器。1961年，我党代表团同苏共代表团在莫斯科谈判，苏共代表伊利切夫（当时是苏共中央宣传部长）曾提出：“你们连《列宁全集》都没有……”我党代表团负责人之一没讲一句话，就叫人从我驻苏联大使馆把中文版《列宁全集》39本全部搬来，放在桌子上，向伊利切夫说：“这是我们的中文版《列宁全集》正卷39卷，请看！说我们没有《列宁全集》，这是不合事实的！”伊利切夫一句话也不再说了。

1958年10月以前，“按劳分配”曾被译为“各取所值”或“按劳付酬”，“按需分配”曾被译为“各取所需”。两者译文都有欠缺，而且容易产生误解。当时我主张译为“按劳分配”和“按需分配”，经中央同意，我曾经写了一篇短文。加以说明。此文曾经在《人民日报》上发表。

《哥达纲领草案》第一条曾经说：“劳动所得应当不折

不扣按照平等的权利属于社会一切成员”；还说：“劳动的解放……要求公平分配劳动所得。”这些正是拉萨尔的小资产阶级的反动观点。马克思在《哥达纲领批判》中深刻地分析了社会主义的分配原则。对这些反动观点，马克思指出：“在这里平等权利口号按照原则仍然是资产阶级权利”，其意思是用平等权利掩盖着的事实上并不平等的权利，也就是形式上平等而事实上不平等的权利，因为资产阶级正是在形式上大力宣扬在法律面前人人平等、买卖平等、富人和穷人平等，如此等等，但在事实上，资产阶级占有生产资料，掌握国家机器，而无产阶级则一无所有。资产阶级同无产阶级之间只有剥削同被剥削、压迫同被压迫的关系，决没有平等可言。所以，马克思在这里使用这个术语，除生动地表达按劳分配的实质外，还对拉萨尔的小资产阶级的“公平分配”观点含有讽刺、讥诮的意思。“资产阶级权利”一语的涵义到底如何？是指“法”还是指“权利”，究竟如何翻译比较恰当，关于这些问题，当时争论得很激烈。1959年二三月间，我写了一篇短文，主张译为“资产阶级权利”送交《人民日报》编辑部。后者好像赞同我的这个意见，发表时在我的名字前加上了我的职务，暗示我的这个意见是值得重视的。过了几天，我参加中宣部一个会议。在开会前，大家闲谈，谈到我的这篇文章，好多人都说：“译成资产阶级权利好！”

1959年10月，中央编译局所聘苏联专家潘克拉托娃、谢比辽娃将期满回国，我陪她们游览了西安和延安两地。

1960 年 5 月，开始反对官僚主义运动。1956 年全国提倡向科学进军时，我在中央编译局主张“翻译要与研究结合”。有的人就在反官僚主义运动中批判我说：“这是鼓励干部发展名利思想，是白专道路！”

1964 年四五月间，我作为社会科学团体代表，被选为第四届全国政协委员。同年，我被聘为《辞海》编委，担任分科主编。

1966 年 6 月，“文化大革命”爆发了，上面派来一个工作组，成立了“文革会”，我被选为“文革会”副主任（正主任是樊以楠）。1967 年 1 月 1 日，“文革会”被冲垮了。我靠边站了，被划为“走资派”，从此成天写检讨、写材料，被找去谈话、交代问题，日子实在不好过，度日如年！1968 年 10 月工宣队进驻编译局。次年 5 月全局恢复了工作，我被编在马恩室的一个组搞业务，看稿子。

1974 年中央编译局成立临时党委。经报请中央批准，我被选为副书记，仍为副局长。

1975 年 8 月中旬，我陪西班牙语专家老恩（哥伦比亚）参观了大港油田和天津一些工厂。

1977 年初，即粉碎王洪文、张春桥、江青、姚文元“四人帮”后第四个月，我写了一篇题为《剥掉“四人帮”在“资产阶级权利”问题上的画皮》的文章。几年来，这个祸国殃民的“四人帮”为了篡党夺权，恣意歪曲“资产阶级权利”一语的涵义，制造混乱，妄图打倒一切老干部，实在使人憋了一肚子气！揪了他们后，人心大快！于是我就写

1978 年夏，张仲实在列车上

了此文。在文中首先阐释了马克思在《哥达纲领批判》一书中使用此词的用意何在，然后批判了“四人帮”在这个问题上的种种罪行，例如说：“资产阶级权利的存在，则是产生新的资产阶级分子的重要的经济基础”；如说，在我国“资产阶级权利在所有权范围内没有完全取消”；如说，我国不仅“没有‘破坏’资产阶级权利，反而……把它制度化、系统化、更加向前发展了”；如说，坏分子“化公为私、投机倒把、贪污腐化、盗窃行贿”等等。我在此文中提出把“资产阶级法权”改译为“资产阶级权利”。但阻力不小，直到 1977 年 9 月，中央编译局召集有关同志开会，讨论结果，才决定把此词改为“资产阶级权利”。

今年我已 75 周岁了，自然规律当然在不断起作用。今后我自知身体将越来越弱，不能再为党做更多的工作了。一想到这里，我就感到难过。打倒“四人帮”两年多以来，目睹全国形势日益大好，上下一条心，在党中央的领导下为实现四个现代化而奋斗，我感到振奋，感到我们党大有希望，我们社会主义祖国大有前途。我仍愿坚持锻炼身体，同疾病作斗争，争取能工作一天，就多工作一天，为加快实现社会主义四个现代化添砖加瓦！

1978 年 10—11 月于北京三〇一医院

姜椿芳（1912—1987），马列主义经典著作翻译家，中国出版家、辞书编纂家，中国现代百科全书事业的奠基人。江苏常州人。1932年加入中国共产党。1941年于上海创办和主编《时代》周刊。抗战胜利后创办和主编《时代日报》，并任时代出版社社长。新中国成立后曾任上海俄文学校校长、中央宣传部斯大林全集翻译室主任、中央编译局副局长等。1978年起任中国大百科全书总编辑委员会副主任、中国大百科全书出版社总编辑。第五届、六届全国政协常委。中国翻译协会第一、二届会长。参与组织领导《马克思恩格斯全集》中文第一版、《列宁全集》中文第一版和《斯大林全集》的编译工作。译有《列宁在十月》《波利斯·戈东诺夫》《小市民》《演员自我修养》等。

“翻译马列主义经典著作是极为光荣的任务”

姜椿芳

一

在旧社会，要谋一个职业是很困难的。我父亲是一个杂货店学徒出身的店员。三十多岁时，这个商店倒闭了，他就一直失业，直到老死，再没有找到适当的工作。当我十四五岁时，深受失业之苦的父母，日夜操心，怎样培养我，学点什么，好找个养活家人和自己的职业。

正好这时，到东北谋生多年的大伯父从哈尔滨回到家乡，说可以到哈尔滨去学俄文，学成后去考试，在中苏合办的中东铁路工作，比较可靠。于是，在1928年，当我十六岁时，便远走数千里，到哈尔滨去学习俄文了。

在哈尔滨请了一位俄侨教师，每天学一小时。这位教师不懂中国话，只会英语。他教我俄语，用英语作解释。我的英语程度不高，学俄语靠英语辅助，经常要查英文字

本文原载《语文教学与研究》（外国文学教学与研究版）1982年第2期。原标题为《我的翻译之道》。

典。在学习方面是双重负担，但另一方面，也使我有机会稍稍提高了英语程度。

俄语连续不断地学习了一年，程度还很差，却由于家中经济困难，无力继续学习，必须以这点资本去找职业。试考了几个地方，没有被录取。其实有些单位报考，只是做做样子，要录取的人早已通过“门子”关系内定了。这样，我就必须也去找“门子”。“门子”是当时哈尔滨社会上很通行的名词，就是现在人们所说的“走后门”“讲关系”。经过我母亲的奔走，找到了一个同乡人的关系，半考半说情地介绍进中东铁路工务处一个工务段做记账员。那时还不会记账，就先做抄写工作，抄写的是俄文账单和日常事务记录稿。这对于熟悉俄文倒是一个机会。但是好景不长，只做了四个月就被解雇了。1929 年夏，英美帝国主义为了反苏，唆使南京国民党政府“收回”中东铁路，驱逐苏联铁路领导人员。南京国民党政府则唆使东北张学良地方势力，搜查苏联驻哈尔滨总领事馆，说苏联外交官和中东铁路的苏联领导人员在东北搞“赤化”活动，“指使”当地的中国共产党党员图谋夺取政权。大部分苏联员工被逮捕，引起了轰动一时的“中苏纠纷”。中苏谈判之后，中东铁路必须恢复原状。我是“纠纷”时期进去工作的。照《伯力协定》行事，类似我这样的职工，应该一律离职。

我失了业。为了生活，并且要养活父母，必须早日找到工作。找工作总要有一技之长，我的唯一之“技”就是学过一年俄文。一种外语只学过一年，怎样也不能用来做赚钱资本的。

这时我虽然读中俄文报纸很勤，也读了一些文学作品，但得益不大。中文的小说固然读起来没有困难，俄文的作品就要大查字典了。那时只有日本出版的《露和辞典》可以使用，对于没有学过日文的人，看解释只能一知半解。小小的一篇文章要费很大的劲才能生吞活剥地读完。我那时掌握俄语的水平太低了。

1930年初，由朋友的介绍，进“哈尔滨光华通讯社”当翻译。

这个通讯社专发本市新闻。新闻的来源，一是社长交游广阔，每天出去东采西访：二是市内各政府机关送来的“正式发布的新闻”；三是从当地俄文报纸上翻译过来的、当天中文报纸上没有的消息，主要是从一份名叫《话筒》的晚报上选择新闻。

通讯社每天要给全市各报发通讯稿，我作为翻译，每天必须译出一两千字的新闻。俄文晚报一般在下午3时左右出版，收到报纸立刻着手翻译（还要先看一下，哪些是中文早报上所没有的消息，哪些消息是值得报道给中国读者的）。新闻必须抓时间，当天的报，当天译；时间有限制，七时左右集稿，经过编辑审阅修改，刻蜡板、油印，至晚九时，就得分送到各报馆去。

一个俄语程度很低的人，要在两三小时内译出两千字左右的新闻稿，看得懂看不懂的，都要赶快译出；身边没有人可以请教，只能翻查字典；译出来的新闻总要文字通顺，第二天是要见报的。

畏难不干又不行，好不容易找到这个职业，生活逼着我必须硬着头皮干下去。在上述种种急迫的条件的压力下，我每天过着煎熬的生活：看报、查字典，深思苦想，选译新闻。每天做着“硬译”的工作，俄文水平被强迫逐步提高。这煎熬式的译报工作，一共继续了一年零十个月。1931年“九一八”事变发生，年底之前，日军攻入哈尔滨市，光华通讯社停办，我又失了业。

这是我在翻译的道路上走出的第一步。得到的第一条经验是：做任何事情，包括翻译新闻在内，要能够有所成就，必须有一个艰苦钻研、努力坚持的过程。我将近两年的译报工作，虽没有取得“一技之长”，但在工作的后期，已经能够比较愉快胜任，而且新闻的内容，既是多样化的，有政治、经济，有社会新闻，我就有机会掌握了比较广泛的语汇。所取得的一点进步，都是被逼出来的。今天的辛勤劳动，明天就在报纸上看到自己的劳动果实——刊登了我译的新闻，未尝没有内心的高兴。这一点又鼓舞自己继续努力，克服新的困难。

较快地看到劳动果实，是我有所前进的一个动力。这一条也可以算是翻译的第二个经验吧。

二

1931年“九一八”前夜，我参加了共产主义青年团，不久又转到党内工作。努力的方向更加明确了。

这时我还是靠翻译来维持生活。我每天从俄文报纸上翻译出中文报纸上所没有的军事的消息（日军的活动，义勇军的斗争），投到《国际协报》去。

这里应该提一下当时《国际协报》的总编辑王研石。他是一位很能干的报人，一位有正义感的爱国者。他那时还兼任上海《申报》和《新闻报》驻东北的特派记者，有关东北义勇军的斗争的电讯和长篇通讯都是出自他的手笔。在日军攻进哈尔滨后，他有条件地担任了《国际协报》的总编辑。他主持笔政之外，还每天为该报副刊撰写张恨水式的章回小说（有一个时期，他一人同时写两篇连载的小说：《长相思》和《北地胭脂》）。就在他主持笔政之时，萧军、萧红等东北作家在该报副刊开始发表作品，白朗在该报担任副刊编辑。后来王研石到天津主编《益世报》，因刊载爱国言论，遭日寇迫害而死。

就是他，择登了我翻译的军事消息，知道我借此些微稿费维持生活，他每天尽量多采用一些我的译稿，而且还进一步让我到他家当家庭教师，给他的弟弟和两个孩子教语文和算术。王研石支持我的翻译工作数月之久，帮助我度过了日军占领哈尔滨市后的最困难的时期，但也是我开始进行地下活动的时期。

1932 年 5 月，党派我到苏联人主办的、用英国人出面经营的英亚电讯社当电讯翻译。

在旧东北军阀政权时代，不许苏联人在东北办报，也不准苏联塔斯电讯社在东北发电讯稿。苏联人只得通过英美人在东北办报办通讯社。英美人在中国有治外法权，他们办报不受干涉。美国人辛博森在大连办了一份英文报（好像叫《论坛报》，已记不清），英国人哈同·佛利特在哈尔滨办了一份《大光明》（英文译名《哈尔滨观察报》）。塔斯社又通过这位佛利特，先在哈尔滨办了一个电讯社，以“英国亚细亚”为名，简称“英亚社”，实际上发的是塔斯社的电讯。这些电讯的俄文稿在俄文报（由白俄出面主编）上，英文稿在英文报上发表。另外把俄文稿译成中文，分送各中文报选登。开始时，英亚社还在大连和天津设立分社，“九一八”事变后只剩下哈尔滨一个了。伪满洲国成立后，这个通讯社继续存在，门口挂了一面英国旗做掩护。因实际上这是苏联国家通讯社，是站在党的立场上发表电讯的，内容除了苏联建设社会主义的情况，苏联党和政府的有关政策，苏联人民的生活，科学文化新闻外，还报道各国共产党的斗争情况，工人和人民群众的悲苦生活和斗争，各资本主义国家的经济和政治黑暗的材料。需要中国共产党派适当的人去做这一工作。过去先后做这一工作的几个党员，已陆续调往他处，我因有些翻译经验，党便派我去做这一工作。

我虽有翻译新闻的经验，但过去在光华社都是译的国内情况，主要是本市新闻，国际新闻并没有译过。到英亚社工作，是在翻译之道上的第二步。电讯稿的特点是每条电讯字数不多，简短而扼要，文字的概括性强，内容涉及的范围也更广阔。开始做这一工作时，是有一定困难的，

姜椿芳于 20 世纪 40 年代翻译的俄国及苏联剧本

但究竟有了一些基本功，不多久也就克服了这些困难。

这个电讯社里只有我一个中国人，又做翻译又当编辑，而且还是抄写员。一天要翻译两三千字，为了赶时间，不可能先打草稿。一拿到电稿，就动笔翻，直接写到蜡纸上，立刻交给人去油印，在晚上送出。

电讯稿起初只分送哈尔滨市各报馆，后来分送到全“满”各地的中文报馆。采用英亚社电讯稿的报纸相当多，有关中国的消息，较受欢迎。

这个工作我一共做了四年整。到了1936年5月，当中东铁路已经卖给日伪，苏联侨民大部分撤退，出面办报办电讯社的英国人也感觉无法再在伪满工作，就转移阵地到上海，电讯社停办，我才离开。在这四年中，积累了翻译国际问题电讯的一些经验，译稿和刻蜡板的技术也比较熟练了，每小时可达一千字左右。这个翻译之道的第二步的经验是第一步的发展，和第一步一样，时间限制严，速度要求快。通过四年的工作，国际知识扩大了，政治经济、马列主义理论的术语也掌握得多了。

在这期间，除了做党的工作外，有机会接触较多的苏联报刊和文学杂志，开始在文学翻译上试笔，为今后的文学翻译工作做了一点准备。

三

1936年春夏之间，和金剑啸同志合编《大北画刊》。金剑啸由于在这个画刊上发表高尔基病重的消息而被捕。金剑啸同志被押往齐齐哈尔，因为他在那里编过报，演过话剧，被叛徒告密，在那里英勇就义。我和其他同志被释放后，因我全部口供都是假的，估计可能很快重新被捕，于七月底转到上海。在上海开始了翻译之道的第三步。

这年的八月间，进入专门放映苏联电影的上海大戏院和专门经营苏联影片发行业务的亚洲影片公司。这是一而二，二而一的机构。我的工作是翻译所有苏联影片的说明书和片中的对白（作为放映时的字幕），每天做报纸上的广告，每有新片，给报纸写宣传稿。这个工作，使我经常观看苏联影片，包括一再重复的试片，不得公映的禁片，也有更多的机会看美国和其他国家的影片。影片是最新型的艺术形式，使我的视野扩大到这个艺术的领域里，也使我的翻译对象扩大到这个艺术领域里。

最大的收获是在上海这个中国当时的文化中心，特别是中国革命文学艺术的中心，认识了几乎所有的进步电影、戏剧艺术工作者，并且进一步扩大到文学、音乐等领域里。就是在这个时候，在1936年10月10日，会见了鲁迅先生。1936年10月10日，《鲁迅日记》里记载说：“十日、晴……午后同广平携海婴并邀玛理往上海大戏院观Dubrovsky，甚佳。……”这是根据普希金的小说改编的影片，中文译名《复仇艳遇》。有人把我介绍给鲁迅先生。我指着为这次放映而出版的纪念普希金逝世一百周年的纪念册说，有关普希金生平和作品的叙述，都是根据鲁迅先生所主编的《译文》月刊的资料辑成的。并且告诉他，这部影片的翻译名称，国民党政府电影检查会一再挑剔改变，改成了现在的样子。鲁迅先生带着愤慨的口气说：检查官就是要把作品的题目改得人们不知道这究竟是什么作品。因为影片即将放映，我匆忙地送给他两张赠券，请他下次来看电影，就分手了。想不到《Dubrovsky》是鲁迅先生生前所看到的最后一部影片。过了一个星期，10月18日，鲁迅先生便与世长辞了。

1936年是著名革命文艺蓬勃发展的30年代的中期，是救亡运动风起云涌的一年，是上海白色恐怖严重的时期，是发生西安事变和“八一三”战事的前夜。上海的进步群众，特别是革命文学艺术界的人士，莫不以看苏联影片为难得的学习机会，为不可多得的艺术享受。每放映一部新影片，他们都冒着危险（国民党特务监视和盯梢）到这个市内比较偏远的地方来看苏联影片。

上海大戏院位于上海市比较偏远的地方——北四川路虬江路口。原来苏联影片不能在租界上放映，英美当局把苏联影片看作是宣传共产主义的东西，而虬江路是租界的边缘，一过虬江路就是“中国地界”。影片只要经过国民党政府电影检查委员会检查通过（往往是剪去一些革命场面或抹掉革命台词），就可以在中国土地上放映。苏联影片正是挑选这个地方的上海大戏院放映，而租界里的观众，特别是进步的文艺工作者都涌到这里来观看。于是我就有机会认识这些同志，我也利用自己的职权，经常给他们送票，请他们来看苏联电影，请他们开座谈会，评论苏联影片，招待记者，请他们为苏联电影作宣传。我之得以厕身到文艺界，就是通过这个关系。

1937年8月13日上海抗战开始，上海大戏院关闭。上海成为“孤岛”后，租界当局改变对苏联的态度，同意苏联影片在租界上放映，这一直持续到1941年12月8日太平洋战争发生。这样，我和苏联影片发行和放映的直接关系，一直维持了5年多。上海沦陷后，在苏联侨民协会放映苏联战事影片（主要观众是中国人），以及1945年抗战胜利到1949年上海解放，也一直维持着间接关系，做了不少翻译和宣传工作。

约在1939年，我根据影片剪辑记录本，译出了《列宁在十月》，由海燕书店出版。这本书后来又和林淡秋译的《列宁在一九一八》合并出版。

我在翻译之道的第三步是通过影片工作，同时也与文艺界的人士有了接触，渐渐受到他们的影响。作为“翻译之道”的“道理”是：长期做一种工作，例如连续多年地翻译新闻、译电讯，虽然也能使翻译技术日臻熟练，如果不越出旧范围，不转入新领域，不追求进步，至多也只能做一个翻译匠。

四

在1936至1937年间，翻译了一些文艺性的东西（如果不把电影故事、对白、评论文章计算在内），例如左琴科的独幕剧《结婚》，发表在《光明》半月刊上；半文艺性的散文发表在《新知识》半月刊上；《祖国进行曲》歌词，由吕骥同志配曲，单张发行。另外和读书生活出版社订约，同王季愚同志合译奥斯特洛夫斯基的《钢铁是怎样炼成的》，两人都因为工作太忙，各自只译了几万字，抗战一发生就停笔了。

1937 年抗战开始后，影片公司只给我半薪，我必须另谋生路，只有设法在翻译这条路上讨饭吃。

1937 年冬，夏衍同志发起办《译报》，他担任主笔。这是一份别开生面的报纸：一张八开报纸，从上海当天出版的英、俄、法、日等外文报纸上选译新闻，主要是中日战争的消息，不加评语，照译照登，不用自己去采访新闻。同时也在三四版刊登文艺性的翻译作品：短篇小说、特写、散文、小品、诗歌等等。这些作品没有时间性，可以从非本市报刊上选译，包括苏联报刊上的文章。我和于伶、王季愚同志，负责从俄文报刊上翻译新闻和文章。

夏衍同志所以发起办这样的报纸，是为了冲破当时租界上封锁新闻的局面。中国军队已撤离上海租界周围的地区，租界周围陷入日军之手，虎视眈眈地威胁着上海，于是上海就成为“孤岛”了。租界上的英美当局宣布严守“中立”，对中日都不偏袒。不许中国人在租界报纸上发表中国军队作战的情况，至多只能采登外国电讯社的一些报道。《译报》在自己的篇幅上开辟了新天地：翻译外文报纸所发表的有关中国战事的消息，这就比外国电讯社所报道的要多得多，详细得多。报纸的面貌，主要看编者的立场，选译什么，不译什么。《译报》译载的新闻，注明出处，文责由外国报纸自负，我们报馆的人没有责任，收到了以夷制夷的效果。《译报》一出版，由于它的风格独特，极受广大读者欢迎。

我译新闻，也译其它文艺性和政论性的文章，一半是操旧业，一半是涉足新领域，每天都要译好几篇文艺性的东西。

小《译报》只出版了两个月。1938 年春，我们的地下党展开统一战线，和其他党派的进步人士合办了一个大《译报》。它与其他日报一样，刊登自己采访的和选登外国电讯社的消息，有“译报”之名，而并非单纯的“翻译”，只是每天另附一张译文副刊。

这个大《译报》重金礼聘了一个英国人出面当发行人，每月付给他大笔报酬。根据这个报纸所刊登的消息，发表的社论以及副刊的文章，广大读者包括敌人，都知道这是我们的党报，它在“孤岛”时期的上海几百万居民中发挥了极为重要的宣传作用。

我这时也在别的报刊上发表译文。文章多了，老用一个或几个笔名容易被敌人发现，于是经常换笔名，从“欧”字发展为“欧飞”，又化为候飞、厚非；从“非”字又演变为费明、未名、废名等等几十个笔名。后来改不胜改，有时急不择名，看报纸上有什么最普通的字，就随手写上，也算笔名，于是有什么“什”和“之”等字，进而结合为毫无意义的“什之”，再化为“式之”、“十指”等等。渐渐又把译文的内容和性质分类，为每一类文章，用一个或几个固定的笔名，为“杂”文又另起“杂”名。以后在沦陷时期，又用另一批笔名，统共用了几十个上百个笔名。正就是靠了众多的笔名，不用本名，始终不求出名，我得以在上海经历了租界、日伪、国民党好几个“朝代”而苟全下来，不必易地避风，一直当个“翻译之道”上的无名小卒，忍气吞声，默默偷生。

在这期间，也挤时间译了几本书，如伊林和谢加尔的《人怎样变成巨人》，韦尔霍格拉特斯基的《上海——罪恶的都市》，苏联少数民族短篇小说集《有钱的“同志”》等。

这个时期另辟蹊径的一个发展是为李伯龙同志主编的《剧场艺术》翻译戏剧论著，如斯坦尼斯拉夫斯基的《演员自我修养》《我的艺术生活》，丹青果（丹琴科）的《往事点滴》（分章连载），这三部书都没有译完。另外还译了一些独幕剧：雅鲁纳尔的《破旧的别墅》《少女的心》、果戈理的《赌棍》等。多幕剧有屠格涅夫的《贵族之家》。零星的论戏剧的短文就更多了。我渐渐地成了戏剧专业的翻译者。自己也比较有意识地去寻找剧本，挑选的目标是能够在上海上演的戏。因为那时我在地下党工作中分担的是搞戏剧运动，这就决定了我的“翻译之道”的一条支路——戏剧之道。

虽是支路，其实也是干路。在“孤岛”时期，我把为报刊翻译各种文章，当作生活之道，用以赚钱维持家计，而把翻译戏剧著作当作正业，经常看戏、看戏剧文章，悉心学习戏剧理论和术语，更注意译剧本如何把台词译得能上口，能使所译的剧本搬上舞台。这是我从电影转到戏剧方面的一段道路，也是“翻译之道”的第四步。

五

1941 年 6 月 22 日，希特勒德国向苏联进攻，苏联人民展开了卫国战争。英美和苏联结成反法西斯的统一战线。苏联人在上海租界上的地位也起了变化。英美当局开始容许苏联人在租界上进行宣传活动。

这时我们党主办的《译报》等报刊，因为担任发行者的英国人被敌伪收买过去，我们党的几份报刊都被迫停刊，急于要另辟宣传阵地。党组织的领导人抓住了苏联人的地位在租界上的提高这一时机，派我这个懂俄文的人去和塔斯社负责人商量办一份中文日报。日报没有办成，办了一个《时代》周刊，于 1941 年 8 月 20 日创刊。这个刊物，开始时全部都是翻译，我约了陈冰夷和陈梦海两位同志一同去做这工作。这个《时代》周刊，以后便发展为时代出版社。1942 年增出了《苏联文艺》月刊，又在抗战胜利后增出了《时代日报》。以时代出版社为中心，团结了一大批俄文翻译工作者，树立了一种翻译风格。这个风格，主要是以鲁迅为师，学习他的“硬译”，竭力做到把原作的意思正确传译出来，把原作的风格表达出来，不轻易增字，不随便减字，在中文上尽量修饰得好一些。这便是信达雅的要求。我们时代社的翻译工作者一起提倡这些要求，我个人也向这方面努力。有些译稿由几个译者互相修改，避免差错。

《时代》杂志和《时代日报》的文章，主要是报道性的、政论性的，《苏联文艺》则完全是文艺性的。我和大家一起把主要力量放在翻译文艺理论、小说、诗歌方面。于是，我逐渐变成了一个文学作品的翻译者。由于我还要负责一般性的组织、管理工作，社会活动也比较多，不得不给自己分配一些随时拿得起、放得下的作品来翻译，最适合这种要求的是诗歌、剧本、短篇小说。长篇小说、中篇小说就分配给别的人翻译。我译的诗比较多，虽然我不懂诗，平时自己也不写诗。我和同志们相约，译诗要学习瞿秋白译普希金的《茨岗》那样，字数要符合原作的音节，并且要有脚韵，尽可能按照原作的韵律，如果原作四行一阙，一、三行一种韵，二、四行另一种韵，译文也仿照这个格律。译出来的诗，有时有些生硬，但总算为移植俄文诗的格律做了一些尝试。这些发表在《苏联文艺》37 期上的几十首诗，我译的和其他同志译的，在解放后辑成一个诗集《苏联卫国战争诗选》出版。我写了一篇序言阐述我们这种译诗方法的一些想法和实践的结果，主要是介绍了俄文诗的特点及其构成格局。

我翻译的中篇小说有葛洛斯曼的《人民不死》(即茅盾

在重庆从英文译的《人民是不朽的》)。短篇小说集有吉洪诺夫的《列宁格勒的故事》和一些别的作家的多篇短篇小说。肖洛霍夫的《他们为祖国而战》没有译完（原作也未写完）。剧本有普希金的《鲍里斯·戈都诺夫》(先用散文译出发表，后来又按原作的形式改成韵文，但没有做到原作格律的严谨要求)，奥斯特洛夫斯基的《智者千虑，必有一失》、高尔基的《小市民》《索莫夫及其他》(解放后译了高尔基的剧本《敌人》《怪人》《小孩子》等，收在《高尔基剧作集》里；译了奥斯特洛夫斯基的《森林》和《肥缺》，将收在《奥斯特洛夫斯基剧作选》里)。现代苏联作家的剧本有：柯尔纳楚克的《战线》(即肖三同志在延安译的《前线》)、列昂诺夫的《侵略》、西蒙诺夫的《俄罗斯题》、伊里英科夫的《花园》。

时代出版社是由罗果夫支持，用“苏商”名义经营的，罗果夫本人爱好文学，《苏联文艺》由他主编，作品都是他挑选的，他想尽方法弄到苏联卫国战争时期出版的各种文艺刊物，所选的作品确实是那个时期的主要的、有代表性的作品。他还在时代杂志上开辟了《高尔基研究》专辑，每隔一个月左右出一次，发表了不少高尔基的作品（特别是他早期的一系列短篇小说，后来出版了《高尔基早期作品选》）和关于高尔基的许多研究文章。抗战胜利后，还专门出版了《高尔基研究年刊》(主要是罗果夫和戈宝权主持，我也译了一些文章）和《奥斯特洛夫斯基研究》，由戈宝权和我主编。

时代出版社经历了三个不寻常的时期：英美当局统治的租界时期（“孤岛”时期）、日伪统治时期、国民党统治时期，前后有8年之久。1949年迎接了解放，又持续了3年多。我在这个出版社工作10年多，从事文学、戏剧的翻译工作，是我“翻译之道”的第五步。这一步是我翻译道路上的重要阶段。10多年的翻译实践，取得的经验是：翻译必须按照鲁迅先生提出的原则进行，信达雅三者都要考虑到，重要的是信，宁信不雅，即使“硬译”得有些生硬，也要把原作的思想、精神传达给读者。

时代社逐渐集中了将近20位专业翻译者，这是别的出版社所不能做到的。这些有共同翻译观点的，至少有类似翻译风格的翻译者，于1953年时代社解散后，分散到全国几个重要的出版社和科研单位，带去了自己的作风。

六

1952年我被调到中宣部斯大林全集翻译室工作，1953年又转入新建立的中央马克思恩格斯列宁斯大林著作编译局，这是我的翻译之道上的又一个新阶段——从事马列主义经典著作的翻译。

在这之前，在时代社，已经译过一些列宁、斯大林的著作，例如在《时代》杂志上发表的一系列列宁书信，还出版了斯大林在卫国战争时期的言论集、《斯大林论中国革命》等书。远在1939年，应读书生活出版社之约，译了不少马克思、恩格斯论战争的文章，但没有出版。这些翻译还不是有系统的、要求严格的。到北京参加经典著作的翻译，才步入了从严从高要求的新阶段。我和编译局的领导同志，和许多新老翻译者一起，拟定了翻译工作程序，建立了严格的译校制度，一再和社会上的翻译家举行座谈会，共同讨论信达雅相结合的问题。通过多年的实践，编译局建立了相当雄厚的一支翻译队伍，完成了《马恩全集》《列宁全集》《斯大林全集》三大全集的翻译任务，现在正从事第二版的修订工作。

1952 年到 1982 年，如果连“文化大革命”的 10 年也计算在内，在编译局工作了 30 年。这 30 年我和其他翻译同志一起反复讨论，修改译稿，得到一条经验：翻译必须和研究结合，只有细读了、研究了经典著作，才能译好经典著作。研究每一篇经典作家的作品，通读全文，通篇全懂，通晓内容，了解写作背景，参考有关材料，才能动笔翻译，译出后，翻译者互校与核对，然后由校审员校改，参加译校这一篇文章的全体人员再共同讨论，最后由定稿员定稿。定稿后还要由核对人员根据资料卡片进行核对，统一名词和人名、地名等等，最后做到“齐清定”才能发排。

我主要是参加《斯大林全集》和《列宁全集》的定稿工作。所有参加翻译工作的同志都说：学习外文，做翻译工作，能够参加翻译马列主义经典著作，是极为光荣的任务。我在翻译的道路上曲折地走过许多阶段，也终于有幸参加了这一工作。

七

我学习俄文，开始口译和笔译的水平都很低，尤其是会话能力很差。我本来是一个不善于辞令的人，长日讷口，养成习惯。为了工作的需要，自己强迫自己学习俄语会话。由于在英亚社、亚洲影片公司和时代社平时都接触到苏联人，有较多通话的机会，会话有所进步。1949 年上海解放后，特别是中华人民共和国成立之初，各种苏联代表团和专家，络绎不绝来我国，我被推到第一线去做口译工作。苏联第一个科学文化艺术代表团访华，我在上海参加接待工作，法捷耶夫、西蒙诺夫、格拉西莫夫等人的讲话和交谈，我被推去当口译，虽然我自知水平不够，作为党的任务，也只好硬着头皮去执行。后来共青团代表团，爱伦堡、尤金等的来访，也只好继续担当口译，陪同他们参观访问。

1952 年到了北京，遇到这种场合，还是被派去做翻译。中苏友好月和欢送罗申大使，我勉为其难地为毛泽东、刘少奇同志当翻译，为吉洪诺夫的长篇报告当翻译。接着，以宋庆龄和郭沫若为团长的中国和平代表团出席维也纳世界和平大会，我跟着宋庆龄同志，为她做翻译。出国当翻译，同世界和平战士交往，这是第一次。后来接着又出国了 5 次，出席国际性的会议，用俄文作学术性报告。每做这些工作，都自忖我这个才正式学过一年俄文的人，觉得底子太差，基础过薄，深感自不量力，怕完不成任务而惴惴不安。好在由于过去做过几年新闻、社会科学、文学艺术的翻译工作，这些领域的词汇，还比较熟悉，没有出洋相。

这是我在翻译之道上跨出的第七步。从笔译转到口译，从国内转到国际，主要的经验是这种口译工作，必须大胆和小心相结合。大胆是要有信心，要镇静而不紧张，不能临阵懦怯；小心是不要大意，不要“轻敌”，自知能力不够，就必须谦虚谨慎地对付每一句要译的话。这就是毛泽东同志所说的，在战略上要藐视“敌人”，在战术上要重视“敌人”。这是从意识和精神上来说。从业务上来说，注意听发言者说话，融会贯通，用中国话有系统有层次地把他说的话向听众传达，即使言者层次乱一些，译者必须把他的意思重新组织过：一面听一面要记些要点，来不及记也应把数字记下来，免得译时重新问发言者。发言者发言时，译者应该稍微侧身注视他的表情，一则为了通过“交流”而记住他的话，一则为了不因看听众而分了自己的心。有稿子的发言，先做好笔译，译得合乎口语习惯；至于同声传译，那又是另一种技术了。口译之道，还有许多可注意的地方，这里只能简述几句。

从口译工作中也能体会到一些翻译之道用来补充笔译，注意怎样把笔译的作品能做到琅琅上口。

八

我的翻译之道的第八个阶段是从事中译外的工作。从

1959年开始，在1960年展开，组织英、俄、法、西等语种的力量，把《毛泽东选集》翻译出来。我具体从事的是中译俄的工作。在这之前，虽然也译了一些重要文件，如一论再论《无产阶级专政的历史经验》等文章，但比较集中和长期的，是把毛泽东同志和刘少奇同志（《论共产党员的修养》）的著作译成外文的工作。

不做翻译工作的人，一般都以为你懂得外文，既做翻译工作，外译中和中译外都是翻译，都是一回事。自己做翻译工作的人都懂得，这完全不是一回事。中文水平较好的，把外文译成中文，即使对外文并不精通，只要正确了解原意，而中文又运用自如，还能把译文搞得通顺好懂；反过来说，若外文不是精通，还不能用外文来写作，你即使中文程度很好，还远不能把外文译好。仅因我有几十年的俄译中的经历，滥竽充数地被网罗去做中译俄的工作，对我又是一次新的考验。中译俄的口译能马虎对付，中译俄的笔译就不能胜任了。

1940年在上海，俄侨要上演曹禺的《雷雨》，导演要我把它译成俄文，我浅尝即止（后来是请俄人从英文译为俄文）。1952年北京举行中苏友好月，有些文章要译为俄文，我是和俄语专家刘泽荣的女儿刘华兰同志合作的。我口述，她笔录，在笔录时，她把俄语写得合乎习惯和文法，我再把她写的与中文校对有无出入。这也是一种“对译”的方法：俄文差些但中文好些的同中文差些俄文好些的合作翻译。以后又把这种对译法作了几次尝试，这渐渐成了中译

姜椿芳（左二）访问苏联期间参观阿芙乐尔巡洋舰

外的主要方法。

一般是请懂得中文的外国人做中译外的工作，译好后由中外文都有一定水平的人校对定稿。没有或只有很少这种外国专家的时候，就要用外文程度较高的中国人把中文译成外文，然后再加以校对。总之，在我们没有全才的时候，只能用中外人搭配的办法进行翻译。

《毛选》和重要文章的中译外，几年来的做法基本上就是这样。最早的佛经是印度父亲、龟兹母亲的混血儿鸠摩罗什译的，因为他精通两种文字。玄奘不是混血儿，但他的梵文程度连印度许多大学者都佩服得五体投地，这是杰出的翻译人才。我国近年来也培养出少量的这种人才。我们常常依靠混血儿或在国外长大的中国人做中译外的工作，便是这个道理。一个中国人，从小在外国长大，不懂中文，或懂得很少，他等于是一个外国人，要做好中译外的工作，还得用互相搭配的方法才能完成任务。

经典著作和重要文章译成外文，翻译的过程用上述方法可以完成，重要的是定稿。由通晓两种文字的人，来校对中外文而做出最后定稿。既有这些过程，这就是名副其实的“集体翻译”，正如马恩列斯的经典著作译成中文，要用集体的工序一样。

我所谓做中译外的工作，充其量也不过是从政治上、中文上把关。把这种关，如果外文水平不够，当然也会笔下“漏”情，把应该校正的地方“漏”掉了，发生错译漏译的情况。

这第八步，第八阶段，第八个“翻译之道”，简单说来就是这样。遗憾的是，由于我俄文的基础差，根底薄，始终没有成为一个够格的专业翻译者，写不出值得人们参考的道道来，“翻译之道”就此打住。

宋书声，马列主义经典著作翻译家。译审。生于 1928 年，河北新河人。先后在《实话报》社、中央宣传部斯大林全集翻译室、中央编译局工作。历任中央编译局马恩著作翻译室主任，中央编译局副局长、局长（1980.6—1996.7）。党的十二大、十三大代表。中国翻译协会主要创建者之一，曾任副会长、会长。2002 年荣获资深翻译家荣誉称号。2018 年荣获中国翻译协会翻译文化终身成就奖。享受国务院政府特殊津贴。参与《马克思恩格斯全集》《列宁全集》《斯大林全集》的翻译、审稿工作，主持编译《马克思恩格斯选集》中文第一版等。翻译《马克思主义论国家》，重校《共产党宣言》《哥达纲领批判》《反杜林论》等。

“我们没有虚度年华”

宋书声

终身事业始于此

1928年，我出生在河北新河，年少时遭遇灾荒，常常只能吃棉花榨油后剩下的壳，还用杏树叶充饥。眼看家庭难以为继，只好到自行车铺里当学徒。那个时候，学习成为一种奢求，但所幸后来参加革命，才离开了自行车铺，与翻译结缘。那是1946年，晋冀鲁豫北方大学在河北正定成立，设立了俄文班。我就不顾一切地去学习了。

1946至1949年三年多的时间里，我在华北大学二部外语系俄文班学习俄文。虽然当时是战时，环境不稳定，教学不正规，但俄文的学习为我后来从事编译工作打下了基础。

1949年4月，组织调我到大连《实话报》去工作。去那里工作的，除了我们华北大学的外语系俄文班的同学，还有其他单位的共十几个人。

那时中华人民共和国还没有成立，战争的形势发展得

本文口述于2016年，整理者姚颖、龚格格。

很快，有些地方还比较混乱，我们从正定步行走到石家庄，从石家庄凭介绍信乘坐军事运输的火车前往北平换车。到了北平我们停留了一天一夜，然后再坐火车经过沈阳到大连。当时，旅顺和大连是苏联军队的占领区，我们接受了严格的盘问和检查才通过苏联军队的岗哨。我们先住在大连郊区的市委市政府招待所，随后再准备到各自的工作单位去。大连市委的同志给我们发了便衣和夏装，一条床单和褥子，一床被子。这是我第一次到大城市，而且大连是苏军的占领区，没有被战争破坏，生活条件获得了极大的改善。

从正定来的这十几个人，只有一部分人留在了《实话报》，其他人分配到包括大连市委在内的其他单位工作。留在《实话报》工作的，后来又到编译局工作的，除了我，还有毕克、张慕良、尤力和刘和文。我们都是华北大学的同学。《实话报》是苏联驻旅大地区部队为当地中国居民办的报纸，报社的领导都是苏联军官。因此，虽然我们是中共的干部，但在大连《实话报》我们是作为苏联的雇员工作，工资、待遇和在解放区时很不一样。在解放区是供给制，学校一个月发几块钱津贴，我们用于购买牙膏、毛巾等生活用品和打牙祭，我有时候拿到津贴后，就吃一顿烧麦。那时完全是供给制，生活很艰苦，吃一顿烧麦就很好了。在《实话报》工作不仅工资比较高，而且还有稿费，这是我第一次得到稿费。每月发表了多少字，到月底就按照字数发稿费。我在《实话报》曾经担任过报社中国员工工会的主席。那时印刷厂里的工人生活很困难，我作为工会主席捐钱来资助他们，此外，我们还发一份口粮，主要是冷冻的鱼、肉和土豆三种食品。我们住在一个两层楼上，一人一个单间，这在解放区是不能想象的。所以说，在《实话报》工作期间，我们的生活条件得到了很大的改善。

从 1949 年 4 月到 1951 年 8 月底《实话报》停刊，两年多的时间，我做翻译工作的热情始终是很饱满、很充实的。特别是对于我一个学俄语的人来说，在大连《实话报》工作，最主要的是获得了一个非常重要、非常好的提高俄语水平的机会。这为我后来到编译局很快就能够成为主要翻译力量打下了坚实的基础。

还有一些其他方面的收获，让我在今后的工作中受益匪浅。首先，我的知识面获得了极大提升。大连《实话报》主要是为苏军做宣传，为双开四版，除星期天外，每天出版。报社下设翻译部、编辑部、通联部和经理部等。我们主要在翻译部工作。主要翻译社论、信息、通讯、新闻等。社论每天都有，有时还一天两篇，是《真理报》上的社论、文章或专论。新闻中大量篇幅是苏联塔斯社报道的新闻。此外，我们要翻译介绍苏联情况的文章。比如，苏联的宪法节到了，《实话报》就组织几篇相关系列文章介绍苏联的宪法。还有介绍苏联各个共和国、苏联社会主义、宣传苏联的科学家，等等。最后，我们还会翻译关于马列主义基本知识的文章，这种文章学术性较强，都比较长。我曾翻译过一篇关于社会形态发展理论的文章和一篇关于国际问

早期中央编译局工作人员合影（左一为宋书声）

题的专论。大连《实话报》的主要发行范围是旅大地区，国内其他地方发行的不多，但我发表的这两篇文章影响还比较大，前一篇被其他书收录了，后一篇经一位老同志修改，被《世界知识》转载了。

其次，我的翻译水平和速度得到了很好的锻炼。那几年的工作，对我们这些年轻的翻译来说是很好的一次学习机会，我觉得在学校里学得的东西是远远不够的，《实话报》每天的工作量很大，要翻译很多东西，而且非常急。常常发生这样的情况，我正在翻译一个什么东西，就被翻译部主任尤斯多夫少校叫过去，尤斯多夫少校是一个犹太学者，中文很好。他会说："戴维尼时宋，把你现在稿子放在一边，这个斯弱基洛。""斯弱基洛"就是急件的意思，需要赶快翻译出来，马上就要用。我一边翻译大块的文章，这样的文章时间比较充裕；一边还要快速翻译临时的急件，因此被逼得翻译速度很快。在翻译质量上，当时是有工序把关的。我们翻译的稿子，特别是开始还不熟练的时候，要经过懂中文的苏联军官校对、改稿，然后再交给翻译部的主任定稿。我们翻译的稿子在第二天见报后，都会退回来原稿。退回来的原稿我们都要仔细地看，哪些地方是怎么改的，哪些地方翻译得不准确或者翻译错了。这样的原稿我积累了大概有一米多高。

1951 年 8 月底，苏联驻军从大连撤军，《实话报》也相应停刊。中宣部得知《实话报》有一批翻译力量后，就通过大连市委，把我们这批干部调到了北京。我们中间有的分配到外地，有的分配到中国人民大学，还有几个人就分配到中宣部斯大林全集翻译室。直至1953年斯大林全集翻译室和俄文编译局合并成立中央编译局，我就一直在这里工作。

华北大学的系统学习和大连《实话报》的实际工作训练为中央编译局马列主义经典著作翻译事业培养了一批中层领导干部，包括陈山、刘水、林扬、陆梅林、毕克、张慕良、林基洲和我，一共8个人。另外还有易惠群，她也是从大连来的，但没有在《实话报》工作过。20世纪50年代中央编译局业务室的中层领导中，还包括从华北大学来的我们的老师和同学共5个人：孙萍、张企、樊以楠、谢宁和徐坚。这样合起来有14个人。他们都曾担任过中央编译局业务室的主任或副主任。

为经典著作编译事业奋斗一辈子

1951年10月至1953年，我在中宣部斯大林全集翻译室工作。当时的工作地点是在西城区大红罗厂2号和7号。主持这项工作的是曹葆华。我最早是参加《斯大林全集》第2卷的翻译工作。中央编译局成立后，我担任马恩著作翻译室的副主任，主任是易惠群。1955年10月至1958年11月，我被派出到民主德国的德国统一社会党中央马列主义研究院进修。回到编译局后，我继续在马恩著作翻译室做副主任，1961年成为主任，直到1978年担任中央编译局副局长。

1983 年宋书声率代表团访问德国特里尔马克思故居

在二十年的时间里，我一直主持《马克思恩格斯全集》中文第一版的编译工作。

几十年的工作实践，让我感到，要做好经典著作的编译工作，首先一条，要有比较广的知识面，还要学会向各领域的专家、行家请教。马克思主义经典是百科全书式的，若不能理解文字背后的含义，翻译哪能准确？精通中文和外语，只是成为一名翻译的基础，还应该具备马克思主义的修养，还需要政治经济学、历史、宗教、哲学等多学科的积累。我们在翻译一部著作前，团队必须花大量时间搜集材料。这一卷涉及哪些领域？哪些著作之前有过翻译？哪些点存在争议？等等。当时，信息技术还不发达，面对这些问题，解决起来可以说是十分繁杂。进行翻译工作时，要左手一本德文原著、右手一本俄文译本，各种参考书、工具书摆满书桌，人就埋在书海里，一坐一整天，吃饭都会忘。最困难的是遇到比较生疏的领域，还要去各专业院校、单位，敲专家的门。

除此之外，翻译还要做到细致入微，每一句都经得起历史的推敲。一本书，一“抠”就是一年，时间很快就过去了。初稿后是集体校订、定稿、复查，继而不断修订。每个工程时间都很长，要细细研磨，许多人付出一生，就为精益求精。比如，1964 年我参与重校的《共产党宣言》，除了后期的简单修改，大体一直沿用至今。这倒不是说自己做了多大贡献，这是我们编译局的成绩，是属于全体同志。

大家在读马克思主义经典著作时，几乎不会去关注这本书是谁翻译的。翻译工作者本来就不是焦点，报刊上没有名，广播里没有音，电视中没有影儿，习惯了。尽管如此，几十年来，我仍然默默守护着这些著作，从不敢怠慢。

默默无闻的工作，为什么我们甘愿为之付出一生？我们为国家为人民奋斗一辈子，没有虚度年华。就我自己而言，我亲身经历了中国的积贫积弱、苦难深重，也经历了党带领我们翻身解放、走向复兴，我坚信马克思主义是科学的，我们的工作是有意义的。马克思列宁主义是中国共产党的指导思想。马克思主义中国化的第一道门槛，就是由翻译工作者提供系统、完整、坚实的原著文本。

如今，我年岁大了，视力和听力都有所下降，但我仍然坚持每天关注时政和社会新闻。现在有些人比较浮躁，甚至急功近利，最后反而容易一事无成。我希望年轻人能做一行爱一行，一辈子做好一件事，国家需要这样的人。

韦建桦，马列主义经典著作翻译家。译审，教授。生于 1946 年，江苏江都人。历任中央编译局马恩著作编译室副主任，中央编译局副局长、局长（1996.7—2010.1）。党的十五大、十六大和十七大代表，第九届、十届全国政协委员，十一届、十二届全国政协常委。中央马克思主义理论研究和建设工程首席专家和咨询委员会委员。2011 年荣获资深翻译家荣誉称号。2024 年荣获中国翻译协会翻译文化终身成就奖。享受国务院政府特殊津贴。主持编译《马克思恩格斯文集》《列宁专题文集》《马克思恩格斯选集》中文第二版和第三版、《列宁选集》第三版修订版以及《马列主义经典作家文库》；参与组织编译《马克思恩格斯全集》中文第二版、《列宁全集》中文第二版增订版；主编《马克思画传》《恩格斯画传》《列宁画传》。

“踏遍青山人未老，风景这边独好”

——往事的回忆

韦建桦

真理的种子播进我的心田

1946年7月，我出生于江苏省扬州市江都县。家庭是人生第一课堂。对我来说，在这个课堂里执教的最重要的老师是我的父亲。他一生笃信真理、笃学慎思、笃行不倦，这种品格和情怀给我留下了深刻印象。在父亲九十寿辰时，我曾对他的人生信念作了如下概括：视事业为生命，视奉献为天职，视学习为要务，视创造为快乐，将个人前途和民族命运融为一体，追求崇高的人生境界。记得那天写完这几行字以后，我的内心激动不已，因为这正是我自己多年来热切憧憬、努力争取实现的目标。

1964年，我告别故乡北上求学。我本想进北大中文系学习，却被北大西语系德国语言文学专业录取。由于对攻读外文专业没有思想准备，我一度犹豫彷徨。后来，是系主任冯至教授的一番教诲打开了我的心扉，点燃了我的学

本文作于2023年，2025年初修订。

习热情。

记得那是在一次新生座谈会上，冯先生语重心长地谈到学习外语的意义，介绍了德国在哲学、美学、文艺、史学、人类学以及自然科学领域涌现的杰出人物及其重要贡献，指出只有精通德语，才能广泛涉猎和探讨德国的思想文化，为中德学术交流和祖国文化建设做出贡献。冯先生还特别强调，德语是马克思和恩格斯的母语，希望大家认真学习并掌握这门语言，以便将来有一天能够直接阅读和深入研究这两位伟大思想家的原著，“迈进那个引领整个人类进步事业发展的理论领域”。

冯至先生的开导使我深受启发。那次座谈会后，我陆续阅读了先生的著作《歌德论述》《杜甫传》以及当时刚刚问世不久的《诗与遗产》，还饶有兴致地读了他的大量诗歌和译著。我明确了努力方向：集中精力刻苦攻读德国语言文学，抓紧时间认真钻研马克思恩格斯著作。在北大的最初两年，我度过了愉快的读书时光，然而没有想到，这样的好时光没有持续下去。1966 年 6 月，“文化大革命”爆发，高等教育遭受重创。北京大学各个专业的教学和科研活动被迫中止，许多老师遭到了批斗和迫害。

这时，我的父亲也被造反派污蔑为“执行修正主义文艺路线”的剧作家和“走资派”。我从北京回到扬州，看到家中一片狼藉，父亲珍藏的《瞿秋白文集》《田汉剧作选》《中国古今戏曲集成》《杜诗镜诠》等书籍荡然无存，就连我在中学时期的作文也被造反派抄走。我去探望被关押的父亲，我们父子俩眼含泪水，相对无言。直到临别时，父亲才郑重地对我说："你现在不上课了，但要认真读书，学会思考；你要坚持学习马克思恩格斯的著作，千万不能中断，千万不可懈怠！"父亲的嘱咐让我第一次深切地感受到，经典著作在这个老共产党员心中占有多么重要的地位。

在悲痛、困惑和迷茫的时刻，我静下心来，开始有计划地研读马克思恩格斯著作。我渴望从经典中获得深刻的启迪和教诲，掌握辨别真伪、判断是非、认清方向的理论指针。

在阅读了《共产党宣言》《哲学的贫困》《〈政治经济学批判〉序言》《哥达纲领批判》《社会主义从空想到科学的发展》以及《家庭、私有制和国家的起源》等名著以后，我逐步体会到科学理论的魅力。每次打开马恩著作，我都感到面对着思想的宝库和智慧的海洋，精神也随即振奋起来。经典作家的许多深刻分析和精辟论证，特别是关于人类历史发展规律的周密阐述以及对未来社会前景的科学预见，像一缕缕阳光充盈我的心灵，使我憬然有悟，在一片浮嚣和混沌中保持清醒和坚定，获得温暖和光明。

1970年，我从北大毕业，起初被分配到甘肃武威农场，后来又调动到四川攀枝花钢铁基地。从祁连山麓到金沙江边，风雨八载，辗转千里；我种过果树、烧过砖瓦，当过机关干事。无论做什么工作，我都努力利用一切机会阅读马恩著作。清晨，在激流汹涌的金沙江畔，我高声背诵德文版《共产党宣言》，在内心体会原著的深邃思想和磅礴气势；目送滔滔江水，我感悟两千多年前孔子发出的“逝者如斯夫，不舍昼夜”（《论语·子罕》）的浩叹，思考自己如何在历史发展的潮流中正确把握人生方向。夜晚，在川滇交界的吊脚楼里，我阅读德文版《哥达纲领批判》和《反杜林论》等一系列经典名著，摘抄书中的重要论述，梳理其中蕴含的理论精粹，同时对照中央编译局的译文，仔细领会原文的独特风格和译文的精妙之处。在长达八年的时间里，从西北高原到西南山区，中央编译局的经典译本每天都陪伴着我，成为引导我学习理论、促进我掌握外语、帮助我化解疑难、激励我获取新知的无声的老师。

是的，在那些艰难的日子里，马恩著作始终是我心中的灯塔，而经典译本的诞生地——中央编译局，则是我向往的地方。经典作家对唯物史观和唯物辩证法所作的严谨、系统的论述使我一次次受到教育，逐渐成为我确立理想信念的基石。我坚信，“文化大革命”的荒唐岁月不会长久，中国社会必将回归正道。

那时候我没有想到，经典著作编译和研究日后会成为我的终生职业，而中央编译局将是我长期工作和生活的地方。

我找到了守志报国的阵地、安身立命的家园

1976 年，“文化大革命”终于结束，中国人民迎来了万物昭苏、惠风和畅的春天。

两年后，中央编译局招收编译研究人员。经北大西语系教授严宝瑜先生推荐，编译局专门委托副局长顾锦屏同志来到攀枝花，对我进行考察。在攀枝花市招待所，我见到了顾锦屏副局长，向这位风尘仆仆来到西南山区的老师汇报自己学习经典著作的体会，并借此机会向老师请教有关经典作家生平、经典文献版本、经典理论要义和经典著作翻译的问题。顾锦屏老师一一作了回答，然后又仔细地翻阅我所做的笔记和卡片，感到喜出望外。他说，他没有想到，在这个大山深处竟然还有如此热爱马列经典的年轻人！

那天的谈话，包括所有细节都让我终身难忘。临别时，顾老师勉励我继续努力钻研经典著作，同时交给我一篇德语文献，嘱咐我好好学习。那是德国著名工人运动活动家弗·列斯纳撰写的回忆马恩的文章。我回去后彻夜未眠，将这篇文章译成了中文，并于翌日早晨将誊清后的译文交给了顾老师。顾老师事后回忆说，他没有料到这篇长文竟在一夜之间被译成了中文，而且译笔准确流畅；他感到自己不虚此行，希望我能作为新生力量尽快加入经典著作编译队伍。

就在顾锦屏副局长专程来到攀枝花进行考察之前，我参加了中国社会科学院研究生院的招生考试，准备师从冯至教授攻读德国语言文学。1978年初秋，我几乎同时收到了社科院的录取通知书和编译局的商调函。我必须尽快在两者之间进行抉择：师从冯至教授攻读德国语言文学，是我在北大期间就怀抱的梦想；从事经典著作编译研究，则是我多年来视为神圣的工作。我选择了编译局。

冯至先生热情支持我的决定，并在后来的工作中给我提供了多方面的指导和帮助。我一直铭记着冯先生的话：“经典著作编译是‘代圣人立言’的工作，事关指导思想和前进方向，使命光荣、任重道远、前景辉煌！”冯先生的教诲使我进一步坚定了信心。我想起了中国古人的名言：“经师易求，人师难得。”(《北周书·卢诞传》)在我的心目中，冯先生真正是一位身兼“经师”与“人师”的卓越学者。

1978年10月，我终于走进了神往已久的中央编译局。

在这里，我找到了守志报国的阵地、安身立命的家园。

在这里，我第一次看到了经典著作中文译本的诞生过程，领悟了什么是高洁的奉献精神。

在这里，我将从事一个看似寂寞清苦、单调琐细而实质上内涵丰富、意义深远的职业；我将投身于一种境界崇高、责任重大、充满挑战、催人奋进的工作。

“代圣人立言”，笔重千钧

马克思主义是人类文明的瑰宝。马克思主义真理在中国传播和运用的一个重要前提，就是经典文本的中国化，就是马克思主义创始人的原著从欧洲语言向中国语言的转换，而实现这种转换的关键，在于研究和理解经典作家的思想，同时要辨析和判明中西文化的异同。因此，这种转换的过程远远超出了单纯的语言层面。

我们知道，马克思恩格斯主要是用他们的母语即德文从事著述工作的。他们留给后人的文献遗产，包括大量的专著、论文、时评、演说、笔记、批注、书信，以及散文、诗歌、剧本等文学作品和为各种辞书撰写的条目，内容十分丰富，范围极为广博。在这些著述中，约有 65% 是用德文写成的，有 30% 是用英文写成的，另有 5% 是用法文、意大利文、西班牙文等其他欧洲语言文字撰写的。要使中国广大读者能够阅读马克思恩格斯的著作，领会他们的思想和学说，就必须对这些文献进行编辑、整理和翻译。

这项“代圣人立言”的工作意义深远，责任重大，同时又十分艰巨复杂。由于经典著作涵盖历史和现实生活的广泛领域，这就要求编译工作者不仅具有深厚的理论功底、学术修养和语言造诣，而且具有一丝不苟的科学态度和淡泊名利的思想境界。

从进入编译局的第一天起，我就把这里视为进德修业的学校。我铭记朱光潜先生的教诲：“利用分分秒秒的时间”刻苦学习，以求“积铢累寸、涓滴成流”，做到“日异其能，岁增其智”（柳宗元《祭吕敬叔文》）。所以，无论工作多么繁重，每天晚上我都坚持在办公室读书；有时读到深夜，就索性与书为伴，直到翌日清晨上班。到了周末和假日，我一大早就带着干粮到编译局看书，离开时已是万家灯火。

1981 年，局里安排我到德国进修。在吉森大学和海德堡大学学习期间，我主动放弃了攻读博士学位的机会，根据经典著作编译和研究的需要，自主选择课程，认真关注各有关学科领域，把学到的知识同深刻理解经典著作联系起来，同提高自己的编译水平和研究能力结合起来。在这个目标下，我搜集资料、撰写笔记，访问著名学者、进行实地调查，解决了在国内工作中遇到的一系列难题。1984年，在回国前夕，我来到马克思的故乡特里尔，在摩泽尔河畔默诵青年马克思的诗歌和文章，内心充满献身于崇高事业的激情。

回国以后不久，我就投身于规模宏大的《马恩全集》中文第二版（70卷本）编译工程的准备工作。我被任命为中央编译局马恩著作编译室副主任，参与了新版《全集》的设计、规划以及各个环节的统筹安排。

在这项工程正式启动后，我与其他同志合作，共同挑起《全集》中文第二版第1卷编译和校订工作的重担，对马克思的博士论文、马克思为《莱茵报》撰写的一系列文章以及青年马克思诗歌的中译文逐篇进行校订。在这个过程中，我认真思考了一个问题：我们应当以什么态度、什么思路、什么方式来校订《马恩全集》中文第一版的译文？

马克思说过："我的见解，不管人们对它怎样评论，不管它多么不合乎统治阶级的自私的偏见，却是多年诚实研究的结果。"（《马恩文集》第2卷第594页）我认为，革命导师这种"诚实研究"的学风，为我们做好编译和校订工作树立了光辉典范。我主张在译文校订工作中认真学习和贯彻马克思恩格斯的科学精神，同时继承和发扬中华民族的优良治学传统，树立严谨缜密、诚实质朴的学风，结合《全集》中文第二版工作的要求和特点，通过对“义理”“考据”和“辞章”这三个要素的综合考量，也就是通过对“理论探讨”“史实考证”“语言表述”这三个环节的整体把握，厘清原译存在的问题，依凭确凿不移的证据，提出重新修订的方案，务求做到每一处勘正、每一句调整、每一字改动都持之有据、言之成理、信而有征。

在全卷编译校订工作进展过程中，我始终严格践行上述主张：对于每一处修订，无论是事关重大的“整体性改动”，还是那些看上去无关宏旨的“技术性调整”，我都详细地写明理由、清晰地列出证据，并向共同承担任务的同志通报情况、征求意见。这种做法看起来耗时费力、过于“琐细”，但从长远来看是十分必要的。经典著作编译工程是百年大计，责任重于泰山。我们受命校订《全集》中文第一版译文，就是向祖国人民承诺履行一项神圣的使命。因此，我们必须对每一个汉字的修改、每一个语序的调整、每一个符号的变更负责，既要密切关注重要思想理论问题的表述，又要审慎对待每一处细节的处理；既要通观全局、把握精髓，又要细针密缕、剖毫析芒。应当像马克思那样，将经典原著视为“艺术的整体”（《马恩文集》第10卷第231页），在修订译文时不弃微末、不舍寸功，只有这样，才能做到对经典作家负责、对中国读者负责。

我想，今后无论在什么时候，我们都有责任回答读者的质询，讲明我们做出修订的缘由和根据。实践将会证明，现在多做一些“繁复琐细”的工作，有助于避免随意性、增强科学性，提高编译校订的质量和水平，使这项工程真正成为我们自己放心、广大读者信任、党和人民满意的工程。

我的主张和做法得到了同志们的赞同和支持。经过艰辛努力，我们圆满完成了新版《全集》第1卷的编译校订任务，为全面推进中文第二版工程积累了初步经验；紧接着，我们又启动了其他卷次的工作。我当年的校订稿后来被同志们细心地搜集起来，放在中央编译局马克思主义传播史展览馆里展出。这些校订稿中一行行、一页页、一篇篇考证文字，是我们真诚对待编译工作的见证；观众从这些文字中可以体悟恩格斯的名言：经典著作翻译是一项“真正老老实实的科学工作”（《全集》中文第二版第28卷第316页）。

2004年，中央启动马克思主义理论研究和建设工程，我被任命为经典作家重点著作译文审核和修订课题组首席专家，主编10卷本《马恩文集》和5卷本《列宁专题文集》。此时，我担任中央编译局局长已经8年；无论行政事务多么繁忙，我从未离开过经典著作编译的第一线工作。

我和课题组成员一起，全力以赴地进行篇目遴选、文献汇辑、译文修订和资料编纂，攻克了数不清的难关。在艰巨复杂的工作中，老专家发挥了中坚作用，中青年挑起了编译重担。大家齐心协力，相互砥砺，度过了五个难忘的春秋。

韦建桦（右二）等编译人员在工作中

2009年，两部《文集》正式出版，中央领导出席了在人民大会堂举行的出版座谈会，指出两部《文集》是理论工程的标志性成果，是学习马克思主义的权威性教材。

就在这一重大任务圆满完成后不久，我在同仁医院接受了眼科手术治疗。长期熬夜，超负荷工作，影响了我的健康，造成眼压升高、视力减退；然而，我所肩负的责任使我无暇顾及身体发出的一次次警告。手术以后，我没有休息，又投入了马克思主义理论工程重点教材的审议和修订，并主持经典作家传记的编纂工作。

"如果我们选择了最能为人类而工作的职业，那么，重担就不能把我们压倒，因为这是为大家作出的牺牲。"（《马恩全集》第2版第1卷第459页）

在经受考验的时刻，我把马克思在十七岁时写下的这句誓言镌刻在自己心中，使它成为我恪守不渝的信念。

让科学理论在实践领域产生深远影响

从1998年起，我曾担任全国政协委员和常委。我决心以高度的政治责任感和历史使命感履行好职责，认真参加全国政协的各种会议，珍惜每一次讨论和发言的机会；我每年都参加政协的调研和考察活动，同时还围绕改革与发展的重要问题撰写提案和社情民意信息，内容涉及国企改革、特区发展、新农村建设、环境资源保护、安全生产、文化教育以及精神文明建设等各个方面。

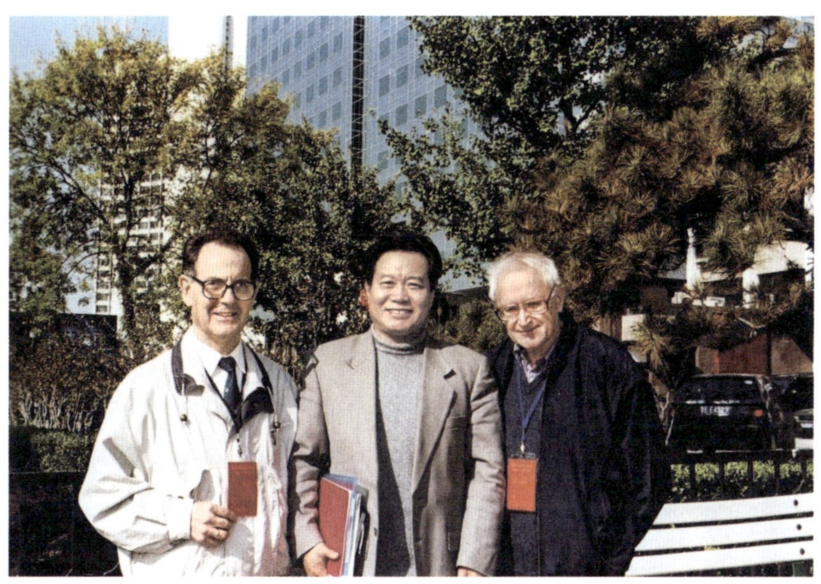

韦建桦会见研究《马克思恩格斯全集》历史考证版（MEGA²）的德国专家和俄罗斯专家，与他们进行学术交流

作为一名马克思主义理论工作者，我认为自己必须充分发挥主观能动性，让科学理论在广泛的实践领域产生深远影响。为了说明情况，我在这里举一个具体的例子。

我曾参加全国政协文史和学习委员会专题调研组，赴辽宁和湖北了解工业遗产保护和利用情况。在武汉，调研组考察了汉阳钢铁厂遗址，这是中国近代最早的官办钢铁企业，由当时的湖广总督张之洞主持兴建。在调研结束时，我根据自己了解的情况提出，在介绍这些遗址的时候，不应当让后人仅仅记住张之洞和盛宣怀等清代官员以及洋务派代表人物，而忽略千千万万血汗劳工，忘记他们为创建中国民族工业作出的牺牲和贡献；因为历史是在“无数互相交错的力量”汇成的“一个总的合力”推动下向前发展的(《马恩文集》第 10 卷第 592、593 页)，而劳动者始终是这个合力的中坚。为此，我向有关部门提出了具体建议，受到了领导的关注并被及时采纳。与此同时，我还发表了题为《从唯物史观看工业遗产研究》的文章，引起了社会各界的关注。

同样，在参与全国政协组织的有关大运河保护与申遗、古村落及历史文化名镇名村保护等问题的考察活动中，我也在认真学习政策、深入了解情况的基础上，运用马克思主义立场、观点和方法来分析调研过程中遇到的各种问题，力求提出中肯的意见和切实可行的建议。

在这个过程中，我进一步增强了对马克思主义理论的信念。

列宁曾借用俄国诗人涅克拉索夫的诗句，将马克思恩格斯创立的科学理论比喻为“智慧之灯”。在我看来，无论是传统文化，还是外来文化，都应当用唯物史观和唯物辩证法加以鉴别，取其精华、去其糟粕，去粗取精、去伪存真，这才是对人民、对历史负责的科学态度。对于马克思主义理论工作者来说，无论在理论研究和学术探讨领域，还是在社会生活的实践领域，都应当高举真理的“智慧之灯”，认真分析和解决各种实际问题，这是理论工作者肩负的崇高责任。归根结底，这是对我们的理论自觉和理论自信的考验。

踏遍青山人未老，风景这边独好

2010 年，我从领导岗位上退下来，走向学术生涯的新起点。十多年来，在同志们的支持和鼓励下，我主要做了以下几个方面的工作：

第一，继续参与《马克思恩格斯全集》中文第二版编译工程，与年轻同志紧密合作、共担重任，努力协助他们解决疑难问题，并从他们身上获得启示与动力。近年来，老中青三代同志砥砺前行，顺利完成了十三卷书的编译出版任务，有力地推动了整个工程的进展，增强了团结奋进的信心。

第二，积极投入《列宁全集》第二版增订版的编译工作，参与研究全书的编纂原则、总体方案以及涉及译文修订的一系列重要问题，仔细校订《列宁全集》中出现的一千一百多条马恩著作引文，努力为学习和研究列宁主义理论提供收文更完整、内容更丰富、译文更精准、资料更翔实的基础文本。

第三，主持编译《马恩选集》第三版和《列宁选集》第三版修订版。编委会全体同志用了整整三年时间，通过锲而不舍的努力，使两部新版选集在时代特色、实践品格、译文质量、编辑体例、资料整合和使用效能等各个方面展现出崭新的风貌，达到了前所未有的水准。

第四，主持《马列主义经典作家文库》编审委员会的工作，编译出版马列著作单行本和专题选编本，以适应党的理论建设和理论武装工作的需要。《文库》于 2014 年正式推出，迄今已有 6 批 30 种著作相继问世，在干部群众和理论工作者中间获得了广泛的好评。

第五，主持编纂《马克思画传》《恩格斯画传》和《列宁画传》，力求完整而又鲜明地再现革命导师的人生轨迹，准确而又凝练地介绍他们的理论贡献，真实而又生动地展示他们的崇高品格，在社会各界特别是青年同志中引起热烈反响，发挥了有力的引导和教育作用。

第六，撰写系列文章，向广大读者特别是青年朋友介绍经典作家的生平事业和精神风范，阐释经典文献的科学内涵，推进经典著作的宣传普及。近十多年来，我陆续发表了《体悟马克思的人生境界》《解读恩格斯的人生选择》《列宁：领袖风采·学者襟怀·战士本色》《马克思恩格斯怎样看待中国》《马克思主义经典作家关于社会主义的理论思考》《马克思主义经典著作编译事业百年回顾》等一系列文章，努力帮助读者走近革命导师的壮丽人生和高尚心灵，从而进一步感受真理的魅力、确立崇高的信念。

有同志问我：“你已经为经典著作编译事业工作了几十年，为什么在退休之后还要继续负重前行呢？”

我想，这是因为这里的编译工作目前还需要我，而我自己也非常热爱这项工作。我曾经说过：“在我的人生历程中，让我深感欣慰和自豪的事情就是我有幸成为马克思主义经典著作编译群体的一员。”是的，我在这个阵地上坚守了数十年之久，深切地体会到：马克思主义理论工作者必须牢记使命、勤勉工作，竭诚尽节、履行职责，只有这样，才能使自己的人生坚持正确的方向。

同志们问我“为什么在退休以后还要继续负重前行”，我觉得“负重前行”这四个字显得过于沉重了。实际上对我来说，退休之后能继续从事毕生热爱的工作，这不是负担，而是幸福；工作中当然会有困难、有压力，但从根本上说，这种付出给我带来的恰恰是心灵的充实，是精神的愉悦。

还有一点十分重要：退休以后能够继续尽自己的绵薄之力，这就使我获得了支持年轻同志并与他们合作的宝贵机会。在实践中，我真切地感受到他们的崇高理想和担当意识，同时也特别赞佩他们的创新魄力和开拓精神。我从他们身上看到优良传统不断传承，严谨学风发扬光大，骨干力量茁壮成长，编译事业蒸蒸日上。这一切是多么令人欣喜和振奋！

我深信，年轻同志一定会勠力同心、团结奋进，为新时代马克思主义经典著作编译事业的发展续写华章、再创辉煌，用新的作为锻造新的成就，凭新的思路开拓新的局面，以新的风貌做出新的贡献。

对未来的信心和希望，使我在古稀之年增添了奋进的动力。我素来爱读毛泽东诗词，近年来尤喜吟诵《清平乐·会昌》，特别是这首词的上阕：

东方欲晓，
莫道君行早。
踏遍青山人未老，
风景这边独好。

这些文字朴素平易，但内蕴丰赡、境界宽广，文约义丰、意味深长。每次阅读，我都感悟到一种高洁的志向、恢廓的襟怀和勇往直前的锐气；由此，我自然而然地联想到马克思主义经典著作编译群体的奋斗历程。

一个世纪以来，这个群体持续不断地为传播真理而殚思竭虑、勤勉工作，在崎岖的山路上薪火相传、奋力攀登，至今依然斗志昂扬、意气风发，真可谓历经百年风雨，目标始终如一；越过崇山峻岭，归来依旧少年！在我看来，“踏遍青山人未老”这七个字正好可以用来表明马克思主义经典著作编译工作者永葆青春、不懈奋斗的豪情壮志和赤子之心；而“风景这边独好”则可以用来昭示我们的信念：既反映真诚恳挚的家国情怀，又彰显坚守阵地的责任心和自豪感。

因此，我常在清晨吟咏这两句富含哲理与诗情的箴言，从中汲取智慧、勇气和力量。

顾锦屏，马列主义经典著作翻译家。研究员。生于 1933 年，上海人。曾任中央编译局常务副局长、特邀顾问，中国国际共产主义运动史学会会长、中国马克思主义哲学史学会副会长、中国马克思恩格斯研究会名誉会长。2006 年荣获资深翻译家荣誉称号。2019 年荣获中国翻译协会翻译文化终身成就奖。享受国务院政府特殊津贴。参与《马克思恩格斯全集》《列宁全集》《马克思恩格斯文集》《列宁专题文集》等翻译、审稿工作和《马克思画传》《恩格斯画传》《列宁画传》等编撰工作。

70载编译经典　信仰铸就崇高

顾锦屏

是党的需要，把我引上了这条道路

我家祖居上海崇明岛，1947年我考入江苏省立太仓师范学校，考取师范是当时经济不富裕的农家孩子离开闭塞岛屿的最现实途径，读师范是不用交学费和饭费的。两年时间师范学校的学习，为日后从事马列经典著作编译工作打下了比较好的文字基础。1949年5月12日，太仓解放。我和同学们迎来了激情燃烧的岁月，同学们有的参加土改工作队，有的参军参干。这时，一所革命的学校——华东人民革命大学附设上海俄文学校贴出招生启事，我决定一试。招生考试考了三门课：政治、语文、英语。政治、语文两门我"占了便宜"的，新中国成立时，《中国人民政治协商会议共同纲领》具有临时宪法作用，这些我学过的，政治正好考这些内容；我还读了毛主席的《为人民服务》和《论人民民主专政》，语文考试的作文题就是"为人民服务"。果然，在近千名考生的角逐中，我有幸成为被录取的300名学

本文口述于2023年，整理者龚格格。

生之一。入学后，我在俄文学校速成班学习了俄语大概一年半的时间。

1951年夏，俄文学校速成班有26名同学被选调去北京工作，我也在内。到北京后，我和同学周亮勋被分配到中共中央俄文编译局，得知这一组织决定，我忐忑不安：“以前我从没有学习过马克思列宁主义，现在竟让我翻译马列著作！”我回忆起俄文学校开学典礼上陈毅市长反复强调的“要全心全意为人民服务”的教导和学校领导提出的“学好俄语，哪儿需要就到哪儿去”的要求，就安下心来，不懂就学吧。

来到编译局时，我只有18岁，是局里年龄最小的，老

1988年10月，顾锦屏（左二）率代表团访问民主德国马列主义研究院

同志们都管我叫“小孩儿”。“小孩儿”走上工作岗位接到的第一个任务，是参与《简明哲学辞典》的翻译。这部由苏联哲学家尤金和罗森塔尔主编的辞书，是学习马克思主义哲学的必备工具书，即将在苏联出版第五版。1950年早春毛泽东访苏归国后，斯大林即派尤金来华协助编辑“毛选”俄文版。当时担任尤金翻译的是延安时期留苏的林利——林伯渠的女儿。出于特别的信任和珍重，尤金将还未出版的《简明哲学辞典》第五版清样交给林利。林利正是我所在的翻译室哲学组的组长。

我接过厚厚一沓稿纸。此前，我仅仅听说艾思奇写过《大众哲学》，但并未读过，哲学方面完全是一张白纸。一次我向编译局首任局长师哲诉说我的困难，老局长拍拍我的肩膀说：“我看过你的档案，你读的是师范，我读的也是师范。你的文笔不错，只要肯钻研，一定能干好！”暖心话让我暗下决心：边干边学，边学边干，“先天”不足“后天”补，誓从外行变内行！

没有翻译经验，我就认真向何匡、刘水、林利等前辈求教，把他们改过的译稿当教材；为提高俄语水平，就听俄语讲座，阅读俄文理论著作；不懂德文，就参加德语班学习，边学边用；哲学底子薄，就一头钻进苏联哲学教科书和毛泽东著作中，反复研读。那真是激情燃烧的年代，每到夜晚，办公室灯火通明。我们这些年轻人，通过刻苦学习，很快地成长起来。

经过3年集体攻关，《简明哲学辞典》中文版完成，我经受了锻炼。紧接着，我又参加了列宁《哲学笔记》的翻译和译文校订工作。到 1956 年《哲学笔记》出版时，我已积累了较为丰富的哲学知识和翻译经验，但也戴上了一副几百度的眼镜。

1956 年编译局翻译《列宁全集》时，我这个“小孩儿”已经担起了大任，负责第 14 卷即《唯物主义和经验批判主义》的审稿和定稿。在重任面前，我猛然发现，原来的知识储备不够用了。马列著作博大精深、包罗万象，仅仅掌握一些哲学基本概念远不能精准理解。为了深入理解《唯物主义和经验批判主义》，我一方面认真向苏联专家请教，一方面系统梳理列宁的批判对象——马赫主义的哲学思想，并恶补了欧洲哲学史方面的知识。

经过全局同志的日夜奋战，1959 年，《列宁全集》中文第一版共 38 卷全部译完，向新中国 10 周岁生日献上一份大礼。我和同事们还没来得及休息，就投入了新的战斗——翻译《马克思恩格斯全集》。我参与审稿定稿的《马恩全集》第一版第 3 卷即《德意志意识形态》，是一部内容精深、涉及问题极广的论战性巨著。

在堆满书籍和参考资料的办公室里，我们大家经常聚在一起，推敲原著、研讨难题，聆听苏联专家讲解原著要义。经过两年努力，这部鸿篇巨著终于面世，受到高度肯定。不久，我被任命为中央编译局马恩室副主任，成为名副其实的业务骨干。

此后数年间，我承担《马恩全集》中文第一版第 20 卷中《反杜林论》的审稿、定稿工作，参与了《共产党宣言》《路德维希·费尔巴哈和德国古典哲学的终结》《社会主义从空想到科学的发展》《1844年经济学哲学手稿》等马克思主义理论宝库中多部作品的校审工作。日积月累，我已经能熟练地运用俄语和德语译校马列主义经典著作。我感觉，那段时间是我一生中成长最快的岁月，我从当年“一张白纸”的青年成长为可以熟练运用俄语、德语译校马列经典著作的业务骨干。

为传播马克思主义科学真理默默奉献，我无怨无悔

1953年我加入了中国共产党时，即立志为编译马列著作奋斗终身。

“文化大革命”结束后，中国迎来了改革开放的春天，马列著作编译事业也开创了新局面。1978年，我开始担任中央编译局副局长。即使走上领导岗位，再忙我也没有脱离编译这个主业。

我经常讲，我白天忙局务，晚上忙业务，虽苦犹乐。1982年，经中央批准，《列宁全集》中文第二版（60卷本）编译工作正式启动。到1990年底，第二版全部出齐。编译局没有照搬《列宁全集》俄文版第五版，而是进行了大量资料收集和编辑工作，这也成为我国自行编辑的收文最全、资料最翔实的列宁著作集。我利用挤出来的时间，参与了其中3卷的校审工作。1986年，按照中央决定，《马恩全集》

中文第二版（70卷本）编译工作启动，我参与了部分卷次的修改和审定。最繁忙的时候，我常常是晚饭后再回到办公室，孤灯清茶相伴至深夜，实在疲乏时就躺在办公室的床上打个盹儿。

编译马克思主义经典著作要耐得住寂寞，坐得了冷板凳。在这些翻译过来的经典著作上，读者是很少看到编译者个人的名字的，大多以“中共中央马恩列斯著作编译局”的名义集体署名，个人没有稿费或微乎其微。

如今，同我一起翻译《简明哲学辞典》的，一起译《唯物主义和经验批判主义》《哲学笔记》《德意志意识形态》《反杜林论》的，他们都走了，就剩我一个了。几代同我共事的同志为这项事业献出了青春和终生。1978年跟我一同被任命为副局长的林基洲，《列宁全集》中文第二版的工作主要是他抓的，他废寝忘食地工作，1993年夏天，他在办公楼上厕所时突然晕倒，再也没有醒来，走的时候只有64岁。1951年跟我一同调到编译局的周亮勋，也和我一样退休后继续忙工作，2005年因突发脑溢血倒在办公室门口，两年后离世。我们这些老伙计们，在生活上有一些共同的“毛病”：伏案久坐、废寝忘食、长时间用眼用脑、“不懂”劳逸结合……我走上领导岗位后，由于白天要忙着处理一些行政事务，业务工作常常要放到晚上来做。那些年为了审改《列宁全集》中文第二版的译稿，我就睡在办公室，一早再回家吃饭。

林基洲逝世后，我将他的一部分工作接了过来。也是这一年，我突发中风，幸好被及时送进海军医院治疗，康复后才有机会继续投入我始终不能离开的工作。

作为编译局的领导，我深知培养一支高素质的人才队伍对国家编译事业的重要性。那些年，我四处奔走，招贤纳士，为年轻人争取业务培训、出国深造机会；多次出访，与苏联马列主义研究院、东德马列主义研究院、荷兰国际社会史研究所等国际马列著作研究机构建立联系。如今，编译事业人才队伍建设依然是我关注的重点，编译是一份清苦的工作，编译队伍是无名的英雄群体。优秀人才的流失令人痛心，得想办法巩固、提高、扩大这支人才队伍。

这些年来，我努力工作，得到了组织给予的多个荣誉，使我更加全身心投入这项伟大的事业：1952 年我被评为中直机关模范工作者；1958 年，我又被评为全国社会主义建设青年积极分子；1959 年，我作为特邀代表参加了全国群英会；1991 年享受国务院特殊津贴……2019 年，我获中国翻译界的最高奖——翻译文化终身成就奖。

怀着对马列主义的深厚感情，继续发挥余热

我曾带队出访民主德国马列主义研究院，同那里的专家学者进行学术交流。随着柏林墙被推倒，他们的命运被彻底改变，曾担任领导职务的学者也只能拿到“惩罚性”的养老金，晚景凄凉。1990 年 5 月初，中央编译局代表团应苏共中央马列主义研究院邀请访苏，5 月 9 日还被邀请到

莫斯科红场观看卫国战争胜利日阅兵。可是随着苏联解体，这所列宁时期就创立的久负盛名的研究院也被解散了。以德国同行、苏联同行的境遇，反观中国的马克思主义经典著作编译队伍，这让我更珍惜我们的工作。

珍惜背后，不只是对岗位的守护，更是对马克思主义信仰的守护。20世纪80年代末90年代初，苏联解体、东欧剧变，世界社会主义运动遭遇严重挫折，一时间，马克思主义"失败论""过时论"大为流行。为此，我撰写了《对马克思主义历史命运的几点思考》等文章，以坚定的信仰、求实的态度和令人信服的说理，在一片喧嚣和迷茫中表达了追求真理、捍卫真理的精神。

"咬定青山不放松"，对我而言，这座"青山"就是马克思主义。入党60多年来，听到过各种论调，经历过无数次风吹浪打，但对马克思主义的信仰从未动摇。搞马列著作翻译，关系到党的指导思想，关系到理论是非，来不得半点马虎！对此，我始终做到身体力行。

我认为，做好马克思主义经典著作的编译工作，首要就是对马克思主义抱有坚定的信念。正是执着于这份信念，我才能在本该颐养天年的高龄仍然每天坚守在办公室；正是执着于这份信念，我才能在苏东剧变、世界社会主义遭遇严重挫折之时，保持头脑清醒，发出捍卫真理的声音。

经常有老同事问我："老顾啊，你怎么还在干呀！"是的，我本可以在家安享退休生活，但是马列著作的编译任务仍十分繁重，而编译力量又严重不足，趁我现在身体还

2019 年 11 月，顾锦屏荣获“翻译文化终身成就奖”

好，能做些力所能及的工作，为党的思想理论建设尽一点力吧！这也是我的退休生活方式。2004 年，我已经 71 岁了，这一年，我办理了退休手续，却退而不休，没有离开编译一线。

2004 年，中央启动马克思主义理论研究和建设工程，我有幸作为经典作家重点著作译文审核和修订课题组负责人之一，为编辑方针、校订原则和编写要求的制定倾注心血，还承担了译文的审核修订工作。2009年，我参加的十卷本《马克思恩格斯文集》和五卷本《列宁专题文集》正式出版，被中央领导同志赞为“马克思主义理论研究和建设工程的标志性成果”。2012年，我担任副主编的《马克思恩格斯选集》第三版、《列宁选集》第三版（修订版）、《马克思画传》《恩格斯画传》和《列宁画传》相继出版。

如今，我已是九十多岁的老人，再像过去那样工作已力不从心了。但是，我作为马列著作编译战线的一位老战士，我会一如既往尽力发挥余热吧。

1944年5月，毛泽东主席为延安时期共产党第一任石油厂厂长、为革命屡立奇功的陈振夏亲笔题词“埋头苦干”！以后再次为其题词“劳动英雄”！1981年1月15日，《解放日报》记者宋超在头版头条发表《他，永远是他》长篇通讯，并在加发的言论“以人为镜而知得失”中提出一个重要观点：面对形势和任务，向陈振夏学习，“更需要我们的每一个党员和干部不忘革命初衷，继续保持光荣传统，去影响和带领群众”，让读者走近了几十年艰苦奋斗而始终保持革命本色的资深共产党人陈振夏：他功勋卓著，离休回到家乡崇明之后谢绝组织上按规定为其盖一幢小楼、按特供标准提供生活用品的安排，住到县城小巷深处的老宅内，“群众怎么生活我就怎么生活”。这里讲到的陈振夏老先生是我的岳父，有一年，我返乡看望他，他在老宅房间里用两张条凳搁上木板当作床，对我说：“这是家，你住家里。”我欣然从命，谢拒县委安排的小招待所套房。提起延安精神，我觉得在我岳父身上得到了集中的体现，他最让我钦佩的一点是安贫乐道。今天的条件同当年的延安不可同日而语，但是延安精神不能丢！这样才能守护好共产党人的精神家园！

2011年9月，中央编译局为我召开从事编译工作60年座谈会。我本不愿答应，但局领导一再强调，这不仅是为宣传个人，更是为托起新一代编译人才，我才同意。在座谈会上，我向所有在场人讲："当我回顾走过的人生道路时，我记起了青年时代曾奉为座右铭的一句话：'人最宝贵的是生命，生命对我们来说只有一次……在他回首一生时，能够说，我已把我整个的生命和全部的精力都献给了最壮丽的事业——为人类解放而奋斗。'我虽然离这个高尚的境界还很远，但我可以聊以自慰地说，我把我的一生献给了传播马克思主义科学真理这个崇高事业。"

我的一生没有虚度。如今我年事已高，有些力不从心了，编译马克思主义经典著作的重担落到了中青年肩上。我深信，编译局的这支队伍一定会不断壮大，续写辉煌！

李兴耕，国际共产主义运动史学家。研究员。曾任中央编译局国际共运史研究所所长、中央编译局副局长兼秘书长等职。2006 年荣获资深翻译家荣誉称号。享受国务院政府特殊津贴。长期从事国际共产主义运动史和俄罗斯问题研究，主要译著有《饶勒斯文选》《第二国际研究》等。

编译局大院里的点滴回忆

李兴耕

一、编译局南宽街大院往事追忆

1960年夏天，我从苏联列宁格勒大学历史系毕业回国后，在北京外国语学院（今北京外国语大学）参加了4个多月的归国留学生集训。同年11月，组织上分配我和老同学梁桂燊到中央编译局工作。编译局干部科科长周惠年同志带着一辆吉普车和拖斗车（装行李用）来到西郊魏公村外语学院，把我们接到了西城区南宽街13号大院集体宿舍。从60年代初到70年代末，我在这里度过了十多年难忘的岁月。南宽街于1965年更名为南丰胡同。大院在90年代已被拆除，改建为丰汇园小区。但是原南宽街北口那棵围着铁栅栏的百年老槐树仍然矗立着，枝繁叶茂，似乎在向人们诉说那里的缤纷往事。

（一）历经沧桑的大院

南宽街13号大院原是清代的状元府，南北面阔18间半，前后共三进院落，解放前曾是著名京剧表演艺术家马

本文根据李兴耕同志口述资料整理，整理者路军。

连良的私宅（参见王鼎：《一代须生泰斗马连良与京城的地理交汇》，2011 年 2 月 23 日《北京青年报》）。解放后这里成为编译局的一个办公场所和宿舍。赵仲元同志在 2003 年为中央编译局成立 50 周年纪念文集写的《原南宽街十三号院师哲局长住处翻译组的情况》一文中描述了 50 年代初那里的情景。当我 1960 年深秋第一次进入这个大院时，就像刘姥姥初进大观园，感到十分新奇。院子非常宽敞，外院套着内院，四边有游廊连接，还摆着一些用花岗石制作的圆桌和凳子。从外院进入内院的垂花门上有精致的砖雕，正房两边挂着楹联。外院西侧经过月亮门是一个花园，那里有紫藤萝架和大枣树，还有槐树、白杨以及海棠、丁香等花卉，很有“曲径通幽”的意境。当时在内院居住的是编译局首任局长师哲及夫人周惠年同志一家。校审主任谢唯真及其苏联夫人住在外院朝南的房子里。此后，王惠德、张仲实、姜椿芳、曹若茗、易惠群等领导同志也曾住在这里。在这个院子先后居住过的其他同事有数十家之多。

我住在外院南侧朝北的集体宿舍里。由于房子南墙没有窗户，南北不通风，夏天比较闷热，地面经常湿漉漉的。冬天靠煤球炉取暖。院子西侧有一个公用盥洗间和厕所。每天早晨，我与其他同事总是出大院东门，穿过十八半截胡同（今什坊小街）和古直胡同（现已拆除），到西斜街 19 号（今 36 号）大院去上班。一日三餐都在机关食堂解决。晚上通常也待在办公室，很迟才回宿舍。后来，有的同志结了婚，搬到别的地方居住，有的则继续住在这里。我于

中央编译局成立初期工作人员生活照

1963年7月结婚后，由于妻子在外地工作，我仍住在集体宿舍。直到1975年，在人事部门和许多老同志的积极努力和热情帮助下，经过一番周折，才把我的家属从外地调到北京，起先暂住在机关门口的一间屋子里，后来搬到南宽街大院。

（二）国际室的临时办公室

1963—1965年间，由于编译局机关大院进行改造，建设新办公楼（即今2号楼），国际室第一、二、三组和南文组临时搬到南宽街大院办公。第一组（组长张文焕）和第二组（组长殷叙彝）的办公室在大院北边朝南的一排房间里。第三组（组长周邦媛）的办公室在大院南边朝北的一排房间里，面对垂花门；“南文组”（组长胡文建）在内院东侧的房间办公。当时国际室的主要任务是编译机会主义、修正主义的资料，为反修斗争服务。我分配在第二组，参加了《修正主义、机会主义者著作目录》(1963年11月出版)的资料收集工作。接着又参加了《伯恩施坦言论》《考茨基言论》等“灰皮书”的编译，为这些书写“前言”“编者按语”和“提要”。与此同时，我还着手收集法国社会党领导人饶勒斯的著作及有关资料，准备编译《饶勒斯文选》。但当时此项工作未能完成。1964年10月，在中宣部副部长许立群、出版处处长包之静、编译局副局长王惠德和姜椿芳的率领下，我随同林基洲、顾锦屏、李宗禹、殷叙彝、于沪生、郑异凡、胡文建、荣敬本等同志到通县徐辛庄公社小营大队参加“四清”运动。我还清楚记得，恰好在出发前夕，中央人民广播电台播发了赫鲁晓夫下台的消息。1965年结束通县的四清工作回局后，我又与荣敬本、杨祝华等同志一起参加林基洲同志率领的工作团，到昌平兴寿公社秦城大队第二次搞“四清”，直到1966年5月“文革”开始后，才回机关参加运动。此时，局里的新办公楼已建成，国际室也从南宽街大院搬回西斜街工作。

(三)在花园里挖防空洞

“文革”期间，在毛泽东“深挖洞、广积粮、不称霸”的号召下，全国各地都掀起了大挖防空洞的浪潮。编译局除了西斜街办公楼前建有一个比较正规的防空洞外，70年代初在南宽街大院西侧的花园里也挖了一个简易防空洞。由于缺乏建筑材料，局里派了大卡车到阜成门顺城街附近的北京明城墙去拆老城砖，运到南宽街大院。我局许多同志都参加了搬运沙子、砖头、挖坑和砌墙工作，在院子里挖了一个约四五米深的大坑。由于在坑边没有设置护栏，有一次我站在坑边与别人说话，一不小心从地面摔到坑底，把大家吓得够呛。幸亏我没有受伤，只是手上蹭破了一点皮。那时我们还没有学会砌墙。工宣队里有一位吴师傅做过泥瓦工，他教我们按一定比例把水泥和沙子调和在一起，再用水把砖浸湿了，然后砌墙，在上面铺上水泥板，再盖一层泥土，用碾子压实，就算大功告成。现在看来，这样的“防空洞”根本起不了防空作用，实际上毫无用处，因此建成后一直空置着，成为藏污纳垢之处，直到90年代被拆除。

（四）遭遇1976年7月大地震

1976年7月28日清晨唐山发生大地震，也波及北京地区。那天早晨，我在床上突然间被地震惊醒，感到房子摇晃不停，嘎嘎作响。全家人也都起来了，跑到屋外一看，发现隔壁的山墙倒了，压在我家屋顶上，天花板的土块被震了下来，幸亏没有砸伤人。接着余震不断，大家吓得不敢待在家里，都聚集到西斜街机关大院的空地上，用木板、竹竿和塑料布等材料搭起临时抗震棚，有的住到大楼前的地下防空洞内。刚来编译局报到的陈双苑、费新录等年轻同志跑上跑下，热情帮助行动不便的老人，一有余震，就把他们从防空洞里背到地面上避险。有些同事的住房墙壁被震塌了，房顶漏雨，大家就去帮助整修。李宗禹、陈慧生一家住的老房子在地震中损坏比较严重，同志们相约前去修补，有的和泥，有的砌砖，终于修理好了倒塌的墙壁，补好了漏雨的屋顶。大家在灾难面前的这种团结精神给我留下了很深的印象。那时为了防止余震，大家都采取了预防措施，各显神通。例如，在床的上面再架一层木板，改造成双层床，人睡在下边，以防地震时被掉下的砖瓦砸伤。

1979 年我搬到了西斜街 36 号旁门新建的宿舍楼，但经常怀念在南宽街 13 号大院度过的那些岁月。

二、编译局西斜街大院的点点滴滴

西斜街大院是编译局的主办公区，以前是一个清朝大员的私宅，是一处非常有名的园林。解放初期，院子里亭台楼榭、古香古色，办公环境非常宜人，是一个闹中取静的好地方。我们编译局的同志，是住宿在“状元府”（南宽街 13 号大院）、工作在“大宅门”（西斜街 36 号大院）。在这座学习、工作的“大宅门”中，也有很多点点滴滴的事情，至今让我记忆犹新。

（一）良好的学习风气

当时，编译局人员的文化素质在中央各单位间是比较高的，有很多留学回来的同志。而且做编译工作，面对经典作家的著作涉及经济、政治、社会生活的方方面面，我们就必须要边学习边工作、以学习促工作，不停接受新鲜事物、永远没有一劳永逸。这都推动编译局形成了一个很浓厚的学习氛围。

我来到编译局以后，就感受到了这种学习氛围。当时大家很多都是二十几岁的年轻人，接受能力强、可塑性强，在领导和老同志的带领下，我们业余时间除了进行一些集体活动，就是学习。学习外语、学习一些优秀的古文。我们不仅自学，在这些方面有专长的领导和老同志还会给我们年轻人进行授课。我现在记忆还很深刻，在西斜街大院的会议室里，晚饭后，老同志就会把我们一些年青人召集起来，每天几篇，一篇一篇的给我们讲古文。我还记得有一天晚上讲的是《左传》中的《曹刿论战》，这个字用在文中是什么意思、这个词用的怎么好、这段话整个是什么意思，讲得非常详细。这些老同志都有很深厚的国学底子，因此尽管我是上海华东师范大学中文系的科班出身，听起来也是津津有味、受益匪浅。后来，随着工作时间长了，愈发感慨，当时对中国优秀传统文化的学习是非常有益的，打下了一个扎实的文学基础，做翻译、做编辑，必须都要具备良好的文学素养。

同时，在西斜街大院，局里还开设了好几国外语的学习班，我参加了德语班。辅导的老师，一开始是周家碧。周家碧是周亮勋的妻子，20 世纪 50 年代的时候，曾被派到民主德国的德国统一社会党中央马列主义研究院进修了三年，系统学习过德语。她的德语发音特别标准，语法、拼写等也都特别扎实。后来是杨威理，那时他担任图书资料

中央编译局成立初期的办公区院景

室的主任，之后长期担任这个职务，学术素养相当深厚。他是台湾人，曾在日本仙台第二高等学校、日本东北帝国大学、台湾大学等求学，会包括德语在内的多国语言。其他的一些辅导老师，还有当时马恩室的同志、外国专家、北京大学的德语教授等。应该说，这个师资队伍还是非常厉害的。老师们从基本的语音语法讲起，一直到最后很复杂的德语知识，给我打下了很扎实的德语基础。

当时我们这些年轻人，是一边听课，一边自学。那个年代，哪有现在这样的学习条件，什么录音机、播放器、学习磁带都没有的，就是靠拿着书、拿着笔记一遍一遍地读、一点一点地记，啃语法、背单词，是非常苦的。但在编译局学习有一个先天优势，尽管可能练口语的机会不多，但是翻译的机会很多。当时，我在国际共运史史料处工作，处里用“史集”的名字，对翻译成果进行集体署名。处里的年轻人都是边学习、边参加处里的翻译。我们每个人翻译一段，整合在一起后，最终由德文水平比较好的来做整体校订，署“史集”发表。因此，在那段时间里，我就学以致用，翻译了一些伯恩斯坦、考茨基的德文文章。

在我的记忆里，那段时间，学习和工作都非常紧张，但也觉得非常愉快。西斜街大院里，夜晚的灯光亮的很久，同志们的笑声也飘得很远。

（二）严谨的工作作风

经典著作编译工作涉及党的基本理论，必须有严之又严、慎之又慎的工作态度和工作作风，不能大而化之、差不多就行。这一点，在西斜街大院是大家的一个共识。这方面的例子很多，我就谈一个。

我的专业是做法国社会主义运动研究。1979年8月，著名历史学家、北京大学历史系教授张芝联先生创立了中国法国史研究会，我也加入了研究会，参加了研究会的一系列年会、国际研讨会以及历史文化研讨活动。上世纪80年代，国内对法国社会主义运动史的研究主要集中于法国工人党。法国工人党是法国最早的马克思主义政党，是在法国工人运动中诞生的第一个无产阶级政党，也应该说是世界上第一个由马克思亲自指导建立的工人政党。1879年在马赛举行的法国全国工人代表大会上，经盖得和拉法格倡议，通过了成立法国工人党的决议。随后，盖得和拉法格在马克思的亲自指导下制定了党纲，马克思撰写了总纲部分。1880年在勒阿弗尔代表大会上，这个纲领获得通过，称为《勒阿弗尔纲领》，法国工人党正式成立。

《勒阿弗尔纲领》的导言也即《法国工人党纲领导言》是马克思口授的，当时恩格斯在场。它是一部极为重要的共产主义历史性文献。关于《法国工人党纲领导言》，马克思说："这个很精炼的文件在序言中用短短的几行说明了共产主义的目的"。《法国工人党纲领导言》阐释的与《共产党宣言》的同一主题，就是共产主义思想，有研究者就说，这是又一篇"共产主义宣言"。尤其重要的是，这个"共产主义宣言"是在《共产党宣言》发表30多年后宣布的，经过30多年的历史实践检验，马克思再次申明了共产主义这一人类最崇高的社会理想的科学结论，是马克思 1848—1880 年全部共产主义思想发展历史及其成就的集大成者。

中央编译局翻译的《法国工人党纲领导言》收录于 1963 年出版的《马克思恩格斯全集》中文第一版第 19 卷第 264 页，其原文是法文，译成中文只有 282 个字。改革开放后，随着法国史研究的兴起，学术界对我们翻译的《法国工人党纲领导言》译文，提出了很尖锐的批评。其中，杭州大学历史系主任兼法国史研究室主任沈炼之教授，就在 1980 年第三期的《法国史通讯》上刊发了《关于〈法国工人党纲领〉的翻译问题》。文章开篇就指出:“最近我们想着手翻译法国工人党的纲领，即 1880 年党第二次代表大会通过的《勒阿弗尔纲领》。根据我们协作的五所大学有关同志的初步协议，法国史资料的翻译，要尽量采用国内已经译出来的有关文件，以免重复，也可以节省一点时间。我们首先考虑到的是 1963 年人民出版社出版的中译本《马克思恩格斯全集》第十九卷中《卡·马克思。法国工人党纲领导言》和本卷注释第一百六十条中‘A. 政治方面’和‘B. 经济方面’两部分内容。这表示我们对中央编译局翻译的马列主义经典著作一贯采取尊重和信赖的态度。可是我们仔细阅读了这个原始文件的中译文以后，不禁大失所望。无论在《导言》部分或《纲领》的具体条文中，都发现了不少问题，因此无法采用《马恩全集》中的译文，我们深感遗憾。”全文共指出了 16 条译文错误，除指出了一些漏译、错译的问题外，对一些问题的评价为“原意完全颠倒”“弄的不三不四，令人无法理解”等。

沈炼之教授是我国法国史研究的开路人、中国法国史研究会名誉会长，我和他很熟悉，也非常尊重他。他对我局译文提出的意见无疑在国内法国史研究界掀起了很大波澜。我们看到这篇文章后，都非常着急，因为从政治上看，这涉及我党对经典著作翻译的权威性。因此我们马上就拿《勒阿弗尔纲领》的法文原文和《马克思恩格斯全集》中文第一版第19卷中的译文进行核对，一看，确实是不一样。我们就研究，查阅资料、询问老同志，因为毕竟编译局是20多年前翻译的这篇文献了，要把来龙去脉搞清楚不是那么容易。后来我们找到了英文版的《勒阿弗尔纲领》，它在正文下面有个说明，说是根据当时法国工人党机关报《平等报》上刊发的内容进行翻译的。《勒阿弗尔纲领》最早就是刊发于1880年6月30日的《平等报》。我们就感觉，问题会不会是出在这里，而最好的解决办法就是找到当年的那期《平等报》进行原文核对。

但当时在国内，我们是不可能找到19世纪法国报纸的原版或影印版的。过了一段时间我们知道，局里文献部的一位老法文专家恰好在巴黎，我们就给他写信，请他在巴黎或者比利时布鲁塞尔的图书馆帮忙找一找1880年6月30日的《平等报》。后来，还真找到了这份报纸。法文专家就拍摄了缩微胶卷寄回了局里。经过核对，编译局的翻译是没有问题的。1982年11月30日，我就给沈炼之教授的学生楼均信写了一封信，请他把我们的核对结果转达给沈先生。我的信里写道："记得沈先生在《法国史通讯》上曾写过一篇文章，批评《马恩全集》中法国工人党纲领的译文。我们最后作了核对，发现《全集》的译文是根据1880年6月30日《平等报》上的文本翻译的，也就是说，是1880年5月盖得、拉法格同马、恩一起起草后就发表的文本，应该说是纲领草案。而沈先生所依据的则是经过1880、1881、1882年历次代表大会讨论通过并作了修改补充的纲领，或者说正式纲领。二者之间的差别并不是翻译上的问题，而是原文的差别。"并从经典著作编译工作的角度建议"你们如果引用马克思的纲领导言，还是以《全集》的译文为好"。随信还附上了1880年纲领草案法文版复印件。

这个学术问题的解决，应该说是得到了沈炼之教授和国内法国史研究界的肯定的。1998年，楼均信选编了《沈炼之学术文选》，专门把《关于〈法国工人党纲领〉的翻译问题》和我的那封回信都收录其中。当时，沈先生已经作古，但通过这前后两文，老一辈学者的治学严谨和中央编译局的实事求是都跃然纸上，留作永久的历史证明。

我举这个例子，就是想说明，我们在西斜街大院做经典著作编译，是本着非常严谨的工作作风的。为了求证这282个字的对错，我们用了两年时间、跨越了几千公里的距离。因此，在日常编译工作中，对一个词、一句话、一篇文献，我们都会严谨求证、实事求是，一切以事实说话、以第一手材料为准。这种工作作风是从编译局1953年成立就树立起来的，并一直延续，今后应该要继续发扬。

（三）纯朴的同志感情

编译局同志们之间，感情都是比较朴素的，老一辈给我们树立了典范，后来者学习了这一传统，大家都是不争名利、埋头干活，西斜街大院的氛围一直比较融洽。

1990 年 12 月，局里任命我担任秘书长。这算是局领导了，但其实我是不愿意的。当时宋书声局长找我谈这个事的时候，我就坚决拒绝，我说：我就是一个书呆子，没有行政组织能力。但当时秘书长这个职务一直空缺，徐宜林担任副秘书长，他就反复来找我，说“老李你来干秘书长吧”。副职反复请正职去当领导，这在现在可能都不能想象，但当时大家就都是这么一个情况，对位子、权力没有那么多想法。后来实在没办法了，我就去找宋局长，说：我当秘书长可以，但是行政工作这一摊是不是免了。当时张海滨是局办公室主任，我就说：是不是行政工作这一摊可以请张海滨来代替我主管，我只管业务这一摊工作。后来，局领导也都同意了。我这个由副秘书长“请”来的“秘书长”也就只能硬着头皮上任了。

那时，局里同志们之间的称呼，都是比较亲切的，即使称呼局领导，比如我称呼宋书声局长就是叫“老宋”，林基洲是我的导师，我也称呼“老林”。只有对老一辈的领导，比如姜椿芳、张仲实，称呼为“姜老”“仲实同志”。王惠德局长，我们都很少称呼职务，就是叫“王惠德同志”。这代表了大家的一个平等地位，也是党内亲密同志关系的一个很好体现。

那时，局里各个部门的负责人，大家的关系也比较密切。部门之间，干工作也都是比较协调。如果在工作中间发生什么困难，各部门的负责人就直接找上门去，随便谈了，大家都很敞开心胸的来交谈，没有什么部门藩篱阻碍在那里。这使全局能在工作中拧成一股绳，在工作中大家的心情也都是非常愉快的。

尹承东，中央文献西班牙文翻译家。译审。曾任中央编译局中央文献翻译部主任，中央编译局副局长，中国翻译协会副会长，西班牙、葡萄牙、拉美文学研究会副会长等。2009 年荣获资深翻译家荣誉称号。2012 年获中国翻译协会翻译事业特别贡献奖。享受国务院政府特殊津贴。参与《毛泽东选集》等领袖著作和中央文献的西班牙语翻译，并有二十余部中西文学翻译作品。

我从心底里爱上了这份事业

尹承东

人到暮年，往往会情不自禁地去回忆自己一生走过的路，深深地怀念那些留在记忆中的往事，或者说力图为自己的一生做个总结，总结自己一生中做的最有价值、最感欣慰的事是什么，自我评价一番，看看是否活出了人生的价值。我今年正式跨入耄耋之年，虽可自诩为夕阳红，但毕竟落山在即了，再不抓紧时间跟朋友们聊聊自己走过的路，恐怕就要留点儿遗憾了。

我这一生简单说来就做了三件事：正业从事经典著作翻译，业余翻译西班牙语文学，退休后到外语高等学府教授翻译课。而在这三件事中，最有意义的当属第一件，从27岁起，到64岁退休，近40年间，我对这项事业始终不离不弃。最近我甚至顿悟到，我一生都与经典著作翻译有一种奇妙的机缘。

与《毛泽东选集》翻译工作结缘

1960年我幸运地考进北京外国语学院（今北京外国语

本文口述于2022年，整理者柳宁。

大学)，当时正值中苏反目，而古巴革命则于1959年取得成功，于是我被选入西班牙语系进行学习。那时尽管要求学生“先红后专”，但还是提倡要树立远大理想。我在中学时学了5年俄语，并有幸得到名师指教，又读了不少苏俄文学作品，所以早早就萌发了当一名翻译家的想法。大学三年级开始尝试翻译了一部西班牙中篇小说，得到上海一家出版社的认可并答应出版(多年之后，有幸见到著名翻译家祝庆英女士，得悉当时是她审了我的译稿，虽一稿之缘，亦可称恩师了)。尽管这部小说由于学校系领导的干预——批评我成名成家思想太严重——未能出版，但却激发起我浓厚的翻译兴趣，这也成了我同经典著作翻译结缘的起点。

大学五年级下学期基本没课了，学生处于自学状态，等待分配工作。一天，我偶然在一家外文书店发现了刚刚出版的西班牙文版《毛泽东选集》第四卷，如获至宝，咬咬牙从生活费中抽出钱买了下来，又买了中文版，开始将两种文字一句一句地对照阅读，读得如痴如醉。这些译文都是出于一群大家之手，作为一个尚未走出校门的学生，自然立刻对译文产生了高山仰止之感，可说是一种震撼。为了取得更好的学习效果，便把许多自己最感兴趣的译文对应抄录在中文版上。当时的中文版还是竖排，抄录起来很麻烦，但我却乐此不疲。用了三个多月的工夫，终于把《毛选》第四卷中西文对照读完、抄完——后来让我受益终生，然后把自己的抄录成果一一欣赏品味，那种莫名的享受至今回忆起来还是一阵激动。

1965年夏天毕业后，我被分配到外交部，第一年是下乡到湖南浏阳搞“四清”工作，第二年5月从湖南回京时正值“文化大革命”开始。当时学《毛选》是全国人民的生活主题，而外国来访的代表团也都是奔着“文化大革命”来学习毛泽东思想的。所以我在外交部接手的第一份工作，就是跟随团中央的领队一边陪秘鲁的一个青年团领导人赴南昌—井冈山—瑞金参观访问，一边为他们讲解《毛选》的文章。

从瑞金回京后，我更是一头扎进北京西郊的亚非学生疗养院，陪同外宾从《毛选》第一卷开始系统学习毛主席的著作。这让我先前学习的西班牙文版《毛选》第四卷的翻译知识派上了用场，心中十分地高兴，更加激发了我对笔译工作的浓厚兴趣。外面是“文化大革命”的暴风骤雨，我却跟一名军事专家住在世外桃源般安静的西山脚下，教一些外国革命者学习《毛选》，不受任何干扰。从第一卷开始，我翻译一篇，军事专家就讲一篇。外宾对此非常满意，我的成就感也自不必说。

成为《毛泽东选集》翻译正规军的一员

有一天外交部突然打来电话，命令我当天必须回部听从指示。当时一阵惊愕，心想大祸要临头了，可能是因为我没有参加“文化大革命”，造反派要批斗我这个“逍遥派”了。于是我急忙借了辆旧自行车，花了近两个小时从西山一口气骑到外交部，找人事司司长报到，那种紧张心情可想而知。不想大出意外，司长见到我时不仅面带笑容，而且还客气地给我倒了杯茶，接着才开口道："现在要向全世界宣传伟大的毛泽东思想，中央决定翻译多语种《毛选》第一、二、三卷，英、法、俄、西四种版本翻译任务交由中共中央编译局承担（他把中共中央四个字加重了语气）。他们的翻译力量不够，尤其缺乏西班牙文干部，就拉了两卡车造反派来找我们要支援，我们当然要大力支持，打开档案室让他们自己选，你是被选中的干部之一，并且要马上到位。现在组织征求一下你的意见，看你去不去。"天哪，组织征求我的意见，看我去不去！难道我敢说不去？我几乎未加思索，连说："当然去！当然去！翻译《毛选》，向世界宣传毛泽东思想，这是一种极高的荣誉，我完全服从组织安排。"就这样，第二天，中央编译局开来一辆几乎散架的破卡车，把选中的英文和西班牙文翻译接到了位于西单弯弯曲曲的西斜街小胡同里的中央编译局。

离开外交部心里不免有些失落，但这种情绪很快就消失了，因为到编译局报到后的第三天，领导就通知我到在北京友谊宾馆的西班牙文翻译组报到。当我诚惶诚恐地走进翻译组之后，竟是一阵惊喜，没想到翻译组的成员除了我的师辈们，还有就是从外交部、外文局、中央国际广播电台、中央联络部等单位调集的翻译大家。与其说我是来这里参加翻译工作的，倒不如说我是来这里继续上学、专门学习翻译的。而且，避开社会上夜以继日的"文斗""武斗”，住在高级宾馆不受任何干扰（中央指示这部分人不参加“文化大革命”）翻译伟大领袖毛主席的著作，那是一种无上的光荣！而且，当时，友谊宾馆的整座南配楼同时住了30多个语种的《毛选》翻译组，那种火热的场景，时时都让我激动不已。

《毛选》第一、二、三卷的翻译从1966年末开始，到1969年末结束，整整持续了三年的时间，亦即每年翻译一卷。在一般人的眼里，这个翻译速度实在是太慢了，但是我要提醒大家：这是文献翻译，而且是毛泽东著作这种文献翻译，更不要忘记是在“文化大革命”那种氛围下翻译毛泽东著作。也就是说，只能翻译好，不能翻译坏，不允许有任何的差错。当时西班牙文翻译组人最多的时候有24位翻译工作者和4名外国专家。为了保证译文万无一失，在精细分工的情况下，每篇稿子从初稿到定稿都要经过十几道工序。工作流程大致是：初译、扫障碍、核稿、小组讨论初定稿、外国专家通读改稿文字加工润色、中国定稿员和外国专家讨论解决问题、行文格式和专有名词统一、整个翻译组集体讨论定稿、定稿员通读、解决疑难问题、最后定稿、打字、校对后发稿。在今天看来，这是不可想象的。译稿几乎要经过每个人的手，连一个标点符号都不能放过，那可真的是达到了“字斟句酌”的最高极限，超乎寻常的“信、达、雅”。所以多年之后我到各地讲座，谈及经典著作翻译，我都很有底气地说：谁要能挑出《毛集》翻译的错误，可以到中央编译局来领奖。至今未见翻译界对

20 世纪 60 年代毛泽东著作翻译室部分工作人员合影

此话提出异议。正是在这三年期间，师辈们对我耐心指教，自己也在工作中不断锻炼学习，使我在经典著作翻译方面打下了较为坚实的基础。有了这个基础，我自然更紧密地与经典著作翻译结了缘，从心底里爱上了这份事业。

《毛泽东选集》第五卷翻译工作在坎坷中推进

《毛选》第一、二、三卷翻译完后，中央编译局“毛泽东著作翻译室”得到的指示是：为翻译《毛选》第五卷做准备。可过了一段时间，翻译《毛选》第五卷的任务还没下来，于是领导决定将这部分人暂时下放到江西进贤五七干校去劳动锻炼。行李打包好了，车票也买了，可就在启程的前一天，上级突然又来了新指示：这部分人不去干校，在机关继续等待《毛选》第五卷翻译任务。这样我们就在机关一边学习《毛选》，一边耐心地等待任务的到来。当时我已是“毛泽东著作翻译室”的负责人。记得每年上报下一年工作计划时就只有一句话：广泛搜集资料，为翻译《毛选》第五卷做准备。没想到这一等就是五年。到了 1975 年 8 月，机关所有人几乎都去过干校了，有的人甚至已在干校待了两三年。那时的中共中央办公厅五七干校已建设得很好，虽说劳作依然辛苦，但可以吃到人民大会堂师傅们做的美食（特别是每人一大碗的清蒸鱼至今难忘），可以在浩瀚清澈的青岚湖（鄱阳湖众多卫星湖之一）畅游，生活倒也过得潇洒自在，真的是虽苦犹乐。

1975 年 8 月 16 日，我刚下放到干校不久，像每天结束田间劳作一样，我跟伙伴们正在青岚湖的碧波中一边畅游一边嬉戏，忽然听到岸上有人高喊：“尹承东，马上到连部去！”那声音如此急迫，着实让我吃了一惊——那个时代真的是事事让人惊心。我慌忙上岸穿上衣服，忐忑不安地向连部走去，一边走一边心中打鼓，是不是我犯了什么错误？不想当我走到连部门口时，迎接我的却是三张既严肃又亲切的面孔——中央编译局局长宋书生、副局长顾锦屏以及连队的指导员、中共中央办公厅的宫家声。他们几乎异口同声地说："北京来电话，有政治任务，限你明天一定赶到北京。"随即顾锦屏又补充道："你什么也不用带，行李随后我们给你寄走。"宫家声接着说："已经派人到南昌给你买火车票了，你今晚就动身，另外给你带个介绍信，到上海乘飞机去北京。一定要按时赶到，这是纪律。"

当时我表面一脸平静，心中却是激动万分，心想：《毛选》第五卷终于来了。当夜干校连部用一辆吉普车把我送到南昌，第二天上午我便赶到了上海。当夜我便赶到北京，到机场接我的是人事处的侯处长。我问他是什么政治任务把我召回来，他讳莫如深，只是笑笑。回到家中，妻子告诉我机关通知了她我从干校回来，她以为我是在干校犯了错误回来接受批斗，也不敢要求到机场去接，还吓得一天一夜没睡觉。第二天我便到中南海开会，果然不出所料，是《毛选》第五卷的翻译任务下来了。召集我们来开会的是毛主席的秘书胡乔木，直接联系我们的是《红旗》杂志主编熊复。据他们讲，小平同志亲自过问《毛选》第五卷的翻译工作，行政和财务事项直接请示当时的中共中央办公厅主任汪东兴。英、法、俄、西、日五大语种的翻译班子由一个五人小组主持，外交部柯柏年大使牵头任组长，副组长为中共中央办公厅贾步斌、计委的浦寿昌（原周总理秘书）、外文出版发行事业局冯习良、中央编译局尹承东，后来中央联络部又主动派副部长林丽韫同志来支援这项翻译工作。随后，五大语种120余人的翻译工作组和几十位像廖盖隆、刘大年、王子野这样高级别的专家组成的注释组浩浩荡荡地开进了中央直属机关招待所（今北京金台饭店），在严格保密的情况下开始了工作。当时《毛选》第五卷收入的文章尚未结集出版，而是来一篇翻译一篇。

在《毛选》第五卷翻译期间，发生了“天安门事件”和打倒“四人帮”，中途停滞了一段时间，所以断断续续拖了三年之久，到 1978 年秋才完成。至此，《毛选》第一、二、三、四、五卷全部翻译成了英、法、俄、西、日五大语种和其他许多小语种。

持续在中央文献翻译工作岗位上发光发热

从 20 世纪 80 年代初开始，我又参加了中央编译局“中央文献翻译室”负责的周恩来、刘少奇、朱德、陈云、邓小平等党和国家领导人著作的翻译工作，主持了《江泽民文稿》俄文版的翻译工作。2003 年我正式退休。

说完党和国家领导人著作的翻译，我再说党代会、人代会、政协会文件的翻译工作。这些文件跟领导人著作的翻译都是出于同一个翻译班子之手——基本上是以中央编译局的翻译为基础，适当地借调兄弟单位的优秀翻译干部来支援。几十年来，年年如此，几乎成了一种定式。我本人荣幸地参加过八次党代会文件的翻译工作和自 20 世纪 70 年代以来至 21 世纪初每年人代会文件的翻译工作。在我的心目中，这些重要会议文件的翻译，同“经典著作”的翻译一样，其译文水平，虽不能跟领导人著作的译文画等号——也无法画等号——但它的质量之高，尤其是它的忠实严谨，实可称得上无懈可击，而且其影响之深广，亦非一般会议文件可比拟。每年三月，当举世瞩目的全国人民代表大会和全国政协会议在庄严雄伟的人民大会堂隆重开幕、亿万干部群众通过电视收看实况转播的时候，会议文件也通过荧屏、广播，以英文、法文、俄文、西班牙文、日文、德文、阿拉伯文等传播到世界五大洲。来华采访的各国新闻记者和有幸与会的驻华使节以及友好人士，更是近水楼台先得月，在大会堂现场就拿到了文件的外文稿。通过这些外文稿，世界各国人民和我国人民一起同时了解到我国两会开幕的盛况。

中国共产党代表大会的情况同样如此，只不过前者每年一次，后者每五年一次罢了。

这些文件的译者基本上都是昔日的“毛泽东著作翻译室”，目前的“中央文献翻译部”。当然了，还有那些慷慨无私来支援这一工作的兄弟单位的专家们。

无私奉献、精益求精、学而不厌的精神

离开中央文献翻译岗位转眼近20年了，但是我仍然时时会想起那些在这一领域教导过我的老师和专家以及我的同辈们，那些同他们一起战斗过的日日夜夜经常会闪现在我的脑海，他们在工作中无私奉献、精益求精、学而不厌海人不倦的精神依然在激励着我。那个时候，面对工作，

1996 年，尹承东（左二）代表中央编译局接受哥伦比亚总统访华时赠送的西班牙文工具书

大家只讲奉献，不求索取，用不着像现在这样打卡上班。每个人在正式上班时间之前就已经来到办公室开始工作了，晚上加班到深夜更是家常便饭。夜餐也不过一碗热气腾腾的面条，要是加了个鸡蛋，那就是格外的福分了。20 世纪 70 年代我们国家的经济情况可没有今天这么富裕，穷啊，所以大家都很理解，只要把工作做好，就是莫大的欢愉。不少人带病工作，也从无一句怨言。我记得后来当了广电局副局长的刘习良，当时他任西班牙文翻译组组长，他的胃被切除四分之三，有几次胃痛，都用一个拳头顶着胃部，脸色苍白地坚持定稿讨论。

工作上的精益求精，从我前面说的工作程序已经表明了这一点。那样的工作态度，出的自然是精品。直到现在我回头看那些译文，这么多年过去了，仍然觉得它们不愧为经典。现在看到有些翻译工作者年纪轻轻得了个什么称号，翻译了点什么著作后，就觉得自己了不起，昔日我所见到的那些翻译大家没有一个人会摆出学者的架子。如果年轻人向他们请教问题，他们总是和蔼可亲地说：“来来来，咱们商量一下，你看这样行吗？”其实，他们的方案绝对是正确的——这是我多次的亲身经历。这些翻译大家不仅对年轻人谆谆教诲，自己也在孜孜不倦地学习。至今我还记得北京大学欧美文学专家李赋宁教授，当时他已不年轻，每天要骑自行车从北京大学到平安里的金台饭店上班，几十里路，从不迟到。领导几次要派车照顾他上下班时，他总是回答道：“我是来学习的，骑车锻炼身体，不麻烦领导。”后来一次偶然的机会，我看到了他记录翻译《毛选》经典例句的笔记本和小纸条。当时，这种孜孜不倦的学习之风在整个翻译班子里非常普遍。

我本人在这样的一个良好氛围内受到熏陶，获益深厚，所以哪怕在我耄耋之年发挥余热转而从事中国文学经典著作如《楚辞》《老残游记》《道德经》《茶经》的翻译时，那种精神都常常激励和鞭策着我，令我时时小心谨慎，不敢有些许懈怠。如今，当年的那些翻译大家有不少已经作古了，但是他们在文献翻译事业上做出的贡献将不会磨灭。

我今天不揣冒昧写下如上的文字，一是对多年教导过我的专家、老师，以及同事们表示深深的敬意，二是期望译界前辈们的优良译德和精神能得到传承。每每想到那些已逝去的同行们，我都会感到深深的痛苦，他们是我永远的怀念。令人欣慰的是，今天我走进中央编译局文献翻译部，见到许许多多矢志不渝地继续从事这一事业的生机勃勃的后辈们。我们那代人离开岗位以后，他们在继续前进，又翻译了《江泽民文选》《胡锦涛文选》《中国共产党历史》等等。如今，他们义不容辞地承担起了习近平总书记著作的翻译任务，而且一直秉承着老一代翻译家的译德译风，依然对工作精益求精，译文忠实、严谨、流畅，代表着我国中央文献翻译的最高水准。我衷心祝愿他们在国家经典著作翻译事业上取得更大的成就！

樊以楠，马列主义经典著作翻译家。译审。曾任中央编译局马列部主任。2002 年荣获资深翻译家荣誉称号。享受国务院政府特殊津贴。参与《马克思恩格斯全集》中文第一版、《列宁全集》中文第一版等翻译工作。

做经典著作编译事业的开拓者

樊以楠

1955 年，大约是在 9 月份，正值夏播已过、秋收未至时节，我收到了从中国人民大学调往中共中央马恩列斯著作编译局的调令，调令是由中共中央宣传部和中国人民大学下发的。我得知到编译局是去搞业务，没有离开我的翻译老本行，所以还是愿意去的。

中共中央马恩列斯著作编译局的组建

编译局的前身是中共中央俄文编译局和中宣部所属的斯大林全集翻译室，最初与马克思恩格斯的著作没有直接的关系，只负责编译列宁和斯大林的著作。后来，俄文编译局办了一个主题为“列宁主义在中国”的展览，介绍内部的组织机构和业务内容，希望借此平台与国内同行交流编译经验。我当时还在中国人民大学从事翻译教学工作，带着学习的目的，我也去看了展览，记得其中有一项展览内容给我留下了深刻的印象，即俄文编译局在介绍工作内容和工作方法时讲到，经典著作的编译是一项集体工作，比

本文口述于 2015 年，整理者苑洁。

如在编译斯大林的著作时，编译人员会每天开会，一起讨论每一句话，然后再翻译成中文，这样下来，每天大概翻译 200 多字。我当时看了之后觉得难以理解，这么慢的翻译速度，哪年哪月能翻译完呀。没想到后来进了编译局之后，我们也是这样开展工作的。

这个展览会之后不久，中央就决定成立马恩列斯著作编译局，隶属于党中央管理，工作职能类似于当时苏联的马列研究院。1953 年初，编译局开始组建，从全国各地选调了很多优秀的翻译人才。新成立的编译局下设第一翻译室、第二翻译室、编审室、办公室和图书资料室共五个机构；当年年底又很快调整为马恩著作编译室、列宁著作翻译室、斯大林著作翻译室、校审室、《学习译丛》室、办公室和图书馆共七个机构。

初创时期的中央编译局，翻译人才主要来自北京、上海和哈尔滨的三所俄文专科学校以及大连《实话报》社。其中，北京俄文专修学校是北京外国语大学的前身，曾经附属于编译局，师哲担任第一任校长；上海俄文学校是上海外国语大学的前身，创办者和第一任校长是姜椿芳；哈尔滨俄文学校是黑龙江大学的前身；而《实话报》则是 1946 年由驻旅大地区苏军创办的一份宣传马列主义、介绍苏联成就、评述国际问题的中文报纸。我本人毕业于西北大学外文系（1940—1944），毕业后先在中学担任英文教师（1944—1946），后在中国人民大学的前身北方大学（1946—1948）和华北大学（1948—1949）担任俄文教员。中国人民大学成立后，下设 9 个系、38 个教研室、1 个编译室，我任编译室主任（1950—1955）。

在闲置的卫生间里开始我的经典著作编译生涯

1955 年 10 月，我正式调入了编译局。当时，师哲任局长，副局长有陈昌浩、张仲实和姜椿芳。初到编译局时，接待我的是姜椿芳副局长。对姜椿芳这个名字，我早有耳闻。因为他编写过一本署名“贺青”的《俄文读本》，在解放初期俄文学习教材稀缺且急需的情况下十分珍贵和知名。我在大学教俄文的时候曾经面临找不到教材的窘境，所以

20 世纪 50 年代中央编译局马恩室工作人员合影（右一为樊以楠）

对这本教材一直印象很深，也知道“贺青”就是姜椿芳的笔名。

姜椿芳告诉我，根据党中央的决定，编译局将承担依照俄文第二版翻译《马克思恩格斯全集》中文第一版的任务，而调我来的目的，就是参加这项工作。在我来编译局之前，马恩著作编译室刚刚成立不久，有两个主任，即舒林和谢宁。舒林是老延安，来得最早，任一把手。谢宁曾经是我的学生，毕业于华北大学。我来之后，排在谢宁之前，任二把手。不到一年之后，即1956年，舒林退休了，我随即被任命为马恩室主任。

当时，马恩室一共二十多人，除了秘书等行政人员外，真正参与编译工作的有十五六人，分成三个小组，由舒林、谢宁和我每人带一个小组进行集体讨论和翻译。这些学外语的年轻人大都没有接触过马克思恩格斯的著作，缺乏理论功底，所以即使懂外文，也无法理解其中的含义，根本不知道马克思恩格斯在讲些什么。在这种情况下，我们采取了“集体定稿”的原则，日常工作就是每天坐在一起，开会进行讨论，先把原文弄清楚、搞明白，然后一句一句地翻译，逐步向前推进。实在搞不懂的句子，就去问苏联专家。记得有一位苏联专家，既是老革命、老党员，也是马克思恩格斯研究方面的专家，很有学问，作风也非常好，乐于助人，所以我们经常向他请教。

我们最先编译的是《马克思恩格斯全集》第1卷，将近60万字，中央要求编译局用一年的时间完成，于1956年

12月之前出书，而当时编译局的常规翻译进度也就是每天200字，因此这60万字简直是天文数字，时间紧、任务急、工作重，要在一年之内完成简直不敢想象。在那些日子里，我的脑子里时时刻刻都是马克思恩格斯说过的话，每天都在想怎么才能理解得更准确一些，明天要怎么办，在讨论会上要如何发言……那时候真是除了睡觉，脑子里的东西只有第1卷。每天晚上，我睡觉前都要吃安眠药，为的是保证睡眠，以便第二天能够保持清醒的头脑继续工作。而翻译之外的其他事情，一概无暇顾及。好在当时大家还年轻，都是单身，没有牵挂，更容易融入集体，融入工作，融入编译局这个大家庭。同时，大家相互之间也较着劲、比着干。每天开会时，听了别人的发言，我就想，原来人家的水平比我高很多呀，我可不能凑合，不能马虎。中午吃饭的时候，大家也会一起讨论，标题该怎么翻译，句子的顺序该怎么调整。不过大家都不甘落后，没有人想过退缩，也没有人撂挑子，否则就太丢人了。我甚至没有考虑，刚到编译局不久，自己还没有一间办公室。这时，楼上刚好有两个为苏联专家准备的卫生间还空着，因为没有来那么多专家，领导就把其中的一个卫生间暂时分配给我当办公室用。因此可以说，我是在那里开始我的经典著作编译生涯的。

师哲、陈昌浩、张仲实和姜椿芳等编译局的领导也为全集的编译出版费尽了心血。他们十分关心、爱护年轻人，不遗余力地为大家提供各种学习、进步的机会。记得当时的每个星期六，姜椿芳都会在外面包场，组织大家观看芭蕾舞等文艺演出，来提高大家的文化素质和艺术修养。姜椿芳还请了当时北京大学哲学系教授、黑格尔专家贺麟来编译局办讲座，为大家讲解黑格尔的思想及其晦涩难懂的著作，因为《马克思恩格斯全集》第1卷中收录的马克思恩格斯的早期作品中，很多思想都来自这位德国古典哲学家。后来，在第1卷完成编译、即将出版之际，突然又有人提出了反对意见，认为翻译有错误的地方，不能出版。这时，师哲局长站出来为我们这些年轻的编译人员站台压阵、鼓劲打气，肯定我们的工作，同时也严格把关，并拍板定稿。最终，在领导们的大力支持下，在苏联专家的热情帮助下，经过全体编译人员的共同努力，《马克思恩格斯全集》中文版第1卷的编译工作于1956年9月完成，并按时交付人民出版社。

完成第1卷的编译任务之后，我们三个编译小组的全体成员全部集结北戴河休养调整，并等待审稿结果。不久，我们的译稿顺利通过了。12月，《马克思恩格斯全集》中文第一版第1卷终于与读者见面了。经过第1卷编译工作的历练，大家无论是翻译水平还是理论水平，都有了提高，也积累了宝贵的经验。记得在出版之后，还有两位《人民日报》的记者来我和谢宁的办公室进行了采访。

从北戴河回来后，我们很快又投入到新的编译工作中。从1955年一直到1975年，编译局用了20年的时间编译出版了《马克思恩格斯全集》中文第一版共39卷。除第1卷外，我还参加了第2、4、5、13和39卷的编译工作。在第4卷中，我主要参加了《共产党宣言》的翻译和定稿工作，其中的很多细节，至今我还能回想起来，比如某些词句的翻译引起的争议。当时，我十分了解这篇经典文献的重要性，所以在翻译和定稿的过程中特别注意抠原文，对于稍微远离原文的翻译，我全部改了回来。忠实于原文是我的翻译原则，虽然这样做可能会导致某些中译文读起来会有些别扭，但从翻译上讲没有毛病，完全符合俄文译本，令人放心。在第 39 卷中，我也继续坚持这一做法，这一卷的翻译、对稿、校稿都是我一个人完成的，同时我还是定稿人之一。

关于《共产党宣言》的翻译，在改革开放后还引起过理论界的讨论，有学者认为“消灭私有制”的译法不符合我国多种所有制共同发展的现实，主张将“消灭”一词改译为“扬弃”。记得当时江泽民同志把相关领域的一些专家叫到中南海开了一个座谈会，编译局的宋书声、顾锦屏和张启荣也去了，他们分别懂德文、俄文和英文。经过讨论后，大家达成了共识，认为编译局翻译为“消灭私有制”是没有错误的。

第 39 卷出版之后，我调到列斯室担任领导工作，并参与了《列宁全集》中文第一版的编译工作。在列斯室，我工作了 10 年，一直到 1985 年 4 月退休。

30 年经典著作编译工作的感悟和思考

今天，总结我的经典著作编译生涯，前前后后一共 30

年，可以说积累了一些经验，也收获了一些思考，在这里愿意分享给大家。

首先，现在回想起来，我们这一代上个世纪50年代参加工作的老同志，都是一个炉子里烤出来的烧饼，一样的思想方法，一样的视角观点，一样的工作态度，心往一处想，劲往一处使，时刻听从党的召唤。我希望这种“一群人、一辈子、一件事”的无私奉献精神能够在我们的经典著作编译事业中继续传承下去。

其次，无论从事什么工作，我认为都应当善于总结、善于学习，并且能够用心去做。记得在编译《马克思恩格斯全集》第1卷时，我们三个小组的组长每个月都要提炼出两个有代表性的问题，放到会上进行比较和讨论，将最为

《马克思恩格斯全集》中文第一版部分编译工作老同志合影（一排左三为樊以楠）

出色的一个小组，甚至一个人的经验变成共同的经验，供大家分享。这实际上是在逼着干部进行总结，也是在督促大家相互学习，取长补短，共同进步。不然的话，就会止步于完成任务，糊里糊涂地干一辈子、混一辈子，到头来一无所获。

第三，在翻译过程中要尽量保持原汁原味，基本意思不能错。这个就要动脑子，要知道每一种语言文字都有它自己的规律、它自己的文化，无论是中文，还是英文、德文、俄文，我们都要慢慢地摸索并掌握它的规律，在翻译过程中将两种文字等值交换。不是说看到外文与译文的大意不错就行了，作者的感受和语气也应该一样，只有做到了这一点，才能称为翻译到家，才能成为翻译大家。

第四，我们虽然是从事翻译工作，但中文水平也很重要。不能说外文好了就能当个好的翻译家，母语也必须一样好才行。不然的话，你读懂并理解了外文，却在中文中找不到恰当的词汇来翻译，找不到好的表述方式。现在的很多翻译工作者虽然外文好，中文功底却太差，语法都搞不清楚，翻译出来的东西肯定就会佶屈聱牙。

第五，翻译的内容决不能朝令夕改。记得中苏论战开始时，两国意识形态的分歧也反映到我们的翻译工作中。为了尽可能地靠近和符合上面的精神，只要中央一出台什么新政策，编译局就重新组织翻译班子修改之前的翻译，比如《共产党宣言》中的哪句话因理解不对而翻译错了。对于这种做法，我始终是不赞成的。我认为我们不能因为中央的一个观点找不到根据就去修改本来并没有错误的翻译。就这件事来说，后来中央又要求正本清源，按照中文第1版的翻译重印《共产党宣言》，重印第4卷。回顾这段历史，我认为我们应该总结经验教训，毕竟翻译是翻译，解释是解释，不能为了政策的变化丢掉或曲解当年老祖宗的东西，至少我们的翻译不能轻易改动原作者的原意。如果这样的话，是不是以后我们不喜欢这个观点了，又要重新改动。“文化大革命”时期也出现过类似的情况。记得有一天张仲实找到我的办公室说，有人提出《马克思恩格斯全集》中文版后面的注释应该按照我们党当时的政策和观点展开大批判。我当时就反对这种做法，我们的中文版是根据苏联的俄文第二版翻译的，不应修改人家的注释，不应与“文化大革命”扯上关系，否则编译局这个牌子就立不住了，我们又如何向社会交代呢？

最后，作为我国经典著作编译事业的一位开拓者，我希望编译局能够加强经典著作编译事业的队伍建设，培养后继翻译人才。过去，我们在编译《马克思恩格斯全集》中文第一版的过程中就存在一个问题，光顾着赶稿子出书了，一卷接着一卷，根本没有时间考虑怎么培养人的问题，这是一个非常大的失误。人是在实践中学到东西的，这么好的机会，为什么不给年轻人一点时间呢？半个月或一个月的工作结束以后，或者一卷的翻译完成以后，应该停下来总结一下。平时在翻译的过程中也是如此，应当把问题和经验随手记下来。我在后来的工作中就是这样做的，留下来的东西，我都交给了后辈，希望自己从事编译工作一辈子的经验教训能够对大家有所帮助，希望我们的经典著作编译事业能够人才济济，薪火相传。

张慕良，马列主义经典著作翻译家。译审。曾任《和平和社会主义问题》杂志翻译室主任、中央编译局列斯室副主任。2002 年荣获资深翻译家荣誉称号。享受国务院政府特殊津贴。参与《马克思恩格斯全集》中文第一版、《列宁全集》中文第一版、第二版等编译工作。

我从事马列经典著作编译工作的点滴回忆

张慕良

与编译局结缘

我原来是在北方大学学习俄文的，后来华北解放区建立，我们学校和另一个边区大学合并，改为华北大学。1949年1月31日北平解放，2月就成立了中宣部斯大林全集翻译室。先是从华北大学俄文系选调来一批人，有屈洪、张企、孙岷等。除了他们之外，斯大林全集翻译室还有刘舒、徐芝延、尤宽仁、毛岸青，他们是第一批。1949年4月一共调11个人去大连，其中6个人去《实话报》，这6个人当中跟中央编译局有关的有宋书声、毕克、尤力和我。我们去了之后，来自延安的陈山、刘水给我们改稿。《实话报》的条件对培养翻译干部非常有利。一方面是实践，能够积累经验。我们每天都要翻译2000多字，两年四个月下来我们每人平均至少都有100万、50万字的水平。另一方面，

本文口述于2015年，整理者孙迪、詹珩。

我们每一天的稿子都是陈山、刘水他们改过的。如果光是实践没有名师指点，经验都靠自己积累，这就慢了。如果光有名师指点没有实践经验，就等于只有上课、教学，自己并不能积累经验。这两方面结合起来所以进步就比较快。

《实话报》的工作到 1951 年秋天就结束了，因为苏军撤退了。我们一批人被调到北京来，其中宋书声、毕克、陆梅林、林基洲和我，预定调往中宣部斯大林全集翻译室。我们是第二批到翻译室的人员，到了之后分成两个组，一个组是谢宁当组长，另一个组由我当组长。后来姜椿芳也到翻译室，还从上海外专带了 10 个人过来，包括张舆、姜其煌、胡尧之等，他们是第三批人员。我们当时的工作流

20 世纪 50 年代中央编译局列斯室工作人员在旧礼堂前合影

程是大家先翻译，然后组长再校，一般一篇稿子都要经过两到三个人的手。但是所有翻译的东西都没有出成品，只能算是半成品。

1953年，斯大林全集翻译室与中央俄文编译局合并，成立中共中央马克思恩格斯列宁斯大林著作编译局。这个名字太长，我们一般都简称中央编译局或者编译局。编译局成立后直接从莫斯科马列主义研究院、苏共中央马列研究院聘请专家。1953年下半年列宁著作翻译组成立。1954年，编译局的机构设置又进一步细化了，有列宁室、斯大林室、历史室、马恩室、核对室。我被分到了列宁室。当时室主任是何匡，副主任是孙岷和我。列宁室一开始就确定了严格的工序，就是把人员根据不同水平定为翻译、独立翻译、定稿员三个档次，翻译人员译完之后给独立翻译看，独立翻译看完后再给翻译人员，两个人互校，之后交给定稿员。定稿员看完稿子之后，才能算定稿，最后再交室主任审稿。这样的工序当时已经算比较完善了。对于特别重要的著作，比如斯大林的《苏联社会主义经济问题》等，除了这些流程之外，还要抽调一部分人，列宁室的、马恩室的都在一起，一句一句讨论定稿，这个也成为后来的一种传统了。

参加《列宁全集》中文第二版编译工作

1975年《列宁全集》中文第二版编译工作开始启动。全集二版的运作大体分两个阶段。1975——1979年是准备阶段，1979年以后是正式铺开阶段。准备阶段主要做了两项工作。

第一项是组织翻译《列宁文稿》，就是把《列宁全集》中文第一版中没有收进去的东西梳理出来，并编译出版，为全集第二版做准备。当时我们组织了17个院校的老师来参加翻译。因为院校老师不了解经典著作翻译的要求，我根据室里的要求，为他们整理出一个“翻译标准”。他们要求我介绍经典著作翻译经验，帮助他们掌握翻译标准，怎样算准确、怎样算通顺。我收集了30个例句，弄出了这个材料。

第二项工程是搞重点著作试用本。当时确立了四本重点著作，安排了四个组的同志来编译。我负责其中的《国家与革命》这本书。我们组有河南一个院校的老师，还有阎明复。我们编译完成后把书送到党校试用，还去工厂听取意见。为什么去党校、工厂？我分析，是为了响应开门办学的号召，编译局就是开门办翻译，把校订试用本带到党校和工厂听取意见。

全集二版校订工作全面铺开后，我校订的第一部书还是《国家与革命》。我们并没有先去校订，而是先做了一项很大的工程。我组织几个人把《列宁全集》中关于国体、政治和国家结构形式这三项根本制度的用词收集起来，加以整理、规范译法。因为对于同样的词语，不同的人在翻译过程中有不同的处理，这样不同卷次里同一种词语就有不同的译法。所以我们提前把这些词语整理出来，加以分析、说明，比如分析历史的渊源、政体在历史上的变化等等，这就带着一定的研究性质。当时我们收集了好几百张卡片，所有搞翻译的人手一份，初步形成了统一的译法方案。这对全集二版的译名规范统一起了很大的作用。

在我们组《国家与革命》卷带头下，掀起了一个全室各组统一词组译名的高潮。我们做出样子后，室里就要求遇到相邻几卷出现相同词语的情况，哪个翻译组先看到，哪

早期中央编译局排球队队员合影（一排左二为张慕良）

个翻译组去整理、搜集，要搞清楚这个词是什么意思，是从什么角度来说的，然后整理成材料提到全室会上，由各个组讨论、研究。比如议会制这个词，有几种译法，都比较简单，说起来也比较容易，但用它做词根合成的词组有几个，到不同的人手里就有不同的处理方式了。我记得当时收集议会制的资料所做的卡片就达到800多张。

另外一个重要措施是，遇到重要问题一定要集体讨论。这些问题一般分三个档次。一般问题要在小组会议上讨论；稍微重要的问题要在全室会上讨论；最重要的问题要在局会上讨论。有时局会还会邀请局外的专家参加。《国家与革命》卷就开过不止一次局会。有一次是讨论“资产阶级法权”问题，还邀请了局外专家参加。后来马恩室也是这样，有重要的讨论，我作为列斯室代表也去参加。这在当时形成了一个传统。

我们当时还有一个保证译文质量的措施。每一卷搞完之后，大家会交流这一卷当中遇到的问题，也会交流相邻几卷遇到的一些共性问题。遇到这种情况，就会对相邻的几卷连续地审看。全集第二版60卷，岑鼎山一人就审了30卷，主要是十月革命以后的内容。何宏江审了20卷。他们两个人审稿不光审正文，还审前面的序言和后面的资料。另外，岑鼎山还负责校订了1卷，何宏江负责校订了6卷。其余10卷，由屈洪、宋书声和顾锦屏分担。审稿不是光注意统一问题，而是从各方面最后把关。所以，有些比较重要的卷次经过了两个人审稿。《国家与革命》卷就是宋书声和岑鼎山两人审稿。尽管《国家与革命》卷已经经过了多次校订，他们在审稿时还是发现和改正了不少应该修改的地方，进一步提高了译文质量。

我认为《列宁全集》中文第二版在编译局的历史上是一座丰碑，质量上看是相当完美的。林基洲说过：由于校订集体的共同努力，新版译文质量有了明显的全面的提升，可以在相当长时间内保持稳定。但即使这样，也不是说就挑不出毛病。这话是有根据的。新版出来之后，如果再找一个编译局的老同志去看，可能还能挑出些毛病来，当然是个别的、少量的问题。外单位的有些人，仅凭学了一点外文就来挑毛病，是挑不出来的。因为他没有积累。在编译局培养一个独立的翻译，没有三五年是培养不出来的。但是外单位搞研究的人能提出一些问题来，因为编译局同志没有像人家那样去搞专题研究，我们只是做翻译和研究相结合的工作。

高叔眉，马列主义经典著作翻译家。原中央编译局马列部译审。2002 年荣获资深翻译家荣誉称号。享受国务院政府特殊津贴。参与《马克思恩格斯全集》中文第一版、《列宁全集》中文第一版、第二版和《斯大林全集》等编译工作。

常忆华年发奋时

高叔眉

小序

解放前，我是一个保育生，小学中学大学都吃公费，所以一门心思读书。我考入南京中央大学（现南京大学）外文系，学俄语。何长谦同志成为我最好的俄语专业老师之一。南京刚刚解放，他就建议我写一篇文章。他对我说："你写好了，我把它译成俄文当讲义……"我于是很快写成了一篇题为《南京城的光荣》的随笔式散文。何老师很快根据这篇东西边翻译边打字，一篇单页俄语讲义就这样完成了。我们班同学人手一页，朗读学习。我发现，何老师并非逐字逐句翻译的，他只是根据我提供的文字素材，意译出来，既有一些新概念的词语，也有一些长短不同的简单复合句型，再加上一些带有感情色彩的叙述，题目也改成了《南京的解放》。何老师真不愧为一位中俄互译的好手。我们的师生之谊保持了几十年。何老师也是我局《毛泽东选集》俄译本的参与者之一。

本文为 2003 年纪念中央编译局成立 50 周年所作。

解放后，我从中大考入北京外国语学校，继续师从苏联专家学俄语。由于学习环境革命化，各方面的基础都比较扎实牢靠，因此，我有幸在尚未正式结业的情况下就被挑选分配到中央俄文编译局，立即进入伏案笔译的角色。这时的编译局，机构简单，员工不多，分别为翻译室和编辑室，加上图书馆和总务处，整个机器运转灵活正常。沐浴在新中国的旭日朝晖之中，欣欣向荣，干劲十足。我在投入三大全集经典著作翻译定稿工作的同时，曾经兼及一系列社会科学理论特别是文艺理论、美学的翻译实践，这项工作几乎伴随终生。

《学习译丛》轶事

经典著作的翻译是一项重大的政治任务，这是党中央的指示和要求。必须全力以赴，认真落实。当年接受并完成这项任务的群体，大多数是刚刚毕业的大学生，血气方刚、意气风发而缺少实践经验，直接进入经典著作的翻译过程有一定的难度。于是在师哲局长的倡导下办起了一个理论翻译刊物《学习译丛》，专门选译苏联各类刊物上的理论文章，不外乎哲学、政治经济学、文艺理论（美学）、党建、科学社会主义、历史、科技诸方面的选题，分别由年轻同志担任翻译，大体上与马克思主义三大来源与三大组成部分相衔接。经过一段时间的非经典著作的翻译实践，再提笔翻译经典著作，就不那么望而生畏了。后来成为编译局经典著作翻译骨干的许多人，差不多都有这样的经历。

提起《学习译丛》，也有不少佳话。除这个刊物的名称是师局长亲自请毛主席亲笔题写的以外，每出一期都要呈送（或寄送）政治局和所有中央委员参阅。这个大名单就是组织上（通过刘水同志）派我专门到中组部抄来的。在当时，这可真是一个不小的机密或机要啊。有了这个名单，每期出版后就由我写信封交邮局寄出，协助我干这件事的有刘凤翔（王一飞副局长的夫人）和张前（何匡同志的夫人）。接到不少“反馈”，如冯定、马明方、杨献珍、雷任民等等，他们都是在读了某篇文章后提出一些意见或倾吐一些感受。还有像于光远，他好像是《学习译丛》的编委，每期选题目录都要送他过目审查，他有时也主动推荐一些文章。

有一次遇到一篇文章中的翻译难点，曾经请师局长本人解决。师局长对我说：去找找富春同志吧，他当年在苏联搞过“一五”，他知道……。我当即“衔命”到北河沿计委办公地找到了富春同志（应该说是富春同志接见了我），他一看就解决了对我们而言的难题，因为这篇文章正好是专门介绍苏联“一五”计划的实施情况的，富春同志了如指掌，记忆犹新着哩！

我当时的翻译重点是文艺理论。当然应该对古今中外的文艺现象多作关注和涉猎。组织上也照顾我吃一点偏饭。因此我有机会到北大听曹靖华的讲课（讲大课）。他对高尔基的研究和分析十分独到而精辟，他说“高尔基是俄罗斯

20 世纪 50 年代《学习译丛》室合影

文学的奠基人和苏联文学的开山”，唉呀，真精彩，一句话就画了龙点了睛。这位鲁迅先生的同代人和挚友，给我留下了永生难忘的印象。

我还到东总布胡同文联旁听过若干会议（专题）和讲学，像林庚先生、王瑶先生、何其芳同志、陆侃如教授等等，他们论诗说文，娓娓而谈，对中外古典文学和现代文学都有非常宝贵的见解，对增强文学修养和增厚文学底蕴是大有裨益的。

担任师哲局长“助校”

我还想追述一下来局之初纯粹个人的一点遗憾：如果我那时不闹一点情绪，我可能被推荐进丁玲主办的“文学讲习所”当“预备作家”了。事情很简单：我从北外俄专被编译局人事科长丁守和同志挑中进局后，不大安心于坐冷板凳搞所谓简单的技术性校对工作，很苦闷，“怀才不遇”。于是就用文言文向当时的支部书记何匡同志“冒死上书”（记得是“眉冒死上书”），最后还用了“眉顿首”之类的旧词，以便离开编译局而他就（具体是想到某些文化部门搞大部头笔译）。想不到何匡同志很快就在帮助（批判）我的大会上逐字逐句分析批判了我的这篇“冒死上书”。他最后宣布：“不仅不调你走，而且要加重你的任务，要你去帮助师局长工作……”会开得很晚，我一夜未眠，就这样，我就“留局”了。这时正好是在五三年年初冬未尽春未来的季节之交，“中共中央俄文编译局”刚刚转轨成了“中共中央马恩列斯著作编译局”。后来有一次与陆梅林同志闲聊，他说：“小老高（我进局后一直伴随着我的“昵称”），你那时要是不闹情绪，情绪不是那么不稳定，姜局长有意要把你送到‘文学讲习所’培养当专业作家的……”唉，这是我的遗憾呢还是机遇呢？人生的道路该有多宽广啊！即使一辈子留在编译局，这路也是宽广的。

我之所以没有因为闹情绪而调离编译局，我想最主要的原因还在于：丁守和同志到学校调人时，当时的学校党委书记兼人事处长杨刚同志找我个别谈话，他明确指出：师校长（俄文编译局局长兼俄文专修学校校长）需要一个助手，要外（俄）文好，中文好，口齿（才）好这样一个“三好生”，组织上觉得你比较合适，工作需要嘛，你去到工作岗位上锻炼吧……。杨刚同志这番话使我诚惶诚恐，我也只能服从组织分配和调动。由于有了这样一个默契或底线，我到了编译局虽然闹了一点情绪，经过批评帮助还是“留用”了，而且的确是当了好几年的师局长“助校”，也就是杨刚同志说的“助手”。从五三年初到师局长离开编译局的这个好几年时间中的“助校”工作，使我在当年南宽街13号师局长“公馆”的一个西南向小房间里，起早贪黑几冬春，埋头苦干能力增。

我没有辜负组织的信任，顺利完成了师局长审阅经典著作译文定稿的许多“助校”任务。这期间，给我留下深刻印象的有两次“面红耳赤”的争论。

中央编译局工作人员在“干校”劳动（左三为高叔眉）

一次是师局长同苏联专家伊万诺夫（苏联马列学院在任学术秘书）在讨论列宁《论合作制》一文中的问题时发生“口角”——对列宁原著用字的理解，好像就是这篇文章的题目：合作制。到底是合作社呢？还是合作呢？协作呢？等等。师局长主张用更高更概括性的词来表达，不要用普通一般性的词来表达，而那位大专家却坚持列宁指的是所有的与合作社有关的具体东西，他哪里知道翻译有多难呢？所以争论使我感觉有些“口角”的味道，而且当时是在师局长“公馆”的正厅里，那位专家几次站起来“发话”，还指手画脚，两眼直瞪。师局长也不“示弱”，滔滔不绝与之论理，师局长的俄文流利老成，也不免带有一点陕西味儿的“口吃”（人急了往往“口吃”）。这个场面是我在师局长身边工作后第一次“巧遇”，真是使我“大开眼界”，久久萦怀。

另一次是师局长与李立三同志讨论斯大林的《语言学问题》中的翻译问题，争论也很厉害，因为这部著作有一部分是立三同志翻译的，其中有许多词语都是过去不曾遇到过的，应该怎样考虑找到一些合适而准确又恰到好处的中文词语来表达。可惜这本小册子的改动底稿我找不到了，当时的工作程序是：先由我来助校一遍，提出改动方案或问题，再经师局长审查落笔（由我用毛笔代为写下来），最后由师局长签字作为局长审定稿转抄付排，付排稿当然是另行打印的，改动的原稿则保存下来。其他由师局长审定的列宁著作的译稿，大体也是这个工作程序。五十年代初期，我局在西斜街19号院（我局旧门牌）葡萄架下办过一次经典著作译校审全过程的展览，其中就选用过师局长这样的审定稿展出。师局长签字的那些审定稿的所有改动处，原来都是出自我的手笔哩！这当然不是什么“奇闻”，这完全是工作需要。现在每念及此，感到亲切而温馨。令人悲痛和失落的是，当年我有幸参与的审稿集体中大多数人都已作古。师局长的铁面威严，菲菲[①]的俄语声韵，我只能到梦里去寻。

① 欧阳菲，时为中央编译局俄语翻译。——编者

冯申，马列主义经典著作翻译家。原中央编译局马列部译审。2002年荣获资深翻译家荣誉称号。参与《马克思恩格斯全集》中文第一版、《西方哲学词典》等编译工作。

我们把花样年华献给了马列著作编译事业

冯申

20 世纪 50 年代初，北京俄专、上海俄专和哈尔滨外专的一些学俄语的毕业生先后由国家分配到中央编译局工作。很荣幸，我也是其中之一。从此，我这个二十岁的瘦弱女青年离开了家乡上海，来到了首都北京。马恩列斯著作编译局成立之后，又从各地陆续调进不少学外语的大学毕业生，当时的编译局可以说是直属党中央的一个由风华正茂的年轻人构成的翻译干部基地。岁月悠悠，历史的车轮滚滚向前，五十个年头就这样过去了。回首往事，历历在目，感慨万千。

我们这批刚走出家门、校门便跨进中央机关大门的小青年，一到编译局，处处感觉新鲜，但事事都得从头学起，从头做起。我看到那么多的一排排的马列经典原著，想到即将担任的理论翻译任务，不禁又喜又怕，当时的复杂心情难以形容。幸好编译局的领导、党组织和团组织针对“三门干部”的特点做深入而细致的思想政治工作，同时在

本文为 2003 年纪念中央编译局成立 50 周年所作。

提高青年干部的业务工作能力上采取了种种有效措施。例如：给年轻人安排早晚读书时间，自学政治经济学、哲学、科学社会主义。有时还组织业务干部到大学听课，听北大名教授讲哲学、听人民大学苏联专家讲政治经济学，以扩大干部的社科知识面。为了进一步提高翻译干部的外语水平，特聘请外国人来局教俄语、德语、法语、日语等等，让翻译干部人人有机会参加第二外语的学习。在翻译过程中遇到俄语疑难问题，翻译干部可直接向局内苏联专家质疑。为提高中译文质量，还制定了独立翻译、初校、互校、定稿、审稿等一整套工作程序和方法。强调在工作中学习，提倡翻译和研究相结合……。我就是在这样浓厚的学习气氛中，在这样良好的工作环境中开始了我的翻译生涯。

冯申与爱人高叔眉

记得我一开始被分配在《学习译丛》室工作。后又调入《和平和社会主义问题》杂志室做翻译。经过好几年的工作实践，翻译一般性的苏联社科论文，我基本上不用多做准备，落笔成文，又快又好地完成任务，可谓得心应手，愉快胜任了。“大跃进”时，杂志室举办第一次高产日，我取得第一名，着实得意了一阵子。可好景不长，不久室领导将我调出来同张钟朴一起翻译《剩余价值理论》第一分册，为陈昌浩局长校订马克思著作的中译本当助手。这是我第一次接触马克思的大部头经典著作，理论问题多而难译。我战战兢兢地接受了任务，业余时间不得不加紧学习德文，攻读马克思原著，查阅国内外多种版本及相关资料，力求弄清楚马克思写《剩余价值理论》的历史背景，该书在马列著作中的地位和意义以及同《资本论》的关系等等。在工作中我与张钟朴配合得不错，我们的译文经过仔细互校、认真讨论、改正错误，分章分批地送陈局长审校、定稿，得到了陈局长的肯定。而陈局长严谨的治学态度和平易近人的工作作风给我留下了深刻难忘的印象。我从互校稿和审校稿中学到了不少东西，初步尝到了翻译和研究相结合的甜头，这对以后的工作大有好处。例如后来参加集体翻译《剩余价值理论》第二、三分册、《马恩全集》第46卷等大部头著作，我都能很快“进入角色”，很快适应工作，没感到有多大难度。

“文化大革命”后，业务工作恢复，我被调入詹汝琮领导的马恩室哲学组，参加了《马恩全集》42卷中《1844年经济学哲学手稿》的集体译校工作。1844 年手稿是马克思青年时代写的，其中有不少共产主义思想的闪光点，涉及经济学、哲学、美学领域中诸多理论问题。国内外学者和理论家对这部著作历来极为重视，争论层出不穷。尤其是对异化问题的种种论述，多半都以这部手稿为依据。我局翻译出版马克思的这部手稿的新的中文单行本，意义甚大，现实性、针对性均极强。当时的马恩室主任詹汝琮要求承担这一任务的哲学组组员在译校工作中做大量的资料工作，查找和翻译国外论著。他还亲自带领组员对手稿的老译者、北大教授、诗人卞之琳老先生进行专访，登门求教，以解决译文中的一些疑问。同时詹主任还指定我收集近期国内哲学界和经济学界刊印的有关重要论文，为组织一次读书会作好充分的学术性准备工作。这次读书会由我局牵头召开，邀请国内部分大学马哲史教授和知名学者同我们哲学组一起逐句逐段地研读马克思的这部手稿。我夜以继日地跑遍局内外图书馆，翻阅资料，复印材料百余种，力求把材料备齐，无重大遗漏，并争取在读书会上发言，将自己在译校工作过程中和对手稿理论问题的研究中的点滴心得表达出来，同与会者交流。经过认真的讨论，理论教学工作者和翻译工作者互相取长补短，大家畅所欲言，对手稿内容有了进一步深刻的理解，提高了理论认识水平。这次读书会的圆满结束，得到局内外有关方面的好评。我本人也收获多多，写出了几篇相关文章，深深体会到 1844 年手稿的新的中译本的出版和这次读书会的成功召开，的确是翻译和研究相结合的产物和明证。有了这次读书会的经历，以后每当领导批准我出席各种学术会议（包括在外地举行的全国性大型会议），我都不仅仅带着耳朵去听会，而且带着自己撰写的论文和积累的资料去参加，并且在大会上作过专题发言，在小会上从容不迫地与同行进行探讨和交流。我的这些经历恰恰表明我在翻译与研究相结合的道路上是如何走过来的。在这条道路上，依靠勤奋加虚心，是不会因为碌碌无为而产生苦恼的。

几十年来，除了积极响应党的号召参加历次政治运动、参加规定的体力劳动以外，我同翻译经典著作的其他干部一样，就是这么默默地、刻苦地、有条不紊地、按部就班地在爬格子。我们把花样年华献给了马列著作的翻译事业，在风风雨雨中度过了中年，如今平平安安地进入老年。随着国家、社会的发展，编译局也不断发展壮大，中央交下的翻译三大全集的任务终于顺利完成了，理论研究也硕果累累，成绩斐然。出现了一大批顶用的翻译骨干力量和理论研究人才。五十年代初来局工作的翻译干部和其他在局工作多年的翻译工作者，绝大多数都拿到了中国译协为表彰马列著作翻译成就而颁发的荣誉证书，获得了“资深翻译家”荣誉称号，这难道不是编译局老资格的翻译工作者的莫大荣誉吗？这难道不是对他们的辛勤劳动的一种莫大的精神鼓励和安慰吗？编译局在培养青年干部方面的种种成功经验，有目共睹，众人自有评说，无需我一再赘言颂扬了。不过，我情不自禁地仍要补充一个情况：局内开展的业余群众性文体活动对保证繁重的业务工作的完成，可以说起到了不容忽视的作用。

编译局成立初期，各项业余文体活动开展得很好，由于局领导的重视、提倡和扶持，以及一批文体积极分子的热情带动和群众的踊跃参与，形成了业余生活丰富多彩的局面。唱歌、跳舞、演戏、弹钢琴、拉胡琴等等，形形色色的文娱活动搞得红红火火。参加体育活动的人更多，尤其是乒乓球，上至局长，下至工勤人员，有不少的乒乓爱好者。局内一有赛事，便个个摩拳擦掌，挥拍上阵，真是盛况空前，热闹非凡。为了进一步提高对乒乓锻炼的兴趣，局内曾特别邀请当时有名的乒乓国手傅其芳、姜永宁、庄则栋、李富荣等前来作示范表演，教大家如何发球、接球、攻球、守球，爱好者还可以上去和他们“对攻”较量一下哩！我局乒乓球队在中直机关颇有点名气。我自从参加打乒乓以后，体质增强了，兴趣和球艺不断提高，从室内打到室外，从局内打到局外，从青春妙龄打到鬓发染霜。我成了本局拔尖的乒乓球女选手，几次比赛得了冠军，当上女队队长，还参加了中直代表队，成了中直女队的主力和队长，进行过多种比赛，屡屡获奖。我局乒乓球男队更是出色，不仅球打得好，其中有些同志，如鲍世明、陈瑞林等还被选为市级机关比赛的裁判哩。其实，编译局业余群众性文体活动展开得最好、最有代表性的当推游泳了。五十年代末六十年代初，局里上上下下齐动手将一个荷花池改建成了一个小小游泳池。编译局不少人，包括笔者本

早期中央编译局工作人员参加体育活动

人在内，包括干部子女在内，都是在此游泳池里学会游泳的。在这个小游泳池存在期间，出现了不计其数的游泳爱好者，一有空就游，不论大白天还是傍晚，一天游好几次的也大有人在，终于游出了后来成为北京市专业游泳运动员的尖子人物——周惠年同志的女儿师晓朗即是。

文体活动从来不单纯是玩一玩、乐一乐的事儿，它对提高干部的健康水平大有关系。身体好了，精力充沛，无论脑力劳动还是体力劳动的活儿都干得带劲，这个简单道理人人皆知，但做起来并不容易。文体活动、锻炼同样贵在坚持，只有坚持锻炼，才受益无穷，其乐无穷。君不见：昔日生气勃勃的青年男女，今日虽已白发苍苍，但仍能活跃在球场上、球台旁，有的还神态自若地登台放声高唱、一展歌喉哩！编译局相当多的离退休老干部不是至今还能在北戴河宽阔的海面上尽兴畅游吗？更令人肃然起敬的是局内不少离退休老人上老年大学，学书法、学画画，真是活到老学到老的楷模！我同局内多数老人一样，几十年来不受种种干扰，长期从事艰辛的脑力劳动，在译海中自由翻腾，离休后回家做家务，亲自操劳带领、抚育第三代，并挤出时间来游山玩水，尽情享受大自然赐予的温馨养分。这点点滴滴的事实说明：局内的这些老翻译，往日的风采可能在容颜和体态上逐渐消失，而已经形成的身心健康的素质将保持下去，永不褪色！这种素质不正是受益于或来源于青年时代文体活动的长期锻炼么？

回顾过去，珍视今天，展望未来，生活多美好。如今的世界已是人类乘坐飞船遨游太空的时代了，编译局也大变样了，今非昔比。现在局内间间办公室安装了电脑，信息部门大大扩展了业务范围，全局工作人员在休息时间都可以到设备良好的健身房去锻炼……。最使我这个老翻译感到欣喜的是：翻译和研究相结合的思想和做法已经发扬光大，翻译和研究工作的优异成果在局内得到了前所未有的重奖。我相信，编译局一定会与时俱进，为全面完成党中央交给的新的光荣任务而再创辉煌！

宋洪训，马列主义经典著作翻译家。研究员。曾任中央编译出版社社长。2002 年荣获资深翻译家荣誉称号。享受国务院政府特殊津贴。参与《列宁全集》中文第一版翻译工作，参与开启中央编译局国际共运史研究，参与创办中央编译出版社。

六十年往事琐记

宋洪训

记忆中的西斜街宝地

斜街[1]虽窄趣事多，滴滴点点暖心窝；
只语片言难为史，积水开渠方成河。

我是1954年夏天从北京俄专（现北京外国语大学前身）毕业后调到中央编译局来的。编译局虽是中共中央的直属机关，但院内的设施丝毫没有给人富丽豪华的感觉，只有一栋并不起眼的三层小楼，楼前还有一些破旧的平房；虽地处市中心西单附近，四周却是一条条狭窄弯曲的胡同，当时我们都戏称为“考茨基”胡同（考验司机之谓）。的确，汽车司机在这样的胡同里行驶，须特别小心慢行，稍有不慎就会把拐角处的墙砖撞落。在我的记忆中，这样的“事故”曾发生过多起。

在院内西侧，倒别有一番景色，有水池、假山、亭台、

本文为2013年纪念中央编译局成立60周年所作。

① 斜街，即中央编译局所在地：北京西城区西斜街36号。

早期中央编译局办公区

楼阁，规模虽小，却也优雅别致，确实是赏心悦目、静思养神的好去处。据说这是修建颐和园的领班官员，用剩下来的或许是贪污来的材料盖成的私宅。在英国《大英百科辞典》上还有记载和图片。

1956年，局里在池边打了一眼地下深井，用抽出来的水将水池变成了游泳池。一到夏天，我们在中午、晚上乃至工间休息时都在这里游泳健身，一片欢声笑语洋溢在清澈见底的水面上，给职工们的娱乐和健身增添了一个平台。在我们职工的子女中，后来还“泳”现出了几位游泳健将和专职游泳教练。

不记得是哪一年了，为了解决职工住房的困难，竟把这片风景如画的小区给毁掉了，拆掉了楼阁，推倒了假山，填满了水池，盖起了宿舍楼。所幸北京市城市规划局在这处文物拆毁前，进行了认真的测量，绘制了详细的图纸，作为档案保存了下来。

早在50年代中期，中央办公厅曾有意让我们在颐和园东大门对面建楼盖房，作为编译局的工作和生活小区，但师哲局长留恋西斜街这块宝地，不愿将编译局搬到远处郊外，因此我们至今一直“蜗居”在这里。

工作学习两不误——我在这里成长

编译局不是学校，但胜似学校。从熙熙攘攘的学校出来，一进编译局大门，就感到一股浓浓的书香气息和儒雅氛围。当时编译局的四位局长都是革命老前辈和著名文化人。师哲曾长期在苏联和共产国际工作，担任任弼时同志的秘书；陈昌浩是红四方面军的政委，他自诩是“一人之下，万人之上”的领军统帅，还曾在苏联外国文书籍出版局工作多年；张仲实是著名的文化人，1925年就加入中国共产党，1940年与著名作家茅盾先生一起到了延安苏区，受到苏区领导同志的欢迎，在当年解放区的报纸上曾有详细报道和大幅照片；姜椿芳曾多年在上海从事地下工作，结交和团结了许多知名文化人士，在解放后的文艺界颇有声望。我们在这样一个领导集体的领导下工作，光荣感和自豪感不禁油然而生。

当时，工作和学习都非常紧张，对我们年轻人的压力也很大（真是亚历山大），其强度远远超过了在学校里。那时我们都是20多岁的小青年，大多还没有结婚成家，所以都把业余时间投入到学习中去。每天晚上，三层小楼的窗户里总是灯火通明，大批青年男女在那里挑灯夜读，即使是星期天晚上，也要回到办公室里来学习，直到晚上10点钟，才回宿舍就寝。当时局里要求每人订出自学规划，记得我主要是攻读俄罗斯的文学著作，用中俄文对照来学习。

早期中央编译局部分工作人员合影

在学校时，听苏联教员说，屠格涅夫的俄语是最隽秀优美的，后来又得知屠格涅夫作品的中译者丽尼先生的译文也非常优美。所以我把《前夜》《罗亭》《贵族之家》以及其他俄罗斯作家的作品，作为我自学的主要教材，加以精读或部分泛读。这对我后来的翻译工作确实大有裨益。

此外，局里还请一些著名人士来局讲学，以增长我们各方面的知识，开阔我们的视野。在紧张的工作和学习之余，我们也不忘娱乐和锻炼身体。局里曾组织过许多球队，如篮球队、乒乓球队等等，还开展各种文娱活动。星期六晚上，经常举办交谊舞会，我也是舞会的常客。但使我最难忘的一项运动是踢小皮球，在后楼左侧前方的大槐树底下，有一块石板铺成的平台，四周有墙围住，只有一条很窄的人行通道，面积大约有 40 平方米。不知出自谁的主意，我们一批男青年在工间休息时就在那里踢起了小皮球，其快乐和投入的程度可与一场足球赛媲美。我虽戴着 800 多度的高度近视镜，但手脚还算利索，就不自量力地当起了守门员。王治平的脚头最硬，陈瑞林个子不高，却很灵活，他们踢来的球往往不大好接。在这样一块小小场地上踢球，是有一定危险的。有的同志脚背受了伤，有的脸上被踢得青肿，但大家都顾不了这许多。我也受到过一次冲击，一个皮球把我的眼镜踢落在地，镜片打得粉碎，眼角边还挂了彩。第二天，我到王府井大街配了副眼镜，以后又重新投入战斗，并且毫不犹豫地还是充当守门员。当时那种愉悦的心情和奋不顾身的激情远远超过了意外损失和皮肉疼痛所带来的烦恼。

五六十年代的翻译工作

1958年以后，因为要向国庆十周年献礼，出齐全套38卷《列宁全集》的工作更加紧张。局里调整了人力配置，改进了工作程序，实行了“全局一盘棋”。大家争分夺秒，夜以继日地投入战斗。那时几乎没有工作和休息之分，工间休息几近于零，感到疲劳时，也只是伸伸懒腰，在院子里走上几步，然后又接着工作。

在1959年国庆前夕，我们的“献礼”计划终于胜利完成，大家总算喘了一口大气，以后就投入按部就班的正常工作。

38卷《列宁全集》的出版具有重大的历史意义，曾为我国代表团争得了面子和荣光。1960年7月，当时我正在苏联工作，听说在邓小平同志率领党政代表团访苏的一次会谈中，苏共中央管意识形态的书记伊利切夫以不屑的口气指责我们，大意是说：“你们口口声声高举列宁主义的旗帜，你们出版了多少列宁著作，又读了多少列宁的文章?！”小平同志一气之下，第二天就让驻苏使馆的同志把全套38卷《列宁全集》中文版摆到了会谈桌上，弄得伊利切夫瞠目结舌，哑口无言。

1960年5月，苏联方面通过外交部要我局派一名编译人员去莫斯科外国文书籍出版局工作，任务是翻译和编辑中文版《苏联画报》杂志，局里研究让我去担任这项工作。临行前，姜椿芳、易惠群和刘秉炎三位领导在北海公园仿膳饭庄为我饯行，陆梅林和岑鼎山同志作陪。后来我得知，这次宴请的费用是由姜椿芳、易惠群和刘秉炎三人分担支付的，这也不禁使我感到三位老党员清廉自律的高尚作风，令人肃然起敬。

国际共运史研究的起步

1978 年底，十一届三中全会吹响了改革开放的号角，解放思想的春风也吹进了编译局，沉寂了十多年的编译局又恢复了勃勃生机。我所在的国际所重新调整了组织机构，制定了详细的研究规划，当时成立了三个组，分别围绕第一国际、第二国际和第三（共产）国际的历史进行研究。开始时我们从收集资料着手，并想方设法从国外引进一些旧的和新的书刊。图书馆在这方面给了我们大力支持，在有限的外汇资金上作了适度的倾斜。例如，当时购进了美国发行的全套俄文版《共产国际》杂志缩微胶卷，还把散落在其他图书馆的一些书籍复印过来，供我们使用。记得山东聊城师范大学共产国际研究室的同志得知我们有一套《共产国际》杂志的缩微胶卷，多次与我洽谈，要求把它影印出来。我征得图书馆的同意后，梁明同志花了好几个月的工夫，把胶卷影印出来两份，并装订成册。这也是目前国内仅存的两部完整的《共产国际》俄文版杂志。

我所在的国际所第三组，主要是研究苏联现状、苏共历史和共产国际史。大家知道，共产国际的研究长期以来是一个“禁区”。中国共产党原是共产国际的一个支部，我党实行的一些重大政策，都须通过共产国际，并接受它的指示。由于题材的敏感，可能会涉及党的机密。所以，公开报刊上一般都不发表有关文章，在学界也少有人去触及这个“雷”区。

当时，国际所创办了一个《国际共运史研究资料》的内部刊物。有些重要资料和我们自己撰写的文章就在这个内部刊物上发表。由国际所第三组牵头还先后举办了五次全国性的共产国际学术讨论会，在会前我们明确宣布：大家可以“各抒己见，畅所欲言，不抓辫子，不扣帽子”，所以会场上讨论十分活跃，对深入研究共产国际史起了极大的促进作用。人民出版社总编辑张惠卿同志参加了在合肥召开的一次讨论会，会后他破例地为我们出了一本论文集《共产国际的经验教训》。我在会上的发言《试评共产国际的历史功过》，稍作修改后，在1989年《求是》杂志第6期上发表了，这也是党刊上第一次公开发表评论共产国际的文章，同时，在由欧洲一些共产党联合举办的《世界评论》杂志英文版和俄文版上也转载了我的这篇文章。这对我是一个莫大的鼓舞和鞭策，使我对这方面的研究更加充满了信心。

1990年，苏共中央向全世界发布公告，决定开放共产国际的档案。公告称：原共产国际所属各支部（各国共产党和工人党）可以前往莫斯科中央档案馆查阅或复印有关该支部的档案。公告一经发布，很快引起各国极大的兴趣，认为这是戈尔巴乔夫上台以来改革新思维的明智之举。美国和欧洲一些国家闻讯后立即派团去莫斯科办理此事。我作为一名共产国际史的研究人员也心急如焚，但过了三四个月，还不见我国有什么动静，估计是因为东欧出现一系列严重事态，如罗马尼亚总统齐奥塞斯库夫妇被秘密处决，波兰和捷克等东欧国家工潮持续不断，局势动荡不定，因此中央无暇顾及。在情急之下，我不揣冒昧给中央办公厅写了一封信，信中略述了苏共中央公告的内容，并举了师哲同志曾讲过的一段令人痛惜的往事：大约在 1956 年，师哲同志在一次会上谈到，当年在延安撤退时，把中央保存的档案，包括共产国际的档案都付之一炬，这是他亲自督办并参与烧毁的。他说当时那种痛惜的心情就像诸葛亮“挥泪斩马谡”一样，他是“挥泪烧档案”啊！我在信中吁请党中央尽快派团去莫斯科，以免夜长梦多，或有不测，悔之晚矣。

直到 1991 年 6 月，其时我已临时调至中央成立的“苏东研究小组”工作。一天，我接到中央档案馆的电话，要我去参加一个会议。会上得知中央已批复并指示，由中央档案馆、中央党史研究室、中央编译局和中央联络部四个单位组成代表团前往莫斯科洽谈档案事宜。会后，我立即回局向宋书声同志汇报，但宋书声同志似乎已知道此事，就要我尽快办理出国手续。1991 年 7 月中旬，由中央档案馆馆长王明哲率领的中央档案代表团共 6 人终于成行，并顺利抵达莫斯科。

应该说，这次访苏收获并不大，只能说是打了一个“前站”。在与苏方接触的第一次会议上，苏方接待人员就对我们封了口，说有关共产国际中国部的档案都已于1956年移交给了中共中央，他们甚至很遗憾连复印件都没有留下。当时，听了这番话，我们确实感到有些懊丧。回到宾馆休息时，王明哲和我谈起了八十年代时，我局同志为档案馆翻译了一大批俄文档案的事。当时由编译局秘书长毕克同志和我一起经办此事的，但这批档案是否就是56年移交给我党的档案呢？连王明哲同志也不知其详。

既然我们已到了莫斯科，苏方还是很大方地给我们提供了一箱又一箱的档案资料，供我们随意查阅。但如此大量的档案资料，我们连目录都来不及细看，只能凭“感觉”挑选一部分资料查阅一下。好在后来由中央档案馆馆长王刚同志率团几次去莫斯科，复印并带回一批档案，保存在中央档案馆里。

参与创办中央编译出版社

国际所所长李宗禹作风朴实，性格随和，把所里的同志们团结在一起，使大家心情舒畅，都有充分发挥自己才能的机会。所里的同志都十分卖力，积极工作，总想把过去浪费的青春年华找补回来。我们积累了许多资料，也撰写了不少文章乃至专著。可当时，“读书无用”“知识越多越反动”的流毒在社会上还没有彻底肃清。虽然经过了几年的改革开放，“出书难”的问题依然没有解决。人民出版社张惠卿有一次对我们说：“过去编译局是我们的衣食父母，但我们现在是自负盈亏的企业单位，经济拮据有时到了发不出职工工资的地步。你们国际所的书虽然很有价值，但我们实在力不从心，每年也只能给你们出三两本书。”面对这样的局面，国际所同志苦苦思索，总想谋得一条出路，这也就萌发了由编译局自己成立出版社的念头。经过几番研究协商，我们向局里正式提出了这项建议。局里经过讨论，十分支持我们的倡议。于是在1986年，受局里的委托，由我起草向出版总署提交了申请报告。但鉴于当时的局势，批准成立新的出版社自然没有提到出版总署的日程上。直到1988年，我们又第二次向出版总署提交了申请报告，但由于后来国内发生了众所周知的1989年政治风波，成立出版社的事完全被搁置了起来。

1990年底，东欧发生剧变，苏联局势也岌岌可危，当时，由中央政策研究室牵头，调集八个部委的人力，成立了“苏东研究小组”。编译局派我去参加这个小组的工作，在那里，我们每天主要综合分析国际上的大量信息，写成简短报告，供中央领导同志参阅。任务非常繁忙，肩负的责任也很重大。我们一直兢兢业业，有时夜以继日地工作，我在那里一直工作了两年之久。1992年初，我们小组的同志正在深圳和珠海调研，听到小平同志视察深圳的消息，并很快得知了他南方谈话的主要精神。小平同志的改革决心和坚定意志使我受到极大的鼓舞。我在结束小组工作回到编译局以后，又重新燃起了成立出版社的热情。

在成立出版社的问题上，宋书声局长不辞辛苦，给了我们极大的支持，他为此事曾多方奔走。有一次他带我一起去出版总署与副署长宋木文面商。在商谈中，宋署长透露了一个信息，出版总署有个意向性的拟议，想让每个有实力的单位都成立自己的出版社。局里经过几次研究讨论，于 1993 年初又第三次写了正式申请报告。宋书声局长还与杜导正署长多次交谈，并得知出版总署拟于下半年批准一批新的出版社。于是他就嘱咐我做些具体的筹划工作，如人员配备、机构设置乃至具体的出书计划等。1993 年 9 月 13 日，出版总署的批复终于下达了。我得知这个消息后，真是万分激动，经过了长达八年的期盼，经历了三起三落的波折，那种喜悦的心情实在是难以言表。在出版总署的批件上，宋书声局长写了一行批注："由宋洪训同志任社长兼总编辑"。看到这行批示，我欣喜之余心头不免添了几丝忧虑，意识到责任重大，前进路上也一定会遇到重重困难。此后，我在这个岗位上，虽努力工作，积极进取，但始终小心谨慎，如履薄冰。在两年多的工作中，我没有做出什么特别贡献，但自感欣慰的是总算为出版社打下了初步基础。

继续发挥余热

1995 年 12 月 31 日，局里为我办了离休手续。没过多久，1996年年中，我接到中央党史研究室的邀请，要我参加部分翻译和最后校订由俄罗斯出版的《共产国际、联共（布）与中国革命档案资料丛书》的工作。这套丛书收集了大量秘密的和绝密的档案文件，恰是我研究工作的重要参考资料，参加译校工作又可以先睹为快，我也就欣然接受了。但哪里知道，不干则已，一干竟连续干了14年，至今已出21卷。到2009年底全部译校工作才告结束。这一年，也正是我参加中国人民解放军的六十周年。我感慨万千，提笔写了一首自勉诗：

投笔从戎六十年，双鬓已白志依然；
潜心专注共运事，不求甚解马列篇。
偶涉异国挥雨汗，长驻斜街历时艰；
碌碌一生无悔怨，暮年奋蹄自扬鞭。

回顾这六十年来，我的成长、成熟和一点成绩，都是与编译局的哺育、培育和教育分不开的。谨以上述点滴回忆以表我对编译局的深切谢忱和热烈祝贺。

冯文光，马列主义经典著作翻译家。研究员。曾先后在中央编译局马恩室、马列主义研究室工作。2009 年荣获资深翻译家荣誉称号。享受国务院政府特殊津贴。主要从事《资本论》译校和研究工作。

编译研究五十年回顾

冯文光

我还记得到编译局报到的情况，那是1959年8月的一天。这里，我想用一首七绝来描述当时的印象：“惊回一顾五十年，记得那天云淡天。京城甫到多迷巷，单位园深彩阁闲。”机关小院确实很漂亮，到处散发着古典的气息。亭台楼阁，假山回廊，湖水微波，彩画倒影；红漆疏棂，石台石凳，杨柳依依，一片静谧。尽管缺乏生气，对于充满憧憬的年轻人的心灵来说，无异于当头一瓢凉水，但是对于机关的环境和工作我一开始就是很喜欢的。

与《资本论》结缘

我刚来编译局时，当时机关已经历了五七年的“反右”和五八年的狂热，正处于另一次斗争高潮前的寂静时期，明显地感到类似山雨欲来风满楼的气息。至于什么风什么雨，一个初上运动场的年轻人是很难做出判断的。但是很快就有了结果，那就是“反右倾”斗争。在这场斗争中，我只是看大字报和参加会议。运动以后，全国进入了困难

本文口述于2009年，整理者路军。

时期。

困难时期提倡休养生息。那时我已被分配到马恩室经济组。我的感觉是，经济组重视学习，气氛活跃，思想活泼，也比较关心年轻人。我们组的年轻人有时在湖心亭开会，还能畅所欲言，心情比较愉快。湖心亭是一个好所在，上有一个亭子，有石桌石凳，有一些小巧玲珑的假山。一到这种环境，人就进入了自然和历史，似乎离开了现实，心情自然而然就放松了。后来我们把这样的谈心会称为神仙会。其实，要成为神仙谈何容易，不过也不妨姑妄称之，姑妄听之，不失为一种美好的回忆就可以了。机关的院子据说是过去修颐和园的工头用中饱私囊的钱盖的私宅。湖

早期中央编译局大院湖心亭

心亭及其四周的围廊假山是仿照颐和园的格局修建的。想起来，过去这里是老爷公子小姐茶余饭后的赏玩之所，现在回到了人民手中，成了我们休养生息和畅叙心胸之地，也可说是人间翻天覆地的变化。后来，大概是在上世纪70年代初，围廊、假山、湖心亭为了盖宿舍楼被拆了。几经变迁，昔日的园子变成了今天的高楼和绿地。现在机关院内绿地非常漂亮，从新三楼的窗口往下望去，禁不住又要赋诗："落霞斜照绿浓透，新柳初摇仰望楼，百花小草伴松柏，虫鸟高歌相唱酬。"

经济组的主要任务是翻译和校订《资本论》。对新来同志的要求是一边工作一边学习，在工作中学习。那时我了解到法文版《资本论》具有独立的科学价值。我在大学学习期间旁听了一年法文课，对学习法文也有兴趣。我想，也许有一天要把法文版《资本论》翻译出来。为了这一天，现在就要做准备。于是我从图书馆借了法文版《资本论》，把第一章到第三章的一些内容抄下来，利用早上的时间朗读，并且尽量弄懂内容。慢慢地我发现，从已有的中文译文和外文两个方面来学习《资本论》，效果比单从一个方面来学习更好。做什么事情仅有向往和空想是不行的，必须创造条件，从一点一滴做起。关于这一认识，后来我写了一首诗："满头流汗遇甘泉，空想黄粱百事玄。整天做梦蜃楼好，一事无成空喜欢。"

马恩室的领导不仅鼓励大家学习外文，而且也鼓励大家学习理论。我在大学里没有学过《资本论》，甚至连《政治经济学》也没有学过，只是学习了《联共（布）党史》。在这样的基础上学习《资本论》肯定是有难度的。但是我相信，做任何事情只要你对它有浓厚的兴趣，再加上持之以恒，总是能学好做好的。这种兴趣的养成一方面要靠主观努力，另一方面要靠客观条件。当时有机会参加一些个别著作的译文讨论会，对于提高学习《资本论》的兴趣起到了很好的作用。回想起来，参加《〈政治经济学批判〉序言》译文的讨论给我留下了很深的印象。通过这样的讨论，我对于生产力决定生产关系而生产关系要与生产力发展水平相适应，物质生活的生产方式决定着整个社会生活、政治生活、精神生活，人们的社会存在决定人们的意识等基本原理的认识有了很大的提高。这是提高理论素养的一个很好的客观条件。另一方面，我们所处的大环境也很有利于理论思维的发展。当时我们处在一个生产力和生产关系迅速变化的时代。正是在这种变化中人们才能感觉到生产力和生产关系之间的关系是否相适应的重要意义。《〈政治经济学批判〉序言》中提出的基本论点是学习马克思和恩格斯著作的指导性纲领，从这些基本论点出发来阅读马克思恩格斯的著作，能收到事半功倍的效果。在阅读和译校马克思恩格斯的著作时也应该时时联系这些基本论点。工作中往往是这一时期啃这部著作，另一时期又啃另一部著作，似乎理论的学习缺乏了连贯性。其实，与哲学、经济学有关的每一部著作都能从中读出这些基本论点来。道就在你的脚下，不要走着路再问道在何处。我用一首诗来表述这个道理："鲜花十里人欲醉，五彩缤纷心意猿。舍此丢彼浑不识，朵朵是道自暄妍。"

翻译要与研究相结合

来局工作后，历届领导都强调翻译要和研究相结合，在大会小会上也听到领导和同事们多次谈论过这个话题。我十分赞成这个口号，而且多年来也一直这样去做。不过，真正做到翻译和研究互相促进、紧密结合，是上世纪70年代从江西干校回来以后。这之前的十余年时间，搞运动、三年困难时期、下放劳动、四清、"文革"、下干校，虽说中间也有不少工作时间，但总是断断续续。因此，"文革"中期，毛主席号召学马列，我们一批人从江西干校回局后，就决心全身心地投入到业务工作中，以弥补过去时间上的损失。

首先，我谈一谈翻译与研究相结合的工作过程。干好业务工作要以良好的业务素质为依托，首先就是要过翻译关。当时，我们这一批人自己摸索门道，决定从积累资料做起，也就是在翻译过程中不断积累卡片。专业名词和术语、德语句型中的关键词、特殊用法、有关的理论问题，等等，都在搜集资料的范围之内。我们把卡片按德文字母顺序排列，然后装订成册。有些条目，如经济危机，又分成许多小条目，总的按字母顺序排列，但也插入分类排列。在现在这个处处都用手机、电脑的时代，这种方法看起来

早期中央编译局工作人员合影

太简单了，但在那个时代，非常管用，也锻炼了我们的记忆力。经过一段时间的积累，我们收集的资料越来越多。隔一段时间或者遇到一些工作机会，我们就把不同场合收集到的资料汇集在一起，加以比较研究，收获很多。这样做了若干年，不仅翻译方面有明显的进步，而且理论认识也提高了。

1979 年，我参加了《马克思恩格斯全集》中文第一版第 47 卷的翻译工作以后，开始想把翻译和研究相结合，通过翻译工作的实践，进而归纳总结，写一点理论性的东西。因为 47 卷中关于“贫困化问题”的提法比较特殊，所以我决定“突破口”选在研究这个问题上。选准了工作目标，我并没有急于动手，而是先开始着手收集资料、考虑结构。这一年 6 月底的一天，我去那时地处白塔寺的人民医院看病，在医院门口遇到顾锦屏同志，他说了一些鼓励我进步之类的话，并希望我练习写一点东西。这是一次偶然的相遇，但给我留下的印象特别深刻。大概是因为我当时刚开始写作理论性文章，困难很多，对鼓励的话也就有特别的感受。从 7 月到 9 月，我写完了关于“贫困化问题”的几篇短文。现在回过头来看，当年这些短文写得还是比较粗糙的，但这却是宝贵的开端。

上世纪 70 年代，考虑到《马克思恩格斯全集》俄文版第 49 卷收进了法文版《资本论》的片段，鲍世明同志就和我商量把这些片段翻译出来在《经济学译丛》上发表。我们商定，我从法文校订，他从俄文核对。在他的积极联系下，这些片段终于发表出来了。在此基础上，我们又整理了法文版《资本论》与德文第四版的异同，这项工作相对就比较容易了。1979 年 7 月初的一个星期六，机关组织去运河游泳。正好碰到张钟朴同志，闲聊时我就谈了想研究法文版《资本论》的独立科学价值的想法，并提出希望同他合作，他很支持，并爽快地答应了合作的事。此后我们的合作持续了好多年，主要合作成果是关于法文版《资本论》的两本著作。这项研究工作对于保证法文版《资本论》的译文质量起到了很大的作用。

做经典著作编译工作就是研究马列主义的。辩证唯物主义就认为，反映和创造不是人类认识的两种不同的本质，而是同一本质的两种不同的功能，是一个硬币的两面。如果把翻译工作看成是“反映”、研究工作看成是“创造”，按照辩证唯物主义，翻译和研究就是“一个硬币的两面”，是区分不开的。

在多年的翻译与研究相结合的工作过程中，我也摸索出一些经验，主要有以下几个方面。

一是翻译工作的经验。除了总结出一般性的规律，如什么样的复句应如何译，什么样的句子结构应如何译，一个术语、一个概念应如何译，等等，还要着重总结原文可以这样理解也可以那样理解的地方的处理经验，这类情况尤其在马克思的手稿中较多。一般来说，翻译经验要在正确把握理论的前提下发挥作用，但在理论上两可的情况下翻译经验也可以起决定作用。事实证明，翻译经验与理论理解是相辅相成、互相促进的。

二是概念总结。关于某一概念的资料汇集到一定程度，就可以在这一概念的含义、产生、发展以及和其他概念的联系方面总结出一般性的认识。我认为，概念的准确界定对理论认识和实践都具有重要的意义。全面把握某一概念，是做出局部理论创造的基础。例如我所写的《关于资本主义生产方式的若干层次》一文就是在研究“特殊资本主义生产方式”这一概念的基础上写出来的。

中央编译局参与马克思主义理论研究和建设工程的专家合影（一排左二为冯文光）

三是理论总结。这是认识发展到一定阶段时必然会产生的要求。就像一个深山探宝的人不时地要看一看地形概况图一样。大约是1981—1982年期间，人民大学马列主义研究所编写《科学社会主义史纲》，我参加其中两小节的撰写，字数仅2万，但要求概括《资本论》的整个内容。这个任务有一定的难度，但我感到这是进行理论总结的一次好机会。为了写好这一部分，我把《资本论》的理论整理了一遍，也利用了已经积累起来的全部资料，经过多次反复修改完稿以后，我感到自己在理论上也提高了一大步。我在1983—1985年期间所写的《马克思的需要理论》可以说是我在翻译和研究相结合以及不断进行总结的基础上取得的一个阶段性成果。

我在马恩室一直工作到上世纪80年代，后来被分配到马列主义研究室工作近5年。这5年间，我仍然是把翻译和研究相结合。这一时期我体会到，要提高到新的水平，必须建立起完整的知识体系。过去接触的知识面虽然比较广，但是很零散，不系统，于是我把过去的资料分几类加以概括，不断补充进翻译和研究中遇到的材料，力求使工作范围内遇到的有关理论问题都能在一个体系中找到位置。这样就有可能对所要研究的问题进行比较分析，得出新的认识。

当我在20世纪90年代初重新回到马恩室时，我已经有可能在新的起点上来重新学习、思考马克思的理论。过去研究过的概念、理论问题现在具有了新的意义，展示了新的方面。近来在《马克思恩格斯全集》中文第二版校订工作中，我对“价值增殖”概念重新进行了研究。在已经拥有的理论体系的背景下，对这个概念的认识比过去更深刻了，因而在这一研究过程中对马克思制定剩余价值理论的具体过程有了新的认识。总结五十多年所走过的经典著作编译之路，有一个深刻的感受，那就是，翻译与研究相结合也许是一个学者通向成功的必经之路。

阅尽千年尘世路，唯凭马列看分明

退休以后，我又返聘了许多年。我认为自己在编译局工作的一生中还是做出了一些业绩的。每一次取得成绩的时候，我都会想到自己能到编译局来工作的机会来之不易。想当初我大学毕业时用后来“文革”中的流行语来说已不可能成为“好汉”，但我又不“会打洞”。其实，打洞并不是老鼠的专利，许多动物都会打洞，有的动物洞打得比老鼠还好。说实在的，如果当时真要我打洞，我相信我也是会打出很好的洞来的。不过这需要相当长的过程，而且我的人生轨迹也要因此而完全改变了。当时我已作好了被分配到边远地区的打算。我现在还记得，在公布分配方案时我心里还忐忑不安，当我看到我被分配到中央编译局时，我是非常高兴的。我要感谢到大学去调干的刘秉炎同志，如果不是他不拘一格选人才，我就没有机会走上我现在走着的道路了。这是决定我一生命运的一件大事。尽管后来的生活道路并不平坦，但是我的生活方向并没有改变。

在编译局，我能在业务上取得一点成绩，还有一个条件，这就是我比较执着，不跟风，能吃苦耐劳。这一点在我后来写的诗《遇大风偶感》中得到了清楚的表现。这首诗如下：“枯叶残枝舞，旋风来势凶。片时归寂静，依旧太阳红。自古多少事，烟消如是空。江头莫悲叹，哀怨大江东。”这种精神使我能够在有了明确的目的和好的学习方法以后，不断地努力去实现这一目的。我从上世纪60年代初就有了把法文版《资本论》翻译出来的明确想法。这个想法经过了十五六年以后，终于有了实现的机会。在这里我要提到张钟朴同志的功绩。在这个漫长的过程中，我和张钟朴同志有过多次交谈，谈到法文版《资本论》的翻译出版问题。老张一方面要同领导沟通，争取领导的同意，另一方面又要去找出版社。按照中央的规定，马克思恩格斯的著作只能由人民出版社出版，而人民出版社没有出版法文版《资本论》的计划。于是老张就同经济科学出版社商量，可喜的是经济科学出版社的负责人禾村同志同意出版，但要求人民出版社同意由经济科学出版社出版这部著作，将来不要算后账。最后终于协商好了，单位领导也同意了。在提出和协商法文版《资本论》的翻译和出版问题的过程中，我和老张商量，在翻译法文版《资本论》的同时要全面研究一下法文版《资本论》，看一看它与德文版《资本论》究竟有什么不同，作一番比较，然后在此基础上研究它的独立科学价值究竟在什么地方。在相当长的一个时期中，我和李其庆同志合作翻译了法文版《资本论》，我和张钟朴同志合作编写了二本书，一本是《法文版〈资本论〉介绍》，另一本是《法文版〈资本论〉的独立科学价值》。

在回忆业务工作水平提高的过程时，我要谈一谈与徐若木同志的友谊。他和我合作翻译《德国古典哲学》一书的过程使我对学习哲学产生了浓厚的兴趣。这对于我以后参加《资本论》手稿的校订工作起了很大的作用。后来我学习了黑格尔的《逻辑学》。马克思在《资本论》第二版跋中指出："我公开承认我是这位大思想家的学生，并且在关于价值理论的一章中，有些地方我甚至卖弄起黑格尔特有的表达方式。辩证法在黑格尔手中神秘化了，但这决没有妨碍他第一个全面地有意识地叙述了辩证法的一般运动形式。"（《马克思恩格斯全集》中文第二版第44卷第22页）马克思在《资本论》之前写作的《1857—1858年手稿》中大量地使用了黑格尔的术语。在《1861—1863年手稿》中，马克思也使用了不少黑格尔术语，但与《1857—1858年手稿》相比则少得多。可以说，黑格尔的思想在马克思形成他的抽象方法和政治经济学理论过程中起了很大的作用。因此，了解黑格尔的思想和理论对于理解马克思的经济理论是一件不可或缺的事情。我与徐若木同志的合作以及学习黑格尔的《逻辑学》使我获益匪浅，这使我后来能够较好地完成马克思的一些经济学著作手稿的校订工作。我和徐若木同志常常讨论一些理论问题，在星期日我们还常到运河去游泳，我们的孩子有时也一起去。回想起来，这些活动给我的生活增添了许多乐趣。我要用后来写的两首诗的形式来表达我那时的快乐。其中一首是《忆与友漫步运河》："迟暮忆当年，运河绿水边。白云似闲鹤，知了唱林间。鸥鹭掠河面，飞鱼出浪尖。夕阳西下了，一路晚霞妍。"另一首是《忆与友饮运河上》："两岸青青色，仰随流水漂。心胸似天阔，志比彩云高。莫道寸杯浅，可穷千里遥。诗人今古是，酒后总挥毫。"

退休后多年，有一天听说老徐病了，住在二炮医院，我与老伴去看了他几次，给他几首诗，除了上面两首外，还有一首回忆了我们在青岚湖畔饮酒的情况。《忆与友饮青岚湖畔》："烟雨入茫茫，波涛万顷扬。青青竹叶酒，杯里尽豪放。少壮经风雨，耄耋遇盛唐。和风好吟咏，一唱共琼浆。"还有两首是祝福他身体健康的诗。一首是《祝福病中老友》："牙齿只三枚，刚正气不亏。摇头喜吟唱，依旧壮年怀。开口文章丽，挥毫气度恢。南山松柏寿，冰雪再梅开。”这里的“牙齿只三枚”只是为了符合平仄而已，至于具体是几枚，不可细究。另一首是《立春致病中老友》：“今又逢佳节，立春阳气生。祝君体日健，助力要豪情。风雨千难过，闲庭万事成。心中有希望，枯木定逢春。”我的《回顾五十年》还没有写完，他儿子从德国打电话给我，告诉我他父亲已经去世并已火化。我写了一首诗以表示对老友去世的哀悼，《悼老友徐若木》：“老友驾鹤去，光阴如箭飞。人生梦常短，顷刻各东西。细雨依然有，同饮已是昔。青岚水东去，别离不伤悲。”青岚不伤悲，我却伤悲得很。他生前我看他时，他说我写给他的诗不小心掉到地上，可能打扫卫生时被扫走了。我当时对他说，不要紧，这些诗将来我一定要发表出来。我现在把这些诗写出来发表，愿我的老友在天堂安好。

追求快乐，这是我退休后追求的目标，为此我决定一方面要继续提高自己的理论素养，继续学习马克思主义，另一方面要在提高理论素养的基础上学一点中国古代文化。我比较喜欢古代诗词，但过去一直没有机会系统学习，更没有人指导，现在终于有了学习的时间和条件。我的学习方法不是仅仅学习理论，而是通过实践来学习，也就是自己写。边写边学习，不断改进。用诗词形式来描述自己的晚年生活，是一件充满乐趣的事情。但这是一件随缘的事情，毕竟退休了。我在退休初期填的一首词表明了我的这种心情。《卜算子·无归期》：“晚岁不忧愁，没有归期企。

幸运年华自六十，犹有宏图意。不想有多远，目的何时已。有事随缘竭力为，莫负当年志。”

马克思主义使人眼睛明亮，能更清楚地观察历史和现实。我有机会从事马恩著作的编译工作，这是我一生幸福快乐的基础。一是因为精神有所寄托，快乐自然就产生了，二是因为马克思主义使我能比较正确地分析历史和现实。我用两首诗来表述这种情况。2008年1月10日我再次在宽沟参加《文集》会议，写了一首《五律》：“又踏青山路，重温昔日情。山声空寂寂，树色柏森森。环境因人美，心情为业平。精神有所寄，快乐自然生。”1月11日又写了一首七绝：“风寒反却暖人心，只为国家日日新。阅尽千年尘世路，唯凭马列看分明。”

我们的国家正是因为坚持和发展马克思主义，才会取得今天这样欣欣向荣的局面。这几年大灾大难，我们国家却仍然保持着发展的势头，这是非常难得、来之不易的。如果不是党的好领导，老百姓在这样的灾年恐怕要吃大苦了。

回顾50年，我能把自己一生中最美好的时光贡献给编译马恩著作这样一件壮丽的事业，能够参与这一事业并在其中做点事，我感到是一种幸福。退休后的生活是快乐的，夕阳时光，美妙无比。我要身退心不退，继续努力提高自己的马克思主义理论水平，努力学习古代文化，提高自己的文化素养，用诗词的形式歌颂时代的变化，祖国的大好山河，人民的幸福生活。

张奇方，马列主义经典著作翻译家。译审。曾任中央编译局马列部处长。2002年荣获资深翻译家荣誉称号。享受国务院政府特殊津贴。参与《马克思恩格斯全集》中文第一版、《列宁全集》中文第一版等翻译工作。

早年编译工作追忆

张奇方

近40年的往事，许多已经淹没在岁月的尘封之中了。然而有些经历，虽然历尽漫长时日的侵蚀，仍然恍如昨日。其中有的事可能已经鲜为人知，我想，以文字形式记载下来，说不定还有点用处。

马恩预备组的始末

现在编译局的老同志中，许多人都不记得存在过一个“马恩预备组”。这是完全可以理解的，因为这个预备组只存在了两三个月。1953年1月，中央俄文编译局同中宣部斯大林全集翻译室经中央批准合并成立中共中央马恩列斯著作编译局。这时，人事干事丁守和宣布新组建两个预备组。一个是“马恩预备组”，共3人，成员有我和张允侯，同时成立的有“列宁预备组”，成员也是3人，有岑鼎山和张乃文，组长是张慕良。办公室在大红罗厂前院紫藤架南一明两暗3间高大的花砖墁地的高级平房内。东间是“列宁预备组”，西间是我们的“马恩预备组”。

本文为1993年纪念中央编译局成立40周年所作。

早期中央编译局工作人员合影（左一为张奇方）

两个预备组的任务应该是不言自明的，但实际上没有做什么预备工作。我们的具体工作就是学习，学理论，学翻译（看原著，对照已有的中译本，提修改意见）。两三个月后，我们就被分配去做其他译校工作了。“马恩预备组”实际上已不再存在（记得当时没有宣布撤销）。

这是我局历史上极为短暂的一件小事，牵涉的人和牵涉的面都很有限。然而，这件小事不但说明我局确定局名和任务时的设想，而且说明，组织译校马恩著作的工作，在建局时（1953 年 1 月）就已经着手实施了。

为讲授《资本论》做口译

建局以后，从苏联派来了几位专家，其中有一位马恩专家图尔琴斯，他对《资本论》很有研究。当时国内对干部的理论教育抓得很紧，我们有这样一位专家，理所当然地要为我们讲理论课。经师哲局长提出，图尔琴斯接受了约请。这个消息很快被理论界得知，不少知名学者要求听课，金岳霖先生就是其中之一。局里为此选定几个人轮流担任讲课的口译。我记得其中有任田升、罗正发、荣敬本、张钟朴和我。当然可能还有其他同志，但是有的人，记不清了。开课的时候，师局长亲自坐镇，我们这些人很紧张。因为师局长翻译水平高，要求严格而且脾气大，翻译中出点问题，他就会当场批评，让人下不来台。记得任田升有一次就因不知道“阿司匹林”是什么东西，被弄得相当狼狈，甚至提出辞职，结果又被师哲狠狠地批了一顿。我们从这以后准备工作特别认真，先把讲稿译好，再尽可能多看参考书，因为专家不是完全照稿子讲的，而且听课的人（其中不少是专家）又常常在讲课中间提出各种问题要求解答。

后来，师哲局长因为工作忙不再来坐镇，我们思想负担减轻，译得也比较自由了。虽然事情已经过去多年，我连自己译过的内容已经淡忘，但当时的紧张心情，至今印象清晰。

为庐山会议重校苏联《政治经济学教科书》

1958 年底，我得到开会通知，原来是局里接到中央紧

斯大林著作翻译室部分工作人员合影（右三为张奇方）

急任务，要求按新版重新校订苏联《政治经济学教科书》。这本书的第一版是根据斯大林《论苏联社会主义经济问题》修订重写的，理论影响大，俄文版一出，我们就作为紧急任务译出。当时参加翻译的人很多，我是译者之一，又是何匡同志的助校之一。该书的新版则是赫鲁晓夫时代的产物，书中的许多提法和论述，都作了重大改动，例如“物质刺激”的原则就特别突出。

我记得参加重校工作的除我以外还有张启荣、余大章（留苏经济学研究生，后调社科院工作）和刚从苏联回国的孔熙忠，可能还有张钟朴。毕克是领队，译文由大家负责。这项工作时间紧，要求高，而且我们隐约感到任务来头很大，因此心理压力也很大。直到很晚的时候，特别是在"文化大革命"中，才知道这是为毛泽东同志1959年庐山会议准备的重要材料。

由于工作是限期完成的，还要给人民出版社留出足够的时间，所以不能不把全部时间投进去，不少日子是通宵达旦。记得看清样这一道工序只能在人民出版社进行，看完就送厂，改版上机开印。最后一天特别紧张，要保证按期完成，质量不能有丝毫疏忽，几个人吃完干、饿了吃。精神实在顶不住了就抽烟，全体都抽，办公室里像下大雾一样。即使如此，大家还是情绪极高。我们借书中不断出现的"物质刺激"，把抽烟叫做"精神刺激"，其实这是刺激神经。

闹腾了一夜，交出稿子时，东方天际已出现了一片朝霞。我们几个人回到机关都有点摇摇晃晃了，倒头就睡。然而我怎么也睡不着，满脑子还是那些"刺激"，是对"刺激"的深思。

贺麟教授和黑格尔《法哲学》

1956年，我当时还在列宁室。一天，主任何匡把我叫了过去，说《马恩全集》第1卷的译校工作就要开始，马恩室需要支援，而且指名要我这个组。想不到一到马恩室就给我一个下马威，要我的组同王治平的组合在一起共同翻译《黑格尔〈法哲学〉批判》。当时我从事翻译工作只有3年多，虽然搞过哲学，但兴趣不大。我本意是搞经济学的，这一下要以哲学为主，而且是黑格尔哲学，困难之大可想而知。果然，一接触原文就觉得摸不着头脑。王治平是搞哲学的，这时也束手无策。于是决定去向国内黑格尔哲学权威、北大的贺麟教授请教。贺先生的德语、英语水平当然很高，俄语也懂一些，我们则是俄语科班出身，德语是自学的，英语是解放前的底子。他主要是用中文讲德文，我们则是俄德对照译成中文。因为他是黑格尔权威，所以不少译文和重要术语都是按贺先生的讲解翻译，如“Idee”译作“理念”，“Dasein”译成“定在”等等。

贺先生有一个宏愿，想把《黑格尔全集》翻译过来。我们同他多次接触以后，他向姜椿芳局长提出，要我和易克信二人合作从德文把《法哲学原理》译出来。他认为我们在译《〈法哲学〉批判》，同时译出《法哲学原理》是一举两得顺理成章的事情。我们请他讲课，当然也就很难拒绝他这种完全合理的要求。我局当时对译外稿是严禁的，有人偷着译，被发现后受到严厉批评。这一次由局领导特批，我们二人接受了从德文译出《法哲学原理》的任务。初译稿经商务印书馆审查合格后，签订了合同。从此以后，每一两周我和易克信都到贺先生燕东园的家里质疑。我们提出问题，他据原文解答，我们又从俄译文说明俄国人的理解，他再解答，直到通了为止。贺先生对我们工作是满意的，他甚至表示要以我和易克信为主，组织一个《黑格尔全集》的翻译机构。对此，我们当然表示服从组织安排，个人无权决定。翻译《法哲学》这个很有意义的工作，由于后来开始了整风、“反右”运动，只好不了了之，成为终身憾事之一。

我们这一段的合作，贺先生一直记忆犹新，直到1988年有一次开会时碰见，他还能直呼我的名字，还在表示惋惜。

杨彦君，马列主义经典著作翻译家。译审。曾先后在中央编译局国际室、马恩室工作。2002 年荣获资深翻译家荣誉称号。参与《马克思恩格斯全集》中文第一版翻译及《马克思恩格斯全集》中文第二版校审工作。

我对编译局学风和译风的点滴体会

杨彦君

一、跨进编译局高高的铁门槛真不易

现在编译局面临着难以留住人才的问题，而四十年前我却是削尖脑袋好不容易才钻进编译局的。1952年，我从北大俄语系提前半年毕业，抽调到马列主义教研室先后担任三位苏联专家的首席翻译。正当我已熟悉业务，可以无需讲稿随口翻译专家的讲课和学术报告时，苏联专家撤走了。我被调到俄语系当翻译教师。随后又被调到校部做行政工作。可是我的人生理想就是翻译马列著作。于是我通过老同学杨祝华刺探情报。她告诉我：编译局不进人，除非个别例外。知道有这一线门缝之后，我便逐级请求，允许我到编译局工作，但一级一级地被驳回，从反面被批评说，放不下翻译业务是走白专道路；从正面被开导说，按照我的能力，走从政的道路比搞翻译更有前途。最后，我找到党委书记，他松了口。1962年8月，我这才通过杨祝华向编译局正式申请调入。岂知编译局的铁门槛高得很。

本文为2003年纪念中央编译局成立50周年所作。

看过我的档案，进行政审，并了解业务经历之后，还不算数，硬是要进行考试。试题是正在翻译之中的《马恩全集》某卷中的一篇文章，约 3000 字。我被告知，可以使用任何工具书，时间 3 小时，译多少算多少。我没有遇到疑难，匆匆译完了。不久得到通知，我被录用了。给我办调入手续的是吴时化，我被分配到国际室，纪涛主任找我谈了话。那时是 1962 年 9 月。从此我在国际室一干就是 36 年。1988 年我被调到马恩室，1993 年退休后被返聘至 2001 年，最近这十几年中参与了多卷《马恩全集》的校审工作，几十年清苦、劳累，默默无闻，但我无怨无悔。毕竟为研究和翻译工作尽了绵薄之力。

二、废寝忘食　刻苦钻研

最初向我传授编译局学风和译风的是陈为汉和易克信。他们是建局之时分配来的。当时我在北大当翻译。我们的妻子都是北大俄语系的教师，所以我们住在同一层楼内，成为牌友和密友。他们告诉我：编译局对培养干部抓得非常之紧，近乎强迫命令式地逼着你废寝忘食、刻苦钻研。所以他们都以局为家，只有星期天才回北大，与新婚妻子鹊桥相会。几年下来，他们就都成了编译局的得力干将。

1962 年我到编译局工作时，阔别英文已 10 多年，拜拜俄文也已几年了。与已在编译局扎实工作了八九年的老同志相比，我完全是一个新手和生手。

编译局的学风和老同志的榜样带领我步陈、易的后尘。我把北大的家置诸次要，虽然家里有母亲、妻子和儿女。在编译局先是要了一张床位，从干校回来后则把铺盖搬到办公室，坚持了20多年，直到快退休时，在领导允许老同志可以不用坐班之后，才真正搬回北大的家。

局领导为了培养干部一共办过多少外语学习班我不知道，但我个人上过3个班。1964年，由姜桂华做具体组织工作，办了一个英语提高班。面向全局，参加的人数不少，在礼堂上课，教师是毛泽东著作翻译室的定稿员萨福铣。萨的英文水平很高，我们大受其益。该班因大部分学员被调去参加“四清”，存在时间不长，但起过很大的作用。1967年国际室组织了由周懋庸、梁建华、葛斯任教的德语学习班。他们从字母教起，使我们不少同志摘掉了德文文盲的帽子，能使用德文作为参考工具并从事翻译。80年代，马恩室组织了一个德语提高班，请北大的张玉书老师任教。学员是马恩室学俄文出身的一些老翻译。他们在此之前上过几次德语学习班我不知道，但他们当时的德文水平已经很高。张老师全用德语讲授，课文难度也不小。后来成为马恩室的德文定稿骨干力量，如吴达琼、王锡君、刘晫星、孙魁等等，就是这批人。其中学俄语出身的沈渊编著了专业性很强、长达100万字的《德语介词固定搭配用法辞典》，精通德语的季羡林教授为它写了序言。

三、一丝不苟 精益求精

50年代初，编译局曾组织过一次关于翻译标准的讨论。当时我在北大，从陈为汉手中获得了那次讨论的全部资料，并认真学习。给我留下了最深刻印象的是何匡的一篇文章。他对严复的翻译标准信达雅作了诠释。他说：信就是要吃透原文，忠实于原文；达就是要合乎译文的规范；雅就是要表达出原文的修辞色彩。因为我完全接受他的观点，所以猜想他的文章一定在编译局是一锤定音之作。到局工作后，老同志告诉我，作为对信达雅的更明确的诠释和补充，

早期中央编译局工作人员合影

局里还强调三个“合乎”：合乎语法——合乎逻辑——合乎事实。关于头两个“合乎”，不言而喻。关于第三个“合乎”，看似小事，其中大有文章。举一个小例子。在多种外文中，堂表兄弟是无法区分的，堂表姊妹也是无法区分的，你要把译文弄准，区分是堂表、姨表、姑表等等，做到合乎事实，就得想方设法弄清人家的家谱。你要准确翻译马恩列的某一段理论性极强的重要文章，便必须参考作者在其他著作中对同一思想或类似的思想是如何表述的，遣词造句有何异同。如果此处与彼处的表述完全相同，译文也应完全相同。如果别处的表达有差异，译文也应有差异。关于史实，也是如此。遇到成语典故必须找到出处。所以，大家在译校审工作中养成了勤于上图书馆查找资料的习惯，这在局里已蔚然成风。

60年代初，中央报刊发表的重要文章中，凡有马列著作的引文和其他外文书刊的引文，常常移交编译局校审。我来局后参加过一部分这项工作。有一次，对某一处外文资料的引文错译作了修改，负责把关的张仲实副局长对我的修改不放心，叫我把全文找出来，与他一起联系上下文加以推敲，并对该文统计表数字进行计算，确认修改无误后，才算点了头。

局室领导对马列著作，特别是重要著作，重要理论表述的文章的译校审要求十分严格，决不允许译校审者自以为是。要求一丝不苟、精益求精。要给读者留下独立思考、各自理解的空间。要避免理论界因经典著作译文方面的问题而引起的笔墨官司。对疑难问题，我们采取知之为知之，不知为不知的态度，决不胡译乱译。在翻译《马恩全集》第一版第35卷时，我们遇到一个缩写字，俄译者未能破译，于是照抄。德文版的编者加了注，说这个词经多种猜测均无把握。我们也照抄，并采用了德文版的注，把问题留给后人解决。

四、翻译与研究相结合：出书出人

编译局成立伊始便提出了翻译与研究相结合的口号，号召翻译干部不要当翻译匠，而要当翻译家和学者。要用翻译带动研究工作的开展，用研究促进翻译水平的提高。为了使干部专业化，能在各自的领域内钻研，中译外、外译中是有分工的；马列著作的编译按哲学、经济学和历史三大板块分工；国际共运史的编译和研究按第一、二、三国际分工。

60年代，局领导又提出了出书出人的口号。这个口号的两个方面是相辅相成的。从培养人才中出书，从出书中培养人才。50年来，以局、室、所的集体名义出了多少书，这个数字就很难统计，而以个人名义译著了多少书稿和文章，更是一个永远的未知数。出了多少人？据统计，截止2002年底为止，我局被评上副高职称者约150人；被评上正高职称者130多人；2002年10月，我局被中国译协授予资深翻译家荣誉证书者共94人。一些学非外语专业出身的

1993 年，中央编译局成立 40 周年部分马恩著作老编译家合影（一排左二为杨彦君）

同志，都成了在自己领域内研究成果丰硕的学者，而且也是优秀的翻译家。更多的学外语出身的同志，都不仅是通晓几门外语的翻译家，而且是历史、哲学、经济领域内的专家。现在的中青年同志的学问根底深厚，有的取得了硕士甚至博士学位。大批人获得了出国进修的机会。他们的学习、工作和生活条件都比老同志强得多。这些年我曾为他们改过稿。他们的稿子一年一个样。青出于蓝而胜于蓝，长江后浪推前浪，中青年必将超过老同志！

五、三个臭皮匠顶个诸葛亮

编译局出的马列著作全是集体智慧的结晶。我从事马列著作的翻译工作的时间不长，资历很浅，但对上述之点还是有些体会。“文化大革命”中，我们国际室的工作被迫停顿，全室承担了《马恩全集》第33、35两卷的翻译工作。我稀里糊涂当了第35卷组的组长。当时要坚持天天读、早请示晚汇报，隔不了几天又有新的“最高指示”，得上街游行，根本不可能专心致志地搞业务工作。局室领导均已被打倒，规章制度荡然无存，翻译工作程序毫无章法。给我留下了深刻印象的是，发扬集体主义精神的传统没有中断。此书没有署名，但我记得，参加此卷工作的同志不少于十五六个。每篇译文都要经过大多数人之手。你改过来，我改过去，七改八改。有一篇文章的某一段改得莫衷一是，最后去请教毛著室的徐坚。老徐拿出了一个方案，被大家所接受。细心的耿睿勤查阅原始稿，发现徐的方案正是耿所翻译、经我略加修改后的方案。虽说是绕了一个圈子返回原地，否定之否定，但人人献计献策集思广益的精神使我没齿不忘！

80年代，我在国际室“客串”承担了《列宁全集》中文第二版第28卷校订工作。此卷收入的是列宁于1916至1917年间侨居瑞士时所写文章。其中约2/3的原文为俄文，1/3的原文为德文。我是按照原文分别校订的。此时局里规章制度和工作方式已井然有序。列斯室领导约请了精通俄文和德文的宋书声局长为我审稿。有老宋为我把关，我当然高兴，但也生怕在德文部分和重点文章的校订工作上出丑。老宋对我的校订稿做了许多修改，一一与我讨论，连芝麻也不放过。我把“印刷页”误作“印张”这个辫子也被他揪住了。此卷的文章在第一版中均有，已经不知经过了多少人之手，出第二版时又经我和老宋二堂会审，总该可以“出口”了吧？不！列斯室主任岑鼎山又从全集各卷相互关系的角度进行三堂会审，并且提出不少中肯的修改意见。这样还是不能放行出书，还有许多“门神”层层把关。全卷中的人名、地名、书刊、译名等等，均有专人进行统一，不但本卷统一，而且要与其他卷以及《马恩全集》统一。书中出现的引文，必须与在别卷中出现过的同一引文保持一致，如是马恩著作中的引文，必须查对原著，你要改动一个字，也必须征求马恩室的意见并且备案。注释、索引、年表等等都有专人负责。还要有人在通读、研究全书的基础上写出前言。总之，我查看此书的版权页，为此卷做出贡献的共有 17 人。

1988—2001 年间，我参加了多卷《马恩全集》中文第二版的校审工作。每一卷都是许多同志亲密协作的成果。工作程序与列斯室大体相同。在这里，即使在可以称为马恩室“开山祖师”的同志身上，我也没有看到一丁点以权威自居、老子天下第一、不许在太岁头上动土的形象的影子。江海不择细流，互相取长补短的传统根深蒂固。

六、感谢外援

编译局出的书的质量之所以较高，除了以上所说种种内部因素之外，还有外部因素起作用。

首先，马列著作的翻译是在吸收前人成果的基础上进行的，我们是踏着前辈的肩膀爬高。马列的一些重要著作，如《资本论》《共产党宣言》早已有过中译本。莫斯科的外文出版社也出过中文版的《马恩选集》和《列宁选集》。

其次，我们的工作得到局外同志的直接援助。例如，马恩著作中的许多军事文章是中国军事科学院外军部的专家翻译或者经他们校订的。有一些高等院校的老师也参加过《列宁全集》中文第二版的校订工作。

再次，有许多局外的专家给我们提供咨询服务，为我们解决疑难。在这方面，我有许多亲身经历。《马恩全集》中文第一版第35卷中有两封恩格斯论述微积分的书信。周家碧根据德文译出，我依据俄文校订。我们都没有学过高等数学，连微分积分的概念也不懂。译校都是按照外文照猫画虎。我们对内容不知所云，如天书一般。全翻译组十几个臭皮匠全都傻了眼。这两封书信是请北大的闵嗣鹤教授按德文定稿的。已故的闵公是大数学家，陈景润的科研硕果就是由他第一个肯定的。我们得到过他的帮助，何等荣耀！在校订《马恩全集》中文第二版第11卷时，遇到恩格斯论述武装起义的一段名言，普列汉诺夫和列宁都曾引用过，译文意思不错，但其中的自然科学名词不规范，改否？北大数学、物理系的张之翔等三位教授热心地帮我释疑。我在翻译当中曾遇到几大段希腊文，是请我的业师、已故的缪朗山教授代译的。我曾遇到不少哲理深奥的德文难题，都是请已故的熊伟教授解决的。无一例外，我登门求教过的专家教授，全都对我局的工作和同志十分关心。每当我遇到熊伟教授时，他必问及顾锦屏和梁建华；每当我遇到李赋宁教授时，他必问及王毓琳；每当我遇到许渊冲教授时，他必说到施康强如何如何不错（其实我与施虽认识，但并不熟，只是听顾良说施的法文很好）。我衷心感谢所有给我们提供帮助的专家和学者！

最后，马列著作是我局与人民出版社亲密协作的结果。出版社不仅以高度的敬业精神和熟练的业务能力在编辑和出版方面做出了重要贡献，而且为保证译文质量把了最后一道关。这里仅举一例，《马恩全集》中文第二版第 12 卷是由 20 个人共同完成的。出版社当然知道，书稿是在不知经过多少关卡之后才送到他们手中的，但编辑同志对译文提出好几十处修改意见或者质疑，当时主持此卷工作的张启荣已赴美探亲，领导让我对出版社的意见逐条研究并提出定稿方案，待张回国后作出决断。我逐条提出如下处理意见：一、接受出版社的修改方案；二、保持原译；三、部分接受出版社的意见，我另提出新的修改方案。总之，从此项工作中我深知编辑同志中文好、知识面广、懂外文。他们提出的每一条意见或修改方案都是在研究原文（德文和英文）的基础上提出的。

张近智，马列主义经典著作编译家。原中央编译局马列部译审。2002 年荣获资深翻译家荣誉称号。主要参与《列宁全集》中文第二版、《列宁文稿》《斯大林选集》等的编译工作以及中央文献翻译工作。

我与经典著作编译事业的两段缘分

张近智

我是1949年11月份到北京俄文专修学校学习的，这所学校成立于1949年10月，附属于中央俄文编译局，当然与编译局的关系非常密切。当时编译局派人到哈尔滨外国语专门学校，每个班选一个人，一共选了我们50个人，到北京俄专来学习。我们哈尔滨调来的同学组成了两个班，还有大连调来的同学组成了一个班，这3个班就组成了北京俄文专修学校的第一批学员。过了不久，又从华北大学的俄文大队调来了2个班，总共有了5个班。后来又来了2个越南班。

俄专的校长由师哲兼任，当时他是中央办公厅政策研究室的主任，所以当时很多人都叫他师主任。因为他的身份，给我们请的都是一些很优秀的老师，比如俄语教学都是请的苏联专家。他还请了很多名人来给我们讲课，比如朱总司令给我们作过报告，还有全国总工会的副主席刘宁一，马列主义学院的王学文、孙定国，毛主席的秘书田家英，西北文联主席柯仲平等，都给我们作过报告。他们有的讲专业，比如孙定国讲无产阶级专政，王学文讲政治经

本文口述于2016年，整理者刘强、詹珩。

中央编译局北京俄语学院校友合影

济学，柯仲平讲民间文学，他也捎带与翻译联系在一起，比如陕北有个民歌，他还唱了几句：“人人都说咱们有，咱们俩从来没有握过手”。他问我们这些你们用俄语怎么翻呢，讲的很有意思。

我们当时的学习条件非常好。除了刚刚讲到的名师以外，我们的一些教材也来自苏联，比如给我们发高尔基、普希金的一些原著。当时没有俄汉辞典，那有什么辞典呢？有一本《露和辞典》，是日本人八杉贞利编的，给我们每个人都发了一本。这样一来教材是发的，字典也是发的，条件比当时的北大还要好。北大的学生曾到我们这儿参观，说你们的学习条件比我们强，他们就没有发过八杉贞利辞典。

当时俄专的教学方法和思路都是很开阔的，也是很先进的，我们参加革命前，基本上都是上过大学的，有学过英语的，有学过其他语言的，有个别同学是研究生毕业的。因为我们用露和辞典，所以日语我们也会一点。当时俄专要求大家按一个进度走，不要因为某一个同学学的差就停步不前，也鼓励大家尽量向前迈步，争当学习标兵。所以，当时大家的学习热情非常高，有的同学甚至把普希金、高尔基的每部作品都学了。还有毛主席的文章《论人民民主专政》，这个也有俄语本，也发给我们了，鼓励大家阅读。另外，每个班还订了一些俄文报纸，我记得比较清楚的有大连出的《实话报》，学习不到一年的时间，我们基本上就能够看报纸的头版文章，个别同学甚至能够看二版、三版、四版的文章，比如一些外贸问题的文章。我们班有个叫赵仲元的同学，他后来也留在编译局工作了，还到中央办公厅翻译组给主席当过翻译。他是师哲物色的人，因为师哲发现他知识面宽。他当时的学习方法比较先进。我们一班、二班、三班学到1950年底，军委向师哲要人，说军队来了很多苏联专家，希望给他们配翻译，所以我们并没有学完，就提前毕业了，我们一班、二班、三班的大部分同学就调到了军委，我当时调到了军委军训部。

下面讲一讲我到编译局工作的情况。我是1978年4月调到编译局的。来到这里，我就感觉到是旧地重游，因为当初我在北京俄专上学就是在这个院子，现在我又回来了，很是高兴。到局里之后我被分到列斯室，第一个任务就是编译《列宁全集》中文第二版。我们依据的是俄文第五版，一共55卷，我们要把它们编成中文第二版，定为60卷，也就是说比俄文的55卷本多收集了一些文章。在开始编译第二版之前，列斯室做了充分的准备工作。比如说当时列斯室有个列宁全集编目组，把整个《列宁全集》的目录整理得非常详尽。我们把全集之外的列宁的文章也都译出来了，收入《列宁文稿》。另外，还把人名、地名摘出来以后也作了统一和规范，成语、典故也都整理出来了，可以说全部资料都收集全了。《列宁全集》60卷的注释也搞完了，所以说这个准备工作是做的很充分的。

我们的工作开始以后，有好多校订组，每个校订组大体3个人，对译文进行全面校订，对全文负责。校订完了以后，还有审稿，还有编辑，可以说文稿没到出版社以前，我们连编辑工作都已经做了。文稿从出版社返回之后我们还要对清样校对3遍。比如《列宁全集》俄文版有不同的字体，有斜体字，有黑体字，我们编译成汉语以后，也是既有一般字体，也有黑体字、斜体字，字号也有区别，和正式出版的《列宁全集》一样。可以说当时我们已经把编辑工作做得很完整了。

我个人参加了《列宁全集》中文第二版第4、5、6、23、52等五卷和《列宁文稿》第13、14卷的编译工作，另外我还参加了《斯大林选集》上下两册的编译工作。另外还参加了《苏共党史》的校订等一些属于列斯室俄译汉的工作。

我还参加了一部分中央文献翻译工作，比如全国人大会议上的政府工作报告中关于军事的部分，大会文件翻译人员翻完之后，也让我审看了一遍。还有朱德、周恩来的选集，邓小平的文选，其中与军事有关的几篇文章，我也都校订了一遍。《朱德选集》里面有一篇文章是我亲自翻的。还有列斯室组织的一些书籍翻译任务，比如《胜利与悲剧》《我们这代人的见证》，戈尔巴乔夫的《改革与新思维》等等，我也都参加了。

还有一件事，列斯室曾经成立过一个党史组，这个党史组主要翻译苏联编辑出版的五卷本《苏共党史》。当时《列宁全集》中文第二版的项目还没有启动，好多年轻人没有分配具体的任务，就被安排去翻译《苏共党史》。党史组

中央编译局荣获资深翻译家称号的部分老同志合影（左二为张近智）

的第一任组长是屈洪，后来屈洪年纪大了，领导就让我去当这个组长，我是第二任组长。这本书原计划由上海人民出版社出版，结果五卷书都译校完后，出版社那边有了变化，他们出版了第1、2卷后，担心销路有问题，后面的稿子就给我们退回来了。后来我们把未出版的稿子整理好，都归入档案。

我是1978年后来列斯室的，那时已是改革开放的年代，不讲阶级斗争为纲了，我感觉整个列斯室的气氛非常好，大家干劲很足。比如上面说的《列宁全集》中文第二版启动之前，准备工作都做的很充分，这就是气氛好的表现。全集60卷我们几年时间就完成翻译、校订并且出版成书，这与大家的干劲十足是分不开的，也是与领导们的正确领导分不开的。比如林基洲，当时他是副局长，分管列斯室，通盘考虑，谋划得当。比如我们的室主任岑鼎山，还有副主任何宏江，都是有才又能干，他们为了工作不辞辛劳。《列宁全集》中文第二版还没出完，林基洲就脑出血去世了。岑鼎山是书刚出完就得了肝硬化去世了，实际上都是工作太过劳累导致的。还有一个同志叫张瑞亭，是搞注释的，《列宁全集》60卷书的全部注释都是他完成的，很辛苦，刚交稿就因胃癌去世了。这些同志都很有才华，也很敬业，值得我们学习。

我前半截在军队干了26年，粗略统计出了书的稿子是500万字，1978年到编译局工作了12年，这12年我翻译、校对的文稿，出了书的都加起来也是500多万字。我这一生译校了1000多万字，这不仅是因为干劲足，更是同我们的路线很有关系。1978年以后，由于我们党重新确立了正确的路线，同样的工作，我在前26年干的与后来12年干的画等号。我们这些人都已经退休了，现在的年轻人都是硕士生、博士生、博士后，现在的路线又好，条件又好，所以一定会大有作为，一定会干的更好。

郑异凡，国际共产主义运动史学家。研究员。曾任中央编译局国际共运史研究所苏东处处长、俄罗斯研究中心顾问。2006 年荣获资深翻译家荣誉称号。享受国务院政府特殊津贴。长期从事苏联史研究，著有《布哈林论》《天鹅之歌——关于列宁后期思想的对话》《新经济政策的俄国》和《苏联春秋》（三卷）等，主编九卷本《苏联史》。

留苏归国前后那些年

郑异凡

在“大跃进”鼓舞下的留学岁月

我在1954年到苏联留学，进入列宁格勒大学历史系，学习苏联历史专业。在留学的五年里，国内发生翻天覆地的变化，开展了一系列政治运动，批判“胡风反革命集团”，反右派等等，虽然规定留学生中不开展反右派运动，但也进行了学习，还搞了一项“向党交心”活动，有些同学交心的结果是被认定“政治上不可靠”，被遣送回国。

新闻报道各种振奋人心的好消息，报道农业大丰收，一亩土地产几万斤的粮食。我们对此深信不疑，不但自己相信，而且向苏联同学宣传。不过他们对这些数字根本不信，认为从科学上讲完全不可能。国内号召教育与生产劳动相结合，我们就利用暑假，和苏联同学一道到南方的垦荒地帮助收割小麦。国内的大学生纷纷自己编写教材，我们历史系的中国留学生，商量编写共产国际的历史，每人各包一段或一个专题编写。我负责编写的是1926—1927年

本文原载《世纪》2021年第3期。

的共产国际的活动，为此查阅当时各种报刊图书的资料。这一时段正好是国内大革命时期，苏联人对中国的革命寄予很大的希望，《真理报》几乎天天在头版报道中国的消息。我们编了一本厚厚的共产国际的历史，交给在列宁格勒大学进修的人民大学的老师杨光远。后来我曾经问他这批材料的下落，他说全都丢失了。这太可惜了，里面有许多材料还是有价值的。

毕业前的最后一项工作是毕业论文答辩。我的论文写的是 1925 年“新反对派”同斯大林的斗争，我的同学徐天新写的论文题目是“托洛茨基—季诺维也夫联盟”，我们的共同导师是卡尔纳托夫斯基教授。卡尔纳托夫斯基教授颇

列宁格勒大学历史系 1959 年中国毕业生（二排右一为郑异凡）

有来头，在国内战争期间曾经担任过红军旅长，后进入红色教授学院学习，然后在列宁格勒大学历史系执教，曾经担任历史系主任。卫国战争胜利以后，斯大林开展“反世界主义”的斗争，卡教授因为在30年代初写过一篇关于托洛茨基的文章，被指为贩卖托洛茨基主义的私货，被开除党籍，流放到边远地区。1953年斯大林去世以后恢复名誉，回到列宁格勒大学，继续讲授苏联史，他开的国内战争专题课，非常受欢迎，可惜我做的课堂笔记，在“文革”期间烧毁了。许多同学都找他指导毕业论文，他是教授中指导毕业论文最多的一位。

我们历史系的旁边是苏联科学院图书馆，那时中苏关系好，我们通过科学院图书馆的东方阅览室可以借阅到特藏库里保存的禁书，看到反对派的著作。我在毕业论文中直接引用了大量的反对派的言论。在论文答辩时一位评委说，直接引用反对派的言论，等于给他们做宣传，这在我们国家是不允许的。虽然斯大林去世已经几年，对他的个人崇拜受到批判，但是他们的学术规范还是相当保守的，他的这个指责相当严重，幸亏卡尔纳托夫斯基教授为我辩护，这才顺利过关。

马甫罗金教授是我爱人耿睿勤的论文指导教师，是系里的名教授，担任过好几届系主任。据说，全部俄国史，包括苏联史在内，他都可以不用备课，直接上课堂讲授。每次给我们讲课，他都带一杯水放在讲台上，不过从没有见过他饮用。在斯大林的晚年，他也以莫须有的罪名被开除出党，解除职务。斯大林一死，第二天他就提出申诉并恢复了党籍。

集训——从“纠左”到反右

1959年夏，我们完成了五年的学习，高高兴兴地返回祖国，大家都摩拳擦掌，准备大干一场，报效祖国。

回到北京，安排我们住在魏公村的外国语大学集训。由于我们脱离国内时间太久，所以组织各种报告，给我们介绍国内的形势。头一两个月学习的主要内容是“纠左”，给我们讲了“大跃进”中的各种问题。到8月中旬，学习基本结束，准备分配工作了，这时庐山会议结束，突然通知，暂停分配工作，继续学习，又有一些领导给我们做报告，风向大变，全面肯定三面红旗，批判“右倾机会主义”，对国内形势的评价反转。这样我们又学习了一个多月，到10月初才分配工作。

那时康生给我们做报告，要我们做中苏友好的桥梁。我们的同学金重远（后为复旦大学历史系教授）见赫鲁晓夫来华访问，提议并起草了一封信，欢迎赫鲁晓夫来访，我们签了名。那时候我们怎么会知道中苏之间发生了严重分歧，写这样的信不合时宜。不过我们在苏联学习了五年，和苏联同学的关系确实很好，对苏联自然是有好感的。

在集训期间，还有一事不妨说一说，这就是要求所有归国留学生向海关交出随身带回来的收音机、电唱机、照相机、打字机等等，理由是这些东西流入市场会成为走私品。其实，这些东西完全是自用的私人物品，没有任何理由予以没收。这大概是由于张春桥鼓吹批判资产阶级法权造成的。但这算什么资产阶级法权？我手头有一架照相机，是儿童用的极其简单的“接班人”照相机，也就值100多卢布而已！不过它的镜头很好，我在苏联拍了不少照片，现在已经成为珍贵历史资料了。

党和国家领导人接见

集训期间最大的项目，是党和国家领导人接见。我们是1954年出国的，那时候国家建设需要各方面的人才，所以在这一年首次大规模派遣留学生到苏联和东欧国家去留学，五年后几千名留学生学成归国，国家非常重视，党和国家领导人接见我们，显示了祖国对我们寄予的厚望！

9月24日下午，通知我们集合，用车子把我们拉到中南海，在怀仁堂前面，大家排队站好，等待领导人接见。大家的期待很高，都准备见毛主席。1957年毛主席在百忙中到莫斯科大学接见过留苏学生，大家估计，这一次肯定还会来接见的。不过出来接见我们的是刘少奇、周恩来、朱德等领导人，没有毛主席，这使大家有点失望。后来我们猜测，中苏关系出了问题，所以降低了接见从苏联及东欧归国的留学生的规格。

接见时按惯例拍照留念。许多同学手中的这张珍贵的照片在“文革”中都被抄走或烧毁，只因为其中有不少被打倒的“走资派”。我手头的这一张倒是完整无损，弥足珍贵！不过接见数千人，所以照片非常长，我手头的这张仅仅是局部，即有我们这班同学的那部分照片。

接着就是中华人民共和国成立10周年的国庆，那时我们的兴致很高，早上参加了庆祝游行，晚上又参加了天安门广场的盛大联欢晚会，最后从天安门步行回到位于魏公村的外国语大学。

10月初终于分配工作了，我们夫妻两人，还有莫斯科大学经济系毕业的余大章和孔熙忠分配到中央编译局。列宁格勒大学历史系的徐天新、郭华榕、严志梁分到北京大学，陈之骅分到人民大学，曹特金和张友伦分到南开大学，金重远和曹增寿分到复旦大学，张椿年、孙娴、徐顺娟、陈启能分到中国科学院哲学社会科学部历史研究所。出国留学是有保送单位的，这保送单位大概也就是未来回国的工作单位。我的保送单位是中央编译局，指定的学习专业是“马列主义基础”，实际上就是《联共（布）党史简明教程》，但到了列宁格勒大学才知道，斯大林死后这个专业已经取消，所以我就改选了苏联历史专业。取消“马列主义基础”专业，这是苏联最早的“非斯大林化”的措施之一，国内消息不灵，还派人去学习这个专业！

“无产者”——回国后的日常生活

中央编译局派人来外国语大学把我们接到编译局，从这时起，我就一直在编译局干了 60 多年。

留学苏联的学生，看起来是“天之骄子”，但回国后实际上是一无所有的“无产者”。1954 年出国的时候，每人发两个帆布箱子，里面配备了供五年之需的服装鞋帽。五年过去了，其中的大部分已经消耗掉，尤其是衬衫内衣之类的东西。回国时增加的就是一箱子书籍。

编译局很照顾我们，因我们有刚出生的女儿，分给了我们两间房子，好像是破格的。安家落户，问题就来了。国内物资紧缺，布料、棉花等都是凭票供应的，发的布票根本不够置办被褥之需，睡觉的整套卧具被子、床单、枕头等只好借用机关的。吃饭也是问题，平时可以吃食堂，但是节假日食堂不开，必须自己做饭。但是市场上买不到铁锅，买不到水壶，俗语说巧妇难为无米之炊，现在是巧妇难做无锅之饭了！国外收到的家书对国内物资紧缺是只字不提的，告诉我们的是形势一片大好。如果知道的话，带个锅盘瓢碗什么的回来是没有问题的。后来好不容易买到砂锅、水壶，总算可以用来煮面条、熬稀饭了，解决了做饭烧水的问题。

参加工作第一年是实习期，给我们发的工资是 53 元，这同 1954 年出国前在留苏预备部学习时的津贴差不多，那时伙食费 16 元，津贴 36 元，一共 52 元。一年后实习期满增加到 56 元，这是压低的，领导说，我们是中央单位，要做表率。实际上分配到其他单位的同学第 2 年都是 62 元！几年以后，有同志提出申诉，才给我们增加到 62 元，这 62

元一直延续到“文革”结束之后。

最初的工作

我到编译局的时候，主持工作的是副局长姜椿芳一人，局长师哲去山东省委工作，副局长张仲实调去捷克布拉格工作，副局长陈昌浩因病休养，直到“文革”之初才见过一面。我被分配到研究室工作，研究室原先是研究五四运动和马克思主义在中国的传播问题的，很快就改名为国际共运史资料室，简称国际室，任务是为中苏论战、反修斗争服务。

1960年是列宁诞辰90周年。这一年中央发了《列宁主义万岁》等三篇大文章，中苏两党的分歧公开化，但是我们对中苏的分歧并不了解，为纪念列宁诞辰90周年，姜椿芳副局长布置我写文章。第一篇文章是《列宁论劳动人民掌握文化的伟大意义》，我知道这是对我这个新生的一种考察，认真地写完了文章，很快就在《文字改革》杂志上刊出。姜局长大概还比较满意，接着又安排我写两篇文章。第二篇文章题目是《列宁论不断革命》，好像是《光明日报》给姜局长的约稿。我觉得讲不断革命，还应该讲一下革命发展阶段论，这当然有点针对性。不久稿子退回来了，说是因为“稿挤”。我看了退回的稿子，发现已经做了排版的编辑处理，但在我讲革命发展阶段论的地方有个编辑的批语：“为什么反复讲阶段论”，我这就明白了，退稿实际上并非因为“稿挤”，而是因为说了一点不合时宜的话。

1959年“反右倾”运动结束后，编译局紧接着又搞“反官僚主义”，矛头是针对姜局长的。主要是批他的文章，说他的文章歌颂赫鲁晓夫修正主义。后来才知道，实际上是因为他写了一篇没有发表的文章《党过生日》引起的，但当时我们一般干部并不知道是怎么一回事，他作为副局长好像也没有看准政治风向的变化。

“反官僚主义”运动结束后，中宣部副部长许立群兼任编译局局长，中宣部理论处处长王惠德来编译局担任副局长，姜椿芳就不再管全局的事务了。新领导班子关注的工作重点已经不是翻译，而是为反修斗争服务，我们开始了“灰皮书”的编译工作。

50年代编译局翻译马恩列斯著作主要是从俄文翻译的，因此一直请了苏联专家作为顾问，我来编译局的时候，苏联专家是伊万诺夫。1961年，是巴黎公社90周年，局里决定出一本《马恩列斯论巴黎公社》，这项任务交给了我们，由组长杨威理牵头。他同时又是编译局图书馆的馆长，他决定把这本书编得像样一点，要求在这本书后面附上人名索引、名目索引。在编译过程中，请伊万诺夫给我们讲巴黎公社。他的讲座由我负责翻译。我想这也是对我的一个检验，因为刚回国，听说都还可以，现场翻译比较顺利，并且口译完了，马上就整理出完整的讲稿，但是在翻译中不小心，把孔德译成了康德，老同志给指出了。这提醒我要更加小心工作。

中苏两党闹翻了，苏联撤退专家。伊凡诺夫也奉命回国，走前编译局开了一个欢送会，姜局长用俄语讲了送别词，这是我第一次听姜局长说俄语，他的俄语熟练流畅。伊万诺夫走了以后，在他的办公室抽屉里发现送给他的几本毛泽东著作都留在原处，没有拿走。

编译局搞副食品生产

进了编译局，看到到处都是大字报，批判“右倾机会主义”，不但笔伐，还不断开大会口头批，挨批的都是那些下放到山东锻炼的干部，他们在那里看到了农村的真实情况，说了一些实话。

但是形势并没有因为开展“反右倾”斗争而变好，饥荒延伸到首都，也波及我们单位，粮食定量不断削减，刚开始大概每月有30斤左右，后来降到二十五六斤，这个数额现在看是完全够了，但是那时候肉、油等等都是定量供应的，量很少，很快就感觉到饿的味道。机关组织人培养“小球藻”，用柳叶制作“人造肉”，每人每天供应几杯小球藻，完全不解决问题，很多人开始出现浮肿，我除了浮肿，还得了严重的胃溃疡。

“小球藻”“人造肉”解决不了实际问题。为了解决吃的问题，上级给编译局拨了一块土地，作为副食品生产基地。基地位于北京小汤山阿苏卫村，编译局的干部轮流到基地干农活，种老玉米、白薯、各种蔬菜。中直机关还组织人到内蒙古的大草原打黄羊，把羊肉分配给各单位。

编译局的生产基地配备有拖拉机，后来不知道为什么把拖拉机同公社生产队交换成了马，这马大概也是饿的，根本干不了活，还经常倒下，这就需要找人把马抬起来，后来把马换成了驴，也不管用，最后把驴换成了绵羊，这成了笑话。结果所有的农活，全靠人工，这也好，为后来的五七干校劳动做好了准备。

早期中央编译局办公区院景

那时小汤山相当荒凉，只有一条小街有几个小铺，还有一个温泉澡堂，有好多内蒙古人到这里来泡温泉，治疗皮肤病。我第一次去泡温泉，水温大概有50多度，我不知道厉害，在水中泡了一阵就晕倒了。现在阿苏卫是北京市的一个垃圾填埋场，它大概也包括我们的副食品基地。

60年代初，中宣部找我们开会，说上头说了，苏联农业十年徘徊，后来斯大林搞了集体化才找到出路。中宣部布置我们查苏联农业材料以证实这个论断。所谓十年徘徊指的是苏联20年代搞的新经济政策。实际上新经济政策是成功的，20年代苏联的农业恢复得很快，农民的生产积极性很高。但是1929年斯大林击败了最后一个反对派“布哈林李可夫集团”，在农村搞“全盘集体化”，对农业生产造成了极大的破坏，酿成了1932—1933年的两年大饥荒，使苏联的农业一蹶不振。我们的调查最后不了了之。

横渡昆明湖——编译局的体育活动

编译局的所在地原来是一个漂亮的小花园，50年代建了一个三层的办公楼，院子的亭台楼阁和假山还完整保留着。西头有一个小水池，原先还可以划船，后来改成游泳池，编译局的许多干部及其子女，都是在这里学会游泳的。

尽管粮食困难，体育活动还照样开展。中直机关每年都组织横渡颐和园昆明湖的游泳比赛，编译局和文联机关编在一个小组，从龙王庙游到对面的排云殿。我从小喜欢游泳，在家乡的大河学会游泳，在苏联，我在涅瓦河、波罗的海、黑海都游过，横渡昆明湖自然不在话下，还取得了小组第一名的好成绩。由于营养不良，医务室给每人发一小包葡萄糖，补充能量。后来毛主席畅游长江，为纪念这一壮举，中直机关每年还在什刹海后海组织大规模的游泳活动。现在无论昆明湖还是什刹海都是禁止游泳的。

“文革”期间，姜椿芳局长被诬指为“苏修特务”，被关进秦城监狱长达七年之久，出狱后见到我，就问我还游泳吗？还游得那么快吗？我很惊异他怎么记得这种小事。他告诉我们，关在监狱里孤独一人，为防失忆，就不断地回想局里每一个人的情况和特点，活跃自己的脑子，也正是在秦城监狱，他构想了出版《中国大百科全书》的蓝图。

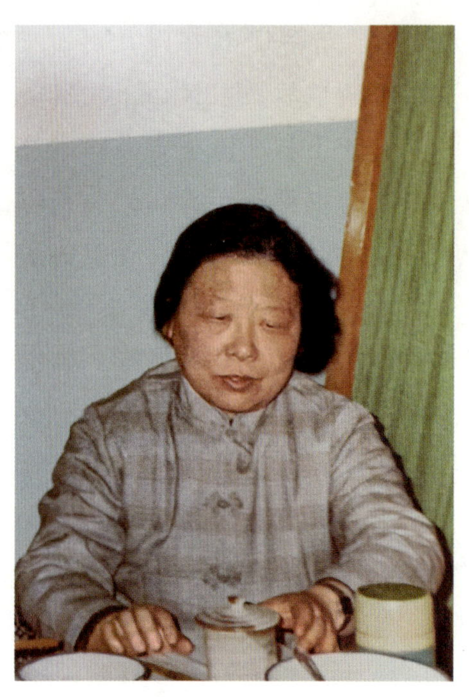

韩秀田，原在中央编译局图书馆、校审室、研究室等工作。参与编译《斯大林全集》等。后调入教育部工作。

编译局的培养使我受益终生

韩秀田

在图书馆边学边干

我最早是在华北大学读书，分配工作的时候，我们年龄比较小的同学，大概有55个到哈尔滨外国语专门学校学习。当时领导也征求我的意见，说愿不愿意学习，我当时才20岁，也挺愿意学习的，于是就选择继续学习。当时的哈尔滨外国语专门学校差不多有500个学员，分了10个班，学了三个月以后，分成3个快速班，比另外7个普通班学习进度快，我被分在快速班，当时特别需要翻译人员，快速班每天学习特别紧张。大概学习了一年多，就分配工作了，那时候没有按照正规的本科大学实行四年教学制，就是什么时候工作需要，就什么时候分配。所以，同学们都不知道什么时候会被分配，领导说让你走就走。

1951年3月，我从哈尔滨外国语专门学校分配到北京工作，一起来的除了张秀珊、李玲，还有一个姓郭的同学，名字我记不清楚了，我们四个人，从哈尔滨外国语专门学

本文口述于2016年，整理者胡毅。

早期中央编译局工作人员合影（女同志左二为韩秀田）

校到北京报到的单位就是中央俄文编译局。经过简单的测试，编译局留下了张秀珊和李玲两位同志，作为他们需要的翻译人员，告知我和郭姓同学可以到北京俄文专修学校继续学习，如果愿意留下来的话，可以有一名同志到编译局图书馆工作，郭姓同学可能是愿意回去学习，于是没有表态。我因为比较喜欢看书，觉得在图书馆工作一定也是挺不错的，所以我就选择留在这里工作，我就是这样到编译局图书馆工作的。

我来到图书馆的时候，因为刚刚成立，所以工作人员特别少，除馆长杨威理外，一直到 1953 年，前后总共就几名同志，工作非常紧张。虽然图书馆成立时间不长，但书特别多，我记得一进图书馆，一看大屋子里头，办公桌上堆满了都是书。书很多，人员却很少，所以当时工作任务很艰巨。

我在图书馆几乎什么工作都做，图书分类，期刊管理，还有采购、打字编目，图书馆的业务，所有方面我都干过。那时候我也不是专业人员，外语学的也不多，水平当然不高了，跟现在的图书馆员没法比，但工作需要我做什么我就做什么。印象深刻的是图书采购工作，我经常到东城好几个大的书店买书。另外还有分类工作，那时候好像是苏联的托式十进分类法，我不懂，于是馆领导就带我到北大图书馆学系听课。那时候大学很开放，我们可以作为旁听生进去听课。学习起来不容易，但很有意思。另外，还需要学习打字，俄文的编目卡片，还有些俄文资料，都要用到打字，所以在图书馆我还专门学习了俄文打字。两三个月后，打字和分类慢慢也就会了，采购也能干了。1951 年的秋天，馆长到湖南去参加土改半年，我还负责过图书馆的工作。我是 1951 年 3 月来到图书馆的，才几个月熟悉的时间，一个大图书馆让我代理负责，我还挺紧张的。

早期，中央领导同志，比如毛主席、朱德、刘少奇，很关注我们图书馆，有的亲自来过，有的让下面的同志过来帮他们借书。比如少奇同志，就带一两个工作人员过来，事先不打招呼。走了以后，我们才知道。朱德同志也来过。那时候我觉得中央领导特别亲切，特别平易近人。

在图书馆里我见到过师哲，当时的编译局局长，还有王一飞，当时的编译局副局长。这两个领导给我留下的印象特别深刻。师哲很重视图书馆，我在图书馆工作的时候，他有两三次专门来谈图书馆的事。王一飞副局长特别亲切，令人非常敬重。他曾亲切地与我交谈，说你刚来呀，工作怎么样，累不累，有什么困难没有，非常关心，印象中，这位老同志很瘦弱，身体特别不好。

从事经典著作校审工作

1953 年，我调到中央编译局校审室工作，被分在核对

1954 年的中央编译局图书馆书库一角

组。核对组的主要任务是负责统一人名、地名，还有词汇。我主要负责《斯大林全集》。《斯大林全集》10多卷，不能第1卷是一个词，第2卷用另一个词，特别是人名，你不能今天翻译成斯大林的“斯”字，明天译成“史”字，所以需要统一人名、地名，还有词汇。我主要负责统一人名、地名。那时候我看了10多卷《斯大林全集》，为每一卷人名、地名做卡片。当然，不单纯是简单的做卡片，还负责把人名、地名翻译准确。当时还没有人名、地名翻译的标准，最初就由编译局来确定。后来所有的翻译基本上也就参照编译局的译法。当时的翻译工作是非常精细的，前后要经过六七道手续，第一道翻译完以后，还需要多次修改，最后到校审，校审的水平就比较高了，那时候何匡主要负责校审，校审后稿子重新打印，拿到我们这儿来统一人名、地名。所以，整个《斯大林全集》十三卷，所有的人名、地名基本上都是统一的，汉字的译音也都是一样的，当时我就负责这个工作。

那时候的编译局就是一个革命大家庭，同志们非常清廉，自己翻译的东西都不署名的，都写的是单位的名称，也没有稿酬。但是大家工作、生活都很愉快。

编译局的培养使我受益终生

1953年，中央马恩列斯著作编译局成立，与之前的俄文编译局相比，工作发生了一些变化。1951年，我来的时候叫俄文编译局，主要是俄文翻译，到中央马恩列斯编译局的时候，语种多了，而且调来的专家也多了。

我记得那时候，一进了编译局这样的机关单位，首先必须提高的是政治理论水平，否则在这里没法待下去。第二是业务水平，你要不提高也待不下去。所以当时脑子里头没有别的，就是想赶快提高水平。编译局对政治理论水平的提高抓得很紧，我们每个星期都要有两三次集中学《毛泽东选集》，而且都是在晚上学习。那时候工作学习都很紧张，白天保证8小时工作，8点到12点，下午2点到6点，没有晚来早走的。吃完晚饭以后，有两个小时学习。我们那时候都住在机关，基本都是年轻干部，很有朝气的，我那时候还不到22岁，我们支部书记24岁。负责校审的主任何匡才30多岁，都是年轻的干部，大家都朝气蓬勃，每天晚上两个小时的理论知识学习大家都很自觉。

我是1952年底入的党，那时过组织生活都是晚上，都是业余时间，不占白天工作时间。所以，从星期一到星期五，每天晚上都有两个小时的学习活动。我们学完了《毛泽东选集》一到三卷。另外，《联共党史》也学了，还学了一些哲学方面的书。中直党委差不多隔两三个礼拜举办一次学习辅导报告，《毛泽东选集》辅导报告也举办了好多次，毛主席的秘书田家英还来做过报告，讲了三四个钟头，他讲的很深刻，我印象很深。

那几年，通过学习，我理论水平提高很快，对以后的工作帮助特别大。1958年，我离开了编译局。我是1957年的时候从校审室调到研究室，那时候机关要成立一个研究国际共产主义运动和中国革命史的机构，叫研究室，下面分一个国际组，一个中国组，中国组研究中国革命史，国际组研究国际共产主义运动史，我被分到国际组，国际组主要是研究共产国际，第三国际，我那时候特别高兴，觉得研究国际史太好了。但是好景不长，没多久，国际室取消了，赶上那时候中央提出要精简机构，下放干部，编译局也响应国家的号召，研究室就取消了。研究室一取消，我们这些人员大部分都分下去了。我那时候很革命的，1958年号召精简机构下放干部的时候，我非常积极，要求到农村去。当时下放，一个是农村，一个是学校，支援文教战线。可是后来给我分配的是学校，当时也得服从组织分配吧，于是就到了学校。那时候学校俄语教师相对充裕，都是科班四年的大学毕业生，比较缺的是政工干部，所以我就教高二、高三的政治课。这之后，我陆续在女五中、六十九中、六十八中以及回民中学工作，历任政治教师、教导主任、校党支部书记等职。没有编译局培养，这些工作我是担当不起来的。

总的来说，我在编译局这七年得到很大的锻炼和提高。后来我从事了很多工作，之所以能胜任那些工作，都是编译局培养的结果。

刘淑春，研究员。曾在中央编译局列斯室工作，参与编译《列宁全集》中文第二版。后担任《国外理论动态》杂志常务副主编、主编。2005 年底调入中国社会科学院，任马克思主义研究院国际共产主义运动研究部主任。曾任中国科学社会主义学会当代世界社会主义专业委员会副会长，中国社会科学院世界社会主义研究中心常务理事。著有《当代俄罗斯政党》，主持翻译《“十月”的选择——90 年代国外学者论十月革命》，译有《为列宁而辩——最新研究与争论》等。

怀念在编译局成长的岁月

刘淑春

我21岁大学毕业被分配到中央编译局列斯室工作，51岁调到中国社会科学院马克思主义研究院，60岁退休。退休后我又在自己熟悉的领域干了几年。如今，已经步入古稀之年。回首我走过的职业生涯，最令我不能忘怀的是在编译局成长的岁月，最想感激的是那里教我本事的前辈们。我刚一走上工作岗位，就赶上了《列宁全集》中文第二版这个大工程上马，而我也是在这一工程筹备和实施过程中成长起来的。那时列斯室的同志们真是拼命啊！全室七十几号人，上下齐心，十几年的功夫就把《列宁全集》中文第二版60卷搞出来了。我们亲历了老同志是怎样为《列宁全集》中文第二版呕心沥血、埋头苦干，甚至献出生命的，列斯室人这一时期的奋斗历程可以用"可歌可泣"来形容！《列宁全集》中文第二版这个大工程，从谋划构架、前期准备到正式运转，体现了领导层高瞻远瞩的战略眼光、智慧高效的运筹能力和身先士卒的表率作用。这个工程既出书，又出人。前辈们不为名利、精益求精和团结协作的精神，对我们这些当年的"小字辈"产生了潜移默化的影响。领导对我们的培养和使用，可谓是尽心竭力，为我们后来的成长和事业发展打下了坚实的基础。

理论培训

据老同志们讲，编译局自1966年起，“文革”十年间没有进过新人。1975年，我们这批大学毕业生入局后，受到局领导和同事们的热忱欢迎和精心培养。局、室领导知道我们的外语、理论和文化课底子薄，而未来面临的工作任务又相当艰巨，便早早就规划好对我们的全方位培训了。我们从辽宁大学外语系来的7名同学是10月5日入局报到的，10月11日，马恩列毛经典著作理论培训班就开课了。我们和当年来局工作的其他同志一起听课，先从学习《毛泽东选集》重点篇章开始，然后是《列宁选集》和《马克思恩格斯选集》，自学与辅导相结合。从我的听课笔记来看，这项培训大概持续到1979年上半年。其间，1976年2月至1977年7月，我们辽大来的同学因是直接从高中选送到大学的，未经历过上山下乡，便被局里派到江西省进贤县中央办公厅“五七”干校进行劳动锻炼“补课”。但我们没有中断理论学习，随身携带几大本选集，在劳动之余挤时间自学，记读书体会。这期间我通读了五卷《毛泽东选集》和《列宁选集》的部分文章。1977年1月8日，与我们一同去干校劳动的国际所宋洪训还给我们作了毛泽东《论十大关系》一文的辅导报告。

从干校回到编译局后，我们继续参加这种学习培训，局内外的许多老同志都给我们作过马恩列经典著作的辅导，如张慕良（《国家与革命》）、杨祝华（《粮食税》和苏维埃政权建立后列宁的社会主义建设构想）、李洙泗（《无产阶级革命和叛徒考茨基》）、刘晫星（《路德维希·费尔巴哈和德国古典哲学的终结》）、顾锦屏（《反杜林论》）、徐若木（《家庭、私有制和国家的起源》）、孙开焕（《关于资本主义社会无产阶级贫困化问题》）、周亮勋（《哥达纲领批判》）、中央党校刘炳英（《〈政治经济学批判〉导言》），等等。这些辅导报告都是从版本学知识、主要理论观点及其现实意义等多视角进行讲解和导读。多年之后，很难说我们都能记住这些经典著作的具体论述，但对于我们形成关于马克思列宁主义基本原理的认识、掌握马克思列宁主义的立场、观点和方法，具有奠基性的作用。

除了局里组织的理论培训，列斯室领导还根据工作需要给我们加码，让我们掌握系统的科学社会主义理论知识。1980年，室领导安排我和李永全到中国人民大学经济系去旁听政治经济学课。记得我们是带着列斯室副主任樊以楠的亲笔信找到人大经济系主任宋涛的。宋主任凭着与老战友的交情和对编译局培养新人的理解，破例批准我们听课。那一年，我们每周两次去人大听课。当时，年轻人都住在编译局单身宿舍。清早，我们骑上自行车从编译局出发，风尘仆仆，骑行10公里赶到人大听课。中午因不是正式学员不能进学校食堂吃饭，就空着肚子再骑车返回，在西斜街北口的小饭馆吃一碗刀削面。下午，我们照常工作，业余时间消化听课时记下的笔记和老师留的思考题。这一年的旁听，虽然辛苦，但收获颇丰。老师们讲授的政治经济学课，既包括资本主义部分，也包括社会主义部分，仅从授课老师的知名度，就可以想见授课内容的含金量：徐禾、胡军、吴树青、刘恩钊、卫兴华、何伟、宁玉山……能聆听这些“大家”的讲课，我们是何等的幸运啊！那一时期我正在做《列宁全集》中文第二版第 26、27、54 卷（列宁在第一次世界大战期间的著作和笔记）的资料工作，政治经济学课的系统学习，对于我理解列宁关于资本主义经济危机、帝国主义战争和无产阶级革命时代的相关理论有很大的助益，也为我日后的研究工作打下了基础。

1989 年 12 月，中央编译局列斯室注释编写处和资料处部分工作人员合影（前排左一为刘淑春）

语言培训

马列经典著作的中文译文，必须符合现代汉语标准。从事《列宁全集》中文第二版工作，掌握汉语知识是必备的基本功。我们到列斯室工作不久，室领导就请丁世俊为我们上汉语语法课。记忆中老丁是四川大学中文系毕业的高材生，写得一手楷体字，一笔一划标准得跟印刷体一般，语法精通到令我们惊讶的程度。我不知道他是哪一年进局的，我总以为他是专门被招来为《列宁全集》中文版从汉语上把关的。他说话带有四川口音，我们北方人听他讲课有点吃力，但他教给我们的知识终生受用。例如：冒号（：）后边的句号内，意思必须完整，如果冒号后面是几个分句，前面几个分句用分号（；），最后一个分句用句号。后来，每当我在改稿子尤其是在报刊上看到冒号后面第一个分句就用句号的时候，都会很敏感地发现并试图纠正这个问题，不禁会为得到丁老师的真传而自豪。90 年代我主持《国外理论动态》杂志工作期间，特聘已经退休的丁世俊作为杂志的“审读员”。有他挑错、把关（尽管按规定是每期杂志出版后审读），我们杂志的编校差错率可以经常保持在万分之二（合格标准）以下。

从事《列宁全集》中文第二版工作，精通俄语是第一需要。而我们虽然是俄语专业的毕业生，但俄语的底子实在太薄弱了。在校三年半，学工、学农、学军、批林批孔、修大坝（1975 年 2 月辽宁海城发生 7.3 级地震，辽河大坝受损，我们参加了大坝的修复大会战）等活动占去了几乎一半的时间；教材不能用苏联原版，是老师根据当时的国情编写的；听力课放的录音，是我国对外俄语广播的新闻节选；直到毕业前夕在绥芬河边境口岸铁路交换站实习之前，我没有听过苏联人说的原声俄语！到编译局后最令我焦虑的是俄语过不了关。

天赐良机。1978 年何宏江和黄有自夫妇调来列斯室工作。他们 50 年代在上海外国语学院俄语系研究生毕业留校后，曾为四年级学生开设俄语精读课和俄苏文学作品选读课，俄语功底十分深厚。何宏江不久就任室副主任，协助林基洲、岑鼎山抓《列宁全集》中文第二版编译的组织工作；黄有自在承担译文校订任务的同时，被室领导请来为我们年轻人上俄罗斯文学课。为什么提高俄语水平要从学习俄罗斯文学开始呢？熟知列宁著作的人知晓，列宁一生写了几千万字的文章，他的俄罗斯文学素养非常高，无论是写论战性的理论文章，还是面向听众的演讲，他都会灵活自如地运用比喻、典故、文学艺术形象等手法来表达自己的思想。据周秀凤、张启荣编著的《列宁著作典故》一书统计，列宁在他的著作中引用典故和形象的地方有二千余处。鉴于此，为了能理解和准确地翻译列宁的著作，就必须学习俄罗斯文学。从我至今保存的装满两个档案袋的教材来看，黄老师为我们讲授了俄苏著名作家——托尔斯泰、果戈里、屠格涅夫、普希金、莱蒙托夫、契可夫、高尔基、克雷洛夫、艾特玛托夫等的代表作，其文学种类包括长（短）篇小说、散文、诗歌、寓言故事，等等。众所周知，那个年代没有电脑和复印机，每篇作品是用俄文打字机打印在编译局横格便笺纸的背面的，仅教材的准备就足可感悟到室领导和黄老师为提高我们的俄语水平倾注了多少心血！通常，我们开课前自己预习，查出生词的词义。篇幅长的作品，我们分工合作，大家各查一部分单词，俄文、中文写在复写纸上，油印后分给大家。黄老师在课堂上带着我们欣赏一篇篇作品，分析作家作品的写作背景、风格及其内涵，点出字里行间的词汇、语法、典故、口语惯用法等的运用规律。有时老师还让我们练习翻译一段。上黄老师的课真是一种语言知识学习和文学作品欣赏的盛宴，犹如把我们领进了俄罗斯语言的殿堂，让我们尽情地享受俄语的奥妙。这是一段十分美好的回忆。俄罗斯文学课的学习激起了我对俄罗斯语言和文学的兴趣。正是那一时期，我结合文学课自学了北京外国语学院、黑龙江大学等高校编写的《俄译汉教程》《现代俄语语法新编》等；1988—1989年我在莫斯科大学进修期间，在书店淘到不少俄文版著名作家的书，很是满足。如今的在校俄语系大学生、研究生的学习条件肯定比四十多年前我们那时学习的条件好多了。但我敢说，他们也未必能得到我们当年的“待遇”——由专业老师给你讲授这么多的俄罗斯文学作品。由衷地感谢、感恩黄老师！说到这里想提一句，我们刚到编译局时见到老同志就叫“老师”，但老同志连忙摆手，说编译局同事之间都以“老张”“老李”相称。开始我们不习惯，后来也只好改口，哪怕是局长、室主任也称“老林”“老岑”。但在列斯室，唯有黄有自被我们称为“黄老师”，直到今天！

1984 年上半年，上海外国语学院俄语系开始筹办教师进修班，在全国招生，旨在提高教师的现代俄语教学水平，学期一年。列斯室领导何宏江得知消息后，马上联系上外老同学，为编译局申请到两个名额。于是，我和李永全作为第一批学员于 9 月 1 日赴上外报到。这一年，上外俄语系的老师们（笔记上记下名字的有：达曼华、朱丽云、郑泽生、程芝婉、王德孝、陈恩东、陈明秀等）给我们班开了俄语语音学、词汇学、修辞学、阅读课精读和泛读、语法、视听说、翻译理论与实践等十来门课，他们把研究七八十年代引进的俄罗斯语言学各类最新教材的成果都拿到我们班来试讲，可谓十八般武艺轮番登场，搞得我们应接不暇，感觉有点喂得太饱，消化不良。我很珍惜这次学习机会，认真听课，详细记下各科笔记，做了许多卡片，课堂上积极与老师和同学们互动。但我的用功是有选择的，阅读理解、语法和翻译课是我的重点，因为这与我的本职工作息息相关。记得上课的第一天，老师让学员阅读一段现代文学作品节选，并回答文后的填空题，答案在 A、B、C 中任选其一。这是泛读训练的摸底考试。当我以阅读一百年前列宁著作的习惯，咬文嚼字地琢磨这篇文字的时候，一节课的下课铃声响起，我还没来得及把文章看完呢！老师没有公布成绩，不用说，我的成绩应该是不及格。但经过一学期的训练，我可以经常得满分。上外一年的俄语学习，全面丰富了我的俄语知识，使我终生受益。在我们之后，列斯室的年轻同事们也先后来到上外参加教师进修班的学习。

翻译练笔

70年代后期，列斯室领导为培养年轻同志成立了列宁文献翻译组，由刘功勋等老同志辅导我们进行翻译练笔。我们的翻译实践就是从这里起步的。我记得，自己的译稿经老同志改完，满篇飘着“红气球”！译错的地方被老同志用红笔划掉，在稿纸页边圈上正确方案，插入错译的地方。一开始难免有挫败感，心想，生词都查了，为什么还译错了？从一次次的错译中慢慢地体会到，翻译不是认识几个俄文单词就行的，需要理解上下文，需要掌握原文的写作背景和相关知识。我翻译的尼·彼·哥尔布诺夫的回忆文章《列宁和科学技术工作》中，就有很多我搞不懂的自然科学词汇，先后由刘功勋、崔松龄反复查询修订，使我学到了新东西。《列宁全集》中文第二版工作陆续展开后，我们被分配到各组做资料工作，但翻译练笔始终没有中断，通常是业余时间搞翻译，老同志为我们校订稿子。鲍·尼·波诺马廖夫主编的《苏联共产党历史》第二卷、马·莫·罗森塔尔的《列宁帝国主义理论中的辩证法》、尼·伊·布哈林的《帝国主义和资本积累》等著作的有关章节，就是我在七八十年代翻译练笔的成果，屈洪、张启荣、郭值京等老同志为我的译稿校订花费了不少心血。

翻译水平的提高是无止境的。90年代初，《列宁全集》中文第二版工作结束，列斯室工作重心转到译介俄罗斯最新公布的与列宁、斯大林和苏共历史有关的档案材料，我们翻译的机会也多了起来。室领导为尽快提高我们的翻译水平，对我们容易出错的问题进行有针对性的指导。何宏江曾为我们作过俄译汉讲座，从俄汉的词序、被动句、逻辑、标点符号的不同特点，讲解翻译技巧。他特别强调，拿不准的必须查字典、查百科，不能凭想当然下笔。老同志的经验传授和谆谆教诲，使我们受益多多，不敢以轻慢的态度对待翻译工作中的难点、疑点。有两件事我至今记忆犹新。其一是，我在翻译《布哈林在临终前致斯大林的最后一封信》时，最初是根据西方苏联学专家、英国格拉斯哥大学教授亚立克·诺夫在英刊《新政治家与社会》1994年第286期上发表的转述和评论文章而翻译的。这种转述文章原信出处是否准确？转述词语和语气会否走样？始终让我心存疑虑。我在局图书馆俄文刊物上查不到此信的原件，想到了正在莫斯科大学做访问学者的刘彦章，便给他发信求找原件。老刘接到我的信就到莫大图书馆查找，未果。他又到街上找，最后在一家教会办的书店找到了！原来，布哈林的这封信发表在俄《源泉》(俄文为：Источник，亦译《史料》)杂志上，发布人为尤·穆丽娜。于是，我根据老刘寄回的杂志文本，重新翻译了布哈林的这封信，并由何宏江校订发表。至此，我的心算踏实了。其二是，我在

2000 年 1 月 21 日，刘淑春（左三）参加《国外理论动态》年会暨全球化与 21 世纪的社会主义理论研讨会

翻译《斯大林就中国出兵朝鲜问题与毛泽东、金日成的往来函电》时，遇到一些俄文音译过来的朝鲜地名，有的在俄文版地图和俄汉地名手册中均查不到，最后只好向中联部朝韩处许志远求助，请他帮我一一确认。在编译局工作的 30 年时间里，我每翻译一篇作品，几乎都留下了老同志和同龄同事校改的痕迹。我至今保留着顾锦屏、李兴耕、岑鼎山、何宏江、赵国顺等领导和同事校订过的稿子。正是编译局的这种精益求精、互帮互学的氛围，使我们对翻译工作怀有敬畏之心，翻译水平一步步得到提高。

辅助工作

70年代后期，在《列宁全集》中文第二版工作尚未全面展开之前，也是应中央党校编写新教材之需，列斯室即已开始对列宁的重要著作进行“试校订”。那时我被分到张启荣任组长的《帝国主义论》(即《帝国主义是资本主义的最高阶段》)校订组做译名统一工作。后来我们组承担了《列宁全集》中文第二版第26、27卷和54卷(《关于帝国主义的笔记》)的校订任务，我在组里做资料工作。谈起资料工作，确实枯燥。我记得最苦的是搞《关于帝国主义的笔记》卷，这一卷正文有866页，除了普通译名，我还被要求做人名、书报期刊、引文索引的统一。那可是海量文献且是不同语种文献的资料统一啊！据1979—1980年工作笔记记载，转抄卡片3000张，制作人名卡片1080张（剪贴、矫正、排卡），制作书报期刊卡片500多张（盖章、校对），如果没有记错的话，仅卡片就装了四个卡片箱！此外，还统一了全书的地名，核对了引文。年终总结时，我留下这一行字：这一卷的“资料工作，除技术规格统一外，各个工种我都碰了碰，从不会到会”。我当时曾经抱怨过：这要是有机器做就好了，手工一行行字地抄、一个个页码地填，整天累得头晕眼花，腰酸脖子疼，还容易搞错！但抱怨归抱怨，活还是老老实实地干的，而且一旦自己发现了《列宁全集》一版的不统一和错译的地方，还是很有成就感的。

如今回过头来看，在《帝国主义论》校订组，我主要负责的虽是译名统一，学到的东西可是方方面面的。1978年4月，我参加了由岑鼎山带队在中央党校进行的“开门校订”。那些天，我们住在党校院里的宿舍，讨论会是在吴建教授家的大客厅里，大家围坐在桌子周围。我坐在后边的椅子上做记录。参会者除了我们校订组的成员，还有来自中央党校、复旦大学、北京师范大学、中国人民大学等高校教师。吴教授不懂俄文，但教了一辈子《帝国主义论》，而同为党校教师的毛蓉芳懂俄文，且是留过苏的，她发言最活跃。聆听理论课教师与我局翻译人员对列宁《帝国主义论》的理解和某些译名译法的争论，感到非常有趣，开了眼界，也多少理解了翻译工作对理论研究和教学的影响至关重要。

我在做译名统一的过程中，学会了写译名改动通报。那时，遇到重要译名的改动，室里、局里经常召开讨论会，集思广益形成最佳方案。例如，我参加了1978年12月13日局里举行的关于《帝国主义论》中“плотную подводит”“общественный”“сращивание”等译名改动的讨论会。参会者有20人以上，姜椿芳、宋书声、毕克、林基洲、岑鼎山、樊以楠、孙岷、张企、屈洪、张慕良、孔熙忠、付子荣、周亮勋、顾锦屏、王锡君、李兴耕、赵仲元、林丽、徐坚、于甦等，几乎局级领导和各室专家都被邀请来了。前两个译名涉及如何理解列宁关于“资本主义进到帝国主义阶段，就使生产紧紧接近最全面的社会化”这句话中的含义，即是把“плотную подводит”译为“紧紧接近”还是“到了”生产社会化？“社会化”在文中多次出现，是否都译为“社会化”？第三个译名涉及如何理解工业资本与金融资本的融合而产生垄断。专家们从各语种版本的比照和马克思主义基本原理等不同角度反复论证，最后决定，对“плотную подводит”，因意见不统一，暂不做定论，待征求意见后再讨论（后来，“плотную подводит”的原译没有改，但句子的词序作了改动，使意思更明确，即将“资本主义进到帝国主义阶段，就使生产紧紧接近最全面的社会化”，改为“帝国主义阶段的资本主义紧紧接近最全面的生产社会化”，之后出版的《列宁选集》《列宁文集》均以此为准）。而“общественный”本是“社会的”形容词，文中能不加“化”“性”，就不加，即动名词、动词加“化”，形容词不加，不得不加时，就加“性”。关于“сращивание”，决定从“生长在一起”意义上来理解，将原译“生产集中。由集中而成长起来的垄断……”，改为“生产集中；从集中生长起来的垄断”。会后，我起草了会议确定下来的译名的改动通报初稿，经张启荣修改后上报。《帝国主义论》这部著作后几章译校完成之际，张启荣带着我整理出了《〈帝国主义是资本主义的最高阶段〉（第七至十章）译文修改情况》一文，这为后续相关著作的校订做了范本。我从做译名统一的过程中，明白了一个道理，即重要译名的改动是牵一发而动全身的，必须慎重。不仅要从列宁的整体思想来考虑，还要结合马克思恩格斯的相关论述做比照；既要弄清俄文原义，还要参照英文、德文等版本。更重要的是，从编译局经典著作译校工作的严格程序中，我真真切切地感受到了前辈们求真务实、精益求精的严谨学风。

我第一次尝试学写综述文章是张启荣教的。改革开放之初，理论界就如何认识当代资本主义、列宁的帝国主义论是否过时等问题展开内部讨论。张启荣参加了有关学术会议，带回的会议资料让我看，这对我们从事列宁著作翻译人员提出了挑战。经请示室领导，我们打算做一些力所能及的事情。为此，我们先对苏联学术界的看法摸了摸底。老张带着我在局图书馆查遍苏联最新发表的相关论文、研讨会综述和书籍，选取有价值的材料复印下来，经过阅读、摘译，形成了一个提纲。提纲中把苏联 70 年代关于列宁帝国主义理论研究的主要会议情况和学者们对若干理论问题的各种观点一一列了出来。最后按照提纲，整理出了题为《苏联学术界研究列宁帝国主义理论的一些情况》的综述文章。在这个过程中，唱主角的是老张，我只是打打下手，学习写学术综述报告的方法。之后，老张还以问答形式撰写了一篇如何理解列宁帝国主义论的文章，回应了所谓列宁的帝国主义理论过时的说法，文中的观点在今天看来都是站得住脚的。遗憾的是，我不记得这篇文章发表在哪里，一时找不到了。1983 年，我也写了一篇小文：《一部伟大著作问世的不寻常经历》，介绍了列宁《帝国主义论》诞生的曲折过程。这篇文章是在搜集、翻译整理出一万多字素材的基础上写成的，原稿6400字，发表时编辑要求压缩到3000字。关于列宁帝国主义理论这个题目，也成了我80年代末在苏联莫斯科大学进修时继续关注的问题，我搜集、摘译了80年代苏联学者的最新研究资料，回国后整理成综述文章介绍给中国读者。可以说，老同志把翻译与研究相结合的传帮带，为我后来从事关于列宁帝国主义论和十月革命等问题的跟踪研究打下了基础。

1984年前后，我调到注释组工作。进组第一天，为《列宁全集》中文第二版60卷的注释把关的张瑞亭老先生，笑呵呵地跟我谈话，介绍注释工作的重要性和工作要点。然后，他就带着我到图书馆书库，指点我遇到什么问题查哪些报刊、书籍和工具书。组长郭值京也手把手地教我如何写注释条目。在老同志的帮助下，我完成了第26、27、28、41、42、49、54、59卷的注释工作。经过多年的磨练，1997年编译《列宁全集》中文版补遗卷时，我可以独自完成这一卷的注释了。《列宁全集》中文第二版工作收尾阶段，我还承担了第8卷部分正文的校订任务，这个时候，我可以对《列宁全集》一版译文我认为不妥的地方提出质疑并给出自己的替代方案了。

前辈们不仅教我们干事业的本事，也教我们如何做人。老领导和同事们对我在政治上严格要求和生活上关心关爱的往事，历历在目，限于篇幅，就不在这里一一叙述。我为自己成长于列斯室这个群英荟萃、团结友爱的集体而庆幸。谨以自己的点滴回忆，表达对前辈们的敬意和感激之情！希望编译局前辈为翻译和传播马克思列宁主义经典著作敬业奉献的精神、提携后人的优良传统，世代传承下去。

陈月霞，中央文献日文翻译家。参与《周恩来选集》《邓小平文选》等中央文献日文版翻译工作。

中央编译局圆我翻译之梦

陈月霞

1978年中央编译局日文组成立时，我与丈夫袁政雄一起，从南京调入我局。我们俩都是爱国华侨，出生于日本，从小上华侨学校，接受爱国主义教育并打下了汉语、日语、英语的基础。1964年我从日本重点高中毕业后，怀着继续上大学攻读英语并争当一名翻译的抱负回到了祖国。当时由于工作需要，我被分配到国务院外事办公室日本组，具体安排在中国人民外交学会日本组任实习翻译。袁政雄于1967年1月从日本立命馆大学毕业后回国。“文革”中只得待业一年，无工作单位，无收入。其间，从日本谈恋爱近五年的我们，终于在北京办了结婚登记安了家，但根本没有条件要孩子。1968年4月，有关部门下达了“归侨回原籍”的政策，袁政雄被分配到他父亲出生地原籍镇江市，在大东造纸厂当电工。为了有一份正式工作，我一方面动员他离京赴镇江，一方面打报告要求离开国务院外办去镇江市与丈夫生活在一起。不料，有关部门有指示“外事干部一律不得调离外事口”而被搁置了。直至1969年11月北京市疏散人口，外交学会的军代表终于同意我“人可以走，

本文为2003年纪念中央编译局成立50周年所作。

但户口和工资关系留在北京”。由于回国不久，不懂得其中的利害关系，加之生来固执的我，坚决要求“人、户口、工资关系统统走”，而变成了“镇江人”，从此我与北京无缘了。

我在镇江八中担任两年英语教师（我在日本高中读二年级时，曾获每日新闻社举办的“西日本高中生英语演讲赛”冠军，英语成绩较好）、班主任。之后，于1971年底调往江苏省外事办公室担任日语口译。我先后担任国旅南京分社日本科副科长，亚、非、拉处副处长，致力于开拓国旅业务并培养日语人才。我调往南京时，是带着83岁的老祖母（袁政雄的亲祖母），3岁的长子和肚子里8个月的老二赴任的，而政雄孤单地留在镇江。

1972年夏末，中日实现邦交正常化前夕，外交部亚洲司通过江苏省委人事局借调我三个月，其间组织上安排我担任郭沫若副委员长接见日本自民党先遣队进行会谈时的翻译，还安排我担任大平外相的翻译。有一次在由钓鱼台宾馆开往人民大会堂的红旗轿车上，我主动向大平外相介绍说：“我是从日本回国工作的华侨，我的日语是华侨老师和日本老师教的，我现在南京担任日语翻译，接待过很多日本朋友。南京是一座美丽的城市，我衷心欢迎大平外相来南京访问。”外相说：“如有机会，我一定去南京访问”。不知是否命运就是如此安排，我虽然未能在南京接待大平正芳，但是在1985年，应日本国中曾根首相邀请，胡锦涛率领100名由各省团委书记和20名翻译人员组成的大规模

“中国青年代表团”访日时，日方安排团员分宿在日本朋友家里，而我和殷秀梅、桂水金三姐妹被安排住宿在已故大平首相府上。那一天，大平夫人及全家人热情地接待了我们，3 月 12 日晚，按惯例大平派国会议员聚集在大平府，诸多报社记者也前来采访。他们得知中日实现邦交正常化时，我任大平外相的翻译，感到格外亲切。大平夫人还单独给我看了大平夫妇与美国总统卡特夫妇合影的照片。该代表团访日期间，我除了担任胡锦涛团长翻译外，还担任第二分团团长黄跃金（上海团市委书记）的翻译。回国后，我代表翻译班子作了翻译工作总结报告。

1972 年 11 月初，由田中首相代表日本人民赠送的大山樱花种植仪式在天坛公园举行，我担任了翻译。至此，我借调外交部的工作全部结束，此时亚洲司有关领导找我谈话。领导表示：“外交部需要培养口齿清晰的年轻日语女翻译，希望你能留下来。”我随即问道：“我丈夫能一起调来北京吗？我不愿意夫妻分居两地。”该领导答：“嗯……这个嘛……”我答：“明白了，谢谢您的好意，我还是回南京上班。”我回到南京后，丈夫才被正式分配到专业对口单位江苏省邮电管理局任工程师。在我出差期间袁政雄临时由省委组织部从镇江调往南京主持家务，而暂缓正式分配。

丈夫正式调离镇江时，工人们都为他祝贺并开玩笑地说：“小袁，你此次能彻底解决夫妇分居两地问题，应该好好感谢田中和大平呵！”

我终生难忘的是，1978 年春天某一个阳光灿烂的日子，中央编译局人事处阎平处长亲临南京我家，她非常和蔼可亲地找我们两人谈话，并具体商量调动事宜。阎处长非常痛快地答应两人双双调入中央编译局，待有机会时再让袁政雄到专业对口单位工作。阎处长还告诉我，由廖承志特批，将我的行政级别工资改为技术级别工资。我回国13年来一直领的是高中毕业待遇工资：行政25级即37.50元，而我的部下都是大学毕业生，他们都拿57.00元。这种不合理现象，在“文革”中是无法解决的，虽然受到不公正待遇，但我在工作中始终兢兢业业，任劳任怨，从来不马虎。我衷心感谢十一届三中全会给我们全家送来了党的温暖，我们一家四口人时隔10年又回到了首都北京，回到了我父母身边，感到特别开心。这充分体现了组织上对台胞的关怀。

我为能坐下来搞笔译工作很满意，因为我感到自己更适合笔译工作。在此之前我主要从事口译，1967年5月曾任周恩来总理等中央首长接见外宾时的翻译工作。调入中央编译局后，我深感自己未能上大学接受教育，有较大的缺憾，而当务之急是需要加强对汉语的理解能力和表达能力。经组织同意，我从1980年至1982年到北师大中文系旁听“现代汉语”“古代汉语”课程，很快在工作中承担起了繁重的翻译任务。我成为日文组骨干后，又为日文组相继培养了像卿学民等一批优秀的翻译人才，我每次为他们改稿后，总是会耐心地讲解为什么这么改，而不那么改。

1980年，《周恩来选集》翻译任务下达时，陈弘组长被人民日报社借调去东京出任常驻记者数年。其间，我担任代理组长，与外文局合作，顺利完成了翻译任务。《周选》的翻译班子共有16人，我局日文组有：白明、袁政雄、赵兰英、陈月霞、孙晓燕、阎恒、赵宇。借调的有：国际关系学院副院长陈明，国际电台陈真，外文局陈兴华、郭承敏、曾丽卿、李永健、陈立权、曹淑荣。在日文方面把关的有：中央编译局老专家川越敏孝和从国际电台借调的老专家井出润一郎。这个班子前后工作了一年多，大家齐心协力，相处得非常愉快，翻译质量也得到了日本翻译界的一致好评。1980年4月25日，我们组织了一次春游活动，开车到香山，每人带上亲手做的日本寿司饭、沙拉菜、炸鸡翅、咖啡、绿茶等，还有啤酒和香烟。我们在草坪上摊开了大大小小的塑料布，围着美味佳肴，尽情地享用了一顿“纯正的”日本风味，感到格外开心。饭后，大家排好队，个个面带笑容，高高兴兴地合了影。

1983年，中央编译局与日本东方书店合作出版《邓小平文选》，我分工负责“生产调度”工作。当时，我们在没有电脑设备的条件下，仅用5个月的时间就完成了出书任务。当时翻译班子由14人组成：有两名日本专家，两名打字员（大家的译稿靠手写并交日文铅字打字员李聚新，赵宇完成），还有日文组成员和从外单位借调的日本归侨翻译骨干。当时的每篇文章（共47篇）都需要经过13道手续后才能交给日方。13道手续即：初译、初核、初整、抄清、改稿（日本专家）、复核、定稿、整稿、对读、抄写、再复

《邓小平文选》日文版

核、通读、交给日方。这一繁重的生产调度任务就是由我和助手李聚新共同完成的。同时，我也参加了该书的初译、定稿工作。

1980 年 12 月，经国际电台译审陈真推荐，袁政雄终于调入专业对口单位中央电视台。他如鱼得水，笑口常开，经公派赴日进修深造后，他在中央电视台创建了系统工程部，为日后的 CCTV 彩电大楼建设和第十一届亚运会的转播，做出了别人所不能替代的贡献。袁政雄回国前曾是旅日爱国华侨青年领袖之一，曾任旅日华侨青年联谊会副主席、京都光华寮自治委员会委员长。回国后他长期忘我工作、超负荷劳动，不幸于 1991 年 8 月患“晚期残胃癌”（7 年前在日本进修期间因胃溃疡大出血曾切除胃 4/5）病故，享年

49 岁。他去世后，根据其遗愿，我们未举行遗体告别会和追悼会。中央电视台组织了以黄惠群台长为首的由 24 人组成的治丧委员会，发布了讣告和生平，赵朴初、孙平化等老前辈给我发来了唁函。我万万没有想到那么健壮的袁政雄会离我而去，我会中年丧偶，儿子们会过早地失去了父亲。我为失去相伴近 30 年的丈夫而深感悲痛，身心都受刺激，消沉了一段时间。

在人民医院研究袁政雄的手术方案时，中央编译局医务室顾光耀大夫两次都一直陪在我身边（1991 年 1 月及 5 月），给了我莫大的安慰，至今令我难以忘怀，感恩不尽。在老袁住院期间和去世后，日文组同志们、川越夫妇、井邑先生都以各种形式安慰了我，使我终生难忘。

1980 年，中央电视台首次开播《星期日日语》节目，受陈真委托，刘培烈、闫恒和我三人合作翻译了日本电影《金环蚀》剧本并加了三十多条译注，刊登在《星期日日语》首刊上。

我虽然没有大学文凭，但凭丰富的翻译、审校实践及其实力于 1987 年 43 岁时被评为高级职称副译审——这在当时编译局还是首例。中央编译局为了更好地培养我，文献室蒋宗曹、尹承东安排我从 1988 年 4 月至 1989 年 10 月赴日本东京大学深造一年半。在东大任客座教授期间，由指导教师菊地昌典教授（苏联问题专家）安排，我向坐在阶梯教室的 400 多名日本东京大学学生介绍了中国情况、中日友好、中日实现邦交正常化情况和同声传译工作体会等，得到了好评。当天对同学们提出的诸多问题，我一一作了回答并在热烈掌声中结束了讲课。在东京深造期间，我还热心于公益活动，被选为“东京后乐寮自治委员会”副委员长，出席中日双方外交部、教育部在中日友好会馆举行的联席会议，我在会上积极发言，为争取中国公派访问学者和留学生的正当利益努力工作，获得了好评。其间，受中国驻日使馆委托，我负责“上海列车事故”谈判法律文件的翻译、定稿工作。根据中央编译局局长委托我在日期间物色一名专家来局工作的指示，我在东京面试了井邑先生，并将他的论文、简历、体检表和一篇作文《我为什么想来中国工作》带回局里。经审批，井邑先生来局工作共 8 年，为日文组做出了较大的贡献。

我在编译局工作期间，每逢国庆节和春节，国务院外国专家局都借调我参加中央首长接见并宴请老专家的翻译工作。首长接见时，公共用语是英语，此时我为相对集中入座的日本老专家们承担日语同声传译任务。我曾多次借调到团中央、对外友协、农林部等单位随团出国。改革开放后，还多次被借调到人民日报社、经济日报社等单位在北京、东京、大阪等地承担中日韩经济合作研讨会等国际会议的同声传译任务。我曾用日文著《参加中日经济研讨会同声传译有感》，刊载于 1987 年《日语学习与研究》第 6 期。1985 年，在冯申、詹汝琮等老前辈指导下，我曾翻译了日本东京大学城塚登教授的论文《异化的逻辑与历史意识》（日译汉，一万字），刊载于《马列主义研究资料》1986 年第 1 期。

1991 年 5 月，我翻译的《中国博物馆总览》日文版（50 万字，彩照 2000 张）在日本东京出版，为此中国文化部、中国旅游学会、中日友协、中国摄影家协会等单位在北京人民大会堂联合举行了盛大的出版纪念会。该书分上下两卷，图文并茂，首次向日本介绍了全国 400 多家博物馆。该书的出版不仅弘扬了中华民族的优秀文化，而且大大地促进了中日两国的文化交流，也促进了我国旅游事业的发展。

我在中央编译局一直工作到退休。其间两个儿子先后考上了北师大附属实验中学，我们的生活幸福美满。我上班很近，住西斜街 36 号旁门，孩子们上学也很近，老袁上班也不远。我们尽情地享受了中央编译局的福利——在食堂用餐或打菜，在局内理发、洗澡、看病、买电影票等（当

陈月霞（右一）从事外事翻译工作

时在中直礼堂定期放映有教育意义的电影），这些都非常有利于我们全身心地投入到工作和学习中。我当时年富力强，经常是5点钟下班后在家里吃完饭，料理好家务，再去办公室加班到10点才回家休息。我每天早晨5点半起床后，总要到编译局院内与张秀珊、鲍世明、徐鸣珂、刘丕烈等老同志一起练太极拳、太极剑。然后我独自练鹤翔庄气功。我记得徐鸣珂老师在日文组刚成立不久时，为我们上过汉语课。他还为我们家老二袁强改过小学作文。袁强根据父亲的遗愿，赴日自费留学7年后学成回国，考取国家公务员，从事立法工作。

在中央编译局退休后，我于1995年3月患急性胆囊炎危及生命，做了急诊手术。当时老袁病故，两个儿子均不在身边（一个出国，一个出差），我的困难是可想而知的。老干部处崔爱勤、陈和平还有一些同事们特意前往中日友好医院看望，鲍世明不但前来看望而且还为我顺利地办理了转院手续。老邻居冯文光夫妇对我进行了精心照料。老袁去世前即在他住院期间，也是冯文光夫妇，为我们轮流陪住医院的母子三人做好饭，放在我们家门厅蒸锅里，让我们三人随时能吃上热腾腾的饭菜。我就是在这些热心肠的同志们关怀下，又一次闯过了难关的。应该说，我是在中央编译局组织上的关怀和热心朋友的帮助下，走到今天的。

通过近40年的口译、笔译和同声传译的实践，我终于圆了翻译之梦，同时我深感日语这门外语确实是“入门易，深造难”。例如，日语语法与汉语不同，“我不吃饭”译成日语，其顺序为“我、饭、吃、不”。这样，势必给翻译带来很大的麻烦。又如，尽管中日两国都使用汉字，但其中三分之一的意思却不相同。加之日语的敬语体、古文等均需要下相当大的功夫才能真正掌握。

退休后，当了奶奶的我，仍发挥余热，根据自己的兴趣爱好，有选择地从事翻译工作。1996 年，受日本最大的广告公司电通公司委托，我承担了日方安排在北京大学举行的“广告教育讲座”日译汉口译任务。1998 年，翻译《邓散木画集》(中国文物出版社出版)。1999 年，与黄幸、陈兆华合译由中共中央文献研究室编辑的《毛泽东传》上卷日文版(该书下卷由编译局日文组同志们翻译，由日本美铃出版社出版)。2000 年和 2001 年，为人民教育出版社审译《中国历史》中小学课本共 300 万字(日本明石出版社出版)。

1999 年 5 月，由梁启超建议创办的、我的母校神户中华同文学校迎来了百年校庆，我受文启东校长委托，为归国后定居在北京、天津、武汉地区的教师、校友们办理了入日本国签证手续并率团(36 人)参加了校庆活动。江泽民、钱其琛为我们母校题了词。

2000 年，北京市归国华侨联合会接纳我们“北京日本归国华侨联络组”为团体会员，我和另外两名女归侨担任该组负责人。

我怀着一颗火热的心回国近 40 年，始终将自己的前途和祖国的命运联系在一起，我对祖国的未来充满信心，我要发挥余热，愿为祖国继续做出力所能及的贡献。

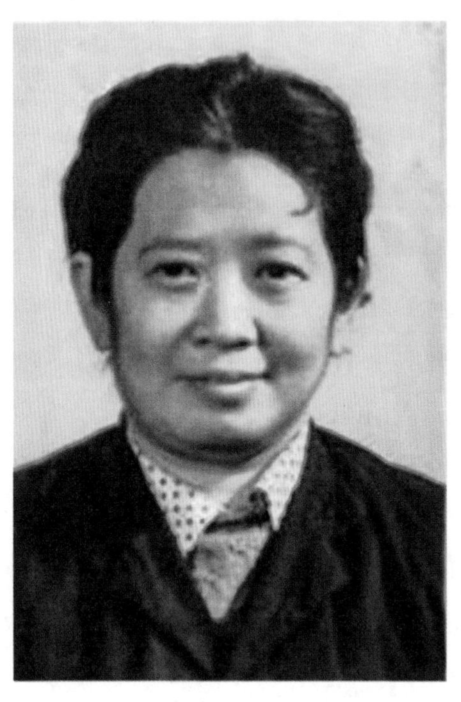

周懋庸，国际共产主义运动史学家。研究员。2002 年荣获资深翻译家荣誉称号。主要从事西欧社会民主党和德国共产党研究，著有《第二国际研究》《发达资本主义国家共产党的历史与现状》《当代西欧社会党的理论与实践》等。退休后从事文学创作，著有《从红色“帝后”到天涯孤侣：昂纳克和玛戈特》《长相思》等。

我们曾有过的青春风采

——回忆 50 年代末 60 年代初编译局的戏剧活动

周懋庸

时光染白了我们这一代人的鬓发，岁月在我们额头眼角刻下了年轮。忆起当年，我们也曾有过绚丽的青春风采，那风采在我们业余的文娱生活，尤其是戏剧活动中曾充分展现。

那时的业余文娱生活相当丰富，不仅是一般的组织看电影、办舞会。在一些民族节日也有别开生面的活动。中秋节楼顶赏月，七月节水放荷灯。那时局里有一个和颐和园中的谐趣园极其相似的小园。一池碧水，小桥通向池心亭，池的周围是彩画游廊。东西向游廊顶端又是一个高阁。七月节的夜晚，人们在游廊上观看池中的彩灯，笑语声声，顿消暑气。

在 1958 年之前，歌咏和舞蹈是主要的文娱活动。男同志在歌咏方面实力雄厚，李俊聪、冯如馥、岑鼎山、夏道源、殷叙彝、陈世豪、周裕昶、吴惕安、张奇方、张慕良等，都有一副好嗓子，合唱中男声总是胜过女声。指挥主要由岑鼎山、胡文建担任。舞蹈的主力是徐汶、何庆翠等。

本文为 1993 年纪念中央编译局成立 40 周年所作。

记得由徐汶编导，演员有徐汶、何庆翠、王丽华、周邦媛、杨启潾、董荣卿、钱文干等人的《康定情歌》曾在西城区文化馆演出，颇获好评，后来还说开了相声。主力是于兆年和王锡君、张钟朴。

从1958年起，我们开展了戏剧活动，分话剧、京剧、歌剧3种。话剧活动第一次是由我排练的契诃夫独幕剧《求婚》。剧中父亲由殷叙彝扮演，女儿由蔡恺民扮演，求婚青年由胡永钦扮演。3位演员虽初次上台，却毫不怯场。此剧在中直机关文艺会演中获一等奖。1960年排演了大型话剧《智取威虎山》。至今想起来，我还惊讶于当年那种大胆和气魄。那是一个在专业剧团来讲也够大型的剧呀！然而除景片是借来的之外，服装、化妆、道具、灯光、效果、装置全都是我们自己同志担任的。负责道具的张允侯一丝不苟的精神令我至今不忘。

主要角色杨子荣由陈世豪扮演，少剑波由胡永钦扮演。蔡恺民饰白茹、李凤山饰李勇奇、刘功勋饰孙达得、于兆年饰坐山雕、陈瑞林饰小炉匠、孙魁饰一撮毛、崔砚明饰大麻子、毕世良饰老道、八大金刚有朱中龙、郑宏博等。

绝大部分同志从未演过戏，是他们那种认真合作的精神帮助我这个导演完成了任务。在这里应当提起演李勇奇的李凤山同志，他在司机班工作，我在分配角色时已考虑到他的形象质朴而英俊，和李勇奇相近，及至排练，他非常刻苦，除正式排练外，多次要我给他另加时间单排，因此最后演出效果是好的。李凤山同志英年早逝，在此深致悼念。

陈世豪的杨子荣相当成功，他形象好、台风大方，胡永钦的少剑波干练沉稳，具有指挥员风度，于兆年的坐山雕演出了凶残阴险，陈瑞林的小炉匠表现了顽固狡诈，其他同志也都各自完成了自己的任务。

《智》剧在地质部礼堂连演3场，场场满座，我曾有意到观众中去听反映，好些观众都说："可真不像是业余的！"

我们还排练过一些小戏，有反映农村生活的，有从苏联戏改编来的宣传保密的，参加演出的记得有冯世熹、王诚可、顾家庆、钱文干、陆亚真等。有一个反映卫生工作的讽刺独幕剧，是陈世豪、王诚可和我3个演的，效果不

中央编译局的京剧演出

错。后来我们去西山植树一个月，中直机关召开卫生会议，专门把我们找回来演出。演出中观众笑声掌声不断。中直机关的一个同志对我说：“有了你们，不用请专业的了。”

戏剧大行家姜椿芳局长对我们的演出比较满意。他曾给我建议演《伊索》和李健吾的《这不过是春天》和曹禺的《雷雨》。我们已首先考虑演《雷雨》，女角已定，杨祝华演鲁妈，蔡恺民演繁漪，我演四凤，但那时已经是1965年底，我们未能实现姜局长的愿望。

京剧活动的核心人物是孙琼英、冯世熹、鲍世明、陈瑞林、刘功勋等同志。孙琼英自幼学戏专攻老生，在一些联欢会上她最拿手的是《甘露寺》中乔玄的唱段。她嗓音高亢，字正腔圆。

京剧先后上台演出的是《三不愿意》和《挑女婿》，主要角色有殷叙彝、陈瑞林、冯世熹、胡永钦、王燕华、蔡恺民、王诚可、孙琼英等，孙琼英又是艺术指导。

京剧也演了一个大戏，那是《望江亭》，主角白士中（小生）由冯世熹扮演，谭记儿（青衣）由中直门诊部的杨大夫和王燕华AB制扮演，陈瑞林演杨衙内。艺术指导仍是孙琼英，这戏是公开上演，对业余演员来讲，应当说是难度很大的，但效果也挺好。

歌剧活动给人印象深的是《刘三姐》中对歌一场，刘三姐是江文若演的，三秀才是殷叙彝、胡文建、郑宏博。

这些活动都离不开乐队。我局演奏西乐器、民乐器的人都有。主要是鲍世明、刘丕烈、郑异凡、蔡恺民、周秀

京剧伴奏乐队

中央编译局离退休老同志迎春联欢会小合唱

凤、傅子荣、孙家衡等。

在紧张的工作中，这些活动基本上是业余时间，必要时也经批准占用一点工作时间，这些活动丰富了我们的业余生活，加强了同志之间的团结合作，提高了我们的美学修养。

现在局里是另一代的年青的文娱队伍。新世纪已经到来，他们具备了不同于我们的风格。风格不同，但同样是多才多艺，文采风流。

中篇

奉献：他人忆述

半世纪翻译经典著作
一辈子宣传马列主义

——回忆马列主义经典著作翻译家张仲实

马列主义经典著作翻译家张仲实同志于 1954 年调到中央编译局，长期担任副局长、顾问等职。为马克思主义在中国的传播做出重要贡献。1984 年 3 月 14 日下午，来自中央编译局、中国马列著作研究会、中国翻译工作者协会和中国出版工作者协会的同志们欢聚一堂，庆祝我国出版界、翻译界和理论界的老前辈张仲实从事马列著作翻译、研究和出版工作 50 周年。党和国家领导人习仲勋、王震、杨尚昆、邓力群、胡愈之、杨静仁等到会祝贺。王震在会上讲话说，马列著作的翻译出版工作，是十分重要的工作，也是十分光荣的工作。仲实同志为传播马列主义奋斗了一辈子。他的这种革命精神是很可贵的。张仲实应邀发表了答谢讲话，回顾了自己从事经典著作翻译工作的经历。中央编译局老领导姜椿芳代表主办单位致祝词，并在《翻译通讯》发表专文庆贺。1987 年 2 月 13 日，张仲实同志在北京病逝，享年 84 岁。中央编译局顾锦屏、殷叙彝等老同志，曾任中央宣传部副部长的熊复，以及曾任陕西师范大学党委书记的谢振中等先后撰文，表达对张仲实同志的深切怀念和崇敬之情。

张仲实的翻译道路

姜椿芳

张仲实同志是一位老翻译家，他早在1928年春就接触了翻译工作，1931年春开始译书，到现在已有50多年的翻译经历。

张仲实同志于1903年生于陕西省陇县，学生时代就参加革命活动。1926年他受我们党的派遣去莫斯科学习，先入东方劳动者共产主义大学，后转中国劳动者共产主义大学（即中山大学的前身），1928年被分配在翻译班翻译教材，这是他从事翻译工作的开始。1930年8月回国，1931年从俄文翻译了第一本书《美国征服英国》，共30万字，在上海没有找到出版的地方。但是，他毫不气馁，继续在翻译道路上前进。

张仲实同志的翻译道路可以分为三个阶段：30年代在上海，40年代在延安，50年代以后在北京。

30年代初张仲实同志在上海从事翻译工作，正是中国共产党逐渐成长壮大，党员和广大革命群众更加需要革命理论读物的时候。在建党前和建党初，介绍到中国来的马

本文原载《翻译通讯》1983年第5期。姜椿芳，时任全国政协常委，中国大百科全书出版社总编辑，中国翻译工作者协会会长。

克思列宁主义理论著作，大多是从英文、日文等译本转译的，到了30年代，客观需要较有系统地介绍马列主义著作，并且尽可能从俄文或德文原文直接翻译，张仲实同志掌握了俄文，恰好能执行这一任务。因此，他于30年代在文化中心上海的翻译界、出版界出现，是适逢其时的。张仲实同志除了掌握俄文这一重要手段外，因在莫斯科共产主义大学学习过好几年哲学、经济学，具备了革命理论基础，所以有条件选择当时革命形势和革命队伍最需要的哲学、经济学领域里的经典性著作来翻译。因为这个缘故，他的译作当时就受到人们的称誉。

张仲实同志的翻译是直接为革命服务的，他本身是一

1955年5月，中央编译局领导与苏联专家在长城合影（前排右二为张仲实，后排左四为姜椿芳）

个革命者、革命队伍里的一员，不是为翻译而翻译，也不是为生活而翻译。翻译也像创作一样，总要有所为而译，译出的东西要有助于革命实践才有更高的价值，而不可专挑畅销书翻译，不注意译出的书对革命、对群众有什么裨益。

关于张仲实同志，还有一点也值得指出：他的素质、他的性格、他的专长，适于译书和编辑出版工作。他从青年读书时期起，就在陕西中小城市投身革命活动；以后从三原到西安、北平、上海以及其他地方，也是做基层工作；从莫斯科学习归来后，才开始基本上从事译书、编书工作。由于工作符合他的专长，使他发挥了更好的作用。当然，革命者首先应考虑的是革命的需要，而不是单纯强调自己的专长和兴趣所在；重要的是，要考虑什么工作是当时革命最需要的。张仲实同志正是这样做的。

说张仲实同志适于做编译工作，还有他在工作态度和工作作风方面的特点值得提及，这也是起了重要作用的。经过他笔下处理的任何文稿，不论是写作的还是翻译的，甚至写一封信，他都很认真，炼字造句，一丝不苟，精雕细琢，不遗余力。一篇著译文章，一封短信和一张便条，他都要修改好几遍。我们经常看到，出于他笔下的稿纸，勾来勾去，涂涂抹抹，天上地下，左右空白，都是移行添字，线条纵横，有如蛛网。这是他严肃对待文字工作的突出表现。

有人说，“诗是改出来的”：诗句往往不多，但诗人一改再改，不断推敲，再三斟酌，定了稿，还要继续加以修饰。著书、译文，何尝不应如此。张仲实同志就是用这种方法来修改他的译文和文章的。正因为他有这种认真的工作态度和精雕细琢的功夫，他的著译才受到读者的尊重。

最后，还有一点很重要：张仲实同志是终始如一地、长期地从事翻译工作，而不是经常改行，即使他临时被派做别的工作，他也竭力利用间隙时间，孜孜不倦地翻译一些东西。我们回顾这位把一生献给翻译工作的老翻译家所走过的道路，叙述一些情况，一方面是对他表示尊敬和祝贺，另一方面也是向今天翻译界的同志提出可以向他借鉴和学习的地方。

1931 年张仲实同志到上海从事编译工作，经历了不少艰苦曲折的道路，在上海租界英美势力统治之下，在国民党反动派“文化围剿”之下，也不可能一帆风顺，轻快前进。初期，他曾不得不在一些出版机构做校对和零星的编译工作，译出的稿子常常被上面的人剽窃去，大赚其钱，而他自己却分文不取，有时，他的原稿甚至弄得不知下落。他含辛茹苦地工作，虽然得不到应有的报偿，但却积累了搜寻资料、钻研问题的经验，对于他后来在革命性很强的生活书店工作起了良好的作用。1935—1936 年间，他翻译了苏联拉皮杜斯和奥斯特洛维恰涅夫合著的《政治经济学教程》（由商务印书馆出版）以及《苏联五年计划总结》（当时客观上很需要，但此书译出后却未能出版）。这时，张仲实同志的专业知识和编译能力已颇为出版界所重视，胡愈之同志把他介绍到生活书店去主编《世界知识》这一论述国际问题的杂志。

一年后，他参加了另一重要刊物《大众生活》编辑组的工作，接着，又主持生活书店的编辑工作，促使书店在出版书籍方面开拓了新的局面。张仲实同志当时一面主编刊物和组稿出书，一面仍抓紧时间从事翻译工作。1936—1937年间，他译出了《苏联大百科全书》中的“哲学条目”，又译出了恩格斯的《费尔巴哈与德国古典哲学的终结》，普列汉诺夫的《马克思主义的基本问题》和列昂节夫的《政治经济学讲话》。这些哲学和经济学的名著，对于提高广大读者的马列主义理论水平做出了贡献。许多青年读了《政治经济学讲话》一书后树立了正确的革命人生观，走上了革命道路；此书对于研究经济学的人很有帮助；许多学习俄文的人还把它作为教本，同俄文对照读。

1937年11月，为纪念十月革命20周年，他和别的同志合译了《苏联的二十年》一书。

1937年抗战开始后不久，日本侵略军占领江浙一带，上海租界成为广大沦陷区中的“孤岛”，生活书店及其刊物无法存在下去，张仲实同志就随同邹韬奋先生到香港，转武汉，后去重庆。在这期间，他又译了斯大林的《论民族问题》一书。毛泽东同志在《新民主主义论》一文里曾引用斯大林的论点，并特别指出，这书是张仲实同志译的。这句话一直被认为是对张仲实同志从事多年翻译工作的高度评价。

1938年底，张仲实同志和茅盾、萨空了等同志一起去新疆，1939年3月到乌鲁木齐，在新疆学院教哲学、经济学和社会发展史。为了更好地讲授社会发展史，他译出了恩格斯的《家族私有财产及国家的起源》，还译出了罗逊达尔的《辩证认识论》。前者是影响很大的经典著作，后者是有助于广大读者学习辩证法和认识论的通俗读物。

张仲实同志在新疆受到反动军阀盛世才的监视和迫害，便在党的帮助下辗转跋涉，于1940年5月到了延安。在延安，张仲实同志开始了自己翻译工作的第二阶段。他先后在中央宣传部和政治研究室工作，校订《列宁选集》，参加《马恩列斯思想方法论》一书的编选工作，1943年参加了马恩列斯经典著作的翻译、编辑工作；这些著作的译本均由延安解放社出版。

1947年，张仲实同志随中央撤离延安，辗转许多地方，最后到了河北省石家庄附近的西柏坡，参加筹备全国土地工作会议工作，并编出了《马恩列斯毛论农民土地问题》一书。随后，他又参加编辑《干部必读》12种，其中《列宁斯大林论中国》《列宁斯大林论社会主义经济建设》和《社会发展简史》是张仲实同志编译的。

1949年全国解放后，张仲实同志随着中宣部进城，先在中宣部工作，后筹建中苏友好协会。1951年初，他参加编辑《干部必读》中的《列宁斯大林论社会主义经济建设》两册出版了。

张仲实同志曾一度到西北局任宣传部副部长。1954年底，他又调任中共中央编译局任副局长，参加《列宁全集》和《马恩全集》的编译、校订等工作。这是张仲实同志在他漫长的翻译事业道路上的第三阶段。他带着前半生的编译经验和研究马列主义理论的心得，投入了编译经典著作的工作中，并通过工作培养新一代的翻译工作者。中央编译局译校出版的《马恩全集》《列宁全集》和《斯大林全集》卷帙浩繁，要求严格；这三大全集的完成，都有张仲实同志的一份贡献。

张仲实同志不仅在翻译方面，特别是马列主义经典著作的翻译方面做了不少工作，做出了重要的贡献；并且对于马列主义理论也进行了长期的研究，写过不少文章，尤其是在经济学方面，发表了较多的文章。他近年虽然身体欠佳，患过严重的疾病，仍致力著作，编写出了通俗的《马克思恩格斯传略》和《列宁传略》。

张仲实同志解放战争时期还在陕西、山西等地做过土地问题的调查研究和宣传工作，在群众中得到锻炼。在他今年81岁高龄的时候，我们不仅庆祝他从事翻译工作50年，也庆祝他做马列主义理论研究和出版工作50年，祝他健康长寿，继续在这些方面做出新贡献！

为传播马克思主义真理奋斗不息

顾锦屏

张仲实同志是我国理论界、翻译界的一位老前辈。在他来中央编译局之前，我已久仰其大名。我读过他翻译的恩格斯的名著《费尔巴哈与德国古典哲学的终结》和《家族私有财产及国家的起源》，在毛主席的《新民主主义论》中看到过他的大名。对他我早已有敬仰之情。1954年，中央调张仲实同志任中共中央马恩列斯著作编译局副局长。从此我就在他领导下工作，亲聆他的教诲，直接体验到他对马克思主义执著追求的精神，他为传播马克思列宁主义奋斗不息的高尚品德。

张仲实同志担任编译局副局长、顾问长达33年，他把自己毕生的全部精力献给了马列著作编译事业，为传播马克思列宁主义伟大真理做出了重大贡献。党中央给编译局规定的任务是系统地、有计划地翻译和出版马恩列斯的全部著作。张仲实同志同当时的局长师哲、副局长陈昌浩和姜椿芳同志一起，精心组织了《马克思恩格斯全集》《列宁全集》和《斯大林全集》这一宏伟工程的设计和施工。张

本文原载《仲实：张仲实画传、忆念与研究》，中央编译出版社2014年版。顾锦屏，时任中央编译局副局长。

仲实同志有丰富的马列主义经典著作翻译经验，早在30年代他就开始从事马列著作的翻译，延安时期一直从事马克思主义理论教育和编译工作。他长期积累的丰富经验，对我局当时刚刚起步的三大全集的编译工作无疑是十分宝贵的。他把自己的经验用于组织和指导三大全集的编译工作，他同其他局领导一起制定了《马列主义经典著作翻译校审出版程序》，严格规定了各道工序的职责，既调动个人的积极性，又发挥集体智慧。他们都十分重视译文的质量，经常告诫同志们，必须以对党高度负责的精神翻译经典著作，马列著作理论性和科学性很强，翻译只有同研究相结合，才能正确地表达原意，在他们倡导下，翻译和研究相结合，成了我局同志在工作中遵循的基本原则。他们还强调译文要忠实于原著的意思，文字表达力求民族化。“意思准确，译文通顺”，成了衡量译文质量的标准。他们对贯彻中央的指示一丝不苟。为实现中央关于尽快出版三大全集的要求，他们组织全局同志以只争朝夕的精神投身于三大全集的翻译。张仲实同志还率先垂范，身体力行，亲自参加部分译稿的审定工作，经过局领导的精心组织和全局同志的埋头苦干，《斯大林全集》于1956年出齐，《列宁全集》第1版于1969年出齐，《马克思恩格斯全集》于1984年出齐。三大全集的出版，对于我们党的理论建设，对于我国的革命和建设事业具有重大意义。这是编译局全体同志对于党的理论宣传工作的巨大贡献。这一宏伟工程的完成，是同张仲实同志几十年来含辛茹苦、无私奉献分不开的。

几十年来，中央编译局既出了书又出了人。在长期翻译实践和研究工作中，形成了一支政治素质好、业务水平比较高的马列著作编译队伍。这支队伍的成长也是同张仲实同志的辛劳和关怀分不开的，建局初期，从事马列著作编译工作的同志，很大一部分是刚从外语院校毕业的青年学生，他们没有系统学习过马列主义理论，外语也是初通，知识面比较窄，他们的水平与工作的要求差距很大。张仲实同志首先从政治上关心这支队伍的成长。他经常向同志们讲解马列主义与中国革命的关系，介绍党中央和毛主席对马列著作编译工作的重视和关心，用切身体会来提高同志们对工作的政治责任感和光荣感。他还积极参与制定干部业务培训计划，组织大家学理论，学历史，学汉语。由于局领导对干部学习的重视，在建局初期，全局学习氛围十分浓厚，各种各样的学习蔚然成风。学习给大家打下了坚实的知识基础，使干部业务水平有较快的提高。张仲实同志还提倡在干中学，在实践中提高。他用当年自己译马列著作时的经验来勉励青年同志，常谈到30年代在上海翻译经典著作时遇到的困难要比现在大得多，他就是通过边翻译、边学习的办法，逐渐提高自己翻译水平的。在工作中他对年轻人既严格要求又大胆使用，鼓励他们勇挑重担。回顾编译局干部成长的历史，深切体会到，正因为张仲实等局领导从一开始重视干部的培养和使用，50年代初进编译局的一批年轻干部，经过几年的努力，不少人成了业务骨干，能独立地挑起翻译和审稿的重担，保证了三大全集

1956 年，张仲实、容飞夫妇与孩子张征、张平、张复、张莉摄于北京

翻译任务的完成。

张仲实同志十分重视马列主义理论的研究，他为宣传和普及马列主义孜孜不倦，奋斗不息。他早在 30 年代和延安时期，就为宣传马列主义写过不少论著，为党的理论建设做出了积极贡献。他来编译局后，行政领导工作和业务工作十分繁重，仍挤时间研究理论，写了不少文章，为普及马列主义不辞辛苦。《辞海》中有关马列主义的条目都是经他手修改审定的。他在重校《费尔巴哈与德国古典哲学的终结》一书时，不仅校订了译文，而且加了大量注释，反

映了他研究马列主义的成果。这些注释具有学术价值，对读者理解原著很有益处。到了晚年，张仲实同志年老体衰，身患重病，仍壮心不已。他收集资料，研究马列原著，准备撰写《马克思传》，还拟定了提纲。这个宏愿因病未能实现，但仍抱病写成《马克思恩格斯传略》和《列宁传略》。这两本小册子简要地介绍了三位革命导师为无产阶级解放事业奋斗的伟大一生，言简意赅地阐明了他们的理论基本观点。这里凝聚了一位老共产党员对无产阶级革命导师的深厚感情，体现了他对马克思列宁主义的坚定信念，反映了他为宣传革命真理奋斗不息的高尚精神。

张仲实同志作为革命老前辈，始终保持了共产主义者的革命情怀和高尚品德。几十年来他为党为人民做了很多工作，特别是为宣传马克思列宁主义做出了重大贡献。但他从不居功自傲，总是把成绩归功于党，把贡献看成对党应尽的义务。他从不计较名誉地位，从不利用职权谋取私利，从不向党伸手，他只知道为党的事业埋头苦干，默默地奉献。晚年他因年老多病不能具体承担编译工作的组织领导，不能亲自审阅译稿，但仍然十分关心《马克思恩格斯全集》补卷和《列宁全集》新版的编译工作，他为自己不能参加这些工作而感到惋惜，鼓励同志们继续做好马列著作的编译和研究，使译文质量更上一层楼，提高到一个新水平。他殷切期望我们这一支队伍发展壮大，他不止一次地谈到，这支队伍来之不易，要注意培养新人，要不断提高这支队伍的政治素质和业务素质。他的言谈处处表露出他对党的事业的一片赤诚和耿耿忠心。张仲实同志在理论界和翻译界久负盛名，但他十分谦虚，从不摆架子，在我们这些晚辈面前也是如此。记得50年代他重校《费尔巴哈与德国古典哲学的终结》一书时，要我帮他翻译普列汉诺夫为该书写的注释。他多次同我讨论译文中的问题，虚心听取我的意见。我为他的这种谦虚精神所感动。他在领导工作中也是这样。遇事同大家商量，耐心听取不同意见。凡是同他接触过的同志，无不感到他谦虚谨慎，平易近人，但他在几十年革命生涯中经历过风风雨雨，受过委屈，有过逆境，他都能正确对待，总是从大局出发，以党的事业为重。张仲实同志离开我们已经四年了，他的高风亮节、革命品德永远留在我们心中，他永远是我们学习的榜样。

纪念马克思主义理论家、翻译家、出版家张仲实

殷叙彝

张仲实同志离开我们已经6年多了，但是他的声音笑貌，他对于翻译、研究和宣传马克思主义所作的重大贡献仍旧深深地留在我们的记忆中。我曾在仲老的领导下在中共中央马恩列斯著作编译局工作了几十年，作为他的后辈，我想利用这次机会谈谈我对仲老毕生事业的几个主要方面的认识和体会。

仲老一生的贡献主要有两个方面：其一是马克思主义经典著作的翻译和研究以及马克思主义基本理论的宣传；其二是在国民党统治区的进步文化出版事业。这两方面的工作都有广泛的社会影响，对干部和群众的马克思主义启蒙教育起了重大的作用，而广大知识青年受到的影响尤其深远。仲老本人对青年同志也从来是热情关怀，循循善诱的，我自己对此就有很深的体会，因此我认为，在纪念仲老时也必须提到他的这一方面。

本文原载《仲实：张仲实画传、怀念与研究》，中央编译出版社2014年版。殷叙彝，时任中央编译局国际共运史研究所副所长，译审。

一

仲老于1926—1930年受党的派遣在莫斯科东方大学和中山大学学习。在这期间他刻苦地钻研俄文，并且参加了张闻天同志领导的翻译教材的工作。回国以后，无论是在国民党白色恐怖统治下的上海，还是在盛世才独裁统治下的新疆，他都克服重重困难，孜孜不倦地从事经典著作的翻译工作。1940年到延安以后，除了教学和研究工作以外，他还参加20卷本《列宁选集》和12种《干部必读》丛书以

1977年底，张仲实手术后在北京301医院写作

及其他经典著作的编译工作，是主要负责人之一。从1954年到去世，他一直担任中央编译局的副局长（后为顾问），负责组织和领导了三大全集的编译工作，我们说仲老把他的一生献给了翻译和传播马克思主义经典著作这一伟大事业，是毫不夸大的。

据我体会，仲老是把经典著作的翻译工作既当作严肃的政治任务，又当为科学的理论工作的。他所翻译的经典著作中最重要的是恩格斯的《费尔巴哈与德国古典哲学的终结》和《家族私有财产及国家的起源》。这两本书都是艰深的理论著作，特别是后一册更有很重的学术内容，而他恰恰是在新疆的极其困难的条件下完成后一本书的翻译的。这正是因为他认识到它对于人们学习和钻研马克思主义基本理论的重要意义。他对于译文总是反复推敲，精益求精，每次再版时都要作校改，有时是很大的校改。他也不故步自封，而是虚心汲取别人的长处。例如，《家族私有财产及国家的起源》1954年再版时他不但自己重新校译一遍，还请一些专家帮助从英、日文译本以及德文译文作了校译。《费尔巴哈与德国古典哲学的终结》1949年再版时他也重新校译一遍。过几年后这本书又一次再版，他还在我和编译局的一些同志的协助下，不仅从德文校对了译文，而且把普列汉诺夫为这本书所作的详细注释译出附上，为研究工作者提供了很大的方便。所有上述校对的过程他都在前言中一一说明。这种认真负责、一丝不苟的科学精神是值得我们这些后辈和所有从事翻译工作的人学习的。

仲老非常重视为经典著作译本写序言。据他对我讲，这是从毛泽东同志那里得到启发的。他说，毛泽东主张，翻译经典著作一定要写译者序言，不写序言不许出版。1958年整改时他还写过一张大字报宣传毛泽东的这一指示。1980年他把这一精神连同毛泽东的其他有关言论整理写成《毛泽东同志论理论著作翻译》一文，发表在《新华文摘》上。他本人身体力行，凡是他翻译的著作，初版和每次再版，都是有序言的。

与此有联系的是经典著作的介绍工作，仲老对此也非常重视。他认为，为了帮助读者学习，必须向读者介绍每本著作写作时的历史背景、著作的重要理论内容和实践意义，一直到与中国当前实践的关系。他到编译局工作后就主张利用一些重要著作出版若干周年的机会在报刊上发表纪念文章，介绍这一著作。他还亲自领导过一个经典著作研究小组，专门从事这一工作。特别需要提到的是仲老曾应聘担任《辞海》第一版编委，任分科主编，《辞海》第一版中有关经典著作的辞条都是仲老领导编译局的同志写作并由他修改定稿的，这就保证了这一批辞条的质量并且为《辞海》二版打下了良好的基础。现在社会上有些书在介绍经典著作时态度很不严肃，东拼西凑，粗制滥造，每一看到这一类作品，我就更加感到仲老所做工作的重要意义。

仲老到编译局后还多次提倡要出中国人自己写的马克思传、恩格斯传等等。当时梅林的《马克思传》已有中文译本，编译局正在翻译苏联斯捷潘诺娃写的《恩格斯传》。仲老认为这些工作当然要做，但还不够，中国人必须自己动手写这类传记。但是编译局多年来集中力量翻译三大全集，抽不出人来做这方面的工作。仲老晚年下决心自己来写，但已年老多病，力不从心，只完成了《马克思恩格斯传略》和《列宁传略》。

仲老到编译局工作时，《斯大林全集》中文版还未出齐，《马恩全集》和《列宁全集》中文第一版的翻译工作正要开始，他参加了两大全集的规划工作，有一段时期还和姜椿芳同志共同主持编译局工作，而且在“文化大革命”前一直主管马恩室的工作。三大全集都是在他担任编译局领导时完成的。现在编译局的同志已经完成了《列宁全集》中文第二版（60卷）的编译工作，每卷前面都有我们自己写的前言。目前正在紧张地从事《马恩全集》中文第二版的编译工作。我相信编译局的同志将以精益求精的态度坚持经典著作的翻译和宣传工作，力求不致愧对仲老和别的前辈。

二

我以前只是笼统知道仲老曾在生活书店工作过。最近读了一些回忆他的文章特别是新出版的《张仲实文集》，才知道他对于生活书店的巩固和发展是起了重要作用的。

抗战前仲老主编《世界知识》时我还小，虽然读过生活书店出版的一些书，但还不懂得去看这本评介国际政治的杂志。这次在阅读《张仲实文集》时才看到，他当时写了不少论述国际形势，分析和抨击德、意法西斯主义，批评英法政府的绥靖政策，预测世界大战危险的文章。这些文章写得深入浅出，材料丰富，分析深刻。他在《大众生活》上发表的几篇“人物重估”，运用历史唯物主义分析哥伦布、麦哲伦等人的历史作用，突破了当时通用的教科书和其他著作中的框框。可以想见，这些文章对于当时广大的热爱真理、热爱祖国，有着强烈求知欲的青年会产生多大的影响！抗战爆发后，他在《抗战》《全民抗战》等刊物上发表许多文章，大声疾呼，鼓动中国人民积极投入抗日斗争，强调“抗战到底，抗战必胜”。这些文章在今天读来还是相当鼓舞人心的。

仲实同志对于生活书店的贡献不仅在于他主编杂志和写了大量文章，而且还在于他在担任总编时对生活书店在社会科学方面的出版工作进行了全面的规划，使出书更加系统化。他自己负责主编“青年自学丛书”和“世界学术名著译丛”（马克思主义经典著作）、“百科小译丛”，还要照料“世界文库”等丛书和其他杂志的出版工作。在他的主持下，生活书店出版的书在数量和质量上都有很大提高。仅就“青年自学丛书”来说，在内容上包括哲学、政治、经济以及写作知识、研究方法，作者都是知名的进步学者；在数量上前后共出 3 辑，每辑 10 种，发行总数在 100 万册以上。当时的影响之大是可以想见的。

社会上有不少人轻视编辑工作，许多担任编辑的同志对自己的工作也不能正确看待，不够认真负责。我自己在年轻时也一度有过类似的错误想法。但在几十年和编辑们打交道的过程中，我日益认识到这一工作的重要性和艰巨性。我认为，要做好一个合格的编辑，需要：第一，有眼光，能够看得广，看得远；第二，广博的学识；第三，埋头苦干；第四，有“为人作嫁”的献身精神。在这几点上仲老都可以做我们的模范，是我们学习的榜样。正因为有这样的精神，他才能在白区的艰苦环境下获得杰出的成绩，在到延安以后特别是解放以后又充分发挥了自己的优点和专长，做出了更大的贡献。

三

仲老是1954年底调到中央编译局担任副局长的，在最初半年多时间内还兼任研究室主任，负责筹备编译局的研究工作。由于编译局的任务很紧，只能从翻译室调几个青年给他当助手，我就是其中之一。后来仲老不兼室主任，但仍主管研究室的工作直到1957年。我始终在研究室工作，并且曾短期担任过他的秘书，因此和他接触的机会很多。正是在这一时期，我对仲老诲人不倦、热情帮助青年人的态度有比较深刻的体会。

我在大学历史系学习马列主义理论时就读过仲老翻译的书，也在《毛泽东选集》中看到过他的名字，后来又从报上看他任中共中央西北局宣传部副部长的消息。因此刚刚知道要直接在这样一个老前辈、老干部领导下工作时，不免有些紧张。但一旦和仲老接触，这种心情很快就消失了。仲老谦虚朴素，平易近人，丝毫没有大干部的架子。讨论工作时他能耐心听取我们的意见。我们发表意见时也不感到拘束。他对我们很放手，除了完成他交给的任务以外，我们可以相当自由地读书，从梁赞诺夫为《马恩全集》俄文第一版写的长篇序言到陈望道的《修辞学发凡》都读。但另一方面，他又一再告诫我们不要漫无目的地读书，一定要集中钻研一些问题。他曾不无遗憾地对我说过："我本来是喜欢研究经济学的，在延安女子大学还开过课，后来因为工作需要，什么都干，未能再钻下去，因此也没有研究成果。"这些当然是谦虚之词，因为从我上面所讲的可以看出，他的工作成果是决不能拿多写几篇还是少写几篇论文来衡量的。但是他的话对我确是很有教益的。

当时编译局的领导很强调翻译要和研究相结合，一定要弄清一篇著作的写作背景和理论内容才能动手翻译，强调不要当"翻译匠"。仲老是积极提倡这样做的。他认为在编译局开展研究工作，不仅有助于提高翻译质量，而且关系到干部的发展方向。他不止一次对我们说过"三大全集总有一天要译完的，你们这些年轻人到那时就可以在原来的基础上从事研究工作，这样就可以培养出一批研究马克思主义理论的干部来"。

当然，那时的编译局仍旧是而且必须是以翻译工作为主，研究工作只是刚开始起步，任务还是不明确。而且研究和翻译不同，出成果要慢得多，因此我们这几个年轻人的工作成绩不如在翻译室时那么明显和具体，局内不免有人议论，认为这是浪费人力和时间，我们的情绪也因而有些波动。仲老知道后鼓励我们说："怕什么，当年在延安时，中央研究室有一些年轻人成天读马列著作，一时也没有什么成果。有人说他们白吃小米，陆定一同志听到后说：几个秀才白吃几年小米有什么关系，以后会看出效果来的。后来果然从这些人中产生出一批理论骨干来。因此你们也不要怕人议论。"我们当然还不敢妄自和那些理论骨干相比，但听了这番话后的确受到很大的鼓舞，而且一直铭记在心中。1958年他一度调到布拉格"和平和社会主义"出版社编辑部工作，我在送别会上代表编译局青年干部致词时特别提到了这件事。

还有一些例子可以说明仲老对青年的关心，和我一起调到研究室的一位同志也是学历史的，中外文都很好，知识广博，只是有些自由散漫，不安心于整天埋头搞翻译，到研究室后散漫如故。局内有些同志主张狠狠地批评他，仲老却认为他只是认识问题，应当耐心帮助他。记得有一个夏夜，仲老拉着我一起约他到我们办公室楼顶的平台上谈心，三个人盘腿席地而坐，足足谈了一个晚上。谈话内容我已记不清了，无非是劝他要乐于做平凡的工作，要有对人民负责的态度等等，谈话的效果并不明显，但这件事却充分说明了仲老对待青年循循善诱的作风。我自己也有过一次体会。由于研究室最初一个时期具体任务还不明确，我和另外一些青年同志一度不大安心，常在一起议论。当时我年轻气盛，未经多大思考就拿起笔来写了一份很长的意见书，列举许多理由论证编译局还没有条件开展研究工作，建议解散研究室，把我们调到社科院之类的研究单位去。这份意见书交到仲老那里，他看了并不生气，却笑嘻嘻地对我讲："我看到你的意见了，真是洋洋数千言啊！"接着又讲了他的看法，认为应当坚持下去。我在写了意见书之后也觉得自己的看法和做法未必恰当，经过与仲老的这番交谈，也就不再闹情绪了。现在想来，如果遇到的是别的领导，我很可能会为这件事大受批评的。

现在我才知道，仲老在延安时曾因为群众工作做得好被评为陕甘宁边区的劳动模范。可见他是把这种优良作风带进城来，一直坚持到他当了高干时仍不改变，这是难能可贵的。

1956 年，仲老当选为中国科学院哲学社会科学学部委员，参加了拟定科学院第一个五年计划工作。这个规划提出了许多课题供研究工作者选择，其中有一个是"马克思列宁主义在中国的传播"。这对于编译局是非常适合的，编译局有条件也有义务承担这一研究工作。因此，研究室在局领导的支持下选定它作为研究方向，在此后几年的工作中，就十月革命对中国的影响、五四运动前后马克思主义的传播和中共建党的思想准备等问题收集了大批资料，整理出版了一系列资料选编，发表了不少论文和著作，也培养了一批干部。我在这一过程中逐步学会了研究历史和研究问题的方法以及写作方法，在 1960 年以后又转入国际共运史的研究工作。到目前为止，我已做了将近40年的研究工作，而最初是在仲老带领下起步的。饮水思源，我永远不能忘记仲老对我的教导和关怀，并愿意借写这篇短文的机会表示对他的感激和怀念。

我的马克思主义启蒙导师

熊复

我知道仲实同志很早，而认识他却很迟。我一直很敬重他，因为他是我青年时代的马克思主义启蒙导师。

我开始知道仲实同志，是在30年代的1935年初。那时候，我正在上海复旦大学当旁听生，选读一些我喜爱的课程，恰好仲实同志主编的《世界知识》在上海出版，而且几乎每期有他分析国际问题的论文。这个刊物从一开始，就以它丰富的内容，精辟的论述，贯穿爱国主义和国际主义红线的思想，对纷繁、复杂而多变的国际局势所作的深刻分析，吸引着我这个当时只有20来岁的青年。

随后出版的、由邹韬奋同志主编的、有仲实同志参加编辑的《大众生活》《永生》等进步刊物，也同样深深地吸引着我。正是这些爱国旗帜鲜明、进步色彩浓重、坚决主张抗日救国的刊物，开拓了我的眼界，增长了我的知识，提高了我的爱国主义觉悟。

而教育整个一代青年，引指他们由爱国主义走向共产

本文原载《仲实：张仲实画传、忆念与研究》，中央编译出版社2014年版。熊复，曾任中共中央宣传部秘书长，中共中央对外联络部副部长、中共中央宣传部副部长、新华社社长、《红旗》杂志总编辑等。

主义道路的是，由邹韬奋同志创办而由仲实同志担任总编辑的生活书店，它出版了一系列进步读物，特别是“青年自学丛书”“世界学术名著译丛”“百科小译丛”等等，我自己就是受到这种教育而走上这条道路的见证人。正是这些传播马克思主义的读物，使我得以从中含英咀华，最终选择和接受马克思主义，记得1937年暑假，也就是抗日战争爆发前夕，当时我已是四川大学的学生，我的一个同学回乡结婚，我就特意买了一套“青年自学丛书”，当作珍贵礼品送给他。

在学习马克思主义基本理论方面，我要特别感谢仲实同志。正是他翻译的恩格斯的《费尔巴哈与德国古典哲学的终结》和普列汉诺夫的《马克思主义的基本问题》，指引我踏上马克思主义哲学的堂奥。也正是他翻译的列昂节夫的《政治经济学讲话》，使我初尝马克思主义政治经济学的甜果。记得也是1937年上半年，我同川大几个同学一起，在成都高中学生中组织一个取名“救亡”的大型读书会，《马克思主义的基本问题》和《政治经济学讲话》就是会员必读的书籍。为帮助会员学习马克思主义哲学和政治经济学，我起草的《哲学学习大纲》和《政治经济学学习大纲》，主要就是依据仲实同志翻译的这几本著作。自然，也参考了当时几大进步书店（生活书店、新知书店、读书生活社）出版的有关书籍，包括艾思奇同志的《大众哲学》等等。

这时候，仲实同志就是以一个马克思主义宣传家、翻译家和学者的身份，活跃于当时革命的文化战线和救亡运动。而对于我来说，他就是名副其实的马克思主义的启蒙导师，尽管我还不认识他。

我认识仲实同志，是在1951年底我由中南局调到中宣部工作以后。还在解放战争初期，仲实同志就已在中宣部工作，我到中宣部时他正担任国际宣传处处长。转到1952年年头，我为熟悉环境，到各个处室去走走，走到国际宣传处，见到仲实同志，大出我的想象。我以为他是学者，就有一副瘦弱、文质彬彬、态度潇洒而又有点矜持的模样。哪知道他却是身材高大、肩宽背阔、两道浓眉的关西大汉。只是因为积年劳累，脸庞有些消瘦，面色有些苍白。而他两目湛然，背有些驼，态度谦和，神情朴实，木讷于言，用两只大手紧紧地握着我的手，虽然穿着一身灰白色的棉军服，却宛如一个中年农民一样。我后来才知道，他是真正农民的儿子。

我对他的工作情况知道不多，因为我主要是做行政和党务方面的负责工作，只是在这两个方面同他有直接的接触。当然，业务上的交往也不少。因为督促和检查部领导有关国际宣传的决定，向部领导转达国际宣传处提交的有关文件，在重大的宣传部署上协调国际宣传处和其他有关处室的工作，都要经过我这个秘书长。我同他相处共事的时间也不很长，1953年6月他就被调到西北局宣传部担任负责工作去了。在短短的不到3年的时间里，我和他相处非常融洽。不待说，我还是照旧敬重他。不仅他是我们党的马克思主义宣传家、翻译家和理论家，而且他给我留下的崇高形象是一个真正的、心地纯洁的、忠诚老实的共产党员，在这两个方面他都是我学习的榜样。

记得当时有两个国际宣传处，一个是中宣部的国际宣传处，一个是政务院新闻总署的国际宣传处。后者主管对外宣传介绍新中国的工作，前者则主管对党内和国内宣传介绍以苏联为首的社会主义阵营的工作，主要是宣传介绍作为列宁和斯大林的故乡、作为列宁主义发源地、作为十月社会主义革命胜利成果的世界第一个社会主义国家——苏联。这个范围的日常工作是很繁重的，责任也是很重大的。大体上包括，宣传介绍列宁和斯大林的生平、思想和著作，宣传和介绍苏联社会主义建设的进展和成就，宣传和传播中苏两党两国人民的友好关系的伟大思想。

1950 年 7 月，张仲实（左三）与“苏联宣传工作考察团”成员在莫斯科

全国解放后不久，中央就决定成立中苏友好全国总会和地方分会（从省、市、自治区到县），总会由刘少奇同志担任会长，宋庆龄同志和郭沫若同志担任副会长。通过这个协会，在全国广大人民群众中进行中苏友好思想的宣传和教育活动。仲实同志不但参加了协会的整个筹备工作，而且在协会成立后还担任总会副总干事和党组副书记。后来总会办了一个《中苏友好》月刊，仲实同志还是月刊的主编。负责主管中苏友好协会日常工作的也是中宣部的国际宣传处，而仲实同志就是一身而二任，肩负起在我们党内和国内宣传和传播中苏友好思想的重大责任。

不管处理日常工作如何繁忙，仲实同志还是以一个马克思主义宣传家、翻译家和学者的身份活跃在理论战线上。他有学者的风度和涵养，学风极为严谨。他不仅主持了一些马克思主义经典著作的翻译和介绍的工作，而且自己还不断参加翻译原著，或是参与审定译稿。他深知把马克思主义经典著作从外文译成中文绝非易事，既要做到准确无误地符合原意，又要做到通俗易解而使我国人能够读懂，还要毫厘不爽地不失中文的规范和风格，这就是所谓“信达雅”的原则。所以，他做这项工作非常认真，字斟句酌，一丝不苟，连标点符号也不放过，可以说达到呕心沥血的地步，也因此，不论他自己的译文，或是他参与审定的译文，都是信达雅三全，使人读来通俗易懂，而又引人入胜，毫无迟滞艰涩之感。我后来才知道，他早就提出一个重要原则，即是翻译马克思主义经典著作，同熟悉和研究马克思主义理论是不可分离的。在翻译工作上，他自己就是信守这个原则的模范。

他主持国际宣传处的日常工作，又认真又仔细，又主动又踏实。就宣传和传播中苏友好思想这个范围的工作来说，每年遇到十月革命节就要在北京举行庆祝大会，中央一级报刊要发表社论，《中苏友好》杂志要出专辑。不仅要做大量的宣传工作，还要做大量的组织工作，而且要做得不出一点政治上的差错，容不得半点疏忽。比如1952年，恰逢十月革命35周年纪念。这年的2月是中苏友好同盟条约签订两周年，9月中苏两国又签订新的协定。同年9月，斯大林的著作《论社会主义经济问题》在苏联发表，10月苏联共产党召开第19次代表大会。这些都是重大的政治事件。中央正是据此决定整个11月在全国进行“中苏友好月”活动。为开展这一活动，还特别邀请苏联派出苏联文化工作者代表团、苏联艺术工作代表团、苏联红军歌舞团、苏联电影艺术工作代表团来我国参加。记得苏联著名芭蕾舞舞蹈家、人民演员乌兰诺娃，就是这一次首次访问中国。

早在全国解放后不久，中央就提出“学习苏联”的口号；毛泽东同志讲过“中苏两国团结紧了，世界上的事情就好办了”两句话。开展“中苏友好月”活动的目的，就是要进一步在全国人民群众中传播这一思想，使之深入城乡，家喻户晓。可以想见，这次活动的规模之巨大，任务之繁重，都是空前的。

当然，在全国部署和指导这一活动，是整个中宣部的工作，然而，在具体事务上，国际宣传处负有重大的责任，因为属于他主管的范围。记得起来的大的事项就有：事先向部里提出开展这一活动的详细计划，为中央起草开展这一活动的党内指示，为中苏友好协会总会起草用于公布的“关于中苏友好月的口号”，为中央领导同志起草在首都群众纪念大会上的讲话稿，邀请包括宋庆龄在内的党内外著名人士撰写纪念文章，组织各中央报刊写好各有重点而不是千篇一律的社论或专论，组织有关单位接待好苏联派来的四个代表团，为在北京召开“首都各界庆祝十月社会主义革命35周年大会”做好从头到尾的组织工作，督促检查各省市自治区落实中央指示的情况，及时处理和解决全国活动中出现的各种问题，随时收集、整理和反映全国活动的重要情况，最后是在活动结束后及时作出总结，等等。这些都是国际宣传处要做的工作，而中苏友好协会总会还另外有许多要做的工作，两者都要仲实同志一手抓起来。这个时候，在大约4个月内，仲实同志是忙得不可开交，几乎是夜以继日，废寝忘餐，还做不完。而他做来沉着，仔细，有条不紊，达到“指挥若定”的地步。他为此而付出的精力就很感动人了。

仲实同志使人十分感动的是，他作为一个老共产党员的品质和修养，他的精神面貌，他的道德风度。他对党的一贯忠诚老实，襟怀坦白，一生忠诚于党的理论事业。他言行一致，躬身率先，凡是要求于别人的，他自己首先做出榜样。他注意团结同志，对人对事态度谦和，从不疾言厉色，而且满腔热情地关心人、帮助人。他律己极严，有守纪律的高度自觉性，从不说一句不利于党的话，也不做一件不利于党的事。

他有高度的批评和自我批评的精神，凡是处里在工作上发生差错或闪失，他都首先自己承担领导的责任，决不推到别人身上。他表面上沉默寡言，不苟言笑，实际上他内心像一团火，对工作有使不完的精力，对同志有童真一般的热情，对党的事业有无限的忠诚。他勤于读书，无论工作多么忙，都要挤出时间读书，不但知识渊博，而且特别熟悉马克思、恩格斯、列宁、斯大林等人的著作。

还要说到，仲实同志只知奉献、不图享受的生活态度和生活方式，他自奉极简，常年穿一身洗得发白、又有补丁的布衣粗服。那时候实行的是基本供给制，他跟大家一起吃大锅饭。当时，中宣部办公地点就在中南海怀仁堂两侧，看戏看电影都很方便，而他很少看戏看电影。星期天也不休息，在公园名胜等游息场所很难看到他的影子。

我最后要说的是，仲实同志把他的一生都奉献给了我们伟大的党，我们伟大的国家，我们伟大的人民，我们伟大的中华民族，我们伟大的共产主义事业。他无愧是中国人民的忠实儿子，无愧是我们党的真正的共产党员。

朴实诚恳　平易近人

——我印象中的张仲老

谢振中

今年是我党著名的马列著作翻译家、马克思主义理论家和老一辈无产阶级革命家张仲实同志诞辰一百周年。作为一名后学和晚辈，在此谨将自己有幸两次见到张仲老以及此后几次书信交往的情况，作点回忆，以示纪念。

我最早知道张仲老的名字，大约是在上世纪六十年代初。那时我刚从陕西师范大学政治教育系毕业留校任教，由于《国际共产主义运动史》的教学需要，比较系统地阅读了一些马列原著。在学习恩格斯的《费尔巴哈与德国古典哲学的终结》与《家族私有财产及国家的起源》这些名著时，就听说过这都是张仲老最早翻译的。当时的感受是，译成中文的著作学起来那么费劲，足见翻译它绝非轻而易举之事。倘若没有超高的外语水平，没有深厚的理论素养，是断然译不出这种恢宏巨著的。所以从那时起不仅记住了张仲老的名字，而且一种敬仰之情油然而生。

第一次见到张仲老是1978年6月间。那时我由学报编

本文原载《仲实：张仲实画传、忆念与研究》，中央编译出版社2014年版。谢振中，时任陕西师范大学党委书记、教授。

张仲实与侄孙张积玉

辑部调到了刚刚恢复的教育系和教育研究所，组织上派我们一行三人到南京、上海、广州等市的相关院校进行学习考察。随同我们一起的还有张仲老的侄孙、我校学报编辑部的张积玉同志。由于有这层关系，我对张仲老的了解更多了一些，同时也知道他老人家正在上海的华东医院就医。到达上海当办完公事以后，我就陪同积玉同志去华东医院看望仰望已久的张仲老。

记得那天天气比较闷热，由于我和积玉都是第一次到上海，对当地的道路交通十分陌生，七弯八拐的当找到华东医院，就有点满头大汗了。进了张仲老的病房，外间是个会客厅，他立即把我俩让到沙发上。看到我们大汗淋漓的样子，张仲老又是送毛巾擦脸，又是泡茶倒水，显得十分平和热情，没有一点知名学者和高级干部的架子。也许由于病得过久，张仲老身材高大但很清瘦，稀疏的头发已经花白，高高的鼻梁上架着一幅深度近视镜，一看就是一位学富五车、满腹经纶的大文人。据张仲老自己介绍，经过一段医治、疗养，病情已经控制，体力正在恢复。他希望积玉转告家人放心。对我这个不速之客，经积玉介绍和说明，尤其当得知我的专业是“国际共产主义运动史”后，也许因为和他终身从事的马列著作翻译和研究工作距离很近，所以老人家更显得高兴。所憾我们是在医院病榻前晤面，条件不允许深谈，待了一会儿我们便起身告辞。张仲老不顾年高体虚，硬是把我们两个年轻人和晚辈送到楼下。这种朴实诚恳、平易近人的崇高品质，给我留下了终生难忘的印象。

第二次见面大约是1980年春季，那时我被重新调回学报编辑部工作。一次我去北京开会，积玉让我顺便给他爷爷捎点东西。此时张仲老的病已经痊愈，重新回到中央编译局工作，只是改任顾问，不再担任副局长了。听积玉说，老人家仍天天坚持正常上班，正忙于他的《马克思恩格斯传略》和《列宁传略》的编撰工作。那天下午五点多钟，我按积玉的提示，终于找到了张仲老在中央编译局的办公室。那是二楼上一间面积不大的房子，内部设施比较简单，除了木地板和几面靠墙的大书柜装着种类书籍略显气派外，剩下的就是一张不起眼的写字台和一对褪了色的旧沙发。由于事先有人作了通报，所以我进门时张仲老已起身迎接了。等我简要说明来意并递上捎来的东西后，老人连声道谢。我刚坐下，他立即亲自为我沏茶。寒暄中我见他身体依然比较清瘦，但气质和精神却很好。环顾左右我发现写字台上摊放着一摞又一摞写过和未写过的稿纸，显然是张仲老正忙于写作。我不忍心过多消磨他的宝贵时间，只好依依不舍地告辞了。此后直至他离开人世，就再也未见过这位德高望重的翻译家与理论家的面，所幸还有两次书信以及为我审稿的交往。

一次是1980年秋天。那时我围绕斯大林问题先后写过几篇文章，最长的一篇名为《斯大林问题管见》，全文万余字。其中既有我对斯大林功过的全面评价，也有我对理论界对斯大林评价的一些评价。许多问题自知不好把握，很想请一位权威为我审稿把关。当得知张仲老此时也在撰写《斯大林传略》时，便毅然将我的“管见”初稿寄去一份，并附短信恳请他老人家斧正赐教。稿子寄去后未出一月，这位年近八旬的耄耋老人，不仅认真审阅了稿子，而且亲笔为我复信，说“文章写得很好”，“建议投送新创刊的《人物》杂志选用”。“写得很好”不过是一种鼓励，但一位鼎鼎有名的理论权威和学术大家，能在百忙中认真审读一个无名后辈的文稿并且给予热情鼓励，不正体现了张仲老关爱后学、奖掖后进的大家风度吗？

还有一次书信来往大约在1981年。那时我主持陕西师大学报的日常编辑工作。为了进一步提高学报质量，我们决定扩大稿源，积极向国内知名的专家学者约稿。张仲老是我们以学报编委会名义首批发出约稿信的著名专家学者之一，希望他能为我们多多赐稿。事后赐稿未能如愿，但很快收到了他的复信。大意是说，由于手头事多，加上年事和身体原因，他对我们的盛情邀约实在力不从心。在对我们对他的信赖和尊重表示感谢的同时，希望对他予以谅解。这封复信，又一次体现出张仲老朴实诚恳、严谨自重、一丝不苟的工作态度和工作作风，以及他终身践行的从不显露自己、虚怀若谷、不摆学者和“高干”架子的优秀品质。

张仲老离开我们虽已多年了，但我确信张仲老为人做事的优秀品质，将作为一笔宝贵的精神财富，永远激励、鞭策我们不断前进。

他实现了生命的价值

——回忆马列主义经典著作翻译家姜椿芳

姜椿芳同志毕生从事党的理论宣传和文化事业，做出了重要贡献。新中国成立初期，他领导创办上海俄文专科学校，为培养新中国急需的外语人才倾注了心血。1953 年担任中央编译局副局长后，他为编译局的创建和发展，为完成党中央决定的《马克思恩格斯全集》《列宁全集》《斯大林全集》三大翻译工程以及《毛泽东选集》和中央重要文献外文版翻译出版工作，呕心沥血、日夜操劳，发挥了重要领导作用。改革开放后，他积极投身于中国现代百科全书事业，做出了奠基性贡献。1987 年 12 月 17 日，姜椿芳同志在北京病逝，享年 75 岁。师哲、顾锦屏、殷叙彝、姜其煌、于沪生、陈慧生等许多与他一起为马列主义经典著作和中央文献编译事业共同奋斗的战友纷纷撰写文章怀念他，追忆他为党和人民的事业鞠躬尽瘁、死而后已的光辉业绩和精神风范。

为人民鞠躬尽瘁

师哲

1952年2月间，我在上海中苏友协通过舒同同志的介绍，认识了姜椿芳同志。那时他将近40岁，身材魁梧、精力充沛，并了解到他有丰富的社会经历。1953年中央为了集中力量翻译马克思列宁主义经典著作，决定把中央俄文编译局（成立于1949年初）作为基础成立中央马恩列斯著作编译局（简称编译局），将中宣部斯大林全集翻译室（1952年姜椿芳同志由上海调任该室主任）合并在一起。因此我与姜椿芳同志第二次相遇，并开始在一起工作。那时我是局长，他是副局长，同时还调来张仲实和陈昌浩同志担任副局长，共同协助我工作。

党中央非常重视编译局的工作。编译局除翻译马列主义理论著作外，还负责一些理论研究工作，编译局虽然已经改变了业务性质、任务和职能，但仍承担为中央领导同志做口译的重任。在那个时期，这项工作必须由编译局领

本文原载《文化灵苗播种人——姜椿芳》，中国文史出版社1990年版。师哲（1900—1998），马列主义经典著作翻译家。著名苏联问题专家。新中国成立后，任中央办公厅政策研究室主任、中央俄文编译局局长兼北京俄文专修学校校长、中央编译局首任局长（1953.1—1957.1），并长期兼任毛泽东、周恩来、刘少奇、朱德同志的俄文翻译。

1955 年，姜椿芳主持“列宁生平事业展览”开幕式

导亲自担任。就是说，编译局的几位局长不仅要担负马列经典著作翻译的领导工作，而且经常要为中央领导同志做翻译，有时要陪同他们出国，作出国访问的翻译，出国的时间往往又较长。在这种情况下，为妥善安排工作，局领导作了分工，指定我和姜椿芳同志负责局外和出国活动方面的任务。中央机关，特别是中宣部曾召开过多次大型的外国专家座谈会，大多由姜椿芳同志担任翻译。安排专家外出活动、参观、郊游等也大多由姜椿芳同志负责和主持。又如中苏友好月和欢送罗申大使时，姜椿芳同志曾为毛泽东、刘少奇同志当翻译，为吉洪诺夫的报告当翻译。1952 年 12 月以宋庆龄和郭沫若同志为团长的中国和平代表团出席维也纳世界和平大会，姜椿芳跟着宋庆龄同志为她作翻

译。后来又接着出国五次，参加国际性会议。用俄文作学术报告等。由于姜椿芳同志的知识面广，过去从事过几年新闻、社会科学、文学艺术的翻译工作，对这些领域的词汇比较熟悉。解放前为了工作需要他曾在英亚社、上海影片公司和时代出版社工作，平时都接触到苏联人，有较多的通话机会，解放初期在上海接待了苏联第一个科学文化艺术代表团，给法捷耶夫、西蒙诺夫、格拉西莫夫等人当翻译，因此姜椿芳同志在俄文口译方面有很好的基础，在上述这些活动中都能胜任，据了解他博得各方面的赞誉和好评。

姜椿芳同志善于交际，善于处人处事，群众关系较好。我也常有陪中央首长出国访问的任务，有时一出去几个月甚至半年，因此编译局的日常领导工作都交给姜椿芳同志办。中央宣传部召开的会议，我派他去参加，历次政治运动由他具体负责抓，培养干部、职工晋升等工作也由他管，总之一切杂事都由他负责。除此之外，他还管一些校审的工作，交给他任何工作，他总是不声不响认真地完成，从不挑拣。交给他工作我很放心和满意。在几个局长中，姜椿芳同志的工作担子最重，当时同志们给他起了个外号，称他为“骆驼”。

特别应该指出的是：50 年代全局职工的翻译业务能力既不够整齐，又不够熟练，经验既不多而工作条件又差，那个时期只能说在摸索中前进。而社会各方面又不断要求加快经典著作的翻译和出版，加速经典著作问世，以飨读者。

但当时政治运动不断，做检查、作批判、检讨、自我批评等等活动很多。面对这些错综复杂的情况，要保质保量加速经典著作翻译出版，必须提高编译职工的翻译水平。而翻译水平包括外文、中文、马列理论等几方面的水平。通过工作实践来提高大家的翻译业务水平是一个方面，但还需要请各方面有经验的专家来授课，姜椿芳同志交际广，认识的人多，他想方设法请专家来为大家讲课，他十分关心编译局干部队伍的成长。

马列主义大部头著作的翻译绝非个别人或极少数人关起门来单独地、孤立地完成的，姜椿芳同志不为名利把自己全部精力用于马列著作的集体编译事业中。他在工作中善于钻研、有创造精神，这是难能可贵的，值得称赞表扬，更值得大家向他学习！

姜椿芳与编译局

顾锦屏

我与姜老相处30多年，在解放初期我是姜老的学生，他是我的校长。后来我在中央编译局工作，他是我的领导。在姜老一生中，最使我感动和敬佩的是他那种对党的事业忠心耿耿、无私奉献的精神，披荆斩棘、永不停息的开拓精神。

解放初期，新中国急需大批俄语人才，姜老就是新中国俄语教育事业的开拓者之一。1949年上海刚解放，姜老根据华东局指示，在短短半年时间里，白手起家，创办了上海俄文学校，后改名上海俄语专修学校，即现在上海外国语大学的前身。当时的上海俄专是所革命学校，为华东革命大学第四部。我们在学校学政治，学俄语。姜校长请华东局和华东革大的领导为我们做政治报告，讲社会发展史，帮助我们这些青年学子确立正确的世界观和人生观。姜校长聘请了在上海的一批苏侨担任俄语教员，帮助我们学俄语，掌握为人民服务的本领。姜校长除学校工作外，还担任其他一些重要工作。他为了帮助我们尽快成长，在

本文原载《姜椿芳纪念文集》，中国大百科全书出版社2008年版。顾锦屏，时任中央编译局副局长。

百忙之中挤出时间为我们上课。我们最初读的俄语课本就是他编写的。我在速成班学习时，他还亲自为我们上翻译课，给我们讲解翻译原则和翻译要领。他为学校的建设，为学生的成长倾注了大量心血。他在我们同学中享有崇高的威望。当时的上海俄专、北京俄专和哈尔滨外专成为新中国培养俄语人才的三大基地。1952年初，姜老奉调中宣部担任斯大林全集翻译室主任。1953年初中央决定将中共中央俄文编译局与中宣部斯大林全集翻译室合并成立中共中央马克思恩格斯列宁斯大林著作编译局。中央任命师哲为局长，陈昌浩、姜椿芳为副局长。我原在俄文编译局工作，从这时起，我又在老校长的领导下工作。姜老为编译局的发展壮大付出的辛勤劳动，他对马克思主义传播做出的巨大贡献，至今仍历历在目。

中央要求编译局尽快将《马克思恩格斯全集》《列宁全集》《斯大林全集》翻译出版，以满足广大干部学习和研究马克思列宁主义的需要。翻译三大全集，是一个宏伟的工程，也是一个极为艰巨而又十分光荣的任务。为了完成党中央的重托，姜老全身心地投入了马列著作的编译事业。他为组织翻译力量、聘请外国专家、培养干部队伍、制定工作计划、审定全集译文、总结翻译经验、建立马克思主义文献资料库付出了大量心血。局内事无巨细，他事必躬亲。他为三大全集的翻译出版日夜操劳，呕心沥血，竭尽全力。正像当时师哲局长所称誉的，他像是“沙漠中负重的骆驼”。在20世纪50年代，《列宁全集》39卷、《斯大林全集》13卷全部译成中文出版，《马克思恩格斯全集》翻译出版了10多卷。这些马列著作的面世，解决了当时学习研究马列主义的急需。这里凝结了姜老的心血。姜老不仅参与了这项工作的组织领导，而且直接承担了译文的审定工作。记得1958年，全国各行各业在“大跃进”。当时中央提出要加快《列宁全集》的翻译出版。局领导研究决定，实行全局一盘棋，集中全局编译力量，加快《列宁全集》的翻译，争取在国庆十周年完成《列宁全集》的翻译任务，向国庆十周年献礼。全局同志深受鼓舞，日夜奋战。姜老当时已年近半百，同我们年轻人一样，经常挑灯夜战。我当时负责定稿的一卷《列宁全集》就是由姜老审定的。此外他还审阅其他卷的译文。榜样的力量是无穷的。他的言传身教给全局同志以莫大的鞭策和激励。

编译局在局领导的精心组织下，不仅出了书，还出了人。经过三大全集的翻译实践，编译局成长起一支政治方向正、理论功底比较深、业务水平比较高的马列著作编译队伍。姜老对这支队伍的成长也费尽心思。为了提高干部的理论水平，他组织局内外苏联专家讲解马列著作；为帮助干部掌握第二外语，他积极支持开办德语班，还帮助物色德语教员；为了扩大翻译干部的知识面，专家名流做有关文学、历史、科技、古汉语等等的报告。当年编译局的学习气氛很浓，这同姜老的倡导是分不开的。我们这些年轻人就是在这样环境中成长起来的。姜老对青年的关怀和培养给大家留下了终生难忘的美好回忆，也赢得大家对他的深深怀念和崇敬。

编译局的编译工作和研究工作离不开各种马列文献和社科资料。建局以来，经过几代人的努力，编译局已经建立起在国内独一无二的马克思主义文献库，收藏了马克思主义经典作家的各种原版的著作（全集、选集、各种单行本）、国际工人运动著名活动家的原著和他们的传记以及各种重要报刊，还收藏了马克思主义在中国传播的各种文献。丰富的藏书为编译局的编译工作和研究工作创造了良好条件。姜老对马克思主义文献资料库的建设付出了巨大辛劳。上个世纪50年代，中央编译局与苏联马克思列宁主义研究院建立了紧密的合作关系。姜老直接负责同苏联马克思列宁主义研究院的联系。经师哲、姜老的积极争取，苏联马

1977年姜椿芳（右二）率中央编译局图书馆工作人员赴哈尔滨寻书访书

克思列宁主义研究院给编译局赠送了大量原版的马列著作和国际工人运动著名活动家的原著，还赠送了各种重要报刊，如《火星报》《真理报》等等。这一大批珍贵文献为编译局马克思主义文献库奠定了基础。为了扩大文献收藏，姜老不辞辛劳，亲自带领图书馆领导去哈尔滨、大连等地，向有关部门交涉，搜集了大量珍贵图书。姜老对编译局文献资料库的建设做出了重大贡献。

姜老还是中央文献中译外队伍的主要组建者。1960年《毛泽东选集》第四卷出版后，中央要求尽快把它翻译成外文。这项工作由中联部主管，姜老具体负责。姜老为组建翻译班子竭尽全力。他亲自与有关部门商议，请来了一批翻译高手，先后组建了俄、英、法三个翻译组。姜老还亲自主持毛选第四卷俄译文的审定工作。这个临时组建的中译外翻译班子后来经中央批准，列入中央编译局的正式建制。这支队伍逐渐发展壮大，成为现在有英、法、俄、西、日五个语种的中央文献翻译部。这个部不仅承担了毛泽东、周恩来、刘少奇、朱德、邓小平、陈云、江泽民等中央领导同志的著作的翻译任务，还承担了党和国家重要会议文件的翻译工作。姜老作为这支中译外队伍的组建者，他的功绩也是不可磨灭的。

大德永存，斯文未绝

——怀念姜椿芳同志

殷叙彝

1954年8月，我从北京大学历史系毕业，被分配到编译局工作。到局后就常常听先来的同志说，在几位局长中，姜椿芳副局长是最平易近人、又乐于助人的。与我长期在编译局研究室共事的张允侯也对我说，他在1953年至1954年间参加姜椿芳同志主持的筹备《马恩著作在中国的传播》展览的工作，经常与他接触，感到他没有所谓领导的架子，可以毫无顾虑地在他面前发表意见。他对人也很关心，例如每次他们出去采购展览器材时，他都先想到让行政科派车，如此等等。不久后我就到新成立的研究室工作，也有了和他们相同的体会。

研究室在1955年初成立，由张仲实副局长兼任主任。后曾一度解散，不久又恢复，改由原干部科长丁守和担任主任，起初仍由仲实同志主管，后来长期由椿芳同志主管，直到1960年底撤销为止。我一直在研究室工作，同时有很多机会与椿芳同志接触，对他的为人和工作作风有了深刻

本文为2012年纪念姜椿芳同志诞辰100周年所作。殷叙彝，曾任中央编译局国际共运史研究室副主任、国际共运史研究所副所长。

的印象，也曾得到他不少帮助。

当时编译局的主要任务是翻译马克思恩格斯、列宁、斯大林三大全集，但局领导考虑到长远的发展方向，决定抽出一小部分力量来开展研究工作。在这种条件下，必须确定一个或几个切实可行的研究课题，逐步进行，积累经验。经过一段时间的摸索，同时也结合1956年第一个五年计划期间的社会科学课题规划，我们确定以“马克思主义在中国的传播”为长期研究方向，并按这样的思路来分阶段进行：“十月革命送来马克思主义——五四运动——中国共产党的成立——马克思主义的进一步传播和中国的革命”。与此相应，研究室成立了中国革命史组，由我担任组长，张允侯和张伯昭任副组长。1957年正逢十月革命四十周年，局领导让研究室写一本书来阐述十月革命对中国的影响。这本书由我和张伯昭分头执笔，丁守和统稿，在1957年10月由人民出版社出版。

在这本书中，我所承担的一章是论述十月革命在当时中国引起的反响和由此开始的马克思主义传播。我收集和引用了那时报刊上的不少资料，初稿写成后自己挺满意，直接送给椿芳同志去看。他看了后对我说，内容很好，但这还只是一篇资料啊！这就是说，我的文章还未达到论文的水平。我听了起初有点感到扫兴，但再看了稿子并且仔细思考以后，认识到原来的分析和论述确实不够，于是作了修改，再看看就感到好多了。在这以前我虽然发表过几篇文章，但这是第一次写学术论文，在写作能力和技巧上需要跨越一个关口，椿芳同志的意见虽然看起来平淡无奇，但恰恰打中了我的要害，而他的态度又是十分温和亲切，因此我始终铭刻在心，每一想到自己在研究工作中的成长过程时就一定会想起来。

在这之前我已经发表过几篇从传播马克思主义的角度评论五四运动时期一些重要期刊的论文，反响还不错。《十月革命对中国革命的影响》出版后，我们增强了信心，决定把这列为室的课题，并且打算编辑成书交中华书局出版。但人民出版社从椿芳同志处听到这一情况，主动提出愿意出版，我们当然很乐意，于是，从1958年到1959年连续出版了三大册《五四时期期刊介绍》，内容包含三个方面：期刊介绍，期刊发刊词，总目录或目录分类索引。这一工作自始至终得到椿芳同志的关怀和帮助，例如我起草的《编辑例言》就是经他亲自修改的，我也从他那里学到了一些出版方面的知识。

研究室成立初期主要是摸索经验，成果不明显，与几个翻译室相比尤其如此。局内不免有些议论，甚至有主张研究室应当解散的。为此仲实同志和椿芳同志都是一方面替我们说话，一方面给我们打气。上述两部书出版后，椿芳同志更是不失时机地给我们鼓励，在一次全局大会上说："研究室站住脚了。"不仅如此，他还尽量设法让研究室的同志"走出去"，争取在学术界占有一席之地。

1959年是五四运动四十周年。中宣部决定编辑出版两本书：《李大钊选集》和《五四运动文选》。这一工作由中央政治研究室的黎澍同志负责。椿芳同志和黎澍同志商量，争取他把具体的编辑工作交给编译局，也就是交给研究室。通过完成这一任务，我们受到了很大的锻炼，提高了水平。

当时已集辑出版的李大钊著作只有一本抗战前就着手编辑，直到解放初期才由开明书店出版的《守常文集》。由于历史条件限制，这本文集篇幅小，有些重要文章未能收入，编辑工作也做得较差，早已不能满足需要。但是要编辑一本符合学术界要求并且能供一般阅读的李大钊选集，对于我们来说是相当艰巨的。这时又是椿芳同志给我们创造了条件。他在上海文化局工作时的老战友方行同志早就对收集李大钊同志的著作感兴趣，他手头有李大钊的侄儿李乐光收集的李大钊著作的剪贴和手抄本，材料相当完备。椿芳同志向方行要来了这个本子，这就使我们的编选工作有了扎实的基础。这本书的选材由我和张允侯协助丁守和拟定，交黎澍审阅确定。标点工作由张允侯组织全组同志完成，大家都通过这些工作不同程度的有所提高。《李大钊选集》按时出版，“文革”后还曾再版。《五四运动文选》的工作过程大致如此。不过当时是内部发行，“文革”后才公开出版。

椿芳同志还建议研究室派干部参加田家英负责的党史大事记编撰工作。第一批去的是我和于沪生，大事记的体例还未最后确定，当时采用的不是按年月日记事的方式，而是按问题和事件写成短文，编纂成书。我不是党员，只参加五四运动和建党时期的部分，曾起草关于五四运动的短文，并且参加了田家英、缪楚黄等党史专家的讨论。沪生则被借调到政研室，与中国人民大学调来的林茂生等同志一起从事关于解放战争时期部分的准备工作。我们二人都学到了不少东西。于沪生直到研究室解散后才调回，以后编译局也没有再派人去参加这一工作。

研究室当时还做了不少对参加过五四运动、建党和留法勤工俭学运动的人物的访问工作。访问对象包括早期共产党员和一大代表（陈望道、李达、刘仁静等）、民主党派领导人和无党派人士（许德珩、施复亮、易礼容等）、知名学者和文化人（杨仲健、俞平伯等）、党和军政机关领导人（杨之华、何长工、傅钟等）、党史研究工作者（李锐等）。有不少人都是经过仲实同志，特别是椿芳同志直接介绍去访问的。关于五四运动和建党，多半是丁守和与我去访问，留法勤工俭学运动则主要是我和允侯去。我们二人都不是党员，但椿芳同志对此不以为意，只要工作需要他就乐于介绍。有时我们甚至可以直接去找他提出要求。椿芳同志的这种作风使我们心情舒畅，工作效率也提高了。

总之，在椿芳同志的领导和带动下，研究室在1956—1959年的三四年内取得不少成就，在学术界也有了一定的地位。但好景不长，在“反右倾”运动中丁守和受到批判，然后下放，研究室的工作当然受到影响。新调来的主任对编译局的大环境、研究室的工作和干部情况需要一个了解的过程，而就在这时，中宣部在编译局开展“反官僚主义”运动，重点批判对象是当时实际上担任第一把手的椿芳同志。除了编译局工作中的问题外，他在《人民日报》发表的杂文和他主管的研究室的工作也成了批判的目标。在这种形势下，我和允侯都感受到很大的压力，却仍不得不随着大家写大字报批判椿芳同志，心情是十分痛苦的。运动结束后，中宣部改组编译局领导班子，任命中宣部理论处处长许立群兼任编译局局长，副处长王惠德兼任常务副局长，研究室也被撤销，新成立一个国际共运史资料室（简称“国际室”）。原研究室不适合做外文工作的干部被调出，中国革命史组只留下四个人：我、张允侯、刘舒、于沪生，后来刘、张二位自己要求调走，最后只有我和于沪生到国际室开始新的工作。从那以后我和椿芳同志的接触也很少了。

“文化大革命”后，椿芳同志回到编译局。虽然受尽折磨，却仍旧那么乐观潇洒，温和善良。这时他已在为狱中设想的中国的百科全书计划奋斗，不久就改任中国大百科全书出版社社长，起初仍在编译局办公。但即使在大百科出版社搬出编译局以后，他在编译局许多同志的心中仍旧是“我们的姜局长”，对我们仍旧那么亲切关心。不少同志都曾为工作或其他方面的困难找他，而他只要有可能都会帮助解决。我就曾为了梁从诫的工作找过他。梁从诫是梁思成先生的儿子，在清华和北大历史系与我是同学，“文革”前在外交部国际问题研究所工作。“文革”后期他从干校回所后一直未能恢复工作，在设法调动工作遇到阻挠，为此我很感不平，就向椿芳同志推荐他，椿芳同志详细地问了他的情况，又去向当时担任大百科全书编委会委员，对从诫很熟悉的周培源先生了解，很快做出决定，把他调来负责《百科知识》的编辑工作。从诫在这个岗位上工作得很出色，还曾陪椿芳同志出国访问，后来又参加总编室工作。从诫后来辞去公职，全力以赴投身环保工作并且做出卓越贡献，我认为他在大百科出版社工作时受到的锻炼和打开的眼界对他下决心选择这条道路是起了很大作用的。

椿芳同志晚年在工作中遭到挫折和打击，心情很坏，

1984 年 11 月 11 日，姜椿芳在中央编译局办公大楼前

退休后健康状况急剧恶化，双目失明，还患有重病。编译局的同志都很关心他，他那时还住在编译局宿舍，因此局领导安排一些与他熟悉的同志分批去探望他，但考虑到具体情况，规定不能惊动他，只能在时机合适时和他谈话。我和杨威理是一批。看望时正好家里人在服侍他吃稀饭和点心。他坐在书桌前，显得很不耐烦，讲话的口气与平时大不一样，说明他的心情很不好。我和老杨坐在旁边默默看着，一个小时里也没找到恰当的机会与他说话，只好怀着沉重的心情离开。不久椿芳同志病重住院，编译局领导也组织一些同志轮流值班去照料他，但我的班还没轮到，他就匆匆离开我们了。

编译局成立了由顾锦屏和柳步挺负责的治丧小组，通知大家可以用挽联等形式表示心意。于是我写了一副挽联。上联称颂他谦恭平和、乐于助人，受到普遍尊敬的道德品质，下联表示他毕生从事的事业特别是大百科全书的工作在他去世后仍将继续发扬光大。顾、柳二位看了后认为可以用作编译局全体同志的挽联，请徐鸣珂写好悬挂在追悼会礼堂的进门处。著名舞蹈家、全国政协委员资华筠看到后认为很好，特地在她写的悼念文章中引用。现在我也用这幅挽联来结束我的这篇论文：

大德永存。温良恭俭让，众心仰止。

斯文未绝。中外古今后，百川争流。

编译局的好当家

于沪生　陈慧生

在庆祝中国共产党成立90周年前夕，即2011年6月26日—28日，《光明日报》在头版头条以“一群人　一辈子　一件事”“把马克思主义火炬传下去”“中国的普罗米修斯”……为标题，连续三天报导了奋战在马克思主义中国化第一线的中共中央编译局优秀翻译家群体的事迹，高度评价了编译局的工作。谈到编译局的工作成绩，就不能不提到已逝去的一批革命老前辈、国内著名的翻译家，是他们手把手带出了一支好的干部队伍。姜椿芳局长就是这支团队的一位重要领路人。

为了集中力量翻译经典著作，1953年中共中央马恩列斯著作编译局正式成立。师哲任局长，陈昌浩和姜椿芳任副局长，1955年又调来张仲实任副局长。建局初期，师、姜二位局长根据中央指示精神，对局的大政方针、发展方向进行了周密的研究。当时首先要做的两件大事是：一、编译局的机构设置；二、翻译干部队伍的培养。姜局长是

本文为2012年纪念姜椿芳同志诞辰100周年所作。于沪生，马列主义经典著作翻译家。副研究员。曾任中央编译局世界所处长。2002年荣获资深翻译家荣誉称号。陈慧生，马列主义经典著作翻译家。译审。2002年荣获资深翻译家称号。享受国务院政府特殊津贴。

这两项工作的率先力行者。他受师局长的嘱托，利用出国访问的机会，开始了他的“取经之旅”。1955年冬，姜局长利用赴苏联参加纪念1905年俄国第一次革命50周年活动的机会，专门在莫斯科多逗留了一个月，参观访问苏共马列主义研究院，包括它的档案馆、图书馆。他和该院所设的马恩室、列宁室、斯大林室、党史室的主任进行交谈，详细询问工作流程，了解他们的工作方法，有什么经验教训等。接着又访问马列研究院的列宁格勒分院，陪同姜局长参观的是该院的一位女副院长，当姜局长了解到分院档案馆所存资料比莫斯科中央档案馆更为丰富时，就问得更仔细，记录得也更详细，这让陪同的女院长很受感动，并表示很少有外国人到他们这里如此认真细致地调查研究。1959年3月，他利用出席匈牙利1919年苏维埃革命40周年学术报告会的机会，向匈牙利党史研究所所长提出，中方愿意用中国出版的书交换他们藏书中多余的社会科学方面的书籍，尤其是局里非常需要的第一、第二国际时期的有关著作。对方同意他的要求，很快寄来一批我们所缺少的书籍。在1957年到1959年三年间，他出席在捷克、东德和罗马尼亚举行的第三、第四、第五次国际党史会议，和这三个国家的对口单位建立了良好关系。编译局后来陆续收到它们赠送的社会科学方面的书籍。这些不同语种的珍贵资料对三大全集的翻译和理论研究工作起了重要作用。一是有从苏联等兄弟国家借鉴来的经验，二是有局领导亲自挂帅的《斯大林全集》第1卷译校试验田所取得的宝贵成果，二者结合起来，就打下具有编译局特色的翻译和定稿工作的基础。姜局长在打基础的工作中做了重要贡献。

局领导一致认为，培养一支能胜任经典著作的翻译队伍，既要提高干部的外语和理论水平，也要拓宽他们的知识面。姜局长为贯彻这一精神倾注了心血，他和陈局长一起或聘请局外人士或利用局内外籍专家开办俄、德、英、法等多语种学习班提高干部的外语水平。姜局长还利用自己社交面宽、友人众多的优势，邀请国内各领域的知名专家、学者来局作报告，记得艾思奇、贺麟、罗常培、倪海曙、赵宗尧、侯任之、丁玲、冯雪峰、刘白羽等都到局里来作过专题报告。这些内容丰富多彩的演讲大大打开了我们的视野，提高了大家求知的欲望，在党号召向科学进军声中，人人都订有自己的学习规划。在浓浓的学习气氛中，大家专心于工作，很少有个人杂念，同志关系异常融洽。现在回想起来，那真是编译局的一段美好时光。

姜局长是几个副局长中担子最重的一位。他除了要抓局的全面工作，还分管斯大林室、毛著室、研究室的业务工作，特别是1957年夏，师局长调离编译局，陈局长生病去青岛疗养，张局长调往布拉格工作。编译局的工作完全压在姜局长一人身上达三年之久，他成了全天候的当家人，遇到的困难和麻烦是很多的。另外，编译局除了自己的日常工作，还要担负临时交下来的紧急任务。所谓紧急任务都是火烧眉毛的大事情。只要中央的号令一下达，立即全局总动员，全力以赴。仅以“八大”翻译工作为例，中国共产党第八次代表大会是我党取得政权后召开的首次代表大会，出席大会的各国代表团多达61个。为了能顺畅交流，翻译处设了10个语种的翻译部。我们的任务是：首先把大会的文件和报告从中文译成10种不同的外语。大会开幕后，口译人员要在会场设置的同声传译箱内把译好的10种不同的外语稿子传译出去，以便各国代表团成员能及时听到自己国家的母语，知道台上中国人发言的内容。对我们来说这是全新的工作，无以往经验可循。姜局长任翻译处副处长兼俄文部主任，既要做繁杂的行政工作，又要审定全部俄文译稿，工作量之大，劳动强度之高是少见的。但是，不分局内局外，对工作上所遇到的困难，所遭受的压力，姜局长总是不声不响，像一头不知疲倦的“骆驼”，默默地去干，想方设法完成任务。对他的这种奉献精神，大家看在眼里，记在心上，慢慢潜移默化在自己身上。

姜局长作风朴实，不摆架子，没有官气。他身上拥有的优秀品德教育和感染了许多人。姜局长乐于助人在编译局是出了名的，他严于律己的精神也为大家树立了榜样。上个世纪50年代，编译局设有“福利委员会”，它是由各室推出的群众代表组成的，任务是定期举行会议，讨论和确定生活困难需要补助的人员名单。当时考虑过姜局长上有老母，下有多位子女，家庭人口众多，而国家实行的又是低工资制，姜家经济上有一定的困难，于是决定根据条例规定给予补助。姜局长得知消息后，表示坚决不要补助，最后只好尊重他的意见而作罢。可是对于一般干部的困难，

1952 年夏，搬进北京西四大红罗厂 7 号院后姜椿芳全家合影

他牢记在心，想方设法帮助解决。例如，当他知道一位同志的父亲患喉癌、母亲患心脏病痛苦不堪时，就忙着找中药偏方和请按摩高手帮助治疗以缓解病痛。

姜局长关心和体谅他人。他办事的心细和周到，让人感动。我们两人大学毕业后，由教育部先后统一分配到刚刚成立不久的编译局，1956 年在编译局结了婚。当时，新中国的各项建设事业还处在起步阶段，大家的生活很清苦。一般结婚时，相互熟悉的同志凑个份子共同买件礼物表表心意。仪式也很简单，一把糖果，一杯清茶，几句衷心祝福的话。没有想到我们在各自的婚礼（同年不同月）上受到姜局长的祝福：陈慧生收到一个闹钟，于沪生收到一块泡泡纱桌布。这让我们倍感温暖。五十多年过去了，我们至今难以忘怀。

姜局长对编译局的干部怀有深厚感情，是大家愿意接近、能够交心的一位局长。1956年底，八大翻译处的工作正式结束。陈慧生（任姜椿芳秘书）和张秀珊（任陈昌浩秘书）找到姜局长，请求不再担任局长秘书，调回斯大林室和列宁室工作。姜局长表示非常理解两人的心情，并带歉意地说："这些年耽误你们了"。不久，陈慧生和张秀珊回到合并后的列斯室。1975年，姜局长的冤案得到平反。4月，他从秦城监狱回到编译局复职。本来应该由陈慧生去探望自己的老上级姜老，没想到姜局长赶先去了陈慧生办公室看望自己的老部下。在交谈的过程中，他只字未提自己所受到的不公正待遇，只关心询问编译局的情况，并动情地说："我在狱中经常想念局内和我熟悉的同志们"，问大家都还好吗？对过去批判过自己的同志没有流露出丝毫的怨气。

姜局长把生命的最后十年完全奉献给中国大百科事业。在百科全书占据他全部精力和时间的情况下，他还干了一件与编译局密切相关的大事；在他奔走呼号和直接推动下，中国翻译工作者协会（即中国翻译协会）于1982年6月28日正式成立，姜局长当选为会长。早年，师局长和陈局长都设想过成立全国性的翻译机构，可以说这是编译局领导的共同愿望，而姜局长在自己的晚年把这一愿望变成了现实。遗憾的是，作为译协首任会长的姜局长还来不及将“资深翻译家”荣誉称号授予他亲手培养出来、仍战斗在编译局的大批翻译工作者就离开了我们，这真让人痛惜。

时光飞逝，姜局长离开我们已经25年了，他为我国的翻译事业奉献了一生。他的崇高品德、他的开拓精神、他的献身热情、他的任劳任怨品格，永远是我们学习的榜样。

姜局长，我们想念您！

怀念姜老

姜其煌

我第一次知道姜椿芳这个名字，是在1949年的秋天，当时我正在复旦大学。这是上海俄文学校的一则招生广告，最后署名是：校长姜椿芳。1949年年底，又有一则上海俄文学校揭晓通告，最后署名也是：校长姜椿芳。自此，姜椿芳的名字已深深地印在我的脑际。

我第一次亲眼见到姜老，是在1950年1月。那时他还是一位38岁的年轻人，可已经担任上海俄文学校的校长。这一天是俄文学校的开学典礼，地点是在上海宝山路前暨南大学的礼堂里。当时我们都已脱了西装、茄克等“资产阶级”的衣衫而穿上蓝制服，但我们的姜校长却仍然西装革履登上讲台，这给我留下深刻的印象。姜校长讲话以后，是俄文学校的一位俄语顾问苏联侨民柯索夫斯基发表演说。对于我们这些从小就学英语的人来说，俄语是非常陌生的，可以说是一字不懂。但姜校长的翻译却十分精彩，他从容不迫，很好地掌握着节奏，而且出口成章，用词遣句流畅

本文原载《怀念集》，奥林匹克出版社1997年版。姜其煌，马列主义经典著作翻译家，译审，先后在中央编译局、中国社会科学院工作。2002年荣获资深翻译家称号。

自然，听来非常舒服。当时我暗暗惊叹不已。

韶光飞逝，1952 年 1 月我们毕业了。我被分配到北京工作。我们住进西单文昌胡同的一个招待所，而当时到招待所来对我们进行面试和考核口语的，正是我们的姜校长。我们有 10 个人被他选中，调入中共中央宣传部斯大林全集翻译室。姜老刚调任该室主任。当时全室只有二三十名翻译干部，划分为四五个小组着手翻译。所以《斯大林全集》的翻译工作实际上开创于编译局成立之前，而领导这一开创工作的正是姜老。

1952 年 10 月，因为要隆重庆祝《中苏友好同盟互助条约》签订两周年，苏联派了苏联艺术家代表团和苏军歌舞团两个高级代表团到中国。有关部门向各个翻译单位征借口译人员。姜老派我去担任口译工作。大概是 11 月份的某一天，刘少奇、宋庆龄在老北京饭店礼堂出面主持了一个盛大国宴，招待这两个代表团。我作为口译人员陪同苏联客人出席了这个宴会。这次盛大国宴上的第一翻译就是姜老，第二翻译是徐坚。当时给我印象最深的是苏联艺术家代表团团长、著名诗人吉洪诺夫的即兴讲话。他使用很多文学语言并引用不少诗句，这些我很多没有完全听懂，即使听懂了也觉得难于翻译。但姜老面对如此众多的国家领导人和几百桌的中外宾客，却镇静沉着，侃侃而谈，把吉洪诺夫即兴引用的诗句，立即译成流畅汉语，准确地传达给在场听众。没有俄语、中文、文学方面的很高造诣和丰富的口译经验，很难达到这样高的口译水平。

1953年1月，中共中央马恩列斯著作编译局正式成立，师哲任局长，陈昌浩、张仲实（1955年来局）、姜椿芳任副局长。按我个人的看法，在1953年至1957年的5年中，是编译局发展开拓、专心翻译、培养人才、人们之间关系融洽、人人发奋向上、学术空气浓厚的黄金时代。其间也有过反胡风运动的不愉快经历，但时间较短，并未影响大局。这时马恩列斯三大全集均已上马，因为斯大林的时代离我们最近，所以局里决定先翻译出版《斯大林全集》。为了保证翻译质量，决定先集中精力翻译好《斯大林全集》第1卷，以便把它作为翻译质量的样板，以后三大全集各卷均可照此办理。编译局的翻译标准是“意思确切，译文通顺”。但在具体作法上，当时有它的特点。除了完全掌握原文意思、理论思想和历史背景外，还特别重视中文的表达，要求不仅要通顺，而且要有文采。为此，当时成立了一个专门从中文角度对译文进行推敲和润色的部门，调进了几名大学中文系的教授和中文系毕业的学生来做这一工作。此外，还将已定稿的译文，分送给国内知名中文专家叶圣陶、吕叔湘、朱光潜等人，请他们从中文角度提出意见。这样精益求精的结果，使《斯大林全集》第1卷译文达到了空前的高标准，其中某些篇章，在很长一个时期内，被编入中学语文课本，便是一个很好的证明。

前面说过，1953至1957年是编译局朝气蓬勃的时代，其表现是多方面的，尤其是在培养人才方面。为了扩大年青人的知识面，了解社会实况，姜老请了很多海内知名的科学家、工程技术人员、文学家到局里来演讲，如赵忠尧、侯仁之、丁玲、冯雪峰、艾青等都来局里演讲过。为了提高年青人的外语水平，姜老同陈昌浩一起，从外面聘请了一些很好的教师，在局里开办德语、英语、俄语等学习班。

1953年到1955年，负责各翻译室质疑工作的是郭朗秋、李必新、安东诺夫、萨巴诺夫等苏联专家。1955年以后，则有潘克拉托娃、克鲁奇柯娃、图尔钦斯和康捷尔等苏联专家。他们大多性格开朗，待人和蔼，精通业务。这些苏联专家和他们赠送的宝贵资料，对翻译好三大全集起了重要作用。而主持苏联专家工作的，又正是姜老。他善于交际，非常关心别人，事无巨细考虑都很周密。我曾随姜老以及其他几位局长多次参加招待专家的宴会和舞会，或至专家宾馆登门拜访。无论在餐馆的宴会上，在国际俱乐部的舞会上，或者在专家们所住的宾馆里，姜老总是谈笑风生，应付自如，使宾主间的气氛十分融洽。所以这些苏联专家，都是高兴而来，满意而去，没有听到他们发过什么牢骚。

1952年至1956年，我一直住在大红罗厂的集体宿舍。姜老一家也住在大红罗厂，业余有暇，我常到他家串门。当时姜老常去琉璃厂买几张字画回来，我偶尔也与他一起欣赏。他家老三当时在砖塔胡同一位德国先生那里学习钢琴。因为，我喜欢音乐，姜老有时叫我和他一起陪老三前往。

1957年的风暴过去，我便当了“极右分子”，被遣送山东泰安劳动改造。1958年4月我办完一切杂事，准备束装上道。当时因为内子5月就要生产，情绪十分沮丧。走前几日，向姜老辞行。姜老唏嘘良久，乃曰：事已至此，夫复何言！就好好去山东劳动吧，但必须记住，你还年轻，来日方长，对前途是根本用不着悲观的，一切都在变化。这样我就到山东去了。1961年10月，我被“摘掉右派分子帽子”，地位有所上升，当了“摘帽右派”，可以分配工作。我和胡尧之、易克信等同志趁回京探亲方便，拜访了张仲实和姜椿芳同志，顺便也想请他们帮助我们调回北京。在那个对“摘帽右派”敬鬼神而远之的年代，两位老首长不但不对我们板起面孔大谈“原则”，而且还热诚欢迎，多方慰藉，这使我们深受感动。我们将回京之意具以实告，张老当即将我们推荐给商务印书馆；姜老则把我们推荐给中国人民广播电台。这两个单位很快接待了我们，并对我们进行了考核。不久，胡尧之立即收到姜老来函，通知他，中央人民广播电台准备调他入京。由于种种原因后来我们虽然都未去这两个单位工作，但对张老和姜老的帮助，无时或忘。

1962年初，我被分配到泰安一中教书。教课不到一个月，却突然接到姜老的来信，大意说经局务会议研究，调你与胡尧之两人回局工作，调令已经发出，不日即可到达泰安，希早作准备，收信后不禁愕然，因为事先一无所知。

当我1962年回到北京时，原来的列宁室已改名为列斯室，我就到列斯室工作了。记得当时我参加了《国家与革命》《马恩全集》第19卷等的审定工作。陈昌浩似乎在负责审定《国家与革命》，我们还去过他的住所，听取他的意见。他很认真地从头到尾审定了一遍，提了不少宝贵意见，我们对每一个原译文错误的修正，他都表示庆贺。姜老当时在主持新成立的毛著室工作。他正在发挥他的特长，四处网罗英、俄、法、西等各种的高级人才，为中译外服务。同时他很有远见，派出一批年轻人去深造或另学一种外语，对他们进行长期培养，以补充国内中译外人才之不足。当时的这些年轻人，有不少现在已成了业务骨干。可见姜老当时的举措是正确的。

1962 年回来以后我才知道，姜老在 1959 年以后受到严厉批判，说他犯了“严重错误”。现在不过是以戴罪之身，戴罪立功而已。但令我吃惊的是，在我同他的交谈中竟丝毫没有察觉，他也从未向我透露过这个消息。1963 年夏天以后，“以阶级斗争为纲”已经出台，人们立即意识到一场暴风雨即将来临。就在这样一些惶惶不安的日子里，我觉得编译局还是办了两件大事。一是把苏联赠送的海内孤本全套《真理报》在上海复印了 100 份，一是建造了图书馆和办公两用的大楼。复印《真理报》的经过，我一无所知，不知谁起了主要作用，但以姜老平日对图书馆的关心和对文化事业的热忱，相信他在这项事业中定是有一份功劳的。建造图书馆和办公大楼的事，则人人知道是姜老主持的。大楼在崔士敏、毕世良和许多行政干部的努力下，于 1964 年竣工并正式启用，其中经过了很多艰苦历程。建造这个大楼的总体构想，可能源于姜老，特别是关于图书馆的部分。这个图书馆虽然建于近30年前的1964年，即使以今天的目光看来也不能算十分落后。在欧洲和美国，我参观了一些图书馆，它们大多以电脑检索，这一点编译局的图书馆已经落后。电梯也稍嫌破旧而无法利用。但图书馆藏书的钢架结构，则到处大同小异，与编译局图书馆并无二致。而且图书馆地基扎实，打下了几十根钢筋水泥柱子，馆顶并留有很多钢筋柱子，随时可加添层次，以扩大藏书面积，这是很有远见的。图书馆无论在采购、编目、群工还是在资料收藏和旧书整理方面，工作都比较出色和正规。藏书比较丰富而有系统。一楼的参考书，特别是外文参考书，相当完备。在国内中型图书馆中，编译局图书馆应该是名列前茅的。即使在欧洲，有些中小型图书馆也还是手工检索，如荷兰莱顿大学汉学院图书馆即是一例。所以不能用手工检索一项指标来评定图书馆的优劣。我不知道姜老是否管图书馆，但肯定他十分关心图书馆，在收藏资料和采购图书方面一定出过很多主意，从而在建立一个比较好的图书馆方面，贡献了他的一分力量。

1962年当我回到编译局的时候，姜老住在粉子胡同，后来搬到丰盛胡同42号，我则住在44号。因为是近邻，所以常去看望。这时，他的孩子老大至老四都已陆续进入大学或已大学毕业。老五正要考大学，他就请我给老五补习了几个月的俄语。但从1964年下半年起，“四清”运动已经开始。当时政治上敏感的人，都已知道“这次运动的重点是整党内走资本主义道路的当权派”这句话是什么意思。不久，我也被派往昌平参加“四清”。1966 年初，报载已“揪出彭陆罗杨”，说明暴风雨已经开始。运动的重点虽说是针对中央领导，但知识分子决不会幸免于难。从这时起，我已作好了应付危难的一切准备。我想姜老更是如此。1966 年 5 月，当我们被召回机关参加运动时，机关里已经贴满了大字报，姜老已被点名批判。此后，姜老横遭迫害，于 1968 年 6 月以莫须有的罪名被捕，身陷囹圄近 7 年，直到 1975 年才获释。不久，我就拜访了他。7 年不见，人当然苍老多了，但才思仍然像从前一样敏捷。这时他已开始谈起他编辑出版百科全书的设想和计划。从 1975 年到 1976 年 10 月这一年多的日子里，他作为一个普通的老百姓，喜欢出去看望他的那些刚从牛棚或监狱里出来的老朋友，有时兴致好，约我同行。当时我们的交通工具是公共汽车，记得他曾笑我不会挤公共汽车，兴高采烈地向我传授挤车的技术，说车一到，你应该立即贴近车门，伸一只手握住车门把手，等人一下完，立刻一跃登车，往往能抢到座位。后来我如法炮制，果然灵验。

1976 年 10 月，“四人帮”被捕，全国人民沉浸在欢乐的气氛中。很多老干部家庭举行了文娱晚会，以表达他们的欢乐情绪。姜老主持了不少这样的文娱晚会。有时他也叫我带一些年轻人去参加。这些晚会的程序，一般是姜老讲话，文娱节目，跳舞，夜宵。主要演员往往是姜老的几个女婿和萧军一家。当时的姜老也完全沉浸在欢乐之中，面对这样一些德高望重的老干部，我真有“童子何知，躬逢胜饯”的感觉。记得有一次姜老还请我主持了晚会，晚会开始不久，师哲同志也带着一位女儿来了，他虽然满头白发，但红光满面，精神很好。一见面就认出我，说：“啊呀，这么一个年轻的小伙子，怎么也这样苍老了！”我无辞以对。

1977年和1978年初，姜老已在赶写他的《关于编辑出版中国大百科全书的建议》，当时他已年近七十了。

1978年初，姜老的《建议》脱稿，拿到我家来叫方为文誊抄一份，准备上报。方为文的抄写功夫，是1956年在“八大”翻译处工作时姜老已经知道的。抄完以后，姜老说，你为百科工作立了一功，将来一定要表示谢意。1985年百科全书教育卷出版，姜老果然送了一卷给方为文，算是履行了他的诺言。

1979年，编辑翻译出版《列宁全集》中文第二版的工作开始进行，我负责主持第1—3卷的最终审订。此时的姜老已完全卷入《中国大百科全书》极度繁忙的事务，但局里决定，由姜老先审订一遍第1卷，然后由我来综合。在百忙中，姜老居然真的从头至尾把第1卷审订了一遍，并提了不少宝贵意见。其速度之快和审订之认真，使我大吃一惊。

1980年姜老最喜欢的三女儿姜齐娜得了胰腺癌危在旦夕。但姜老当时必须率中国大百科全书出版社代表团赴美，商谈中美双方共同编辑翻译出版《简明不列颠百科全书》的问题。为了完成这一重要工作，姜老忍痛与爱女握别，毅然束装就道，飞美谈判。等他回国时，老三已去世多日。

我想，这大概是姜老一生中最悲痛的事件之一。

姜老对我们晚辈，是十分信任的。80年代初期，人民文学出版社要重新出版《奥斯特洛夫斯基戏剧集》和姜老翻译的普希金的《鲍里斯·戈都诺夫》。出版以前，要求译者对译文重新审订一遍。奥氏戏剧集中，有《森林》等3个剧本是姜老的译作。一共4个剧本，份量不轻。当时姜老双目已近失明，显然已无法作这样的审订，何况他的工作又很忙。他对人民文学出版社的卢永福同志说：我自己审订有困难，我有一个同事，译风与我接近，就请他代我审订吧！于是他把这4个剧本交给了我。当我审定完这4个剧本交给他的时候，他一再表示感谢，并说要送给我一样东西，以表谢忱。几天以后，我在办公桌上发现了一套全新的《中国大百科全书·外国文学》，并附有一张便条："其煌同志，听说你要买外国文学卷，外间不好买，我给你买了一套，送来备用，姜椿芳83.7.14"。

姜老对人的关心是多方面的，细心的，发自内心的。我到社会科学院以后，主要是研究欧美红学。每次我去见他，第一个题目他总是先谈《红楼梦》。他把他知道的有关中外研究《红楼梦》的消息告诉我，有时甚至把有关资料交给我，常常使我获益匪浅。不仅如此，有时他还以具体安排来帮助我的欧美红学研究。比如，1985年，在莫斯科大学当教授的林林回国探亲，姜老邀请她到潭柘寺去玩。林林是研究《红楼梦》的，常在苏联发表文章，50年代我与她有一面之识。为了让我更好地了解苏联的红学研究情况，

20 世纪 80 年代中期，姜椿芳和姜其煌（左）

姜老也特地邀请了我，让我有机会仔细向林林询问有关苏联红楼梦研究和翻译的各种问题。

自 1975 年姜老出狱后到 1987 年的十几年间，我与姜老的交往相当频繁。特别是 80 年代以后，我几乎每星期都要去看望他一次，一谈就是两个小时。有时候忘乎所以，谈得太晚，往往会受到姜师母张安英同志的劝止，这时我才告辞。我们交谈的内容，从小说、诗歌、历史、翻译、经济、哲学、百科全书、马克思主义，一直到当时最热门的话题。海阔天空，无所不谈。但是姜老谈得比较多的而且使我最感兴趣的，是有关上海的掌故。姜老所谈的上海掌故，都与他的工作有密切联系，所以具有自己的特色。朱光潜说过："姜椿芳这个人头脑清楚得令人吃惊。"我觉得这确非溢美之词。姜老总是侃侃而谈，对几十年前的每一件事、每一个人、每一个地点、每一个日期，都如数家珍，记得清清楚楚。对我来说，他谈的每一件事都十分新鲜，闻所未闻，其情节之曲折离奇，牵涉面之广泛，开头和结尾之出人意料，都酷似惊险小说，比目前有些文史资料要精彩得多，可惜当时我都没有记下来，随着岁月的流逝，现在大多已经淡忘。

姜老的早逝，确实和他的过分劳累有密切关系。如前所述，他的头脑异常清楚，但到80年代中期，有时竟也有遗忘现象出现。为什么呢？因为他的事情实在太多，身体实在太疲乏了。我举一例，说明他的遗忘现象和忙乱情况。下面是他给我的一封信："其煌同志：你几次来，我都觉得有什么事要告诉你，但总是想不起来。原来是湖南译协的来信，邀你和我去湖南开会，……我已去信，说明我不能去。我于18日去沪，参加外院院庆后，即须去长沙，只住一两天，即赶回北京，因此，还是不能去参加他们的会，你是否去？通知耽误了。问好！姜椿芳 84.12.16 晨"

我还要谈一谈姜老准备在大百科全书出齐以后的一些打算。这可以说是姜老最后的一些抱负和理想，因为鲜为人知，更有叙述的必要，何况这也说明了姜老的风格、品德和思想。在我和他的无数次交谈中，他常常说起，作为一个知识分子和文字工作者，总得有几部像样的著作留传给后世。他多次跟我谈到过等百科全书出齐以后他想做的几件事情和具体的设想。现在回想起来，姜老的最后抱负一共有5项工程。一、姜老想以他的母亲为主角写一部长篇小说。他认为他的母亲是很了不起的。她竟敢毅然离开鱼米之乡的常州，带着才能不高的丈夫和未成年的儿子，来到人地生疏、北风哀号的哈尔滨谋生。她的母亲做过各种各样的工作，最苦时当过人家的保姆，但却让他上了中学，学了俄语，终于找到了工作，结了婚。姜老从事地下活动以后，他的母亲又为杨靖宇等抗日将领做了许多工作。所以姜老说，他一定要写一部长篇小说来献给他的母亲。二、姜老想以孙尚香为主角，写一个剧本。姜老告诉我说：自古以来，天下美女多矣，但能名传青史者，则寥若晨星。为什么呢？因为仅靠美丽是不够的，必须有稀世的才华，才能名传青史，而孙尚香就是其中之一。孙尚香与刘备的结合，完全是蜀吴政治上的需要，所以她是蜀吴政治斗争的牺牲品。但她以少有的才能，周旋于孙权、太后、刘备与诸葛亮之间，游刃有余，从而保全了自己。她是值得一写的具有巨大戏剧性冲突的矛盾人物。三、姜老想将他几十年来发表的文章，按内容汇编成几个集子出版。他并提出要我帮助他做编辑和整理工作。我表示同意，并且告诉他，只要他把他的笔名、文章发表的大致日期和报刊名称开列一纸清单，立即就可以做收集文章的工作。四、姜老想把他几十年来的译文，按内容汇编成几个集子出版，特别是戏剧译文集，他认为应该首先出版。五、姜老想把他在东北和上海的地下工作经历，写成一个回忆录。

这就是姜老打算在《中国大百科全书》出齐以后想做的

一些工作。他说，这些计划也许过于庞大，但他将努力争取完成。由于病魔的入侵，姜老这些最后的抱负和理想一个也没有实现，这是十分遗憾的。

清人袁枚有诗云："七十犹种树，旁人莫笑痴"。姜老不仅在70岁的时候奠定了中国百科全书事业的基础，为中国人民子孙后代种了一棵大树，甚至在他生命的最后时刻，犹为后人种树不止，这又有谁能笑他"痴"呢。

林基洲（1929—1993），马列主义经典著作翻译家。研究员。辽宁大连人。曾任中央编译局国际室副主任，中央编译局副秘书长、副局长兼列斯室主任。第七届、八届全国政协委员，中国国际共产主义运动史学会会长，全国“马克思主义、科学社会主义”学科规划组副组长。享受国务院政府特殊津贴。参与《斯大林全集》《列宁全集》《马克思恩格斯全集》的翻译定稿工作。为《列宁全集》中文第二版的组织者和设计者。主编《马克思主义研究丛书》，参与编辑《国际共产主义运动历史文献》《科学社会主义百科全书》等。

“人是要有一点精神的”

——回忆马列主义经典著作翻译家林基洲

1993年7月19日午后，时任中央编译局副局长的林基洲同志在办公楼楼道突然晕倒，颅脑重伤。21日，抢救无效离开人世，终年64岁。林基洲同志是著名的马列主义经典著作翻译家和学者，为传播马克思主义献出了毕生精力。他于1951年调入中央宣传部斯大林全集翻译室任翻译。1953年调入中央编译局，从事经典著作的编译、研究、宣传工作达40余年，主持编译了60卷本的《列宁全集》中文第二版，被称为“《列宁全集》中文第二版的总设计师”。虽然林基洲同志离世已30多年，但编译人依然抹不去对他无限的怀念，他的功绩、他的精神、他的风范，将永远铭刻在编译人心中！

仰望苍松忆故人

韦建桦

1994年冬天，一个寂静的夜晚。

雪花纷纷扬扬，悄然飘落在窗外那株高大的松树上，使松树的身影越发显得苍劲挺拔，生意盎然。

我离开窗边，回到桌旁，觉得台灯的光格外温暖而又明亮。灯光照着桌上的五册《马克思主义研究丛书》，照着每一册书的淡雅素净的封面，照着封面上方“林基洲主编”五个清晰的字，也照着书旁的一张便笺。

便笺上写着：

韦：

这是新近出版的几册《丛书》，现送上，请你提出宝贵意见。

本想同你再谈谈马恩著作译文中的问题，但寻你未遇，而我明天就要启程，十分遗憾，只能等回来后再约时间。

望多保重！

林　即日匆此

本文作于1994年冬日，2024年春天修订。韦建桦，曾任中央编译局局长（1996.7—2010.1）。

这是林基洲同志一年多以前给我留下的一张短笺。“即日匆此”四字，运笔如飞，使我联想起他那行色匆匆的身影。他在我的办公室匆匆留下五册《丛书》，匆匆写下这段留言，第二天就匆匆飞往国外进行学术访问，回京后又匆匆到外地考察；等到他风尘仆仆地回到机关以后，他又夜以继日地撰写文章，并整理有关列宁的社会主义建设理论和实践的研究资料，准备就这一课题同河南省的同志进行交流和研讨。尽管如此，他仍然抽出时间同我谈了一个上午，谈话主要涉及马恩著作中的几个重要译名以及与此相关的理论问题。

我们的交谈没有结束，我们的讨论尚未全面展开。鉴于问题的复杂性，同时也考虑到他太忙，我们约定两个星期以后继续讨论。不料仅仅过了三天，1993 年 7 月 19 日午后，他因过度疲劳而猝然晕倒，造成颅脑重伤，经抢救无效，于 7 月 21 日中午不幸逝世，终年 64 岁。

那以后，我常在夜深人静时拿出他的赠书，摩挲他亲自参与设计的封面，重读他亲笔撰写的序言，回想我们最后一次谈话的每一个细节。我面对赠书和短笺，如同面对自己的良师益友，在心中默默同他继续交谈、讨论。

窗外起风了，雨雪轻轻地敲击窗户，使我不禁想起了 16 年前那个风雪弥漫的晚上，想起了我和林基洲同志初次相识的情景。

那时我刚刚调到编译局工作。在此之前，我曾在西北高原种过果树，在西南深山烧过砖瓦，也曾在行政机关当过干事。我于1970年从北大毕业，此后从祁连山麓到金沙江畔，无论做什么工作，我都努力利用一切机会学习经典著作，从中受到了终生难忘的教益；遗憾的是，由于当时条件所限，我不可能广泛阅读各种知识领域的文献，这就使我难以进一步深入领悟经典作家博大精深的思想。因此，在1978年调到编译局以后，我一方面集中精力研读经典著作，一方面抓紧时间阅读这里的各种藏书。每到星期天，我一大早就带着干粮到机关办公室来看书，直到天黑以后，才踏着路灯的微光回家。

1978年冬季的一个星期日，我又在机关办公室读了一天书。晚上10点，我走出办公楼时才发现，四周一片洁白，大雪正在漆黑的夜空中飞舞。我快步走向机关大门，这时有一个人从传达室门口匆匆地向我走来，撑开布伞，为我挡住风雪。

我不认识这个人，但也并不为他的举动感到惊讶。我到这里来工作仅仅两三个月，认识的人还不多，但我已经渐渐了解这里的氛围，熟悉这里的同志们谦逊和蔼、彬彬有礼、相互尊重、彼此关切的举止和言行。我在灯光下看到，为我打伞的是一个50岁左右的人，衣履整洁，面容清癯，动作敏捷；那黧黑的脸膛，使我想起高原的阳光和峡谷的热风。我觉得他很像一个栉风沐雨的跋涉者，不像是终日伏案的读书人。

我向他道谢，然后同他并肩走出大门。他问我："你还没有吃饭吧？"

我连忙说:“吃过了,下午已经吃过了。”

他笑了起来,说:“现在已是晚上10点了。我已经注意到,你每个星期天都来看书。而且我发现,最近几个周末,这座楼里只有我们两人在读书。”

居然有人在注意我,而且是一个素不相识的人。我有点吃惊。他显然是一个敏锐的人,立即意识到了这一点,于是解释道:“在你调动前后,我听有关同志介绍过你的基本情况。你来这里工作已有两三个月了,能适应这里的环境吗?一定有不少困难吧?”

我告诉他,确实有许多困难。但最大的困难不在经济和生活方面,而在知识方面。马列主义经典文献犹如智慧和知识的海洋,我担心自己由于知识面狭窄而难以胜任编译和研究工作,所以下决心抓紧时间读书。

他专注地听完我的话,表示赞同,然后说:“《礼记》中有一句名言,叫做‘时过然后学,则勤苦而难成’,这是很对的。人的一生,少年时代、青年时代是积累知识的最宝贵的时光。过了这个阶段,当然也可以学习,甚至可以在垂暮之年下决心刻苦学习,但毕竟晚了,很难在事业上有所成就。你现在30岁出头,可以说是非常珍贵的时机。过去10年的损失能否弥补,要看今天是否努力、如何努力,成败在此一举。你已经下了决心,但愿在任何情况下都不要动摇。”

“不要动摇”这四个字,他说得缓慢、低沉而有力,使我感到自己的心在随之震动。他沉默了一会,又问道:“你现在读什么书？”

我说，这里藏书丰富，使我惊喜万分，也使我头晕目眩，手忙脚乱。几个月来，我读过两部马恩传记、一本共运史，看过康德、黑格尔、费希特的著作，翻阅过克洛卜施托克、莱辛、歌德、席勒、海涅、克莱斯特、施托姆等人的诗文，最近还读了青年黑格尔派代表人物施特劳斯写的《耶稣传》。

他认为我的心情可以理解，但方法值得商榷。

他说：“我们从事的是经典文献编译工作。这项工作要求我们必须具备扎实的马克思主义理论功底，具有精湛的外语和中文水平；同时还应当广泛涉猎哲学、经济、政治、历史、法学、教育、文艺、军事、民族、宗教等各个领域的丰富知识。列宁在《青年团的任务》一文中指出：‘共产主义是从人类知识的总和中产生出来的，马克思主义就是这方面的典范。’因此，列宁要求年轻一代时刻牢记：‘只有了解人类创造的一切财富以丰富自己的头脑，才能成为共产主义者。’要掌握如此广博的知识，当然不可能在朝夕之间一蹴而就，只能靠循序渐进、持之以恒地积累。”

他接着引证宋代学者朱熹的话：“读书之法，莫贵于循序而致精。”他认为要“循序”“致精”，就要制定严谨周密的计划；“可以博观，但要有重心；需要杂览，但要有规划。读书不能只凭兴趣，只凭激情，只强调废寝忘食、焚膏继晷；读书要立足实践，认准正确目标，同时要遵循规律，讲求科学方法。在这方面，我是有教训的。——我是不

20 世纪 90 年代，中央编译局领导同志合影（一排左二为林基洲）

是说得太多了？”

我静静地听着，希望他继续讲下去。他说到要紧处，往往提高声调、加快速度、带着感情，使人获得一种亲切、真诚、坦率的印象。多少年来，在塞外黄昏时分和巴蜀风雨之夜，在孤独和寂寞之际，我所渴望的不正是这样一种发人深思、感人肺腑、催人奋进的话语吗？我希望他继续讲下去，然而这时我们已经穿过什坊小街，走过太平桥大街，到达我所居住的辘轳把胡同了。分手之前，我注意到，他由于总是把伞偏向我这一边，自己的肩头已经落了一层白雪。面对这位戴着眼镜的老同志，我突然想起自己敬重的几位老师，不觉心头一热，脱口问道：“老师，请问您贵姓？住在哪里？”

他说：“我姓林，是编译列宁著作的。你以后就叫我老林吧！我住得不远，平常上下班都是骑车；今晚风雪太大，只好安步当车了。要是你有兴趣，以后我们可以经常聊聊。”

他握了握我的手，迈步向风雪和夜色中走去。

过了一段时间我才知道，这个“老林”，原来就是中央编译局副局长林基洲同志。

初次接触所获得的印象，果然是最深刻、最难忘的。

多年来，一提起林基洲同志，我总是想起他在洁净的雪地上大步行进的形象，想起他手中那把为别人遮挡风雪的布伞，想起飘落在他肩上的白雪。

多年来，我一直把他引证的“只有了解人类创造的一切财富以丰富自己的头脑，才能成为共产主义者”这句经典格言作为自己的座右铭；同时，我经常用“时过然后学，则勤苦而难成”以及“读书之法，莫贵于循序而致精”这两句古代治学箴言勉励自己。无论是在编译工作中，还是在国外进修期间，我面对各种困难和挑战，始终坚持学习，不敢懈怠。许多同志都在我的案头饶有兴致地读过这些名言警句，但他们只知道这些话有的出自列宁的名著，有的则源于《礼记·学记》和朱熹的《性理精义》，却并不知道在16年前的一个风雪之夜，这些话是多么强烈地震撼一个初学者的心弦。

我是逐步了解林基洲同志的。在获悉他是中央编译局副局长之后，我在他面前多少有几分拘谨和尴尬。我不知道自己是否说过唐突、冒昧的话，是否有过不合分寸的举止。他很快就看出了这一点，于是对我说："你不是爱读唐诗吗？杜甫有一首《贫交行》你应当熟悉：'翻手作云覆手雨，纷纷轻薄何须数。君不见管鲍贫时交，此道今人弃如土。'可见古来君子之交，始终重情重义；只有轻薄小人，才倚权弄势，鄙弃故旧。你今天在我面前忽然拘谨起来，莫非以为我是这种小人么？"说罢大笑。此时此刻，在他的爽朗笑声中，我完全忘记了我们俩在职位、资历、学识和年龄方面的距离，于是又敞开心扉、倾谈如初了。

林基洲同志就是这样一个十分严肃认真而又诙谐幽默的人。他性格豪爽，真诚待人，我和许多年轻的同志都从他那里受到过热情的帮助。他曾指导我制订学习计划，根据他多年从事经典著作编译工作的心得体会和治学经验，给我开列各种必读文献和参考书目。他还经常给我提供学习资料。每次到外地考察或到外国访问，他总要给我带回一些书籍和杂志，以及他亲自剪下的报刊文章。他曾多次提醒我注意《礼记·学记》中的一句话："独学而无友，则孤陋而寡闻。"他认为，做学问必须博学、审问、慎思、明辨、笃行，因此，一个学者不应当离群索居，而应当经常与志同道合的朋友在一起切磋交流。为此，他陆续给我介绍了北京、杭州、南京、上海的几位中青年学者，并亲自安排，让我们见面。

这一切，都是他在工作极其繁忙的情况下做的。他是个珍惜时间的人。我曾在他借给我的一部旧书中发现一张稿笺，上面有他亲笔抄录的一首古诗：

今日复今日，今日何其少？今日又不为，此事何时了？人生百年几今日，今日不为真可惜。若言姑待明朝至，明朝又有明朝事。为君聊赋今日诗，努力请从今日始。

在这首诗下方，他写道：

录明代诗人文嘉的《今日歌》，勉励自己。

林基洲同志确实是怀着使命感和紧迫感对待生命中的每一个“今日”的。清晨，他骑车来到机关，大都在七点左右；晚上，当机关院内已经是一片阒寂的时候，他的办公室往往还亮着灯光。他自己也记不清有多少个节日、假日和周末是在读书、写作和思考中度过的。他爱读朱自清先生的名作《匆匆》，常常慨叹大好年华匆匆易逝、一去不返，决心在稍纵即逝的时间里多做一些事情；就连平常走路，他也总是大步流星、匆匆向前。

他如此珍惜时光，是因为他多年来连续承担各种重要而又艰巨的任务；对他来说，分分秒秒的时间都十分重要。

早在1953年1月，林基洲同志就来到刚刚成立的中共中央马恩列斯著作编译局工作，先后任斯大林著作翻译室、哲学著作翻译室、国际共运史资料室副主任，局副秘书长，

1978年起担任副局长。在编译局工作的40多个春秋，他参加了《斯大林全集》《列宁全集》中文第一版、《马恩全集》中文第一版的翻译定稿工作，为马列著作在中国的传播贡献了智慧和力量。1982年，经中央研究决定，《列宁全集》中文第二版编译工作正式启动，林基洲同志是这个具有深远意义的宏大工程的组织者和设计者。从新版《全集》的前期擘画到整体方案的精心制定，从重大理论问题的深入研究到重要译文的最终审订，从各卷前言的认真撰写到大量资料的仔细编纂，林基洲同志逐一参与指导、亲自把关，带领同志们妥善解决各种难题。就这样，他年复一年地殚精竭虑，负重前行。60卷本《列宁全集》中文第二版前后历时15年终于全部出齐，其中凝结着林基洲同志的大量心血。这个工程完竣之后，他没有解鞍少驻，又急如星火地奔向新的工作领域：他不仅主持了新版《列宁选集》的编辑工作，而且筹划并主编、出版了《马克思主义研究丛书》。

许多年来，他默默耕耘，勤奋工作，就像一条静穆的河，不舍昼夜，流向前方，不管两岸是层峦叠嶂，还是平畴千里；是惠风和畅，还是雨雪交加。

然而，正是这样一个“不贵尺之璧，而重寸之阴”的人，却为我和其他年轻同志花费了那么多时间。

我感到内疚。有一次，我向他表示了歉意，并对他的帮助表示感谢。他没有说话，默默地点了一支烟，静静地凝视烟雾在眼前浮动，神情肃穆，若有所思。过了一会，他出人意料地开始叙述自己的往事。他说到了艰辛备尝的青少年时代，谈到了充满坎坷的自学历程，回忆起早年怎样为购买一本字典而节衣缩食，怎样为请教一个问题而远道求师。最后，他说："我至今没有什么成就，但自信是个好学的人。在最困难的时刻，我曾渴望得到帮助，但往往不能如愿以偿。这种经历使我对每一个爱读书、爱学习的年轻人都更能理解，也使我情不自禁地去接近他们、支持他们。这也可以算是我自己精神上的一种需要吧。"说到这里，他沉默了一会，我发现他的眼睛湿润了。

我最后一次同林基洲同志交谈，是在1993年7月16日。那天上午8点10分，我来到林基洲同志办公室。他正在伏案写作，桌上图书杂陈，看来他早就开始工作了。见我进来，他为我倒了一杯水。然后，我们就按照事先约定，开始讨论马恩著作中的几个重要概念及其译名。

他专注地听我介绍有关概念的原文、语源和中文译名的演变过程。接着，他谈起国内外学术界研究马恩著作中的重要概念及其译名的情况，强调应当"用刻苦治学的态度对待翻译工作中的每一个细节"，"不仅要重视语言分析和史实考证，尤其要重视理论要义的探讨"。他侃侃而谈，兴致勃勃。但我发现他眼皮微肿，眼圈发黑，显然是由于睡眠不足，过于疲劳。我考虑到他工作繁忙，而译名问题又相当复杂，建议两周以后再继续讨论。他沉吟片刻，表示同意。我起身告辞，同时劝他注意休息。他笑着说："你放心吧，我身体很好。"然后他又十分关切地询问了我母亲的病情。

他把我送到门口，似乎突然想起了什么事。他用恳切的语气对我说："你能不能帮我一件事？我最近常常想起鲁迅先生说的一段话，大意是：凡是有益的工作，无论是写作，还是翻译，或者是编辑书籍，只要确定了计划，就应当赶快做，不要拖延。你如果方便，请帮助我查一下原文和出处，最好下个星期就告诉我，我想在文章中引用。"他停了一会，仿佛是自言自语地说："有那么多事情等着我们去做，我们只能挤时间，赶快做。"

我万万没有想到，这是林基洲同志对我讲的最后一番话。

当晚，大雨滂沱，雷声殷殷。我在《鲁迅全集》第 6 卷第 610 页找到了林基洲同志提到的那段话。原文是：

从去年起，每当病后休养，躺在藤椅上，每不免想到体力恢复后应该动手的事情：做什么文章，翻译或印行什么书籍。想定之后，就结束道：就这样罢——但要赶快做。

接着还有这样两句：

这"要赶快做"的想头，是为先前所没有的，就因为在不知不觉中，记得了自己的年龄。却从来没有直接的想到"死"。

这段话出自鲁迅先生逝世前不久写的一篇文章。文章最初发表于1936年9月《中流》半月刊，收入《且介亭杂文》附集，标题是《死》。

我没有来得及将查阅的结果告诉林基洲同志。三天后，1993年7月19日午后，林基洲同志倒下了，再也没有能够回到书桌旁，去实现“赶快做”的心愿。7月20日晚，我前往北京急救中心，在他身边守护了整整一夜。他处于弥留状态，再也不可能听我讲述鲁迅先生那段话的原文和出处了。我环顾病房，四周一片洁白：白色的门窗，白色的墙壁，白色的布幔，白色的床单。这纯洁的白色，使我想起了十多年前那个白絮纷飞、白雪铺地的夜晚。

那个在雪地上留下深深脚印的人，那个不知疲倦地学习、思考和工作的人，那个数十年来勤勉工作、夙兴夜寐、锲而不舍、风雨兼程的跋涉者，此刻正悄无声息地躺在我的面前。

我想起一位心理学家说过：为科学真理而献身的学者，临终前应当是非常平静的，因为他们无愧无悔；然而实际上他们又是极不平静的，因为他们丢不下自己的事业。他们是多么希望一跃而起，赶快去工作啊！

想到这里，我心中悲恸，潸然泪下。

夜深了，雨雪还在轻轻地敲击着窗户。我把对往事的点点滴滴回忆逐一写在纸上，然后含泪放下笔来，沉浸在对林基洲同志人生历程的追怀与思考之中。

林基洲同志的突然辞世，使亲人和战友们深感震惊和哀痛。我在难以排解内心悲怆和忧伤的时候，常常打开

1993 年 4 月，林基洲率中央编译局代表团访问俄罗斯远东研究所（右四为林基洲）

《列宁全集》中文第二版中的一卷，从头到尾逐页翻阅。在前言、目录、正文、附录、注释、索引和年表的字里行间，我真切地感悟到一位优秀共产党员在率领经典著作编译团队攻坚克难、艰辛奋战的过程中，所表现出的担当精神和远见卓识、务实作风和宽广胸怀、精湛学养和奉献热忱。不用说，这个人就是《列宁全集》中文第二版编译工程的主持者林基洲同志。他已经把自己生命中最具价值的东西留存在经典著作中文译本之中，由此也将他的质朴形象、纯洁品格、磊落襟怀和坚毅风骨镌刻在我们的心灵深处，时时刻刻激励我们前进。从这个意义上可以说，林基洲同志并没有离开我们。

我认为，对林基洲同志最好的缅怀和纪念，就是学习他的精神风范。

对我来说，首先要学习他矢志不渝地忠诚于党的马克思主义理论事业的坚定信念，无论在何种情况下，都毫不动摇地践行和捍卫科学真理。

其次要学习他数十年来坚守阵地、不辱使命的担当意识，为推进经典著作编译工程而攻坚克难、竭诚尽节。

第三要学习他自觉运用经典作家阐明的立场观点方法来分析和研究实际问题的恒心和毅力，在深入实际的过程中善于独立思考、勇于开拓创新。

第四要学习他的无私品节和高洁情操，在勤奋工作和主动奉献的实践中不断提升人格境界。

这是我对林基洲同志的精神风范所作的初步概括，或者更确切地说，这是他多年来给我留下的刻骨铭心的印象。他为人诚实，办事务实，作风朴实，学问扎实；人们用一个“实”字，就能勾勒出他立身处世的鲜明风格。因此学习林基洲同志的精神风范，最要紧的是采取笃实的态度和切实的行动。

此刻，在我采取切实的行动之前，我必须认真地考虑一个重要问题，那就是：如何理清思路，把握方向，迎难而上，奋力前行，以便稳步迈向自己希望达到的思想境界。

就在我凝神思索之际，我忽然想起1978年冬天与林基洲同志初次相识的那个雪花飘飞的夜晚。那一次，他引证了列宁的教导，强调读书要树立正确目标、遵循科学方法、制定周密计划；为此，他曾提到宋代学者朱熹的话：“读书之法，莫贵于循序而致精。”

实践证明，读书明理之法与进德修业之路是相契相通的；学习崇高的精神风范，同样需要甚至更加需要做到目标明确、方法得当，并制定“循序而致精”的计划。

我憬然有悟，走到窗前。此时晨曦初露，雪地上一片晶莹。我抬头仰望前方那株苍翠茂盛、遒劲伟岸的松树，凝视它那生机勃勃的铁干虬枝，开始思考如何制定周详具体的计划，如何逐步实现自己确立的目标……

星星点点话基洲

顾锦屏

基洲同志匆匆离我们而去。他走得那么突然，时至今日，我在感情上仍难以接受。他的音容笑貌、言谈举止还不时浮在眼前。我与基洲从建局时认识，后在哲学室和国际室共事，一起做过党的工作，在“文革”期间一起挨批挨斗，“文革”后同一天被任命担任局的领导工作。我们一起度过了40年的风风雨雨。在他逝世两周年即将到来之际，写点零星回忆，以寄托对战友的哀思。

平易近人　谦虚坦诚

我和基洲第一次合作是在1956年。当时他由斯大林著作翻译室副主任调任哲学著作翻译室副主任。我在他领导下工作。在同他的接触中，大家有个共同的印象：他政治思想水平比较高，有干劲，有魄力，但又谦虚坦诚。他一再说，他过去家境贫寒，没有条件上大学，学历浅，基础差，虽然多搞了几年翻译，但离工作要求很远，对哲学也

本文为1995年纪念林基洲逝世两周年所作。顾锦屏，时任中央编译局副局长。

不熟悉，要做好工作，靠大家共同努力。在日常生活中他从不以领导自居，同大家打成一片。编译局老同志大概还记得，当年后楼前有一块空地，休息时间热闹非凡，一些同志你争我夺地踢小皮球，基洲也是小皮球场上的活跃分子。由于他平易近人、谦虚坦诚，大家不仅把他看成领导，也看成知心朋友。谁有问题都愿意找他谈。他从关心爱护同志出发，对想不通的问题耐心说服，对不正确的思想坦诚批评，不打官腔，不以大帽子压人，尽量做到以理服人。他的谈话犹如春风化雨，润人心田。

在工作中，他敢于负责，又谦虚谨慎。当时哲学室的一个主要任务是重新译校列宁的《唯物主义和经验批判主义》。这部著作难度大，定稿任务理应由林利负责，她俄语造诣深，理论素养高，又是室主任。但她因准备赴苏学习，不可能担任全书的定稿。她要基洲和我负责。我有畏难情绪，基洲鼓励我大胆地挑起这个担子。他说，我们要承认困难，又要藐视困难，靠我们的集体智慧，相信可以完成这个任务。为了完成这个任务，他和林利想了各种办法，比如向局外专家请教，请苏联专家讲课，组织集体讨论，等等。在译校过程中，我们经常一起讨论，在讨论中他有自己的独立见解，又能虚心听取别人意见。他不固执己见，更不强加于人。他还很谦虚，要我对他定过的稿子提意见。他对我提的意见都认真对待。在我们的意见相左时，他不轻易否定，而是召开业务讨论会听取大家的看法。

基洲后来虽然职务变了，但一如既往，总是那样谦虚坦诚。他在主管全局业务工作期间，经常考虑业务工作的方针大计、发展方向、各部门的工作任务。他思路开阔，考虑缜密，常有一些好的想法。他在会上既能坦诚己见，又能虚心听取别人意见。一些重大问题上的想法和主张，在正式提出之前，他总要听听各方面的意见，防止主观武断。每年他都要同各部门领导商量工作，听取汇报，部署任务。事先他都经过认真思考，形成自己的看法和意见。但在会上他不居高临下，先指示一番，总要让与会者充分发表意见。出现分歧，他不回避矛盾，不隐瞒自己观点，也不轻易按自己意见作决定，引导大家反复议论，集思广益，最后取得共识。

基洲的平易近人、谦虚坦诚也博得局外许多同志的赞赏。自从改革开放以来，他利用各种机会作调查研究，了解社会主义改革实践中的新事物、新情况，以解决理论和实际的结合问题。他严格要求自己，不摆架子，不搞特殊化，虚心向有实践经验的同志请教。他给我讲过一些生动例子。一次他在杭州参观一个先进企业，厂领导把他视为上宾，要设宴款待，他谢绝了。他坚持在职工食堂吃饭，让食堂炒几个菜，来几瓶啤酒，同他们边吃边聊，十分亲切，很快彼此的心贴在一起了。他们向他敞开心扉，讲实情，说心里话，连业务上的秘密也向他透露了。还有一次，他去张家港市参观，为了了解一个青年农民企业家的成功道路，他亲自登门拜访，同他们一家人深夜长谈，彼此坦诚相见。他们为他不耻下问的精神所感动，也为他富有教益的见解和坦诚的建议所折服，他们结成了忘年交。基洲结交的朋友很多，有专家学者，有青年学生，有基层干部，也有企业家和工人。凡是同他接触的人，无不称赞他的平易近人、谦虚坦诚。

孜孜以求 学而不倦

基洲在马列主义园地上勤奋耕耘，成绩卓著。这些成就的取得同他刻苦的学习是分不开的。他少年时代因受家庭条件的限制，没有上完高中就参加工作，工作后深感知识的不足，开始刻苦自学。他在大连市教育局、文化馆工作期间，利用工作余暇大量读书，还自学了俄语，后来调《实话报》专门从事翻译工作。他来编译局后，面对精深博大的马列著作，感到工作要求与自己知识水平的差距很大，更发奋学习。他常说越工作越感到知识的不足，越看书越感到要学的东西太多，真是学海无边。

基洲善于做时间的主人，把可以利用的时间分秒必争地用来工作和学习。他白天紧张工作，晚上看书学习，他的办公室晚上经常灯火通明。他潜心研读马列著作和其他学术著作。回家以后他还利用睡觉前的时间浏览各种报纸杂志。他既要抓行政领导，又要承担译校任务，能用于学习的时间比一般人要少。因此，他惜时如金，一切不必要的应酬尽量谢绝，节省出时间用于学习。他如饥似渴，废寝忘食，刻苦攻读。

他求知的面很广，工作需要什么就学什么。当年为了译校《唯物主义和经验批判主义》，他选读了欧洲哲学史方面的著作。为了弄清这部著作中的大量自然科学问题，他读了一部分自然科学著作。翻译需要参考多种外文译本，当时领导上提倡学第二外语，哲学室的一些同志参加了德语学习班。基洲已掌握俄语和日语，还借了英语教材和语法书，自学英语。他还注意提高自己的汉语水平，局内组织的汉语修辞讲座他积极参加，平时也从书报杂志中搜集词汇，记录在笔记本上。60年代初，他在国际室工作期间，为了选编国际共运史资料，他埋头钻研一、二、三国际的历史，特别是苏共历史，深入研读了列宁、斯大林著作和苏共各反对派代表人物的著作。70年代后半期起，他主持列斯室工作，为准备《列宁全集》新版，开始系统研读列宁著作。在我们中间，他是列宁著作读得最多、研究得最深的一个。功夫不负苦心人。他通过孜孜不倦的学习，积累了渊博的知识，打下了深厚的理论功底。

基洲十分重视吸收新知识。党的十一届三中全会以来，马克思主义在建设有中国特色社会主义伟大实践中获得新的生机。围绕着如何坚持和发展马克思主义问题有各种各样的争论，国外学者评述马克思主义的论著陆续介绍到国内。随着东欧剧变和苏联解体，马克思主义面临新的挑战，围绕马克思主义和社会主义的争论更为激烈。基洲是坚定的马克思主义者，坚信马克思主义真理。但他的思想是开放的，密切注意国内外学者对马克思列宁主义的各种新观点，用马克思主义的立场观点加以分析鉴别。他提倡和推动我局同志关心这方面的动态。他认为，编译局的研究人员必须认真研读马列著作，马克思主义的功底一定要深，否则研究工作会迷失方向，但对西方学者的东西不能一概排斥，简单否定，要读他们的著作，要熟悉他们的观点，作比较研究，批判其错误观点，吸收其有益成分。

基洲不仅重视从书本上学，也重视从实际中学。他一贯强调理论必须同实际结合。他利用去外地出差的机会，挤出时间到工厂、农村作调查研究。他特别关心改革开放以来各地出现的新气象，改革实践中的新情况和新经验。他每次从外地回来都同我畅谈他的所见所闻和心得体会。他鼓励我多到实际中去看看。他深有感触地说，到实际中可以学到活的马克思主义，可以增长知识，开阔思路，马克思主义不同实际结合，就没有生命力。多年来他率先垂范，倡导和鼓励我局同志特别是研究人员到实际中去学习，去探索联系实际的途径。

胸怀豁达　事业为重

基洲看问题实事求是，有自己的独立见解，不人云亦云。他又很坦诚，不隐瞒自己观点，讲实话、真话。但是，在“左”的思想盛行、“阶级斗争为纲”的年代，他曾因说了一些实话遭到不公正对待。

1958 年，基洲带领我局一批同志去山东泰安下放锻炼。

他担任泰安县委委员、县委宣传部副部长。当时正赶上全国“大跃进“运动，他亲身参加了“大炼钢铁”“大办人民公社”“大办公共食堂”等活动。他亲眼看到了人民群众建设社会主义的热情和干劲，也目睹了浮夸风、瞎指挥风、共产风的消极后果。1959年初他回局后向局领导和党组织汇报了他们下放锻炼的收获体会，也谈到了“大跃进”运动中出现的偏差，和土法炼钢造成人力物力严重浪费，大办公共食堂违背农民意愿，等等。这些意见是完全符合实际的，也是很中肯的，而且中央也在纠正之中。但是在1959年7月庐山会议后，全国开展了“反右倾”运动，反“左”成了反右。编译局根据中央部署开展反右倾，人人检查对三面红旗的看法。基洲因对“大跃进”运动中的“左”的做法发表过意见，成了批判对象，不实事求是的批判使他陷入极度的痛苦中。一次我到他家去看望，他无法控制自己的感情，十分激动地对我说：我自问对党对社会主义是忠诚的，看问题主观片面是有的，但说我反对党的总路线，反对三面红旗，实在想不通。我宽慰他，要他经受住考验。他说，请放心，我不会躺倒，将一如既往，为党好好工作，用实际行动表明自己是一个真正的共产党员。事后，他虽然受了很大委屈，但没有耿耿于怀，以夜以继日的工作来寻求心理的平衡。

1962年中央召开了七千人大会，系统总结了“大跃进”以来的经验教训，对“左”的错误作了自我批评，并对“反右倾”运动中受到错误批判和处理的同志进行甄别平反。为

林基洲工作照

贯彻七千人大会精神，各部门举办了十七级以上干部轮训班。基洲受到的错误批判和处分得到平反。当时我和基洲在万寿路十八所参加同一期轮训班。关于这次轮训班有个说法："白天出气，晚上看戏，两干一稀，大家满意。"基洲是受到很大委屈的，是有气可出的。但他在会上没有诉个人的委屈，出个人的气，主要谈经验教训，谈如何认识和尊重社会主义建设的客观规律，如何防止唯意志论，等等。一次，我同他一起到玉渊潭公园散步，在湖边谈心。他说，党中央和毛主席对"大跃进"以来的错误作了自我批评，说明党是实事求是的。至于我个人，在"反右倾"运动中受到批判，当时的确想不通，思想很苦闷，但想到在我们党的历史上曾有不少同志长期受委屈，甚至丢掉生命，我受到这点委屈，算不了什么。我也谈到自己，我在"反右倾"运动中没有受到冲击，但参加了对别人的不实事求是的批判，伤害了同志，感到内疚，通过这次学习，有不少经验教训可总结。他说：这不是个人问题，中央号召谁能不响应，都是认识问题，对批评过我的同志，我不介意，我们大家总结经验教训就是了。通过总结经验教训，我们党更成熟了，我们的认识都提高了。他的一席话使我得益匪浅。我对他的豁达胸怀、以党的事业为重的精神由衷的钦佩。

执著追求　勇于开拓

基洲为传播马克思列宁主义伟大真理奋斗了一生。他在编译局工作的40年间，先后参加了《斯大林全集》《列宁全集》和《马克思恩格斯全集》的翻译定稿工作，撰写了不少论述马列主义的文章。他一生中最为之费心劳神的是编辑《列宁全集》中文第二版。这套举世无双的《全集》，是在党中央的关怀下，在局领导大力支持和直接参与下，依靠列斯室全体同志辛勤劳动和局内外同志通力合作完成的。但基洲有其独特的贡献。他是这一宏伟工程的设计者和组织者。他一开始就高瞻远瞩，提出要把这套《全集》编成质量高、收录文献全，具有中国特色的列宁著作集，使之成为精品。他的这一构想得到局长办公会议一致认可，而实现这一目标的担子落在基洲身上。他殚精竭虑，精心设计，精心组织，从总体构想到编辑体例的制定，从选目到各卷前言的审定和各种资料的编选，从局内人员调配到局外力量的组织，他都倾注了大量心血。在60卷的编译人员名单中，虽然只在4卷书的扉页上看到基洲的名字，但实际上每卷书都含有他的辛劳。基洲这种不为名，不为利，一心为传播马列主义的默默奉献精神是十分可贵的。

在工作中，他有胆识，有魄力，勇于开拓。在《列宁全集》新版准备阶段，他倡议先将未收入《列宁全集》中文第一版的著作全部译成中文，以《列宁文稿》形式出版。他的倡议得到人民出版社领导的大力支持，他们一起制定出版计划，组织翻译力量。《列宁文稿》的出版，为列宁思想研究提供了大量新的文献，也为新版《列宁全集》提供了大批现成的新译文，从而加速了它的问世。为了解决局内翻译力量的不足，他走出机关大门，到全国各地调查俄语翻译力量，与苏州大学、上海外语学院、河南大学、西安外语学院等8所院校建立合作关系，吸收这些院校的老师参加《列宁文稿》和《列宁全集》的翻译。这一举措使“文革”以来受冷遇的一批优秀俄语人才有了用武之地，也开辟了我局与社会力量相结合的途径。在《列宁全集》中文第二版完成后，他又着手新的开拓。他与列斯室领导筹划编辑新版《列宁选集》以适应新时期党的思想理论建设和社会主义现代化建设的需要。为了编好这套选集，他通过中宣部理论局召开专家学者座谈会，听取有关编辑原则和选目的意见。他还派人去上海征求对选集的意见。他还同列斯室领导商讨如何向研究工作转轨问题。他在局长办公会上提出过他的一些设想，比如，结合实际需要选编列宁的专题文集，开展列宁思想的专题研究，等等。他的这些设想正待实施的时候，他猝然离去，对工作造成了不可弥补的损失。

基洲十分关心编译局的发展，经常思考编译局如何更好地为党中央服务，为社会主义现代化建设服务。为此他作了不少努力，出了一些好的点子。比如，他积极支持当代马克思主义研究所和国际共运史研究所创办《经济社会体制比较》《马克思主义与现实》《国际共运史研究》（现改为《当代世界与社会主义》），并给予具体指导和帮助。他的想法是，通过这几个刊物推动我局的理论研究，促进理论与实际的结合，使我局工作更贴近现实，为党的思想理论建设和改革开放多作贡献。他还探索理论研究工作如何同实际相结合的途径。在他倡议下《比较》杂志定期召开企业家座谈会，就是一个有益的尝试。基洲经常鼓励我局同志开展研究工作，多写些宣传马列主义的文章和论著，在理论论坛上多一点我们的声音。有同志想写文章，只要求教于他，他都会给予热情指点。他总希望我局的两个研究所多出些有分量的成果，给他们出主意，帮助他们选择课题，联系出版单位。这几年两个研究所经过大家的潜心研究，勤奋笔耕，出了一些学术价值比较高、社会效益比较好的成果。这同基洲的关心是分不开的。

基洲离开我们走了，他的优秀品德，高尚精神永远留在我们心中！

一个美丽的梦
——忆基洲

李佩云

这是一个美丽而又给人悲怆感觉的梦。“在一个高大而又富丽堂皇的大殿里，蓝天白云透过水晶一般明亮的巨大的玻璃屋顶，倒映在紫红色大理石地面上。殿内满是全自动的书架，透明的玻璃罩保护着架上的珍品和精品藏书。在它的计算机房，巨大的数据库在被高速地检索和打印。这是全世界最完整的马克思主义、列宁主义、国际共产主义经典和研究的文献库。它也是配有世界上最先进设备的研究中心。它是完美的，是中文版的。顺着成百上千排书架，我一直向殿门口走去，在靠近门口的一个书架上，信手抽出一本精装书，玉白色的封面，下沿印有一条金线，它是《列宁全集》中文第二版中的一册，在它的上面凝聚着基洲的心血。”梦醒了，我深深地感知，这不是我一个人的梦，这也是基洲的梦。一个美好的梦，曾经使一个人付上了终生的追求。

我记得基洲多次说过，中国共产党作为世界上最大执政共产党，其理论基础是马列主义，中国没有一个完整的

本文为1995年纪念林基洲逝世两周年所作。李佩云，林基洲之妻。

马列主义研究文库，是与我党的地位（在国际共产主义世界）不相称的。他的这个想法萌发于50年代，在80年代臻于成熟。他从组织编译《列宁全集》中文第二版，主编《马克思主义研究丛书》，组织力量出版刊物，以至到海外去宣传和呼吁，都围绕着他的这个美丽的梦想。他为这个梦劳累过度而早逝。在这一巨大工程的施工中，他曾有过无限的乐趣，也闪过明亮的火花。

基洲出生于一个独立劳动者而子女众多的家庭，我们相识时，他是大连市关东高中的学生。他学习刻苦，也很活跃。当时我常见他身着古铜色长袍，手里拿着一本像是辞典一样厚厚的书籍，匆匆来，匆匆去。在“五四”讲演比赛会上，他曾滔滔不绝地发表演说，在学生演出的揭露当时国民党腐败政府的话剧《升官图》的舞台上，他也曾扮演“卫生部长”的角色。那穿件白大褂，戴着大眼镜，手夹大皮包的身影，至今仍历历在目。他当时还是校内社会科学研究小组的成员。为了帮助父亲维持家计和培育妹妹们读书，他不得不时常缺勤，去一所小学代课。他本该读初三，为了早日结束学业他却考了高中，即使如此仍中途辍学，17岁便参加了革命工作。

很多老朋友谈起基洲时，都对他刻苦学习的一面颇有深刻印象。自1947年开始，基洲曾几次调动工作，强烈的求知欲促使他在每个岗位上都能结合工作内容，抓紧一切时间刻苦读书。他的俄语就是利用业余时间自修的。我们在北京结婚后，只要有利于学习的事，他都支持我去做，我们互相帮助，共同提高。那时，他常喜欢对人说，在编译局工作不懂几门外语是难以做好工作的。他的日语有些基础，但不很扎实，他时常找些日语书刊读。恰好当时我做日文翻译工作，便常给他些帮助。后来，他又找到了日英、日德对照卡和读物，通过日语再去攻读英、德两种语言。

“生命最宝贵，而时间更宝贵”这句诗基洲非常喜欢，他经常抄在小纸条上，夹在书页里。他有一个大家都知道

林基洲与家人合影（左三为李佩云）

的特点，就是动作快，有时也嫌太猛。他读书快，经常一个夜晚读书刊一摞；他吃饭快，像似囫囵吞枣，往往别人刚吃出点滋味和兴头，他已经吃完了；他走路快，常把同行的人拉在后面，只顾自己往前走。不少次，他不自觉地把我抛在后面，待发觉后，回过头来笑嘻嘻地表示歉意，并解释说："习惯了，难改！"他这些习惯的形成都围绕着一个观念："节省时间"。我们平时一日三餐几乎都在单位食堂吃，我曾决定星期天在家开伙，他坚决反对我为买菜和做饭耽搁时间，于是达成了星期天中午在外就餐的协议，算是他做出的妥协让步。每个星期天，早饭后便奔向办公室，中午回来我们在离家较近的一家小餐馆吃个烧饼，以及馄饨、面条之类的东西。

其实基洲这个人在业余爱好方面也有较广泛的兴趣。他爱看京剧，喜欢打网球，收集邮票，更爱好参观中外名家的画展。1958 年以前，我们也曾挤出时间去爬山、游湖、看戏、参观，有过一段丰富多彩的业余生活。1958 年以后，随着国家形势的变化，我们温馨的小家庭生活也急转直下。1958 年他下放到山东省泰安县劳动锻炼，1959 年回京后，因讲了些大实话，给党中央提了意见而挨了批斗，受到党内严重警告处分，还被撤了职。在他下放期间我们的儿子出世，不满一岁时被送至大连祖母家，后我又下放四川劳动。1962 年，他的问题得到甄别和平反，不久又被派到北京远郊区参加"四清"运动两年有余。"四清"之后随之而来的是"文化大革命"。运动初期，他遭到戴高帽和进牛棚的厄运，后又被下放到江西进贤县干校两年多。那时我这个“黑五类”也被撤职，靠边站了，随后又被下放到河南干校两年多。我在干校喂猪、养羊、赶驴车，孩子则又一次被送回大连，一家三口人离多聚少，经常天各一方。虽命运如此捉弄，因基洲对事业和学识有着一种超常的苦求精神，曾对列宁主义和列宁本人产生过一种着迷式的喜爱和崇拜，因此对马列主义仍保持着执着的追求，对中国共产党怀有坚定的信心。他梦想的理论建设和文库建立，在逆境中开始深思和推敲。从干校回北京后，他对以往受到的冤屈和挫折从无怨言，转换成一种“拼命”的精神，决心把失去的时间夺回来。他依旧让星期天包括春节在内的节假日在办公室里度过。他就是这样百折不挠和想方设法去实现他的理想和计划。

80年代以来，他的社会活动日益增多，很多活动都尽量安排去参加，但宴请之类的活动尽可能推掉。他不论是在国内出差还是出国访问，常是白天回到北京便直接驱车去办公室，晚间不论回来多晚，第二天照常上班。难得有一次他电告我在中午回京，要先回家，我准备好丰盛的午餐等他回来，但久等不归。打电话问班机，答复是准时到达。我想他可能又同往常一样直接去办公室了，打电话一问，果然如此，令人哭笑不得。开第六届企业家座谈会时，他从俄罗斯访问回国，头天刚下飞机，第二天就搭上去郑州的火车。他就是这样马不停蹄地、不知疲倦地与时间赛跑，直至燃尽最后的能量，倒在岗位上。去世前他唯一的休息就是每天晚饭后逗小孙女玩一会儿。儿子从美国给他带回的鱼竿，从来没有用过一次。

基洲研究列宁，不是停留在学究式的研究上，非常注重学习和运用他的理论、思想和经验。他常思考，假如列宁多活几年，苏联该会变成什么样子，列宁的新经济政策若是有机会得到实践，该对中国的社会主义实践产生什么样的借鉴作用。自1979年起，他根据中国的一些现实问题陆续发表了《列宁怎样对待人民群众的来信来访》《列宁怎样主持集体办公会议》《列宁怎样处理党政关系》等一系列文章。他在扭转教条主义方式方法方面下了很大的功夫。在十年动乱刚结束后的那几年，他曾大胆地写过《列宁反对突出个人的言行》一文。该文在发稿前被我看到，我担心地说："这样是不是有风险，难道你忘记1959年的教训和进牛棚的滋味了吗？"他的回答是："不担风险能干成点事业吗？"紧接着他又写了介绍列宁的思想和领导艺术的《列宁在国家管理中怎样实行集体领导和个人相结合的制度》一文。不久又发表了《学习列宁实事求是的科学态度》一文，这篇文章阐述的是列宁如何实事求是地对待自己所犯的错误，他的良苦用心可想而知了。他的文章从《人民日报》到党校的理论刊物，在各处发表。

改革开放初期，对于遭到"十年动乱"严重破坏的我国经济严峻的形势，基洲忧心忡忡，他围绕经济建设方面的题目发表了一些讲话和文章。1980年4月，在天津举行的纪念列宁诞辰110周年学术讨论会上，他作了题为《学习列宁关于社会主义建设理论，走中国现代化的道路》的报告。他在报告中说："无产阶级夺取政权以后的根本任务是什么？是经济建设。但是我们国家穷折腾，经济形势刚刚转好一点就折腾一次。搞政治斗争，把经济搞下去了。为什么会出现这种状况？就是在理论上没有把无产阶级夺取政权后的根本任务这个问题认识透。列宁著作中，有很多文章是从理论上来论述这个问题的"。他号召理论工作者学习列宁晚年关于社会主义建设方面的论述，认为列宁的新经济政策有很多可以挖掘的思想，这能借鉴到改革开放的中国。他以中央编译局名义在《人民日报》上发表的《学习列宁关于社会主义建设理论和实践》一文中，阐述了他对列宁领导苏联五年的社会主义经济恢复经验的看法和评价。

基洲同样也很关心社会主义文化建设。1982年在纪念列宁逝世60周年时，他发表了《列宁论文化建设是社会主义建设的重要组成部分》一文。他在文中呼吁："学习列宁的社会主义文化建设学说，有助于我们克服相当长时期存在的轻视文化教育的错误观念，树立在如何正确对待知识和知识分子这个重大问题上的马克思主义观点，加深理解我们党提出的建设社会主义的物质文明和精神文明的宏伟任务，以适应大规模发展社会主义现代化建设的迫切需要。"

基洲认为建设有中国特色的社会主义理论的提法合乎马列主义的基本原理，他感到自己的理论与实践相结合的愿望能有机会得到尝试。1984年，他建议编译局成立的研究所办一份刊物，通过这个刊物及围绕刊物主题所举办的活动来探索中国式的社会主义道路，在理论上能有所建树。他始终认为马列主义作为具有中国特色的社会主义理论的基础之一，并不能随着东欧形势的变化而失去其指导意义，结合中国的经济体制变化的现实，深入和全面地研究马列主义，能为未来指导中国向社会主义市场经济过渡的理论做出贡献，而其重要原因在于历史是连续向前发展的，不是人为的力量能将其割断的。有一次我想劝他去北戴河休息，便故意逗他说："很多人都认为马列主义'过时'了、'无用'了，你还干得这么欢，不也是一种教条主义嘛，出去休息休息吧！"他却一板正经地回答："你也跟着这么说，我研究多年，马列主义作为一个完整的理论体系是有持久的生命力的，还有许多外界对马列主义的研究我们没有看到。"自1986年起，他年年操办企业家座谈会，接触企业家，做很多周详的社会调查，产生很多原来未料及的效果。初时，也有人不理解他的想法和做法，说他不务编译局的正业，他从不辩解，他相信时间会证明他的预见性。

除众所周知的《列宁全集》中文第二版以外，他又策划和主编了一套《马克思主义研究丛书》，这是他为实现中文版马列主义文库建设构思的又一开端。他想汇集近期全世界各国研究马克思主义的论著，全面反映马克思主义研究的现状，重点介绍西方对马克思主义的研究。由河南人民出版社出版的这套学术性丛书，在他去世前已有10种问世。尽管这套丛书从编辑角度远达不到《列宁全集》中文第二版的水平，但它以介绍新论著、新方法、新观点、新课题和各种代表性资料为宗旨，它会为未来的一个经典文库的建立奠定基础。

基洲对待自己的业绩很谦虚。《列宁全集》中文第二版首批四卷出版后他非常高兴，晚上他带回家反复翻阅，尤其对封面及版面的装帧设计十分欣赏。我顺手拿过一本浏览，当打开版权页时，一眼便看到了参加校订、编辑、编译、审稿及至装帧设计者等的名单，唯没有主编者及其名字。我奇怪地问他："你不是主编吗？怎么没有署名？"他回答说："这套全集是列宁的经典著作，中央决定出版的，我怎能署名？"我想不通，与其争辩："你们把大量的没有收进第一版中的列宁著作，翻译、编辑进去，每卷又都重新校订，重新加了序言，封面、版面重新设计等等，这么宏大的工程怎能没有主编？你不是从来讲究实事求是吗？怎么这个时候就不讲了？""不署名不等于我没有做工作，争论这个毫无意义。"

全集第二版出齐后，中央召开了"庆祝《列宁全集》中文第二版60卷出版发行会"，他在会上作了发言，中央电视台对会议作了报道。可是荧屏上只有中央领导同志和与会者的镜头，他这个"主角"不知哪里去了。新闻播后，马上有同志关心地打电话问我："老林身体怎么样？没能参加会议吗？""他很好，应当参加了……"我回答说。这天他回来得较晚，当我问起时，他毫不介意地说：“参加了，我低着头讲话大概不好拍吧！那有什么关系！”

一家拟出版名人年鉴的出版社，曾三番两次地请他写简历，都遭到了拒绝。后来听说该出版社从其他同志处得知了他的情况，终于把他刊登了进去。

基洲热爱《列宁全集》中文第二版，热爱编译局的工作，热爱同他一起奋战的同志们。《北京晚报》人物专访栏目记者曾经采访过他，并要求刊登他的照片。他再三拒绝了拍照，同时向记者介绍说：“新版列宁全集凝聚着集体的智慧和心血。参加这一项工作的大都是从事经典著作编辑、翻译二三十年的老同志，在长达8年的准备时间里他们带领一批年轻同志连续奋战、兢兢业业、呕心沥血，唯一的心愿就是尽早用准确流畅的新译文把列宁的全部著作完整地奉献给我国读者。”

英年的基洲，过早地默默地离我而去。这一晴天霹雳，使我神志恍惚，悲痛万分。他的过世，对他所从事的事业是一大损失，对我们家庭而言更是不可估量的损失。我日夜思念，多次抱怨老天为何如此之不公于我。似乎，有这么一天，我好像明白了一点什么。记得一篇《坛经》里讲的，关于少林寺六祖慧能的故事。慧能大师在圆寂前曾预告他的弟子他将离世，弟子们大多涕泣。慧能这时对他们说：“汝今悲泣，为忧阿谁？若忧吾不知去处，吾自知去处。若吾不知去处，终不预报于汝。汝等悲泣，盖为不知吾去处，若知吾去处，即不会悲泣。法性本无生灭去来。”

我感知基洲所能之去处，就这一点而论我感到欣慰。

基洲的梦也是一群人的梦，但这一群人会为这个梦的实现而继续不断地劳作。它是在一个特定的历史时代环境中产生的梦，无论如何，它仍不失为一个美好的梦。

殷叙彝，国际共产主义运动史学家。译审。曾任中央编译局国际共运史研究室副主任、国际共运史研究所副所长、中国国际共运史学会常务理事兼副秘书长，北京大学、中国人民大学兼职教授等。第七、八届全国政协委员。2002 年荣获资深翻译家荣誉称号。享受国务院政府特殊津贴。主要从事五四运动史、第二国际史、西欧民主社会主义研究等，主要著作有《第二国际研究》《从五四启蒙运动到马克思主义的传播》《民主社会主义论》等，参与主编三卷本《五四时期期刊介绍》。

“自甘寂寞总无声”

——回忆国际共产主义运动史学家、翻译家殷叙彝

殷叙彝先生长期从事世界社会主义和国际共运史研究，是中国著名的国际共产主义运动史学家。2014 年 4 月 21 日，89 岁高龄的殷叙彝离开人世。曾与其共事的编译局同事纷纷撰文纪念他，赞誉他为“第二国际和社会民主主义研究的拓荒者”。这里选载了郑异凡、刘庸安、张光明三位研究员的纪念文章。

第二国际和社会民主主义研究的拓荒者

——悼殷叙彝先生

郑异凡

2014年4月21日，叙彝先生走了。消息传来不仅悲痛，而且震惊。五天前（16日）我和夫人睿勤去看望，他还是清醒的，能够同我们对话交流，虽然声音还像电话里传来的那样嘶哑。我让先生少说话，我给他报告所知道的局内外的消息和老友的情况，他还问起我们的《灰皮书——回忆与研究》一书的出版进程。怎么五天后竟然就走了呢！

从2013年下半年起，先生的健康状况一直不好，动了一个大手术，不过术后情况不错，过了一段时间还能够同我们通电话，朋友们虽然还为他的健康担忧，但都为他闯过一关庆幸。先生生于1925年，根据南方的传统，本打算今年五月给他庆祝九十大寿，然而先生竟提前走了。

先生早年学医，后改学历史，先后就读于清华大学和北京大学的历史系。1954年毕业后来中央编译局工作，在新成立的研究室从事“五四”运动与马列主义在中国传播的

本文原载《当代世界与社会主义》2024年第3期。郑异凡，曾任中央编译局国际共运史研究所苏东处处长，研究员。

研究，是研究室的骨干。研究室从搜集和研究“五四”时期的期刊入手，编写多卷本的《五四时期期刊介绍》，在大量的历史资料的基础上，先生与丁守和、张伯昭合作撰写了《十月革命对中国革命的影响》一书，此书得到学界的广泛好评。这种从资料入手，在资料的基础上进行研究与写作的模式，成了以后编译局研究工作的一个优良传统。

就在研究室走过草创期，奠定了研究的基础，并在“五四”运动和马列主义在中国的传播的研究中取得公认的成就的时候，中苏大论战开始了，为适应反修斗争的需要，1960年底编译局成立国际共产主义运动资料室（简称国际室），研究室解散，大部分人员调离编译局，先生留下，改行从事第二国际机会主义修正主义以及伯恩施坦、考茨基的研究。对先生来说，这是一项崭新的课题，一切需要从头开始。先生掌握多种外语，能够熟练使用德语、英语和日语，他的外语能力这时发挥了重大作用，不仅自己使用外语，而且在国际室开班讲授德语，培养更多的德语人才以适应工作的需要。我的德语就是他教出来的，经过一段时间的学习，我德语、俄语并用和同事们翻译出版了伯恩施坦的《费迪南·拉萨尔及其对工人阶级的意义》一书。可惜由于我的工作主要是用俄语，德语长期不用，慢慢就荒疏了。同事们戏称先生为“老山羊”，他在翻译和研究工作中确实是“领头羊”，带领着一批年轻的同志从事第二国际研究这一开拓性的工作，在20世纪60年代和70年代翻译和编译了一批“灰皮书”，如《伯恩施坦言论》《考茨基言论》《鲍威尔言论》等言论集，第二国际人物的著作，如伯恩施坦的《社会民主党内的修正主义》《什么是社会主义？》《一个社会主义者的发展过程》，考茨基的《帝国主义》，米勒兰的《法国的改良社会主义》等。可以说，凡是署名“史集”的“灰皮书”都有先生的一份心血。他还利用业余时间翻译了修正主义的经典著作《社会主义的前提和社会民主党的任务》，与丁守和合作写作了《从五四启蒙运动到马克思主义的传播》一书。

需要特别说一下，编译言论集是一项极其艰苦的工作，要从此人的大量著作中寻找和翻译有代表性的言论，这要涉及多种文字的图书，因此德、英、法、俄、日等多种语言都得用上，而有能力驾驭这些语言的，国际室只有先生一人。灰皮书的翻译出版不仅为中央反修斗争提供了重要资料，也为我国学界打开了一扇通向世界的窗口，使中国的学者能够接触到国际共运史上一个重要流派的著作，了解到他们的真实思想，从而摆脱苏联以《联共（布）党史简明教程》为代表的简单粗暴地任意歪曲对方观点的恶劣传统，促进了中国学术界的思想解放。先生在“文革”结束后撰写了大量论文，后来结集以《民主社会主义论》和《社会民主主义概论》为书名由中央编译出版社出版。尤其值得一提的是 1998 年出版的《第二国际研究》一书，此书是集体写作的，全书 16 章，先生撰写了 5 章，还与其他同志合写了 3 章，是这部著作的领军者。这些研究成果开创了中国研究第二国际、社会民主主义和民主社会主义之先河。先生提出的许多观点、评价是经得住历史的检验的。可以说，我国一些学者撰写的有关研究文章，无不得益于先生所提供的资料，也许还有先生的学术观点。

"文革"期间，先生受到冲击。一是因为《从五四启蒙运动到马克思主义的传播》一书，据说康生曾就此书批示："经验告诉我们，坏分子常常是籍历史研究的招牌去进行反党的罪恶勾当。"这就成了大罪。二是编译"灰皮书"被攻击为给"阎王殿"（旧中宣部）提供"反党炮弹"。对这种攻击用打口水仗的办法并不能解决问题。本着从事实出发的一贯做法，先生和我对"灰皮书"的来龙去脉进行了广泛调查，访问了"牛棚"中的有关人士，看了他们交代的材料，还查阅了有关部门的档案，大量事实充分证明这是"无产阶级司令部"布置下来的工作，是为中央反修斗争服务的。这些调查所得为今天撰写"灰皮书"的历史留下了极其宝贵的资料。

先生在研究中的突出特点是不跟风、不唯上，始终保持从资料出发、从事实出发的实事求是的学风。20世纪90年代初社会上曾掀起批判社会民主主义的热潮，简单地把苏联解体和苏共丧权归罪于社会民主主义。先生始终不为所动，坚持独立研究，没有写那些不久就成为废纸的文字。

先生涉猎面广，所以能就各种问题同朋友交流。我虽然是研究苏联史的，但同先生一直有共同语言和兴趣，谈得起来。20世纪60年代初，曾经有单位约我们写一篇关于托洛茨基的文章或者是小册子，我们起草了一个提纲，我写托洛茨基被斯大林驱逐出国以前的那一段，先生起草出国以后的那一段。这是我们第一次合作。80年代末，我们所申请了一个斯大林研究的课题，是同中央党校合作的。不久发生“六四风波”，课题怎么搞下去成为问题，中央党校放弃不搞了。我们的课题主持人曾想把问题做小，改为“斯大林和党的建设”研究。我同殷先生议论，觉得研究斯大林还得抓住根本，这就是必须弄清斯大林的模式，研究斯大林模式中的政治、经济、文化、民族、党建等关键问题及其相互联系，孤立地单抓党建是不够的，而且就当时的资料而论，也有困难。先生同我一起拟定了若干需要具体研究的问题，得益于同先生的讨论以及他的有见地的意见，课题主持人同意了这个主张，终于完成了《斯大林模式研究》的课题并出版了专著。

退休以后见面的机会少了，但我们继续通过电话就各种问题交换意见，我在读书、研究中偶有心得或者遇到问题，首先想到的就是同先生交流、讨论。

先生博闻强记，学识渊博，但并不独善其身，而是把大量的时间用于帮助后学。前面已经说过，先生掌握英、德、日语，后来又自学俄语、法语，甚至拉丁语，即使在编译局这样的翻译单位，也属凤毛麟角。因此，编译局不管哪个部门的同志，遇到翻译中的问题，都向先生请教，而先生也来者不拒，外室同志，特别是马恩室的同志，得到先生的帮助尤多。他用大量的时间校订青年人的译稿，这自然影响了他的学术研究，我曾经为此多次劝告，校改

殷叙彝（右二）、郑异凡（右一）等中国学者与联邦德国贝尔格曼教授合影

译稿固然对后学非常有帮助，对编译局的翻译工作大有助益，但毕竟有人可以替代，而研究第二国际，研究考茨基和伯恩施坦却是无人可替代的，以先生的学养应抓紧时间撰写这方面的文章，或者在有生之年写出专著，这对中国的学术界会是更大的贡献，但先生照样孜孜不倦助人为乐。

编译“灰皮书”曾是国际室的一项重头工作，也是编译局的一项重头工作，国际室是以此起家的，不仅为社会做出重大贡献，也借此培养了一批编译和研究人才。先生多次同我议论，这段工作应当好好总结，这段历史应当记载下来。但先生已经年老体弱，我只好自告奋勇，承担《灰皮书——回忆与研究》课题的组织编写任务。鉴于当年从事这一工作的同志大部分都是耄耋老人，我给局领导打报告的时候特别强调这是“抢救性的工作”。果然，在立项的时候先生还能参加议论，承担副主编的工作，但不久便病倒，颇令人不安。稍有好转，提笔写作有困难，只能用录音的办法，断断续续地讲述编译“灰皮书”的来龙去脉，他的长篇回忆录《关于“灰皮书”和国际室的回忆》不仅为“灰皮书”的编译过程提供了详尽的资料，也为中央编译局的局史留下弥足珍贵的翔实材料。可惜先生没能等到此书的出版。

斯人离去不仅是编译局的一大损失，也是我国学界的一大损失。同事周懋庸女士写了一首《临江仙——悼师兼友殷叙彝先生》，谨录以纪念：

忆昔国际所成立，
比肩都是豪英。
自甘寂寞总无声，
四壁图书里，
研史求明证。
生平友谊师兼友，
消息传来堪惊。
高年九十可慰情，
故人常在忆，
不眠到三更。

写到这里本来已经收笔，不料几天之后的5月10日，懋庸大姐心脏病突发去世。懋庸是编译局的大才女，翻译、研究皆精，她和殷先生等编译的两卷本《卢森堡文选》为研究罗莎·卢森堡这位女革命家的理论提供了翔实准确的第一手资料，她本人撰写的有关卢森堡、第二国际的文章，颇具开创性。更出人意料的是，懋庸大姐退休后创作了两部长篇小说，《长相思》获上海第四届长中篇小说优秀作品大奖。懋庸西去消息传来，令人震惊、难信。半月之内痛失两友，哭罢秀才哭才女。谨学填“临江仙”送别大姐：

去年鑫园曾共饮，
一堂欢笑才英。
地北天南论古今。
柳荫蝉声里，
相扶蹒跚行！
三十年来频噩梦，
优雅淡定不惊，
研究创作自多情。
才女从此逝，
何处觅知音！

悼念恩师殷叙彝

刘庸安

2014 年 4 月 22 日晚，我突然得知一个不幸的消息：殷叙彝先生走了！

今年春节前，听说先生住院了，我马上到二炮总医院看望。先生见我来了，笑了笑，算是打了招呼。我见先生说话气若游丝，就说，您不要说话。我说，您听着，这样可以省些气力。记得那天我跟先生谈到老同事，谈到先生喜欢的京剧，谈到先生的一位过世学生的后辈在美国的情况。临走前，我跟先生说，先生，我一直有句话要跟您说：请您原谅您这个不成器的学生。说完，我哭了。先生听了，笑了笑，说，不要这样说，人各有志，不可勉强。

我为什么这么说呢？

1982 年夏天，我从北大国际政治系毕业分配到编译局。我跟先生（当时任副所长）虽在同一个研究所，但研究的不是一个领域。我研究的是“康庄大道”（共产国际），先生研究的是“歪门邪道”（第二国际）。我一来就按照领导安排写了一篇美共已故领导人白劳德的传记。按照当时传统

本文原载《中国改革》2014 年第 6 期。刘庸安，曾任中央编译局国际共运史研究所编审，中央编译出版社副社长。

的调子，白劳德是“修正主义”。我看过前人写过的东西，又利用编译局图书馆丰富的外文馆藏，写出了1.5万字的传记，引用的资料和得出的观点与前任有很大不同。先生看了，很高兴。这篇文章在《国际共运史研究资料》编委会（先生是编委之一）上很快就通过了，得到正式出版。

应该说，包括先生在内的不少老同志对我寄予了很大希望，希望我在国际共产主义运动史的研究上有所建树。但我生性好动，坐不住冷板凳，且对什么都感兴趣，东一榔头，西一棒子，结果一事无成，成了先生不成器的学生。

先生是所有读书做学问的人的榜样。纵观先生一生的著述，早期是关于马克思主义在中国传播的，先收集原始资料（包括五四时期的期刊），编辑出版，然后写出自己的专著；中后期的著述几乎全是关于欧洲社会民主主义的，走的还是这个路子，先收集翻译第一手资料，编译成册，然后研究，撰写论文，然后出版专著。先生做学问，好有一比：先生在挖井，找到一口井，一辈子挖到底，就算是一口枯井，也要把它挖穿！先生在纪念研究所成立20周年座谈会上曾对当时还算年轻的我们说过，只要有耕耘，就会有收获。可我一口井挖了几锹，就跑了；又挖了一口井，抡了几镐，又跑了。说到底，我不像先生，从骨子里是一个真正读书做学问的人。

先生一生坚守信念，甘于寂寞，穷毕生之精力，读书做学问，到底是因为什么？除了先生是个纯粹的读书人之外，还有一个先生没有明说，但我认为也很重要的原因。20

殷叙彝（左二）与同事进行业务研讨

世纪 80 年代中期，先生到德国做访问学者，来到莱茵河边，两岸林木茂盛，大片大片的葱绿中点缀着黄墙绿瓦，德国人民在如此优美舒适的环境中享受着富足美好的生活。可我们中国人为什么至今还生活在贫穷之中？先生想到此，顿时热泪盈眶……

先生是在苦苦地寻找一条路，一条能让中国人像德国人一样过上富足、安康、幸福的生活之路！先生年轻时（抗战时期）作为医学院的学生，颠沛流离，先后流落到河南、贵阳和重庆，苦难的中国人的悲惨生活给他留下了极为深刻的印象。先生后来考上清华（后因院校调整到北大），改学历史。改变专业，当然不排除个人的爱好，但想从历史中寻找一条使中国走上安定、强盛、富裕的道路，从而使贫穷的中国人过上美好幸福的生活，是不是也是一个原因呢？先生生前没这样明白地说过，但按照逻辑，先生有这样的想法，应该不会错。

我曾写过一篇中篇小说《公民王二》，其中一个人物恩师甲，就是以先生为原型的："恩师甲身材高高的，'教授脑袋'——这是美国叫法，egg head，即秃顶——戴一副深度眼镜，拄着拐……让人一看就知道是知识丰厚、为人谦和、作风严谨、不露山水的大学者，让人油然而仰视。"

先生的爱好极多，书法、京剧、交响乐，几乎样样涉猎，且欣赏水平不低。像老一代知识分子一样，先生对中国古典诗词造诣不浅，常与志同道合者唱和。

值得欣慰的是，先生享年 89 岁，过了米寿。在走时没有遭到过多的痛苦。恩师殷叙彝先生，一路走好！

忆殷叙彝先生

张光明

2014年4月21日中午，中央编译局离退休干部办公室主任、好友张文成打来电话告知，殷叙彝先生刚刚去世了。我匆匆赶到医院太平间，与逝者作最后的告别。先生久病，憔悴瘦弱，已不复当初，但面容平静安详，一如刚刚入睡。我心中恍惚，大脑一片空白：这位我相识相交20年的学术前辈，就这样远去了吗？

一

我初次知道殷叙彝这个名字，是在20世纪70年代末80年代初读历史系本科时。当时我已经比较关注世界社会主义运动史，常寻找这方面的资料和研究成果。在图书馆看到几种新出的不定期丛刊，例如《马列著作编译资料》（后来改称《马列主义研究资料》）和《国际共运史研究资料》，均为人民出版社32开本，后者署名"中共中央马恩列斯著作编译局国际共运史研究室"。里面不仅有文献资料、

本文原载《中华读书报》2014年5月7日。张光明，曾任中央编译局世界社会主义研究所研究员，北京大学国际关系学院教授。

人物传记和书刊介绍，更有长篇的研究性文章。它们内容广泛，资料丰富，颇不同于共运史领域中常见的那类空话连篇的书籍和文章；特别是大量引证的各语种的外文文献，给我留下了深刻的印象。由此，也就记住了一批作者的名字，其中十分突出的一位就是殷叙彝。

1985年，我正在读硕士，跟随导师杜康传教授去南京参加关于第二国际的专题研讨会，中央编译局的学者如殷叙彝、李宗禹、李兴耕等都来参加了。这批人的大名常常见诸各类学术出版物，在我这个第一次参加全国性学术会议的学生眼里，都是需仰视的人物。可一经接触，才发现个个朴实随和，平易近人。殷叙彝先生在他们中间年纪较长，学问又好，格外受人尊重，但他分明对自己的“重量级”毫无意识，和我们这些年轻人在一起时，谈笑风生，一点也不矜持，让人感觉不到距离。这又是让我感到新奇和佩服的。

1986年我硕士生毕业后，到武汉教书，转入世界近现代史领域去了。90年代初，我所在的那所大学气氛压抑，青年教师们人心浮动，纷纷逃离，南下经商。我犹豫许久，终于抓住惟一的机会，在1994年考取人民大学博士生，回到了北京。两年后提前毕业，分至中央编译局世界社会主义研究所。这样一来，我成了当年景仰的这批学者的同事，而我的办公室，恰好就在殷先生隔壁。

中央编译局这个单位，一般人多不了解。记得去报到之前，一位博士生同学颇替我遗憾，说：可惜了呀，你去了那么个地方，学问可就毁了！因为在他眼里，我是能做点学问的，跑到一个专为政治服务的“同文馆”，岂不是白白糟蹋了？然而，凭我已有的感觉，这个看法是从概念出发，并不符合事实。编译局并不是官僚衙门，而是个低调搞翻译、平实做研究的学术机构。那里图书资料极其宏富，外文藏书之多，国内罕有可匹者。那里的老一代学者们，一般都具备良好的外国语水平，懂个两三门外语的，大有人在；讲究的是认认真真读书，踏踏实实治学，从事实出发，不尚跟风，远离空话。总之，学术氛围浓厚，恰合我意。何况，老先生们对我写过的一些东西，特别是论述第二国际时期布尔什维主义和社会民主主义分野的博士论文，十分赏识，褒奖有加，对某些不学无术者对这篇论文的愚蠢指责，嗤之以鼻。所有这些，都让我对即将加入的这个单位充满信心，心甘情愿去那里拿低待遇，坐冷板凳。

确实，我在世界社会主义研究所工作的那些年里，工作环境和学术气氛相当好。所里同事们的关系十分融洽，大家心态平和，各做各的事情，遇事都能商量协调，国内单位几乎随处可见的那种争私利、斗心眼、锱铢必较甚至尔虞我诈，不敢说在这里完全绝迹，但我很少遇到过。在这样一种简单的环境中，头脑自然放松，用不着整天紧绷绷地，“见人只说三分话，未可全抛一片心”。很快，我便和一班老同志熟悉起来了，他们大都接近老年，有些人已经退休，但殷叙彝、李兴耕、郑异凡、胡文建、顾家庆诸位先生都还在职，老领导李宗禹先生虽然不久后就退休了，

殷叙彝（中）参加庆祝中央编译局成立五十周年大会

但隔三岔五还会来所里看看，而且每来必到我的办公室聊上一阵子。和他们在一起交谈，于我不但不是负担，反而是一种乐趣：话茬儿可以随处开始，但不一会儿总是要转到历史和理论问题上来，变成高水平的学术讨论。换个地方，上哪里找这样的好事去？唉！那种纯真质朴的时光如今早已逝去，我也已调离编译局多年。经常有好友向我说：你早早逃离那个地方真是太英明了！我却宁愿在这里宣称：不管它现在怎样，我对自己在那里的八年零九个月，不但毫不后悔，反而把它当作我一生中最可珍贵的岁月去怀念，在那里，我曾和一批正派的、有学识的老一辈学者共事过，我以此为荣。

殷先生是个大忙人。在他的办公室里，书架上，窗台上，茶几上，甚至地上，到处放着各种文字的书籍，写字台上的书和刊物更是层层叠叠地堆砌了足足二尺高，只在中间留下极小一块空地，他就挤在那个狭窄的角落里，戴着高度数的眼镜，翻阅各种文献，写他的学术文章。他那些在学术界产生过广泛影响的论著，差不多都是在这个角落里写出来的。

可是，他很少能够真正安静下来。他要不停地回答各种各样的问题。殷先生是单位里出了名的“活字典”，随时随地有年轻人跑来向他请教，熟人往往不敲门就进来了，直接递上英文、德文、法文还有别的什么文字的材料，“殷先生！跟您请教一下：这段文字我弄不明白，您看看该怎么处理？”这种没头没脑的询问，类似突然袭击，一般人很可能觉得有点怵头，我作为旁观者，也觉得有时不大得体。殷先生却总是笑呵呵地放下手中的“活计”，接过咨询者递过来的东西，扫视一遍：“喔，是这么回事……”不一会儿便把问题讲得水落石出。遇上较为复杂的问题，他会不厌其烦地搬出好几种厚厚的词典，耐心地在查询对比中向求教者解释。来人满意而去，我猜，这时殷先生其实也挺惬意的。

平心而论，殷先生并不擅长像一般高校教员那样，按部就班地给学生授课。他们这批老同志在办公室里搞了一辈子翻译和研究，说得夸张一些，对大学课堂似乎有点畏惧。我到世界所后听说过一则故事：所里的一位著名学者被某大学请去上三小时的课，老先生为三小时辛辛苦苦准备了大半年！这听起来似乎可笑，但我完全能够理解，他们对待研究工作的态度太过认真了，以致把一次普通的教学也看成了重大的科学交流，因此必须拿出自己的独到见解和丰富资料，绝不允许胡乱应付，照本宣科。这样的治学态度，怎不令人敬佩？后来，当我到北大任教后，也曾几次邀请殷先生前来为研究生们授课。这时他总是要求学生们多提问题，免得搞成他一个人自说自话的独角戏。每当遇到学生提问题时，那才是精彩时刻的到来，他那丰富无比的知识储备库砰然打开，话语自然多了起来；不经意间，旁征博引，举一反三，往往把学生们带入丰富的研究领域，让有心人从中发现一条有趣的探索之路。

至于我本人，却很少直接向殷先生请教，如今回忆起来，真是一个遗憾。这缘于我的一个坏习惯：遇上困难的问题，宁肯自己去读书，去思考，轻易不去麻烦别人。我从殷先生那里学到的，主要来自我对他著作的了解和与他的交往，那是一种无言的熏陶，潜移默化的影响。他的认真严谨，他的谦和低调，他对学问的那种发自内心的热爱，其实都在不知不觉间引导着我向前走。正所谓桃李不言，下自成蹊。殷先生于我，就是这样的良师益友。

殷先生健谈，喜欢聊天。好几次外出参加会议，他都和我同住一个标间。他腿脚、视力都不算好，晚间不想出去散步，就和我待在房间里。泡上一杯清茶，斜倚在各自的床上，遥遥相对，话匣子一打开，天南海北，无所不及。他不只是外语水平高，外文书读得多，其实阅读面极广，记忆力又超群，古今中外，历史、理论、人物传记，他读过的着实不少，谈起来全都津津有味。恰好我也有这种爱好，于是漫无边际而又乐趣无穷的对话，总是可以持续到后半夜。就是在这种交往中，我对他的学术生涯有了越来越切近和深入的了解。

二

殷叙彝先生是江苏丹阳人，生于1925年5月。抗战后期的1944年4月初，他和其他七个学生一起从沦陷区南京出走，经江苏、安徽、河南、陕西、四川，一路艰辛，到达重庆。此前他已经是南京中央大学医学院二年级生，到国统区后，分至贵阳医学院继续学习。抗战胜利后，本想转学到上海医学院，可惜患上了肺结核，考试时虽名列第一，却不得不休学回家治疗休养。就是在这段时间里，他作出了决定他后来一生道路的重新选择。晚年他在一篇回忆中写道：起初，他并不关心政治，只想埋头读书，将来"当一个有学问、有品德的医师或医学院教授"，但从沦陷区到国统区所亲历目睹的种种龌龊的现实，使得他思想上发生了重大变化。他在养病期间看了不少社会科学的书，特别对历史学产生了浓厚兴趣，终于放弃对医学的追求，转向人文和社会科学。1949年他考取清华大学历史系，1952年院系调整后转为北京大学历史系的学生，1954年毕业后，分配到中央编译局，在这个地方，对世界社会主义的研究和翻译成为他终生的事业。

殷先生有一次告诉我说：大学时期他的志向是毕业后

专攻中国近代史，是李宗禹先生去学校挑人时选中了他，才把他分到编译局的，“不过也好，这样我学的几种外语就都用得上了”。确实，即使在外语人才成堆的编译局，他的水平也是出众的。早在抗战期间，他已经学会了英语、德语和日本语；大约是在解放后吧，他又学会了俄语；下放干校期间，他又自学了法语；“文革”后期，他居然自学了拉丁文！他的记忆力是惊人的，直到晚年仍如此。一次他曾告诉我说：他从一本德文期刊上读到，年轻时学习一门以上的外语，对提高记忆力大有帮助。

最初几年，他被安排到新成立的研究室里，参加“马克思主义在中国的传播”的课题研究。他本人就五四运动时期的期刊情况写有文章，集体编写了好几种资料集，还和别人合写了《十月革命对中国革命的影响》《从五四启蒙运动到马克思主义的传播》两本书。但为适应现实政治条件的变化，1960 年 12 月编译局成立了国际共运史资料室，他被调去从事关于“第二国际时期马克思主义与修正主义机会主义的斗争”的研究。自那时起，在这个方向上的数十年耕耘，产生了丰厚的收获，成就了学术界中如今人们所熟悉的殷叙彝。

说到这里，就不能不提一提当年那套“供批判用”的内部书“机会主义修正主义资料选编”，亦即大家所称的“灰皮书”了。殷先生和他的同事们一起，从 60 年代起到 80 年代初，为这套书倾注了大量心血。

这套书是应当时中共中央在国际上与“苏联修正主义

集团”进行斗争的需要而编的，是一项地道的政治任务。但是，受命工作的编译者是以严谨的学术态度去对待这项任务的。从四处搜寻资料开始，到细心的翻译和校阅修改，这是一项浩大的工作。“灰皮书”中的许多本，都有殷先生的参与：《考茨基言论》《伯恩施坦言论》以及不少其他译作的单行本，以及“文革”后才出版的《鲍威尔文选》《德国社会民主党关于伯恩施坦问题的争论》等，都是如此。殷先生还从德文独译了伯恩施坦的最重要著作《社会主义的前提和社会民主党的任务》。“反修防修”已成历史陈迹，这套“灰皮书”却意外地给日后不少年轻人——其中也包括我自己——了解世界社会主义思想史乃至世界政治思想打开了一扇窗口；如今的专业学者都知道，这些资料对于他们的研究具有何等重要的价值。殷先生本人也非常重视这套书，直到生命的最后日子里，还挂念着关于此书的回忆录的出版。我有幸从郑异凡先生和殷先生那里看到未刊稿，先睹为快，从中了解了许多此前仅知一鳞半爪的情况。读来真是感慨万千！

对“灰皮书”的翻译，同时也促进了编译者们自己的思考，奠定了他们日后学术研究的基础。一旦“文革”结束，改革时代来临，这批早有准备的人挟厚积薄发之势，立刻就站在了国内研究的前沿。许多长期封闭的“禁区”正是在他们手上打开的。

从上世纪70年代末80年代初开始，殷叙彝先生进入了他的学术活动全盛期。他在伯恩施坦、“奥地利马克思主义”、罗莎·卢森堡以至对第二国际的整体性研究等问题上，都不断发表著述，几乎在上述每一个方向上都有开创性的贡献。他成为社会民主主义领域中公认的权威人物。随着研究的深入，他又把视野逐渐扩大到二战以后的民主社会主义，并紧紧地追踪着当代的最新发展，在这个领域中也写出了不少重要的文章。这里不是详细分析殷先生的学术成就的地方，我只能笼统地说，他的论文给人的突出印象是材料扎实丰富，叙述严谨细密，远非学术界的一般文章可比。它们既不同于那种充满滔滔雄辩的理论文章，也不同于那类只顾大胆呼吁而懒得细心求证的翻案文章；它们是从翔实的史料出发，旁征博引，娓娓道来，一步步把事情的来龙去脉解释清楚。但又绝不是只有叙事没有观点，而是把观点自然地与叙事融汇结合在一起了。从形式上看，它们是温和谦逊的，看上去不那么泼辣，不那么咄咄逼人，但善于阅读的人深入下去，便可以发现其中关于重大的理论和历史问题的敏锐见解。它们是专业性很强的学术文章，对缺少训练的一般读者不怎么适合——也正因此，殷先生的著作与一些功力并不及他，但擅长通俗写作的学者相比，在社会上的影响小得多。对于有志于专门的科学探讨的读者来说，却可以沿着其中的提示走出自己的研究之路。不止如此，在写作之外，他还在不停顿地翻译，其数量很可能不亚于著述。例如罗莎·卢森堡对布尔什维克的著名批评《论俄国革命》和德国社会民主党当代主要理论家托马斯·迈尔的几本书，都出自他的译笔，在我国的学术界乃至社会上都产生了广泛的影响。

殷先生曾经说过，他深感遗憾的是：研究了大半辈子伯恩施坦，终于没能写一部伯恩施坦传记。我想这正是他的审慎谨严之处。内行人谁不知道，他那些关于伯恩施坦的论文，其分量远在那些人云亦云且错漏百出的所谓专著之上？何况，他在晚年出版的《民主社会主义论》和《社会民主主义概论》两本结实的书，作为他一生辛勤耕耘的结晶，已被公认为这一领域的扛鼎之作了。

三

殷先生退休后不久，我也调离编译局了。他退而不休，仍然在写文章、搞翻译，我在学校为教学和各种杂事忙忙碌碌。但我们仍时常往来。张世鹏教授在世时，我们三人常相约外出，吃饭，看京剧，还去过几次公园。殷先生是好几届全国政协委员，政协礼堂每有演出，也总是邀我们一起观看。跟着这两位老戏迷，我的戏曲知识着实长进不少（事见我为张世鹏教授写的悼念文章，载《当代世界社会主义问题》2013年第4期）。世鹏去世后，殷先生的身体状况也日渐衰弱，起初我们还偶尔在附近吃顿饭，渐渐地他不再外出了，只能在家中静养了。于是，我常常和他在电话里交谈或到他家探望，跟他讲讲我近期读过的书和遇到的事，有时复印一些我的或别人的文字带给他。每次去，老先生都十分高兴，一会儿学术，一会儿现实，谈天说地，仿佛一瞬间又年轻了20岁。如果我有些时候没有与他联系，他的电话便会打过来。在他卧床不起的那些日子里，我生怕影响到他的休养，尽量减少与他的通话。一个早晨，电话突然响起，他用嘶哑得几乎听不清的声音对我说："光明，我太寂寞了……"

他的体力虽然已经不济，但思维敏捷依旧，记忆力一点不见退化。我曾将自己指导的几个博士生带去向他请教，他一经见面，便永远记住他们的名字了，后来还多次问起他们的近况。至于他所掌握的那些外国语，看来是牢牢镌刻在他的脑海中，不可磨灭了。可毕竟是老了，在几次住院后，只能越来越多地依靠卧床休息。尽管有家人的悉心照顾，但对这位离开了书就没法生活的学者来说，这可真是精神上的折磨。仰卧着，他举不动厚厚的书，于是只好读各种学术期刊，最后只好读《参考消息》之类的报纸以及编译局图书馆收藏的一些外文期刊。他还让我把他书架上的藏书选取有用的带回去。他有些忧伤地说："这些书我已经用不着了……"

先生宽厚豁达，对许多事情都看得开。但他对当下学术界中的浮躁浅薄之风，不能不感到忧虑。在当前，道听途说、望文生义、任意发挥、胡编乱造成了许多人走捷径的新招数。这在一些人那里是为了评职称，在另一些人那里是为了混官职，还有一些人，天真地自以为是为了争取"民主"！面对这种可笑的活动，殷先生实在看不下去，可又没有办法。他自嘲说："我们写了几十年文章，顶不上有人一句胡说。”我近一两年来写了几篇与世界社会主义研究领域中这类不实之辞商榷的文章，每次拿给他看，他都认可而且很高兴。

直到他去世前一个星期，我去看他。他十分虚弱，但精神还好。声音嘶哑，中气还算充足，情绪也不失乐观。他告诉我，过几天他要去医院复查，住两个星期。如果检验没事，以后就不必再去了。我说：下次来，我要给您带一份我刚写的与“《资本论》第三卷推翻第一卷”之说商榷的文章。他愉快地说：“好啊”，又带点戏谑地说：“我看得懂吧？”两个人都笑了。他还说，下次你来时，再挑一些书带回去。谁能想到，这是最后一次会面了呢。此后的那些天，我估计他人在医院，不便打扰，待他出院后再联系。万万没有想到，他已经永远不能走出来了。

如今理智地想来，先生享年 89 岁，即使在当今也是高寿了。以他这样智慧的头脑，一旦不能继续为学术而运用，尊严地离去，或许要比长期忍受身体和精神上的痛苦更为适宜。殷先生的遗体告别仪式简单而质朴，没有漫天盖地的各种挽联和花圈，来的多是他的生前同事好友和敬仰他的后辈。先生一生是学术中人，最后仍由一群学术中人自发前来送别，这样最好。

7 年前，我在为殷先生《民主社会主义论》一书所作的书评中曾写道：“这位老学者的研究脚步，过去 20 多年间始终是紧扣着时代前进的脉搏，走在探索的领先位置的。在这个意义上，尽管本书所收论文并未按照时间顺序排列，但今天重读这些作品，就好似部分地回顾了一遍改革开放以来我国社会民主主义—民主社会主义研究的进步历程。”（载《当代世界与社会主义》2007 年第 5 期）殷先生和他的同事们所代表的是一整个时代。仅以岁数而论，他们中的最年轻者，如今也已年过古稀，临近耄耋，从这个意义上说，他们的时代已经过去了。但是我自问：我们这批人的时代如何？已经超过他们了吗？我不能不惭愧地承认：没有，远远没有。我们充其量可以依托于他们为后辈做好的准备，在某些问题上提出若干新的看法，但在对资料的细心收集、梳理、分析和运用上，我们至今还远远不能望其项背；也许，永远不能。世界社会主义这个领域，经常被许多人瞧不起，视为“官学”，似乎从来都是在追随一时的政治需要，讲些空话套话而已。此种印象不仅不公平，而且可以说不理智，因为正是这个领域的研究，对于透彻认识我们历史与现实中的种种问题，至关紧要——可是这种印象也不能说全错。确实，过去和现在总有许多人是靠空话和套话“混”的，而且依靠自己的小聪明，混得还很不错。殷先生们这一代人的特殊贡献在于，他们以自己的深厚学养和对学术、对历史的责任感，踏踏实实地在一个似乎难有作为的领域里做出了真实的学问。我辈正是应该沿着这条路向前走，所需要的是像殷先生们那样，淡漠各式各样的外在诱惑，把对知识和思想的诚实探求放在首位。

周亮勋，马列主义经典著作翻译家。译审。曾任中央编译局马恩室主任、中国《资本论》研究会理事、全国马克思列宁主义经济学说史学会常务理事、国际马克思恩格斯基金会学术咨询委员会委员。全国“五一”劳动奖章获得者。2002 年荣获资深翻译家荣誉称号。享受国务院政府特殊津贴。参与《马克思恩格斯全集》中文第一版、第二版，《马克思恩格斯文集》及马克思《资本论》《政治经济学批判》、恩格斯《卡尔·马克思〈资本论〉第一卷提纲》等编译工作，是《马恩全集》中文第二版的总策划人之一。

“这个人脑子里只有工作”

——回忆马列主义经典著作翻译家周亮勋老师

徐洋

谈到新中国的马列主义经典著作编译事业，曾长期担任中央编译局马恩室主任的周亮勋老师的名字是不能略过去的。

我 1998 年从北师大历史系研究生毕业分配到中央编译局马列部工作，先是在《国外理论动态》做编辑。马列部的全称是马恩列斯著作编译部，跟编译局基本同名，犹如弗里德里希·恩格斯沿用了老恩格斯的姓名一样。其实这个部刚刚由原来的马恩室和列斯室合并而成，大家当时还是习惯称自己是某某室的。来编译局不久，就听说马列部有几个“资本家”：周亮勋、张钟朴、王锡君、冯文光等人。这是大家对几位《资本论》翻译家的谑称。众所周知，《资本论》第一卷出版于 1867 年，但直到 20 世纪 30 年代才翻译到中国来。做出开创性贡献的是陈启修、潘冬舟、侯外庐、王思华、郭大力、王亚南等中国《资本论》第一代翻

本文作于 2023 年。徐洋，编审。现任中共中央党史和文献研究院第五研究部副主任。

译家。他们把马克思主义政治经济学真理完整介绍到中国来，极大开阔了中国人的眼界，从理论方面有力推动了中国人民的革命事业。但囿于当时的条件，30年代的《资本论》中译本也还存在某些问题，如文字不够通俗、辅助资料比较欠缺、个别译文不够准确等等。新中国成立后，出版一部文字更加通顺、译文更加准确、资料比较丰富、可堪长期使用的《资本论》中译本任务，就责无旁贷地由中央编译局来承担了。而这一光荣使命，后来就主要落在当时的年轻一代身上，他们这些人也就成了中国《资本论》第二代译者的代表人物。周亮勋和张钟朴都生于1930年，其他几位也是30年代生人，编译局成立时都还是毛头小伙。我到编译局的时候，这些“资本家”们大都已两鬓花白，将近古稀之年了。这几位老师也都从马恩室主任、处长等岗位上退休。不过那个时候，大家并不习惯称职务，而是主要称“老”或者“小”，或者干脆省去姓直接叫名字。比如这几位“资本家”，我虽在当面尊称他们“老师”，但在人后还是习惯称他们为“老周”“老张”“老王”“老冯”。这样不仅亲切，而且简明。我这里就按照二十多年前的习惯，接着称周亮勋老师为“老周”吧！

一、投身经典编译，享有国际声誉

我来编译局时，市场经济大潮已席卷全国，国际贸易、对外交往非常红火，外语人才供不应求。听一位在德语系做主任的老师说，当时外语系的学生连外交部、新华社都不一定看得上眼。中央编译局则因业务难、工作苦、要求高、待遇低，很难吸引到外语院校的合适的毕业生。我记得21世纪初中央编译局人才招聘刚纳入公务员考试时，报纸曾用《中央编译局“高处不胜寒”气象局遭遇强“冷空气”》来形容当时的情景。当年固然是由于报考条件比较高（比如要求既懂政治经济学又粗通德语），但这一标题在某种程度上也反映了经典著作编译工作招揽人才的困境。

而中央编译局在建国初刚成立时，情形则完全不同。那个时候全国一盘棋，组织上能够从有关外语学校调来最优秀的毕业生，这些学生也因能够从事经典著作编译这一神圣而光荣的事业而倍感自豪。1951年夏，华东人民革命大学附设上海俄文学校（上海外国语大学前身）接到中组部通知，选调25位同学去北京工作。这一批学生中就有老周，另外还有老顾（即马克思主义经典著作编译家顾锦屏）。当时编译局受中组部委托，负责俄文干部的分配。经考察，老周和老顾两人被分配到中共中央俄文编译局。1953年，中共中央俄文编译局与中宣部斯大林全集翻译室合并，成立中共中央马恩列斯著作编译局。从那时起，老周就一直耕耘在马克思主义经典著作编译工作战线。

据老顾回忆，上海俄文学校的学制是两年，他和老周是1949年底录取的，1950年2月开学典礼，当时陈毅市长来讲话，强调学员要确立为人民服务的革命人生观，要学好俄语，为新中国建设服务。1950年下半年学校成立了

1955 年周亮勋（左三）去德国进修前与同事合影

两个速成班，老周和老顾分配在同一个速成班里。老周当时是双班长之一，即学习班长，另外还有一位女同志担任政治班长。他们到选调北京时也才学习了一年半时间。来编译局后，他们以对马列主义的坚定信仰和对经典著作编译事业的无限热爱，积极投入工作，夜以继日，充分抓住每一分每一秒学习理论知识，提高外语水平，很快就成长起来。编译局成立之初，即开设了德语学习班。1954 年老周光荣加入中国共产党，介绍人是何匡。老周因为在工作中展现出良好的政治素质和业务水平，而在 1955 年被选入赴民主德国统一社会党中央马列主义研究院进修人员名单。老周在柏林学习时，结识了转入东德马列研究院学习的周家碧老师，学成后两人在1958年同时回到编译局，1959年两位老周（当时还都是“小周”）在编译局中宽街宿舍成婚。两人相濡以沫，相伴一生，共同为经典著作编译和马克思主义研究做出了杰出贡献。

老周学成回国后，立即投入火热的经典著作编译工作，特别是在《马恩全集》中文第一版的翻译中发挥了重要作用，先后参加了多个卷次的翻译工作，还长期担任马恩室主任。

老周投入精力最多的还是《资本论》。编译局20世纪50年代刚开始翻译《资本论》时，是以苏联出版的俄文版为底本的。老周后来回忆说，客观原因是“由于编译局当时缺乏掌握德语的干部”。到1960年底1961年初，编译局领导考虑到《资本论》已有的郭王译本就是从德文直接翻译的，如果编译局出新译本反而从俄文转译，“那是不妥当的”，于是决定改为从德文版翻译。按照老周的说法，当时采取的措施是“一方面把德语较好的同志相对集中，同时经济组的全体成员脱产学习德语”。老周没有说“德语较好的同志”是谁。其实，老周就是为数不多的德语较好的同志之一。据张钟朴老师回忆，“派往民主德国马列研究院进修的五位同志（宋书声、籍维立、周亮勋、薛中平、周家碧）学成归来”，“编译局有了懂德语的人才，开始有了从德语译校马恩著作的条件，而且进修归来的周亮勋和薛中平二位同志分配到了经济处，周亮勋同志担任了经济处的负责人”。时任编译局常务副局长王惠德和大家商量后，决定经济处全处突击学德语；马恩室将来都转入从德语翻译，经济处是先行一步。这个德语学习班，正是“由周亮勋同志主持学习”，“每天上午由周亮勋同志讲课，下午复习时由薛中平同志担任辅导”。半年之后又改为半天工作半天学习。到了1963年，经济处的同志达到用德语译校的水平，于是分为两个组开始从德文原文译校《资本论》。第一组由老周主持，负责译校第一卷，老张也在这一组；第二组由荣敬本主持，负责译校第二卷。

经过马恩室经济组、哲学组全体同志的艰辛努力，1972—1974年，《资本论》理论部分三卷加《剩余价值理论》三册在《马恩全集》中文第一版第23—26卷全部问世，后又出版了单行本。这是《资本论》在中国的第二个全译本，得到全国理论工作者和广大读者的高度评价。

老周等老一辈经典著作编译家之所以能够高质量完成这样浩大的工程，首先是因为他们有终身从事马克思主义经典著作译校和研究工作的精神，不为名、不为利，兢兢业业，埋头苦干，甘愿为马克思主义在中国的传播付出毕生精力。其次，他们发挥集体的智慧和力量。比如在全集第一版中的《资本论》第一卷，“先后经过翻译、互校、初定稿、定稿、最后审校等多道工序”，“还有专门的人负责统一译名、统一规格等多种技术性工作”；经济组为统一译法而做的各种卡片“有数万张之多”；为统一文风，还采用集体定稿的办法，“全组逐字逐句进行讨论”。这样一来，“没有一个人能够说，这一章这一篇是我翻译的，只能说我参加了这一章这一篇的翻译工作”。除了充分发挥经济组、编译局的集体智慧，老周他们还针对专门问题请教全国相关领域的顶尖专家如何思敬、贺麟，向机械工业部、中国人民银行咨询，求助毛纺厂、造纸厂和修表老师傅等。第三，他们认真吸取前人的成果。吸收最多的是郭王译本，此外还有俄、英、日、法等各种外文译本。最后，他们强调翻译和研究相结合。不仅熟练掌握马克思主义政治经济学理论，而且彻底弄明白《资本论》原文中的每一句话、每一个词。上述做法都是老周在总结《马恩全集》中文第一版《资本论》翻译的文章中谈到的。

老周带领一起工作的同志们，通过常年的艰苦努力，创造出了一整套译校马克思主义经典著作的有效工作方法，从而得以使经典著作中译文的质量得到可靠保证。这就是：译品必须做到准确反映原作者的思想内容和表现风格，为此，译者必须以科学的态度和严谨的精神，对每一个细节寻根究底，查阅和比对原作者直接或间接引证的其他文献，厘清这些文献的整体思想脉络和所有细节，才能真正放心。

老周由于在经典著作编译领域做出巨大贡献，被授予全国“五一”劳动奖章。老周则说，这个荣誉是给予全体经典著作编译工作者的，他只不过是其中的平凡一员。

还在《马恩全集》中文第一版收尾期间，老周以他对经典著作编译工作的全面把握和对国际马恩著作编译研究最新动态的充分了解，就与同志们谋划着要以《马恩全集》历史考证版（MEGA）为基础，编译出版《马恩全集》中文第二版。1985年，《马恩全集》中文第一版最后一卷刚刚出齐，第二版的编译就提上了议事日程。1986年，中央批准了编译出版《马恩全集》中文第二版的方案。

根据老顾的说法，老周和后来担任局长的韦建桦老师可以说是《马恩全集》中文第二版的“总策划”。他们决定新版《马恩全集》要以国际上最权威的MEGA版编译，总计约70卷，分为四个部分。《马恩全集》中文第二版从编译缘起、框架设计、卷次划分、各卷编目到某些具体著作的校订，都浸润着老周的心血。据曾任马列部主任的蒋仁祥老师（我们也按照习惯称之为“老蒋”）回忆，二版启动时，老周定下几条编校原则：能不改的尽量不改；校订时文字以MEGA版为底本，但手稿的标题、分段等编辑方面的做法应参考MEW（德文版）和俄文第二版；选词用字须以《现代汉语词典》为规范，词典没有收的词不要用；人名索引中的人物小传尽量去掉不必要、不客观的修饰语。今天看来，这几条原则还是经受住了时间的考验。能不改的尽量不改，是说不错的不改或慎改，一方面保持经典著作中译文的连续性，另一方面防止改多出错。我记得老周曾经说过，有错误没改出来在某种程度上尚可容忍，把好的改坏甚至把对的改错是不能允许的。《马恩全集》中文第二版不是历史考证版，而是学习研究版，其主要目的是为广大读者提供学习经典著作的权威读本，而不是也不可能在所有细节上呈现手稿原貌。马恩著作的很多标题是苏联、东德编者加的，MEGA 版可能又改用了新的标题。如果我们标题改动太多太频繁，就不利于读者查找。马克思的手稿常常好几页不分段，MEGA 会照原样印出来，也不区分大小字（正文和引文），其实也不利于读者阅读。以《现代汉语词典》为标准则有利于汉语书面语的规范化。老蒋举了个例子——老周当时说，《现代汉语词典》中没有“载体”一词，我们就不要在《资本论》中使用，因而《资本论》中的相应德文单词 Träger 一直译为“承担者”。

二版启动时，老周被推举担任第二版主要定稿人。退休之后，老周更为忙碌，现在他可以把全副精力放到业务工作上了。我在马列部的业务档案、会议记录中，屡屡看到老周在关键场合发挥着关键作用，比如《马恩全集》中文第二版第二部分经济学卷次的卷次划分，又如第四部分笔记卷次的框架结构和编目初稿。

我曾在一篇回忆文章里专门谈了《马恩全集》第二部分编目确定的过程，这里应该再说一下第四部分编目的情况。这一部分的初编目，老周在其中起了奠基性的作用。后来马列部沈红文（后担任马列部主任，现为中央党史和文献研究院第五研究部主任）、李朝晖、周思成等同志收集整理了有关第四部分的所有材料提交编委会讨论，在他们写的《中文第 2 版第 4 部分编目情况说明》的开头是这样一段话，我照录在这里：“第 4 部分即笔记卷的编目是《马恩全集》中文第 2 版编译工作的基础，也是其中的难点。由于 MEGA 版第 4 部分没有出齐，我们掌握的资料非常有限，编辑中文版笔记卷目录十分困难。局领导和马列部领导非常关注笔记卷的编目问题，2002 年 6 月曾组团访问莫斯科和柏林等地，了解 MEGA 版编辑情况，听取 MEGA 编辑者和马恩研究者对中文版笔记卷收文的意见。在此之后，周亮勋同志做了大量前期工作，整理已有中译文的摘录和札记，译出 MEGA 版第 4 部分目录，并根据理查德·施佩尔的建议提出中文版笔记卷编目初步方案。在老周工作的基础上，我们进一步研究中文版笔记卷的编选原则、收文范围，将老周的编目方案细化，初步拟订第 4 部分第 1—11 卷的中文目录……”

在《马恩全集》中文第二版的编译中，老周除了进行总

周亮勋在工作会议中

体策划，参与其他卷次的工作，最重要的是与几位“资本家”一起，再次对《资本论》全三卷作了细致的校订。《资本论》的全新中译文收入2001—2003年人民出版社出版的《马恩全集》中文第二版，卷次为第44、45、46卷；随后在2004年出版了《资本论》三卷单行本（我有幸参加了这个版本的编辑工作）；后又收入人民出版社2009年出版的《马克思恩格斯文集》，卷次为第5、6、7卷；2018年马克思诞辰200周年时还出版了纪念版。在第44卷署名页上写的是：“参加本卷译文校订工作的有：周亮勋　王锡君　张钟朴……全卷译文由周亮勋审定”；第45卷署名页上写的是：“参加本卷译文校订工作的有：冯文光……全卷译文由王锡君　张钟朴审定”；第46卷署名页上写的是：“参加本卷译文校订工作的有：张钟朴　周亮勋　王锡君……全卷译文由王锡君审定”。这就是目前中文世界《资本论》最新的通行译本。

二、开启MEGA研究，引路中国学界

老周对中国经典著作编译研究事业的贡献，不仅体现在他参与编译的经典著作中文版上，还体现在他对《马恩全集》历史考证版（MEGA版）的研究和宣介上。可以说，老周等老一辈经典著作编译家筚路蓝缕，以启山林，是国内MEGA研究的开创者。中国很多学者是从老周的笔下最初获得MEGA的详细知识和最新进展的。20世纪80—90年代，

老周先后撰写了大量文章，例如《关于〈马克思恩格斯全集〉原文版——德国统一社会党中央马列主义研究院访问记》《MEGA：前景见好，困难不少——“MEGA编辑准则修订会议”记实》《〈马克思恩格斯全集〉原文版（MEGA）究竟有多少卷?》《了解国外马克思恩格斯研究和MEGA的一个新窗口——〈马克思恩格斯全集〉（历史考证版）研究（“MEGA Studien”）第一期介绍》《〈马克思恩格斯全集〉历史考证版修改后的计划》《〈马克思恩格斯全集〉历史考证版第二版的产生、特点和现状》等。老周还以“马兵”（寓意可能为马克思恩格斯的士兵或马克思主义的士兵）为笔名，翻译了很多有关的考证文章。

其实由老周来研究介绍MEGA版的情况，可以说再合适不过了，因为他本人并非MEGA的外人。1989—1991年，国际局势动荡不安，东欧社会主义政权垮台，苏联解体。由苏共中央马列主义研究院和德国统一社会党中央马列主义研究院主持编辑的MEGA版何去何从，牵动着世界各国马克思恩格斯研究者的心。1990年在荷兰阿姆斯特丹成立的国际马克思恩格斯基金会，接管了MEGA编辑出版权。基金会下设MEGA编辑委员会和MEGA学术咨询委员会，老周因为与民主德国马列研究院关系比较密切，作为中国经典著作编译工作者的代表被选入学术咨询委员会。只要看一看当时这个委员会的名单，就会知道能够在其中占有一席之地，是多么不容易。这里面除了享有盛誉的马克思恩格斯研究家和编译家，还有蜚声世界的著名学者，如埃里克·霍布斯保姆、特奥多尔·奥伊泽尔曼、马克西米连·吕贝尔、伊曼纽尔·沃勒斯坦等人。

值得一提的是，老周参加了1992年3月23—25日在法国普罗旺斯埃克斯城举行的国际马克思恩格斯基金会“MEGA编辑准则修订会议”，并及时向国内学界作了报道。基金会决定在1992年召集有关学者就MEGA未来的编辑方针和改革计划进行磋商。这次会议的代表来自德国、法国、荷兰、俄罗斯、日本、中国和瑞士，汇集了当时世界上马克思恩格斯著作编辑研究领域最为知名的专家学者，如格奥尔基·巴加图里亚、马丁·洪特、曼弗雷德·诺伊豪斯、大谷祯之介、维塔利·维戈茨基、理查德·施佩尔、英格·陶伯特等。老周应会议组织者的邀请，以国际马恩基金会学术咨询委员会委员的身份并以编译局代表的名义出席了这次会议。基金会当时的秘书长于尔根·罗扬后来写道，“周亮勋和大谷祯之介通报了中国和日本的讨论情况”。根据老周自己的讲述，他3月23日下午代表编译局在大会上作了简短的发言，主要谈了中国的经典著作编译者对MEGA的评价、MEGA对我们正在编译的《马恩全集》中文第二版的重要价值和意义，同时对编辑准则的修改提出了某些建议。

会间，老周利用这个难得的机会与国际同行进行了深入交流，并带回一个振奋人心的消息：“特别应该提到的是，国际马恩基金会有关人士在会议期间一再表示，希望中国也积极参加MEGA的编辑工作。他们认为，既然MEGA

国际化了，就不能仅仅限于欧洲，还应该包括亚洲和拉丁美洲，而在亚洲首先应该有中国。这一要求值得我们考虑和重视。”这说明以老周为代表的中国经典著作编译者的外语水平、学术能力和工作业绩得到了国际同行的高度认可。老周自己就曾在东德著名马恩著作编译研究刊物 Beiträge zur Marx-Engels-Forschung 即《马克思恩格斯研究论丛》1989 年第 28 期发表 Zur Verbreitung des „Kapitals“ in China（《资本论》在中国的传播）一文，向国际学术界介绍中国《资本论》的编译历程和成果。不过，由于我们自己的编译任务非常繁重，我们后来并未能够具体承担 MEGA 某一卷次的编辑任务。尽管如此，中国经典著作编译者还是以其他方式积极参与 MEGA 的编辑工作，比如审读即将出版卷次的前言，提供有关中国历史文化的资料等等。

三、参加马恩文集，铸就最后荣光

除了《马恩全集》中文第二版，老周在生命的最后阶段，还参加了《马克思恩格斯文集》十卷本的编译工作。《马恩全集》中文第二版是中央编译局正在进行的跨世纪经典编译工程，鉴于 70 卷本的全集第二版需要经过多年努力才能出齐，为满足社会各界对经典著作最新版本的需求，局领导考虑在较短的时间内先将马恩最重要的论著加以审定，编为十卷出版，并定名为《马克思恩格斯文集》。2004 年，中央启动马克思主义理论研究和建设工程，《马恩文集》十卷本被列为重点项目。为完成这个艰巨而复杂的任务，编译局许多老同志发挥了中坚作用，老周、老顾及其几位“资本家”都是其中的杰出代表。

《马恩文集》十卷本实际上是2003年启动的。2003年7月8日在中央编译局前楼召开了十卷本启动会，老周就在会议现场。2004年在中央“马工程”框架下，成立了“马克思主义经典作家重点著作译文审核和修订课题组”，课题组主要任务是编译《马克思恩格斯文集》十卷本和《列宁专题文集》五卷本。老周担任课题组主要成员，并负责十卷本第二卷。这一卷很重要，收入马克思恩格斯1848—1859年期间的著作，有《共产党宣言》《1848年至1850年的法兰西阶级斗争》《德国农民战争》《路易·波拿巴的雾月十八日》等重要著作，以及马克思恩格斯论述中国、印度的重要文章。无论是在西斜街36号院的办公室，或是在粉子胡同30号院的家里，还是在研讨会会场，老周都以极大地热情投入十卷本的编译工作。那个时候需要校订的稿子很多，工作节奏很紧张，经常举行业务讨论会。我记得2004年7月有一次在京郊召开十卷本的业务会，主要围绕老顾在审定《劳动在从猿到人的转变中的作用》一文时发现的问题，对十卷本译校标准和修改尺度展开讨论。会场十分热烈，在谈到“大多数的类人猿是以握成拳头的手指骨支撑地面，两腿收起，身体在长臂之间摆动前进”时，老周还两手握拳放在身体两边比划了一下，大家都会心地笑了。在当年8月份的另一次会议上，老周指出，十卷本工作时间表很紧，校订时“看每一个字都需要对照原文，而且要对照多种外文版本，否则发现不了问题”；尽管如此，“还是保证按时完成”这一光荣任务。

老周每天像在职的同志一样，按时来到办公室，但却经常比在职的同志下班还晚。为了提高工作效率，他不顾年事已高和眼疾带来的不便，努力学习电脑操作，争取在电脑上完成工作稿的处理。为了工作的方便，他干脆把自己家里的电脑和打印机搬到了办公室，以办公室为家，经常是连续一整天都在工作。当时在职的同志，每个办公室（一般是两个人）只有一台电脑，退休老同志一般不配电脑。同志们心疼老周，劝他注意休息，可他并不在意，他觉得，不这样废寝忘食地干，就无法完成自己的工作计划。老周的行动，令所有的同志都非常感动。在家里时，除了吃饭睡觉，几乎闭门不出，专心校订稿件和清样。

但是一般人并不知道，老周的身体潜藏着巨大的危机。以老周为代表的老一辈马列经典著作翻译家，在生活上有一些共同的“毛病”：伏案久坐、废寝忘食、长时间用眼用脑、“不懂”劳逸结合，过早地消耗了身体健康，多位老专家因此倒在了工作岗位。老周的身体状况也频频发出警报。他的老伴，同样是中央编译局优秀的“资深翻译家”群体中一员的周家碧老师发现老周身体不对劲了：头脑发木，反应变慢，一活动就浑身大汗。常年伏案，他的痔疮已经到了最严重的地步。老伴“勒令”他改正，他却依旧坐在灯下：“让我干！大不了做个安乐死……”

2005年夏的一天，十卷本课题组开了很长时间的会，讨论校订问题。据时任局长、《马恩文集》十卷本主编韦建桦老师回忆，当时老周状态已显得不大好，在会上说话不多，但还是发表了很好的观点，例如校订要从理论、史实、语言等方面加以考察，要考虑到重要著作在读者和理论界的重大影响等等。下班之后，老周在回到办公室的过程中累倒了，大家紧急将他送到医院，发现是脑出血。局领导想方设法，全力争取使老周得到最及时的治疗，马列部派人去医院轮班陪护。老周昏迷了很多天，一醒过来之后，第一句话，就是“开会”“稿子”。都这样了，他还在想着他翻译经典著作的稿子，还是在想着他在开会的状态，讨论问题的状态。他心里没有别的，只有他的工作。醒来后能记得的只有稿件和工作。周家碧老师曾经这样“抱怨”老伴：“他后来好一点的时候就琢磨他的工作，人家问他你们俩怎么结婚的，他想不起来了。这个人脑子里只有工作。”经积极治疗后病情得到好转。这段时间里，他有时到编译局和附近溜达，见到同事就高兴地说上一阵话，虽然有时候他说不出人家的名字。不幸的是，过了一年多，周亮勋再次出现脑出血，于2007年4月17日永远离开了我们，享年77岁。在八宝山送别老周时，很多年轻的同志眼里噙满了泪水。老周的老同事郭值京老师写了一首《参加周亮勋同志追悼会所思》，表达哀思之情：

年华耄耋未休闲，

浩浩长书重任肩。
沉疾无情催宿路，
友朋痛惜洒哀泉。
业精马论誉中外，
心许红门履誓言。
尽瘁鞠躬真表率，
堪嗟陨失一良贤。

2007年8月10日，《光明日报》在“通告”栏目以“研究员周亮勋逝世”为题，刊登了老周去世的讣告：“中央编译局原马恩室主任（司局级）、马列主义经典著作资深翻译家、研究员周亮勋同志因病医治无效，于2007年4月17日在北京逝世，享年77岁。”这大约是老周为数不多的上报纸的场合了。

四、牵挂薪火传承，永葆党员本色

老周虽然是经典著作编译领域的权威，但是他自己似乎并不知道这一点，在他身上也从来没有领导、权威的架子。老周人缘很好。50年代有一次五一节游行，由老周带队，临行前老周嘱咐大家：要注意卫生，不要乱扔果皮。但“果皮”一词通过他的江浙口音说出来，变成了“狗皮”，于是老周那一阵子得到了“狗皮”的绰号。别人这样喊他，他也答应，并不以为意。老周担任马恩室负责人很长时间，但据一位老同志讲，老周不允许别人喊他“主任”。他非常关心年轻同志的成长，对年轻同事倾囊相授，希望马列主义经典著作编译的薪火能够好好传承下去。

前面提到，有一段时间，经典著作编译工作很难延揽到外语人才，领导只好“内部挖潜”。我来编译局两年后，领导根据工作需要，安排我脱产去学习德语，以便回来专门从事马克思恩格斯著作编译。我记得有一次从学校回来，刚好在编译局传达室门口遇到老周。老周喊住我，问我学得怎么样，我说马马虎虎吧。老周于是说，他们学习德语的时候，因为条件不够，学的都是哑巴德语，希望我们这一代学习德语时，不仅要阅读、翻译过关，最好也要把口语练好。其实那个时候我对老周的经历还不大了解，心想我们在学校有外教，有语音室，有随身听，这一代肯定比老一代要强啊！后来才知道，老周自己的口语是相当好的；从老周的成就来看，我们在哪一方面都难以望其项背。他这样说，纯粹是为了鼓励我。还有一次，也是我刚来编译局不久，对《资本论》的理论体系还很陌生，老周跟我讲起“从抽象上升到具体”的方法。我当时一脸懵，心想莫不是老周口误说错了，难道不是应该“从具体上升到抽象”吗？后来我仔细体会，老周这是随时随地抓住机会向我们传播经典著作的理论和知识，希望我们尽快成长起来。

老周生活非常简朴。有一次老周把我喊到他在单位附近的家里去，说是有些家具、电器不用了，看我需不需要，可以拿走。我到老周家一看，屋里摆的大都是些简单、陈旧的家具。他准备送我的是一台冰柜，好像是南斯拉夫产的，还有一个木质书架。我听了另外一位老师的建议，把书架搬走了，而婉拒了冰柜，因为据说这个冰柜已经是老古董了，可能制冷效果不好，还耗电。

“马工程”启动后，中央为使各个课题组主要成员了解火热的中国特色社会主义实践，达到理论联系实际的效果，组织他们到全国有关地方进行国情调研。有一次老周跟随一队人马去了江西、上海、江苏方向。但回来后据说老周在路上有些不高兴。原来一路上接待方有迎来送往等现象，老周一辈子感觉自己就是普通的人民群众，在情感上过意不去。

大约是2006年初夏的一天，我在编译局附近今天叫做柳荫街的路边碰到了老周。当时我父亲来北京看我，我正陪父亲走在路上，突然看到老周迎面走来。我给两位老人作了介绍，并说我父亲是养蜜蜂的。就这样，一位国际知名的经典著作编译家站在路边跟一位蜂农攀谈起来。马克思不是也谈到过蜜蜂吗？《资本论》第一卷中写道：“蜜蜂建筑蜂房的本领使人间的许多建筑师感到惭愧。但是，最蹩脚的建筑师从一开始就比最灵巧的蜜蜂高明的地方，是他在用蜂蜡建筑蜂房以前，已经在自己的头脑中把它建成了。”的确，蜜蜂建造蜂巢只是出于本能，而人“却懂得……按照美的规律来构造”。那天天气很好，温暖的阳光透过一株古老大树的枝叶洒在两位老人身上。我记得老周和我父亲都穿着T恤衫或者圆领衫。印象中我还给他们两人照了一张合影。那个时候老周脑溢血康复有一阵子了，走路已经比较利索，说话也比较清晰，像往常一样和蔼。没有想到第二年老周就与世长辞。我想，老周正像一只辛勤的蜜蜂，不过是一只“懂得按照美的规律来构造”的蜜蜂，在经典著作编译的花圃里无怨无悔劳作了一辈子，为中国人民酿造的是时代精神的精华的载体（或者也可以称作“承担者”），即马克思主义经典著作中译本。

2009年出版的《马恩文集》十卷本和《列宁专题文集》五卷本一起被中央领导同志誉为“党中央实施马克思主义理论研究和建设工程的标志性成果”和“学习马克思主义经典著作的权威性教材”。老周虽然未能看到十卷本的出版，但这位在十卷本每一卷署名页上姓名打了黑框的平凡而伟大的经典著作编译家，人们不会忘记。

尽管周老师离开我们已经很多年了，但是他对事业的无限热爱和他那谦谦君子的形象，总还时不时浮现在我眼前，给人以温暖，给人以力量。

齐淑文，马列主义经典著作翻译家。许德珩儿媳。原中央编译局马列部译审。2002 年荣获资深翻译家荣誉称号。参与《马克思恩格斯全集》中文第一版等编译工作。

“祖父翻译事业的继任者”

——回忆我的母亲、马列经典著作翻译家齐淑文

许进

1927年，我的妈妈齐淑文出生于在山东省即墨县，就是今天的青岛市即墨区。外祖父是一位中学教师，外祖母是一位缠足的家庭妇女。外祖父到青岛市的中学教书后，一家人从即墨县搬到了青岛市。中学毕业后，妈妈考上了位于青岛的山东大学医学院。读了一年医学专业后，妈妈转到南京的金陵女子文理学院，成为外语系的学生。妈妈的这个选择改变了她的人生轨迹。

1948年，南京的学生运动风起云涌，妈妈积极投身于反饥饿、反内战、反迫害的运动中，她受到了中共地下党组织的关注。1949年暑假前夕，党组织负责人找她谈话，对她说，中国革命马上就要在全国胜利了，新中国需要人才，你愿不愿意参加革命队伍？妈妈毫不犹豫地走上了革命道路。妈妈离开南京，来到北平，进入华北革命大学学习。后来，她到北京俄文专修学校学习俄文。该校于1955年更名为北京俄语学院。1959年，北京俄语学院与北京外

本文作于2024年。许进，齐淑文之子，许德珩之孙。现任第十四届全国政协委员，丝路国际智库交流中心高级顾问。

国语学院合并成立新的北京外国语学院。1952 年，从北京俄语学院毕业后，妈妈被分配到中共中央俄文编译局工作。1953 年俄文编译局与中宣部斯大林全集翻译室合并成立中共中央马克思恩格斯列宁斯大林著作编译局。我妈妈先在哲学室、后在马克思恩格斯著作编译室做翻译。从此，她把毕生的精力奉献给了马恩著作的翻译工作。从 1952 年进入中央编译局到 1991 年离休，妈妈在中央编译局工作了 40 年，从一名普通的翻译，成长为资深翻译家、译审。

在北京俄文专修学校，妈妈与同学、我的爸爸许中明从相识到相恋，最后结为连理。1953 年，妈妈第一次走进许家的门，她看到我的祖父许德珩坐在沙发上自学俄语。我父亲向我祖父、祖母介绍了他的未婚妻。在跟我妈妈打招呼以后，我祖父向她询问了他刚刚学习的几个俄语单词的读音，这是他们翁媳之间的第一次对话。也许是我祖父对于我妈妈从事马克思著作翻译工作的支持。

祖父在法国勤工俭学时接触到唯物史观社会学，全面学习了社会主义史。他翻译了很多马克思主义的著作，如马克思的《哲学的贫困》、布哈林的《历史唯物主义理论——马克思主义社会学通俗教材》和《共产主义之路与工农联合》、拉法格的《家族进化论》等。九十年前，他编撰的《社会学讲话》中大量引用马克思、恩格斯以及苏联、日本马克思主义学者的著作，对于青年学生影响很大。祖父为马克思主义哲学和社会学在中国的传播做出了重要贡献。妈妈是祖父翻译事业的继任者。

儿童时代，我与编译局的子弟一起在机关附近的国家档案局幼儿园成长。少年时代，我经常到中央编译局大院，在食堂吃午饭，在露天游泳池学游泳，爬假山淘气。我看到了马克思恩格斯著作编译室、列宁斯大林著作编译室、毛泽东著作编译室和图书馆里面堆积如山的书籍，目睹了叔叔阿姨们辛勤工作的场景，我还见到妈妈的案头堆满了记录马克思恩格斯著作编译资料的卡片，而且发现家中的马克思恩格斯著作中译本越来越多。

妈妈告诉我，马克思毕生从事共产主义运动，他出身于相对富裕的中产阶级家庭，自己的生活却穷困交加。恩格斯出身于一个资本家的家庭，他憎恨他的家庭，不愿意为家里的工厂工作。为了支持马克思完成指导共产主义革命的著作，恩格斯违心地进入家庭工厂工作，把他的收入

中央编译局幼儿园 1967 年毕业班合影，右起第三个站立的孩子是作者许进

源源不断地汇给马克思。从他们两人的通信当中可以感受到他们共同的理想和纯真的友谊。他们两位崇高的人生目标和伟大的友谊是我们学习的榜样。受到纸张等物质条件的影响，马克思著作的手稿中有很多难以辨识的字体，在翻译时，我们需要集体讨论，结合上下文判断出他的本意。

我准备高考时，长时间的学习，让我感觉累了。妈妈对我说，马克思博学聪颖，写作时，每当他感觉累了，就做一阵数学题，作为休息。伟大的《共产党宣言》就是这样诞生的，它成为发行量超过《圣经》的经典。妈妈的故事给我以启发，一方面要学习马克思的毅力和坚持，一方面把不同课程的轮换学习作为休息。

妈妈常常教导我，学习马克思主义就要阅读马克思和恩格斯著作的原文。只有通过原文，才能完整准确地理解

中央编译局荣获资深翻译家称号的部分老同志合影（一排左三着蓝上衣者为齐淑文）

马克思主义。

有一次，中共中央政治局委员、书记处书记习仲勋同志到我家看望我的祖父。习老问我妈妈在哪里工作，我妈妈回答说：习书记，我在中央编译局工作。习老说，我与张仲实同志熟悉，他是我们陕西人，是位文化人。我妈妈说，张仲实同志是我们编译局的副局长，是著名的马克思主义理论家和翻译家。他组织领导我们翻译出版了《马克思恩格斯全集》。

妈妈终生为马克思恩格斯的著作在中国传播而工作。她的名字写在《马克思恩格斯全集》的译者当中。2002年，妈妈被中国翻译工作者协会授予“全国资深翻译家”荣誉称号。一生只做一件事，足矣。

1956年，齐淑文（右一）与丈夫许中明（左二）、公公许德珩（左一）、婆婆劳君展合影

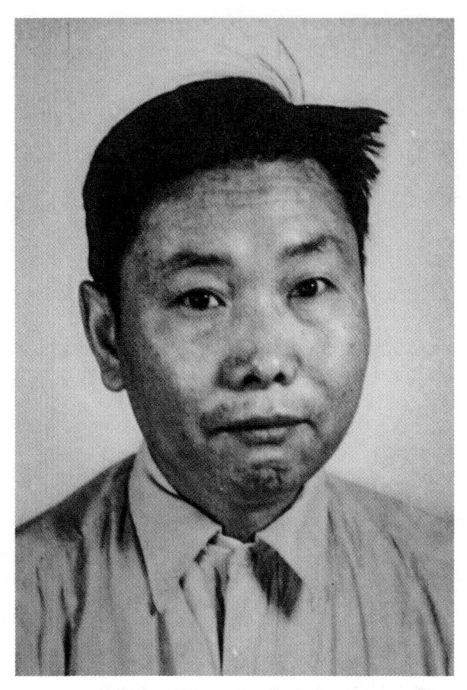

张瑞亭，马列主义经典著作翻译家。编审。参与《列宁全集》中文第二版，《斯大林选集》（两卷本）、《斯大林文集》等编译工作。

“好人老张”

——回忆马列经典著作翻译家张瑞亭

郭值京

1993 年 5 月，张瑞亭同志因病过早离世，同事郭值京曾作诗撰文悼念他，在文中，郭值京用饱含深情的叙述赞颂了张瑞亭同志为马列主义编译事业贡献自己全部精力甚至生命的奉献精神和淡泊名利、博学谦逊的高尚品格。

诗：悼张瑞亭同志

布衣陋舍淡功名，腐弊难容耻拜金。
识博才高谦逊品，心诚志定楷模人。
孜孜浩卷催华发，苦苦病魔夺晚晴。
在世宽怀忘小我，亡灵简祭永垂名。

文：默默的纪念

今年 5 月末，马列主义经典著作编译工作战线上的一员老将——68 岁的张瑞亭同志离开我们走了，静悄悄地，真正静悄悄地，无声无息地走了。“不开追悼会”，“不要遗体

本文为 2003 年纪念中央编译局成立 50 周年所作。郭值京，马列主义经典著作翻译家。原中央编译局列斯室编审。

告别仪式，什么都不要。”这就是他生前的遗愿。一个真正的共产党员、唯物主义者的遗愿实现了。最后是只有少数几位同志和有关领导陪同家属去医院接他的遗体，径直送八宝山火化，这少数同志最后与他告别所看到的遗容，也丝毫没有经过粉饰与化妆。

在今天，一个不大不小的干部、高级知识分子的后事办得如此从简的恐怕也不算多。尽管如此从简，但丝毫未减轻或抹去对老张的纪念，也许透过这件事，更增加了纪念的分量。

这些日子，大家心里沉甸甸的，在电话里，在办公室里，在路上传着老张的死讯。“真是一个好人，真是一个好同志。”几乎所有熟识他的人都这样说，也这样看，这里面包含许多的内容，既包含对他生前言行的赞颂，也包含对他为自己死后作出的安排的评价，大家对老张的纪念是默默地在心底里的纪念，这种纪念是真诚的。

他生前给大家留下的印象自然而然地浮现出来。

在老张身上确实有许多可以说是既平凡却又“很特殊的”东西。就拿他的外表和衣着来说吧！老张个子不算高，有点胖，多少年来一直理着比“板寸”还短的平头，日日、月月、年年几乎总是穿着一身蓝卡其布的中山服、一双黑布鞋。我们想不起他换过别的式样、别的料子的衣服，就连普及得不能再普及的茄克上衣他也没有问津，当然就更不用说西服、风衣、呢子大衣之类的“高档”衣服了。我们也没有见他穿过皮鞋。手上戴的是在深圳买的5元钱一块的手表，上下班提的是破旧的黑色人造革提包，有时外加一个旧蓝布小口袋。这种外表是多么简朴、普通而平凡，但是在今天，在二十世纪九十年代，在有的人看来，却又是那么“突出”“特殊”和“个别”。

凡是去过他家的人，几乎都有点吃惊，找不出一件像样的家具，老式的两头高的木板床、小三屉桌、简易书架，最好的东西恐怕要算是那对机关为大家做的沙发（那也是十多年前的东西）。这种摆设是多么简朴而平凡，然而在今天，又是多么地“特殊”和“显眼”。谁能相信，这就是一位高级知识分子、大教授、大编审的家。

“表”如其人，外表是内在的反映，老张平凡而“特殊”的外表反映了他平凡而“特殊”的内心世界。

1991 年南方水灾期间，他家里找不出多余的被褥可以捐赠，他立刻到店里买了内外三新的被子，但是他并没有把新被子留在家里，拿出旧被子捐赠，而是直接把新被子送到机关，很引起大家的注目。92 年他为希望工程捐款 200 元，这在我们那样的单位不算是一个小数目，上了红榜，名列前茅。这些事，也许有人会说，这很普通嘛！然而这里不是也透出了他和别人想和做得不一样的“特殊”之处么？

老张是一位博学的老同志，有人说老张是一个“活的知识库”，这个比喻很形象，他的博学是令人信服的。然而老张从未表现出丝毫的自傲、炫耀、夸夸其谈。相反他却是非常谦逊、少于言表。“博学”和“谦逊”有时会形成一对矛盾，社会上常说：“财大气粗”，有时“才大”，也使人“气粗”。但在老张身上“博学”和“谦逊”却融合得如此之好，这难道不是也很“特殊”吗？

在老张身上最大的“特殊”就是工作和学习占据了他的全部时间和生命。也可以说，为了工作，他耗尽了精力。就拿他离休前最后15年所从事的一项工作来说吧！社会上都知道，1990年中央编译局完成了编译、校订《列宁全集》中文第二版共60卷的浩大工程，历时15年之久，投入了大量的人力，这项工程也许并不亚于一个科学项目或一项水利工程。张瑞亭同志在这项工程中担任了一个十分重要的角色，他是为60卷编写注释这项分工程的总编审。编写注释工作是一项创造性的劳动，集译、编、写于一身，既要求史料确凿，又要求文字流畅。如果按平均每卷五万字计算，60卷总共为300万字。老张一字字、一句句、一段段地校、改、核、查，工作态度之认真、细致，实为罕见。这项工作占据了他白天晚上的所有时间，有时为了赶发排，干到深夜，这期间曾脚、手骨折两次，这些都没有使他休息下来，工作照样干，照样按期发排出书。从领导到同志们都看得很清楚，老张太辛苦了，太累了，累极了。

值得纪念和回忆的事许多许多……几乎每件事都透出了老张内心世界的平凡和“特殊”。每个人都有自己的人生观和价值观。老张自然也有他的人生观和价值观。他过得那么清苦，也可以说没有任何享受，但是他认为这没有什么丢人和难看的，相反使人觉得他活得十分超脱，十分怡然

张瑞亭（右二）与《列宁全集》中文第二版编译人员在一起

自得。金钱、物质、享受、名誉、地位在老张的心目中是十分淡泊的，甚至看不出这些东西在他思想上引起的斗争。他反对拜金主义，鄙视那些利欲和权欲熏心的人。他拥护改革开放，但反对那些采取邪门歪道谋取私利的人，反对各种腐败现象。他认为一个真正的共产党员应该多奉献，少索取，这就是老张的价值观和本色，不管社会上刮几级台风，掀起多么新的潮流，都影响不了他的这种本色。

在生前，同志们对老张作出了公正的评价，他多次被评为先进工作者、模范共产党员，众望所归，当之无愧。我们相信在他死后会有许多同志记住和学习他的这许多优秀品质。

张瑞亭（左三）等编译人员参加庆祝《列宁全集》中文第二版出版发行座谈会

老张这样一位劳累一生的同志，本应在离休以后，好好地休息休息，享受一下晚年的欢乐，但是大家都没有想到病魔侵袭了他，检查出不治之症，在病床上辗转将近一年，最后没有挽救过来，离开了人世。是的，老张终于休息了，永远休息了，但是这种休息太使人痛心了。这就是大家心情沉重，为老张叹息的原因之所在。

张瑞亭同志，您永远安息吧！

荣敬本，马列主义经典著作翻译家。研究员。曾任中央编译局马列主义研究室副主任，当代马克思主义研究所副所长，《经济社会体制比较》主编。2006 年荣获资深翻译家荣誉称号。享受国务院政府特殊津贴。主要从事马列主义经济著作的译校和研究工作，著有《比较经济学》《从压力型体制到民主合作体制的转变》《论延安的民主模式》等。

“冷峻而温暖的思考者”
——回忆《经济社会体制比较》创办者荣敬本

赖海榕

1996年，我从北京大学经济学院硕士毕业到中央编译局当代马克思主义研究所《经济社会体制比较》杂志社工作，荣敬本先生是三主编之一，其他两位主编吴敬琏老师和赵人伟老师分别在国务院发展研究中心和社科院经济所工作，因此杂志日常工作由荣老师负责。我在他的领导下开展研究和编辑工作6年，他于2002年离休以后，我仍经常向他请教诸多问题，保持着较密切的来往。

荣老师是个冷峻的阅读和思考者，记得那几年推开他办公室的门，里面常常烟雾弥漫，他身材不高，或后倾靠在椅背上沉思或前倾身子看书，有时甚至几乎只能看到他的剪影，可以想见他是怎样猛烈地吸烟。他的办公室满是书籍文件，杂乱地堆放着，不常关照的并非角落的地方，有时也有厚的灰尘，他从不在意，只专注自己的阅读和思考。走在路上，他也在思考问题，并不太关注来往的行人。

本文原载《经济社会体制比较》2018年第1期。赖海榕，教授。曾任《经济社会体制比较》杂志编辑部主任、副主编、执行主编，中央编译局文献信息部主任。现为福建农林大学党委书记。

他讲话不多，可是一开腔，就很吸引人。记得那时候所里开全体人员会，大家无非讲些感谢祝福的话，还有许多正确的话，但是荣老师不是，他开头两句跟大家差不多，立刻就转移到对当时国内外时事或学界热点事件的点评，短则三五分钟，长也不超过十分钟，言简意赅、入木三分，绝不人云亦云，但也不是慷慨激昂，而是波澜不惊的语言里有独到的观点，力道强劲，余音绕梁。听他发言，有时候不免想到鲁迅先生笔下的范爱农，“眼球里白多黑少”，有时候又想到《论语》里的句子，“君子思不出其位”，这是一种不同凡响的组合。

有两三年时间，我在行政上调到另一个处，与荣老师不再朝夕相处，竟然有一种盼望开全所会，想听听他会说些什么的心情。

荣老师在研究上非常注重实地调查，我入职不久，他就带领杂志社的同仁到山东德州棉纺厂调研，厂领导介绍了本厂的情况、就近一家与其竞争的民营棉纺厂的情况、他们在执行国家有关政策时碰到的一些实际问题，以及当时南亚诸国棉纺织业发展对我国造成的压力等，使我对国有企业与民营企业之间的机制优劣、历史负担轻重，以及决策执行体制存在的一些盲点有了鲜活的认识，调研中还得到一些书本上没有的知识，文献阅读中平面的知识马上立体起来。后来荣老师还带领我们到北京昌平、河南新密、深圳大亚湾、他的家乡江苏无锡调研，找当地的官员、企业家、村民座谈，使我学到很多东西。我的研究工作受此影响很大，我后来就自己主持的课题到山西、陕西、四川、重庆、江苏、广东、海南等地去调研，得益于荣老师在我入门时给予的示范教导。

我的研究领域的确定也得益于荣老师的引导。我本科和硕士学习经济学，在校期间，感觉到政治和行政管理体制对经济发展很重要，阅读的书籍中，政治学领域著作所占比重越来越大，但是还没有下定转向政治学研究的决心。到比较杂志工作后，恰逢荣老师的研究兴趣逐渐从比较经济学转向社会政治层面问题的研究，我参加了他主持的县乡两级体制改革的大课题，迅速进入对政治和行政管理体制问题的研究。他给予我很多鼓励，常常让我就一些问题谈谈看法，并就我的观点提出问题。为了能够更好地对话，我阅读了比较多的政治学著作，开始写一些政治学领域的文章。但是政治学领域的范围很广，问题很多，从哪个角度切入也是非常重要的问题，由于参加了荣老师主持的课题，我就自然而然选了一个其中更小一点的角度，从村民委员会的选举问题开始研究乡村治理。2003 年我到布达佩斯中欧大学政治学系攻读博士学位，脱产学习一年。回国后，我边工作、边调研、边写论文。2008 年完成答辩，次年拿到学位，整个过程基本平顺，如果没有前面的积累，那是很难想象的。

荣老师大力栽培青年人才，他调动自己的学术联系，并从所主持的课题经费中拨出经费，送我们课题组的成员于 1999 年秋到哈佛大学访问学习半年。这半年的学习对我

荣敬本和赖海榕等合著的学术著作

后来的工作很有帮助，包括使我有了对美国更客观的认识，并在研究叙事方法上受到启发。

荣老师是冷峻的阅读和思考者，也是温暖的关怀者。荣老师是平易近人的，他是长者，是资深学者，在学界有一定的地位，在行政上有一定的级别，但他绝不对我居高临下。我自小在长幼有序的氛围中成长，在长者尊者面前不免战战兢兢、汗不敢出，但是跟他交流对话，却不感到有什么拘束，从来都是直抒胸臆、畅所欲言，少有顾忌。荣老师对我有点见解的评论，总是大加赞赏，对我引喻失义的言论，也是以商量的口气跟我讨论，提醒我在其他场合可能要深入思考相关问题后再发议论。

1999 年夏天，我在亲友同事们没有得到我任何“预警”的情况下结婚了。有天中午，荣老师召集杂志社的同仁，在西斜街口东北角的新阿静酒楼二楼摆了一桌，为我和妻庆贺。我和妻都是孤身在外，北漂奋斗，举目无亲，荣老师和诸位年长同事是我们仅可依赖的长辈。这桌酒宴，是长辈对我们的祝福。虽已过去 18 年，但当年酒楼深蓝色基调的装修、妻穿着淡紫色的衣服从丰台风尘仆仆赶过来的情景、座中各位长辈喜悦的交谈仍历历在目啊！

荣老师是求知不止的学者，他在大学期间学习俄语，后来因工作需要学习德语，改革开放以后为了到美国访学，再学习英语。他对工作中遇到的人和事特别是其中蕴涵的思想总有进一步的追问，这种追问不断推动他前进。他早年参与《资本论》的译校，得到思想的启发，进而与当时的现实对照，感到有明显的对立，进而转向经济学的学习和研究。上世纪 80 年代他参与接待布鲁斯、奥塔·锡克、科尔奈等东欧经济学家，很快就投入到对这些学者著作的阅读和思想的研究中，进而一头扎进比较经济研究，再进而争取编译局领导的支持，创办《经济社会体制比较》杂志，系统引介比较经济学理论，特别是与市场经济有关的理论。

我认识荣老师的时候，他的研究兴趣在转向，他不断地学习新的知识，我记得他仔细研读青木昌彦先生比较制度分析的思想，十分赞赏。他有段时间对复杂理论很感兴

《经济社会体制比较》创立初期编辑部工作人员（后排左三为荣敬本）

趣，潜心研究。他对近代政党的诞生和发展有浓厚的兴趣，鼓励我们认真研究并收集资料。我在 2009 年从当代马克思主义研究所调到马列主义文献信息部工作，后来任部主任暨图书馆馆长，他不时问我有没有这方面或那方面的书，有时从网络上看到我发表的文章，总会在见面或电话交谈中主动提起，给我鼓励，提出意见建议，我很诧异他的阅读视野和关注广度。见面或电话交谈时，他常常问我最近在读些什么，并跟我交流他的阅读心得。

2017 年初，他向我要了几本苏格兰思想家的书籍。2017 年夏，也就是荣老师仙逝前半年左右，他还要我找几本犹太人历史的书给他。

家国情怀是荣老师精神生活的原乡，是荣老师阅读和思索的根本动力。我常从他的言谈中感受到他心忧天下、回看历史、观照未来。他既是热切的，也是耐心的，他时常跟我说，小到个人的成长、大到民族的进步，都有一个过程，这个过程有时候可能相当漫长，既需要英雄人物的作为，也需要小人物的努力，作为平凡的个体，我们既不能懈怠也不要着急，要做一些力所能及的事。他的话常给我力量，帮我驱散心头的焦躁与疏懒，使我能够坚定安静地迈步前行。

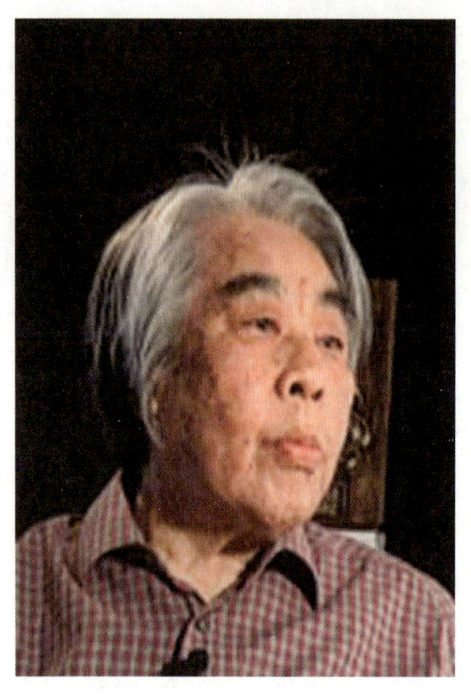

张秀珊，马列主义经典著作翻译家。原中央编译局马列部译审。2002 年荣获资深翻译家荣誉称号。曾参与《马克思恩格斯全集》《列宁全集》《斯大林全集》中文本的翻译工作。

“在他们身边工作是幸福的”

——回忆编译局成立初期的几位局领导

张秀珊

已经过去很多年了，我手头虽然有些材料，但是不全，我现在年岁也大了，很多事情记得不大清楚，这里就根据记得的一些内容来谈一谈我印象中的几位中央编译局成立初期的老领导。

我是1951年调来中共中央俄文编译局的。我刚来的时候，局里正组织翻译毛主席的《实践论》，我们新来的同志负责校对，两个人一组。后来，就开始做翻译工作，主要是为《学习译丛》翻译稿件。因为原来做过几天校对工作，我就负责俄文校对。1953年，中共中央俄文编译局同中宣部所属的斯大林全集翻译室合并，成立了中共中央马恩列斯著作编译局。我被分到列斯室第二翻译组。年底的时候，机构调整，宣布让我当陈昌浩同志的秘书。当时他并没有到任，我还继续在列斯室工作，他什么时候来的我确实记不太清楚了，大概是在1954年。之前，他是中央马列学院副教育长，调来编译局时任副局长，后来确定为常务副局长，主抓全局业务工作。当时他集中精力主抓的是刚刚上

本文口述于2015年，整理者李朋飞。

马的《列宁全集》编译工作，这是全局的中心任务。他既当领导，又亲自参与翻译、校订，工作十分投入。

刚开始做陈局长秘书的时候，我还有点忐忑不安，心想这么大的人物，一定不好打交道。但我很快发现，陈局长还是很好相处的。他虽然平时很严肃，见面就跟我讲工作上的事，不像别的领导那样还聊聊天什么的，但他对我、对大家都挺和蔼的，从未对我们发过脾气。

当时我的秘书工作大致是两个方面，主要的方面是帮陈局长看稿子。当译稿交来之后，我就按他的要求先用铅笔把修改意见和修改理由写在边上，然后交给他看。他非常仔细，字斟句酌地进行校订。有时候他让我去查资料，并告诉我到哪儿去查。有时查完之后，他还不放心，说这个地方不行，吃得不透，得去找专家质疑解答。有时候他亲自跑到局校审室，同初校的同志共同商定翻译方案。有些句子稍微有点绕口，他也不放过，直到把它修改满意为止。我对此印象特别深刻。我们知道《俄华辞典》最早是他编的，我们那时学习时用的都是这个辞典。所以他做编译工作就比较精细，精益求精、一丝不苟，工作作风非常严谨。跟着他工作，我收获特别大。

另外一项工作是帮助他管理苏联专家。当时局里有三个苏联专家，他亲自给专家们定工作计划、工作进度，指定他们帮谁校稿、给谁进行质疑解答。事无巨细他都亲自过问，我不时帮着他处理这些事。有时局内翻译人员跟专家意见不统一，他还要亲自去协调。此外，还有一个比较重要的工作，就是起草年终的总结和年初的计划。他是常务副局长嘛，这些事都是他亲自做，我与其他同志辅助他，他需要什么材料，就帮他准备好。等到要正式撰写的时候，他让我拿着笔，他说一句我记一句，记完以后，他让我对文字顺一顺，然后再交给他修改、定稿。

陈局长抓《列宁全集》第 1 卷工作的情况，别的我记不得了，印象最深的就是他的工作态度。他对译稿总是精益求精，一点不马虎。有时候我们注意不到的地方、小的纰漏，他都能一一发现并改正。大的方面，像语句通顺问题，他都会反复推敲怎么样译得更好一些。我觉得这跟他原来编过辞典的经历有关系，非常注意精确，注重质量，这是他的工作特点，我也从他身上学习了很多东西。

20 世纪 50 年代陈昌浩（左一）、张仲实（右一）、姜椿芳（右二）等局领导同外国专家在一起

1956年，中共八大召开前，陈局长被抽调去负责筹备工作。师哲局长、姜椿芳副局长也都去了。我被抽到八大筹备组秘书处工作，跟我一起过去的还有余征。主要承担一些会务工作。

大约是在1957年六七月份的时候，陈局长外出养病，我就不再做陈局长的秘书了。

我印象中的姜椿芳副局长亲切和蔼，特别关心局里的同志。这里讲两件小事：1954年初，我和刘丕烈结婚，是编译局给办的婚礼，许多同事都出席了。那个时候都是这样，同事婚礼大伙儿都参加，也不送什么大礼物，就是大伙儿凑点钱，买个纪念品。那天我们婚礼结束之后，姜局长坚持要安排车送我们回家。当时我们就住在编译局旁边的兵马司胡同，走几步就到了。我说我们走着回去就行了，但姜局长不干，非要用汽车把我们送到了家。还有一件事，

20世纪50年代姜椿芳（左一）、陈昌浩（右三）等在中央编译局大门前合影

我至今仍记忆犹新：我女儿出生后脸上有个胎痣，后来我下放到外地。回来听家人说，有一次姜局长碰到孩子，看见这个胎痣，就给我家人说女孩子不能老这样，给她做了吧！家人就带孩子到医院把痣做掉了。孩子十分感恩姜局长的关心。姜局长就是这样，同事们工作上的事、个人生活上的事他都特别上心，事无巨细都能考虑的十分周到。大家都很敬重他、喜欢他。

师哲局长我也接触过，当时他虽然是局长，但不在局里办公，当时他还担任中央书记处政治秘书室主任的职务。局里有重要事项需要处理时就过来讨论讨论。在我的印象中，师哲局长是个比较严厉的人。他尽管平常说话也挺和蔼的，跟同事的关系也很好，但你要是工作上做错了事，他就会发脾气。我看见过一次他发脾气，是跟他的夫人周惠年大姐。他对我倒没有发过脾气，见面总是客客气气的。我结婚的时候，他还亲自做婚礼主持。我记得那时候编译局院子里有个小湖，湖中有小亭子，中秋节的时候，我们在亭子下摆个桌子，师哲局长跟我们坐在那里一起品尝月饼，一块谈笑风生，大家其乐融融。那种情景至今仍历历在目，让我难忘。

现在回想起过去的那些人、那些事，回想起我在局领导身边工作的日子，依然感到十分温暖、十分怀念。那个时候，局领导和大伙儿都特别亲近、特别亲切，工作上精心培养、严格要求，生活上关心关爱、无微不至。我能够在他们身边工作是十分幸福的。

“风雨晨昏共苦乐，字斟句酌抠译文”

——回忆编译局成立初期的几位翻译家

高叔眉

（一）好友陆梅林

上世纪整个八十年代，总起来讲，是个风调雨顺的年代。这时陆梅林同志已在中国艺术研究院主持工作了。梅林同志与我共事已久，从五十年代起，一直是我的领导。在编译局，从学习译丛室到列宁室再到后来的列斯室校订《列宁全集》中文第二版，我们都在一起，真是风雨晨昏共苦乐，字斟句酌抠译文。更何况我们还一起到通县参加“四清”，一起在江西干校“战天斗地”，所以非常投契，知根知底更知心。梅林同志早年在桂林学习俄文，自强不息，奋斗不止。后来在大连《实话报》工作，译著颇丰。调北京工作后就与新中国同步前进了，也可以说是与马列结下了不解之缘，我们有幸志同道合。梅林同志一直痴迷于马列文论，他经过长期积累，潜心钻研，终于完成了《列宁论

本文为2003年纪念中央编译局成立50周年所作。

文艺》的长卷汇编出版。同时也完成了梦寐以求的《马克思主义文艺学大辞典》的主编出版工作。他还主编《文艺理论与批评》杂志，参加现实争鸣与斗争。成果累累，贡献极大。

另外，为了有目的、有计划地了解世界文艺现象，了解外国文艺理论和美学的研究状况，他创意并主持编辑出版了一套《外国文艺理论研究资料丛书》。从八十年代中期开始，一直延续到九十年代末，陆续出版了近二十种颇有分量的译著供文艺界及从事文艺理论教学和研究的广大读者参考。他为此事殚精竭虑，孜孜以求，不达目的不罢休。我承他的不忘，也成了这套丛书的庞大编委群体中的一员。我先后与我局姜其煌、郭值京、盛同、王向梅、冯申

陆梅林（前排左四）与马克思主义文艺理论研究所的同事及友人在恭王府院内

等同志合作，为这套丛书选译了好几部参考资料，如《艺术论集》，这是一部马克思主义者对西方现代派文艺的评述结集。又如《回顾与反思》，这是一部专门评论二三十年代苏联美学思想的资料结集。再如，我还专门为这套丛书选译过有关美学文艺学方法论方面的论著，及时出版。值得一提的是，我们所提供的这些外论资料，大体上都能派上某次全国性的学术研讨会的用场。比如，桂林召开的全国马克思主义文论改革会议，武汉召开的文艺学方法论会议，重庆召开的新时期文艺理论与创作会议，等等。在梅林同志的关心和支持下，这些会议我都应邀参加了。从我个人来讲，参加这些学术活动的确是太晚了一点。也许是常言说的“大器晚成”吧。在这些活动中，我广交朋友，增长见识。从某种意义上讲，也扩大了编译局甚至马列主义的影响，这绝不是夸大其词和“自我膨胀”。有的与会者见了我说：“咱们神交已久，你的译作早就拜读了，获益匪浅……”有的同行对我说：“我还以为你是一员女将哩，原来你是一个‘谦谦君子’……”我们不禁笑得前仰后合，原来我的姓名“高叔眉”三字被许多人看成女性，而且落笔书写时往往在“叔”字边加三点，“眉”字不是用“媚”字就是用“梅”字代替，这也算是关于自我的一点逸事吧。

在同梅林同志几十年甚至也可以说是一辈子的共事和交往中，我始终是个受益者，而梅林同志对事业对信仰的执着，对朋友对同志的真诚，那是有目共睹有口皆碑的。在梅林主持《文艺理论与批评》杂志时，他主动找我整理有关列宁论文学党性的材料，他在我这篇资料性文章中花费了许多心血，把不少新材料加了进去，使列宁关于党性论述的来龙去脉像一根红线把这篇资料贯穿起来，公开发表，以飨读者。我曾经当面给他念过一首赠诗，现在记在这儿：

译坛共度几多春，满怀执着敬列宁。
紧握手中一支笔，驰骋疆场赛千军。

如今，新世纪了。我们都已先后加入离休老人的队伍之列，一支笔还握着，但不紧了。因为力不从心是一个不可抗拒的自然规律呵！但综观梅林同志的毕生业绩和精神面貌，我用“紧握一支笔，疆场赛千军”这样的素描来观照他，是当之无愧的。

（二）老领导刘水和何匡

在一首早就会唱的三十年代著名歌曲中有这样两句话：“你知道你是谁？你知道华年如水……”是呀，华年已如逝水般流淌而去，但是许多人和事却凝固在记忆中，并不消失和褪色。我现在作为一个后死者，还深深怀念着离我们而去的“老编译局”刘水同志和何匡同志。这两位延安老干部，五十年代初都还年轻，不老，他们都朴实无华，诚恳厚道，平易近人，和蔼可亲。我来局不久，有时一天能译出一万字，500 字的稿纸写满 20 来张不成问题。刘水看了

中央编译局成立初期编译部门负责人刘水

有质量问题，字也写得潦草难认，他就提醒我批评我，要注重质量，别追求数量，我感到很温暖。

在通常情况下，他总是埋头改稿，兢兢业业，任劳任怨，从不张扬。他的爱好就是喜欢打打“八股”球（乒乓）。他的爱人在海军工作，他离开编译局后，听说是回广东老家了。他是印尼华侨，可能在中新社担任领导工作，他早年归国投身革命，奔赴延安，是一个踏踏实实的热血男儿。他后来曾经来北京玩过。由于得了一种怪病，医治无效而过早地离开了人世。

何匡同志比较“青睐”我。我当时常为黑板报写些东西，他总是我的稿子抄发前的第一读者。记得我为翻译列宁著作必须注重质量写过一首小诗，其中有一句是：“一个字就是一吨钢！”何匡同志看了，念到这一句时不禁拍案叫绝，连声说：“写得好！写得好！”他还补充说：“500万字就是500万吨钢！”一五期间，我们的钢产指标好像是年产500万吨。他还告诉我，他到延安前，在四川老家达县读书时也喜欢诗词，又一次他和同学们到山上去玩，他看到满山遍野樱花盛开，他对着这种景象也哼出一句诗来，曰："满山樱花为谁红？！"他是带着浪漫诗情投奔革命的。我当时听到这句诗很激动，但没有立即回答什么。这句诗却一直难忘。

何匡同志离开编译局后到《人民日报》负责理论版的工作，写了不少理论文章，水平较高。他曾有过"翻译无出息论"的高见。这是有针对性的，即只顾翻译不钻研理论，是片面的，瘸腿的，叫做"理论不通，行之不远"。他并不是否定翻译本身的价值和意义。他的这种看法，我认为与师局长当时提倡的"翻译与研究相结合"的意见是一脉相承

张仲实与何匡（右一）

的。我曾听到师局长对何匡谈过这个问题，师局长说，翻译本身要研究，理论问题更应研究，不能只顾一头，结果两头都搞不好。经过何匡同志演绎，翻译不搞理论研究无出息就顺理成章了。经过几十年后再回过头来看这个问题，的确是发人深思的。

刘水、何匡这两位当年编译局的中层干部，对编译局早期和中期的建设是有贡献的。特别是在业务方面和思想方面对青年干部的培养和帮助都是不遗余力的。他们把实事求是、艰苦奋斗、无私奉献、言传身教的延安作风和自律精神传给了我们这些后来者，这是编译局的宝贵精神财富，应该代代相传，发扬光大。

编译局一向以集体力量雄厚为特色，在马列主义经典著作的翻译定稿中表现尤为显著。但是，集体是个人组成的，个人优秀，集体才能出色；个人独当一面，集体才能无往不胜。令人感到欣慰的是，在编译局工作几十年如一日绝非我一人。由于有党一手培养起来的一个可靠的翻译群体的献身，编译局的事业才能有成。当2002年10月我局许多同志荣获“资深翻译家”称号时，我写了两首小诗抒怀：

译坛多俊杰，
口笔著文章，
合创辉煌史，
字字皆闪光。

文化先头兵，
铺路搭桥梁，
沟通中与外，
业绩代代扬。

何宏江，马列主义经典著作翻译家。译审。曾任中央编译局列斯室副主任、马列部副主任。2006 年荣获资深翻译家荣誉称号。享受国务院政府特殊津贴。参与《列宁全集》中文第二版、《列宁选集》中文第三版和《斯大林选集》（二卷本）的编译工作。

“一个特别能战斗的集体”

——回忆《列宁全集》中文第二版的编译者们

何宏江

二十世纪五六十年代，《列宁全集》中文第一版编译工作进行的同时，中央编译局就开始着手对苏联先后出版的各类列宁文献进行普查，为《列宁全集》的再版、修订等工作奠定了基础。在我调到中央编译局的前三年，即1975年，《列宁全集》中文第二版前期筹备工作正式开始。自1978年夏天我来到编译局，至上世纪90年代初《全集》中文第二版60卷全部出齐，我全程参与了这一宏大的工程。这样一个宏大复杂的工程，能在相对来说较短的时间里高质量地完成，没有一支能打敢拼、团结奋斗的队伍是办不到的。在五千多个日日夜夜里，参加这项工程的每一个同志无不任劳任怨、孜孜矻矻，付出了莫大的心血，有的人甚至可以说搭上了自己宝贵的生命。这其中既有以身作则的领导，更有许许多多恪尽职守的老同志和年轻人。

林基洲先是担任列斯室领导，后来又担任副局长，但他自始至终抓住全集第二版的编译工作不放。他从不只是一般号召，而是身体力行，带头苦干。每天一早他就骑了

本文口述于2023年，整理者詹珩。

《列宁全集》中文第二版编译人员表彰会

自行车来局里上班，开始忙忙碌碌的一天工作，直至深夜。他的一日三餐都在局里食堂解决，但他往往因忙于工作而误了饭点，于是一杯啤酒、一个冷馒头便成了他的家常便饭。这种长期简朴甚至是马虎的生活习惯，必然导致他严重的营养不良，以致在全集第二版工作结束之后不久，他便早早地遽然离开了我们。他抓全集第二版的工作抓得很细，大到整个全集的总体设计，小到列宁著作中人名译法的审定，他都抓住不放。编辑组杨祝华、李洙泗、丁世俊讨论全集每一卷的编目，他都一卷不落地亲自参与。对每一篇文章收不收、如果收的话怎么排列、写作时间怎么确定、标题该怎么修改，他都条分缕析地谈出自己的意见。

老林常常强调说，中文版的《列宁全集》要编得有中国特色，很重要的一点，就是各卷的前言和所附的资料，包括注释、人名索引、文献索引、年表编写得好不好，能不能不落窠臼，无论从思想性、科学性、知识性、稳定性来说都要超过俄文版。他要求注释、人物小传和年表都先写出试写稿，不厌其烦地一次次组织讨论，一道道亲自修改，直到参加编写的同志思想趋于一致。60卷的每一篇前言都经过老林的审阅和修改，有的前言写了三四稿还达不到要求，老林毫不客气地要求推倒重来，有时他甚至自己动笔把前言改写出来。老林这种对工作精益求精、亲力亲为的精神给全室的同志做出了榜样。

列斯室主任岑鼎山，是1953年建局时参加工作的人中最年轻的一位。他善于学习、勤奋工作，业务工作提高得很快，干出了成绩，因此1956年就被评为全国青年社会主义建设积极分子（相当于全国劳模）。老岑的理论修养和文字功底都很强。作为室主任，他对全室的人员情况了如指掌，对各道工序的人员搭配、任务分配都是由他拿出主意，尽量做到人尽其才、各得其所。他原则性强、处事公正、任劳任怨，面对外面的一些质疑和非难他波澜不惊，能抗压、有担当，在任何情况下都不动摇按时按质完成全集第二版的决心。他说得不多，做得却很多，他的工作量是惊人的。在我们的工作流程中审定是最后一道工序，也就是把关的活，他在全集第二版60卷中，竟独自审定了30卷，没有过硬的业务能力、顽强的献身精神是无法做到的。甚

中央编译局列宁斯大林著作编译室工作人员合影（后排右六为时任室主任岑鼎山）

至在他唯一的爱女大学毕业不久，突罹恶疾，无法正常工作时，他虽然内心十分痛苦，却不露声色，照样坚持工作。要插上一句的是，在我们这个集体中，在全集第二版工作期间还有好几个人，如傅子荣、徐立群、钱文干、刘功勋等都先后遭到家庭突发变故，他们和老岑一样妥善地处理了这些人生难题，没有影响手中的工作。老岑为全集第二版呕心沥血、积劳成疾，还没有退休，便病魔缠身，在退休后不久便与世长辞，没有过上一天安闲的退休日子。

参加全集第二版工作的主要骨干平均年龄偏大，都在50岁以上，有的甚至已超过60岁。像张慕良、孙岷、张企、林扬、屈洪等都是资历很老的前辈，不少人曾经担任过室领导，但在全集第二版工作中他们都以普通译校人员的身份承担分配给他们的任务，尽心尽力，燃尽了他们最后的能量。其中特别要提一下张瑞亭，他是和我差不多同时从对外文委调到编译局来的。由于他此前长期担任中苏友协刊物的编辑工作，来局后我们请他负责审定全集第二版60卷的全部注释。老张在解放前是我党在南京中央大学的地下党员，当年是学生中冲在前列的反内战、争民主的斗士。岁月的沉淀，在来编译局后从他身上已看不到那个热血青年的模样，每天一袭蓝布褂、一双旧布鞋，提着一个布口袋来上班，俭朴普通得就像胡同里的老爷子。但他初心还在，斗志不减，每天把一大包稿子从局里提回家中，夜以继日地工作，第二天又乐呵呵地提着稿子回办公室。他是个完美主义者，对注释稿改了又改，不断地否定自我，不断地追求完善。有时我们劝他说注释稿已经符合要求，不必再改动，他笑着答应了，但是回过头去不知从哪里找到了新的问题、新的资料，又动笔改上了。三四百万字的注释就是这样从他的手里交出去的。老张学识渊博，爱书如命，他家中的生活非常节俭，但买书却从来都舍得花钱。他是我认识的人中唯一一个自掏腰包买下六七十卷《中国大百科全书》的人。《中国大百科全书》出一卷，他买一卷，在他身患胃癌，躺在医院时，大百科全书还没有出齐，临终前嘱咐儿子一定要把尚未出版的大百科全书补齐。他去世前一天，我们去看望他，他竟然还躺在床上看报纸。

我们室里带病工作的老同志很多。如刘方清一目失明，靠着一只视力也不佳的眼睛，带着年轻的王丽华，两个人完成了上千个人物小传的编写工作。眼疾是我们不少人的职业病，如汤钰卿还视网膜脱落过。有的同志，如张近智、王澍曾得了轻微的脑梗塞。但他们都克服困难、坚守岗位、毫不懈怠，为早日出书尽心尽力。

80年代全国刚刚从十年动乱中走出来，国家很穷，编译局也不例外。当时我们除了微薄的工资，没有一点补贴和资助，更不用说什么福利和奖金了。有的同志家庭负担很重，入不敷出、寅吃卯粮、困难重重，但他们依然全身心地投入全集第二版这一繁重的工作，不叫苦、不畏难，齐心协力、积极配合。我在布置工作、分配任务、检查进度时都得到了同志们的全面支持，所以我工作起来相对比较轻松。当然有时也会出现争论，甚至争得面红耳赤，那是在讨论业务问题时，大家各执己见、互不相让。我现在常常回忆起当时的许多情景，我在想，一个人不为名、不为利，却为一句话、一个字，甚至一个标点符号与你纠缠不休、死磕到底，究竟图的是什么？我想这就是编译局的精神，这就是我们这个集体为了共同的事业团结奋斗的精神。

在80年代我们工作最紧张的时候，同时有30多卷书在我们手中滚动加工，我们边校审、边编写、边发排、边看清样，任何一道工序卡壳，都会影响出书的进程。许多同志这些年中为了早出书、出好书，年年放弃休假，主动加班加点，可以说把自己全部的智慧和心血都倾注于这一伟

何宏江（左一）等编译人员参加庆祝《列宁全集》中文第二版出版发行座谈会

大的事业中去。岁月无情，如今当年和我们一起奋战全集第二版的许多老同志都已先后离开了我们，连当年最年轻的同志都已经退休。我想，新陈代谢是自然规律，但同志们所做的工作已经成了编译局历史上的里程碑，他们的名字已经镌刻在我们每个人的心中。我重新回忆我们的战斗经历，就是为了纪念这些把毕生精力都奉献给马列著作编译事业的已故战友，也为了祝福我们现在还在享受离退休幸福生活的同志们。

最后值得一提的是，全集第二版不仅出了书，而且还出了人。令人欣慰的是，当年我们那个集体中的年轻同志，在老同志的传帮带下，都早已出类拔萃，成了编译事业的行家里手。虽然其中有些同志已调离编译局，但不管是留在编译局的，还是在其他岗位上工作的，都能发扬忠于事业的奉献精神和精益求精的工作作风，做出了出色的成绩。编译局的精神不能丢，也不会丢。我热望后来诸君多努力，我深信一代更比一代强。

下篇

传承：媒体采访

国家将评选表彰“七五”科技攻关优秀项目

新华社北京电 （记者乘存忠、通讯员户国利）为促进我国科学技术的发展，推动科技与经济的结合，国家计委、国家科委、财政部决定对“七五”国家重点科技攻关项目和有关科技人员、科技管理人员进行评选、表彰。

这次评选将评选出优秀科技成果500项，选出有突出贡献的科技人员150名、科技管理人员50名。据悉，今年下半年国家将召开大会，表彰“七五”科技攻关优秀项目和个人，同时举办展览会，展示“七五”科技攻关所取得的成果。

大型高速复合局域计算机网络工程落成

新华社北京电 （记者顾年秋）中国原子能科学研究院大型高速复合局域计算机网络工程，4月中旬落成。这项工程是为满足快中子反应堆、核物理、核电站设计、核电安全分析及加速器设计等高科技开发项目和业务管理需要而安装的。国内外专家验收鉴定认为，这一网络工程达到国际80年代中后期水平，属国内首例。

福建省七项发明在日内瓦获奖

新华社福州5月1日电 （记者［illegible］）在刚刚结束的第19届日内瓦国际发明与新技术展览会上，福建省发明协会推荐参展的7项发明全部获奖。其中福建省微生物研究所副研究员刘华珍研制的“福巴肽的产生菌发酵提取工艺与测定方法”、福建省农科院工程师陈敏等研制的“水田浮雾点深施机”获得金牌奖。

其他获奖的项目有“高熔燃助火系列涂料”、“便携式低强度成像仪”、“转印彩色墨水及印花方法”、“YGL—80型钢筋冷拉机”和“新绸节能火花塞”。

全国气象卫星云图接收系统研讨会在深圳召开

本报讯 记者何黄彪报道：为推动我国气象事业的发展，由深圳大学、中信大维技术公司、香港集科有限公司联合主办的“全国气象卫星云图接收系统研讨会”，4月下旬在深圳召开，来自气象、航空、海洋等业务部门的近百名中外专家参加了会议。

气象卫星云图接收系统是一种遥感、通信和计算机技术相结合的高技术产品。……

我国强激光技术发展的里程碑

“神光”装置做出国际先进实验结果

本报讯 记者黄天祥报道：命名为“神光”的高功率激光物理实验装置——“激光12号”，至今已连续运行了3年，做出了一批国际一流水平的物理实验结果……

科研人员在“神光”装置的控制室中讨论工作

资料

激光十二号实验装置

重大科技成果巡礼

沙漠化的克星——森林

北京林业大学教授　高志义

促进科技进步　云南办八件实事

我国石化工业成功之路——

用科技高投入取得经济高效益

本报讯 中央人民广播电台记者……

▽在河南信阳陆军学院受训的北京大学89级学生来到大别山老区开展社会调查。图为学员们在老区革命传统教育展览馆参观。 王森和摄

△第14次太平洋地区标准化大会于4月23日在京召开，美、日、加拿大等12个国家和地区的标准化部门的官员和专家学者参加了会议。我国派出由7人组成的代表团参加这次会议。这次会议的中心议题是讨论90年代太平洋地区标准化发展前景，及高新技术的标准化与实验室认可制度。

（吴以荣）

△首届中国航海学会奖学金近日颁发，海军广州舰艇学院等12所院校的37名品学兼优的学生获得此项奖学金。

（杨长明　包高荣）

△由北京新概特电子技术公司研制成功的新世纪系列电视影像制作系统日前荣获……

传递真理之火

——中共中央马恩列斯著作编译局采访纪事

新华社记者　何平　刘思扬

宝库，向中国人民打开

……将原定60年代末出齐的《列宁全集》，提前到1959年10月1日以前出齐，向国庆10周年献礼。

时间只剩下不到两年。编译局的全体同志以饱满的政治热情，不分昼夜，不计报酬，争分夺秒，埋头奋战，终于在建国10周年前夕，把1500万字、38卷的《列宁全集》全部送到读者手中。这在我国出版史上，堪称一个奇迹，一个壮举。

奉献，为了神圣的事业

翻译马列经典著作，不同于翻译一般的外文著作，译文的准确与否，直接关系到读者对马克思主义的理解，一言九鼎，笔重千钧，这是一项极其严肃的政治任务。

信念，在这里铸就

传递真理之火

——中共中央马恩列斯著作编译局采访纪事

新华社记者　何平　刘思扬

70多年前，一本令旧中国的统治阶级惊恐万状的小册子《共产党宣言》汉译本，诞生在浙江义乌县分水塘一间简陋的柴屋里。这本由我国老一代翻译家陈望道翻译的中国历史上第一本马克思的原著，伴着柴屋那盏摇曳的油灯，用真理的星星之火照耀着黑夜沉沉的东方古国。

星移斗转，沧桑巨变。马克思主义真理的光芒，如今已经照亮了中华大地的每一个角落。一代又一代的马列著作翻译工作者为此前赴后继，义无反顾地把真理之火传递。

宝库，向中国人民打开

作为无产阶级的政党，中国共产党从成立那天起就把传播马列主义，当成整个革命事业的重要组成部分。由于战争年代特殊的历史环境，马列著作只是被零星地译成中文。真正有组织地、大规模地翻译马列的全部著作，还是在新中国成立以后。

1953年1月29日，党中央作出决定，成立马克思恩

本文原载《人民日报》1991年5月3日第3版。

格斯列宁斯大林著作编译局，任务是系统地有计划地翻译马恩列斯的全部著作。马列主义理论宝库博大精深，卷帙浩繁。要把这些经典著作全部译成中文，数量多达上百卷，字数超过 5000 万。而当时的编译局，除了少数像师哲、陈昌浩、张仲实、姜椿芳、谢唯真等造诣深厚的翻译家，绝大多数是刚刚走出校门的大学生。

年轻的翻译队伍，面对的是一项宏大而又艰巨的工程。当时，共和国也是年轻的。我们急需聆听革命导师的教诲，社会主义建设也需要借鉴别国的经验。本着循序渐进的原则，翻译《斯大林全集》便成为他们当时的首要任务。编译局的同志用 5 年的时间完成了《斯大林全集》的翻译工作，不仅及时地满足了当时各级领导干部和广大读者的渴望，也为以后翻译《马克思恩格斯全集》、《列宁全集》积累了经验。

日新月异的社会主义的伟大实践，使党中央再次指示编译局：要进一步加快马列著作的翻译工作。为此，编译局根据 1958 年召开的党的八大二次会议精神，作出了一个大胆的决定：将原定 60 年代末出齐的《列宁全集》，提前到 1959 年 10 月 1 日以前出齐，向国庆 10 周年献礼。

时间只剩下不到两年。编译局的全体同志以饱满的政治热情，不分昼夜，不计报酬，争分夺秒，埋头奋战，终于在建国 10 周年前夕，把 1500 万字、38 卷的《列宁全集》全部送到读者手中。这在我国出版史上，堪称一个奇迹、一个壮举。

1960 年，编译局的工作重点正式转移到翻译《马恩全集》。尽管因 10 年“文革”曾一度中断，但到 1983 年马克思逝世 100 周年之际，洋洋大观 50 卷、3200 万字的《马恩全集》全部出齐，成为10亿中国人民对长眠在伦敦海格特公墓的马克思最有意义的纪念。

至此，马恩列斯等革命导师的全部论著已基本被译成中文，马克思主义的理论宝库已全部向中国人民打开。据统计，迄今为止，三大全集共印刷1710万册，成为亿万中国人民得以直接占有并享用的宝贵精神财富。

为了全面、准确地继承列宁的思想遗产，编译局从1975年又开始着手重新编译《列宁全集》，并于1990年底全部出齐。新版《列宁全集》，共60卷，除对原译本中的错误进行修订外，比旧版多收列宁文献5000多件，总字数增加一倍以上，是目前世界上各种文版中收集列宁文献最多的版本。

尽管在马恩列斯的全部译著的扉页上，译者的署名只有一个：中共中央马克思恩格斯列宁斯大林著作编译局。但是，历史将永远铭记这些默默无闻的翻译工作者，为社会主义革命和建设事业所做出的业绩。

奉献，为了神圣的事业

翻译马列经典著作，不同于翻译一般的外文著作。译文的准确与否，直接关系到读者对马克思主义的理解。一言九鼎，笔重千钧。这是一项极其严肃的政治任务。

原马恩室主任周亮勋回忆起当年翻译《资本论》的情形时说，翻译《资本论》，都是集体翻译，集体讨论，集体定稿。除了经过翻译、初校、初定稿、定稿、最后审定等许多工序外，还有负责统一译名、加解作释的同志们的大力配合。仅翻译《资本论》一书，他们为统一译法作的卡片就有数万张之多。

列斯室主任岑鼎山谈到新版《列宁全集》的翻译工作时，特别提到了从事人名索引工作的副编审刘方清同志。“她身患高血压，还有一只眼睛失明。但为了争取早日完成新版《列宁全集》的翻译工作，她从1975年起几年没有休过假。10多年来，她为60卷的新版《列宁全集》中的30多卷编译了人名索引和小传。”

为了神圣而崇高的事业，编译局的同志们“衣带渐宽终不悔”，“总把明珠细细磨”。

信念，在这里铸就

当马列主义真理在“文革”中被“四人帮”一伙政治骗子歪曲、篡改，当资产阶级自由化的浊流泛滥时，一些人对马列主义产生了动摇和怀疑。有人甚至断言：马列主义面临着危机。

果真如此吗？

把“经”念歪了，怎能责怪“经”不好？当我们把这些问题向编译局的同志提出时，几乎每一位同志都这样理直气壮、异口同声地回答。

曾在苏联莫斯科大学哲学系进修过的35岁的翻译谭金云指出，有人把社会主义出现的一些失误归咎于马列主义。其实，恰恰相反，造成这些失误的原因，正是因为背离了马列主义。问题的关键在于，是否完整、准确地理解并运用了马列主义基本原理。党的十一届三中全会拨乱反正，还马列主义以本来面目，走上了一条把马列主义普遍原理同中国具体实践相结合的实事求是的正确道路，使中国在短短10多年里，发生了翻天覆地的深刻变化。这一切，都充分显示出马列主义的强大生命力。

马列主义是颠扑不破的真理。是真理，就应该勇于坚持，同时也要敢于发展。放弃，是对真理的背叛。停滞，是对真理的亵渎。马列主义是真理不是教条，是科学不是神学。只有在坚持中发展，在发展中坚持，才会具有永久不衰的生命力。

马恩室副主任韦建桦认为，坚持马列主义，不等于照抄照搬个别的词句。恩格斯早就告诫过我们："我们的理论是发展的理论，而不是必须背得烂熟并机械地加以重复的教条。"

在马克思主义是不断发展的理论这一问题上，曾经参加过二版《列宁全集》编译工作的列斯室副研究员杨祝华有着深切的感受。她说，列宁不仅发展了马克思关于社会主义革命的理论，而且发展了关于如何建设社会主义的理论。从列宁提出的"新经济政策"，到他主张"通过租让和借款吸收外国资本"等，都在向世人昭示：什么才是马克思主义理论的精髓。列宁的这些思想，对于我们今天进行改革开放有着十分重要的现实意义。

从列宁的"新经济政策"，到邓小平的"改革开放"路线，我们不是看到了一条马克思主义不断发展、不断前进的轨迹吗？

历史证明，经历了几度曲折、几番迷惑，人们会倍加珍惜真理的价值。

光明日报

2011年6月26日 星期日 农历辛卯年五月廿五 今日8版

光明网网址:http://www.gmw.cn 国内统一刊号 CN11-0026 第 22426 号(代号 1-16)

1921—2011 伟大历程

科学发展闯新路

——科学发展观重大战略思想的形成与发展

新华社太原6月25日电 (记者江国成、晏国政)煤层气(瓦斯)曾经被当作煤炭开采中的废弃物直排空中,如今,在山西省晋城市,煤层气已作为清洁能源,取代煤炭、石油,广泛用于电厂、工商企业、居民生活和交通运输。煤改气后,当地煤炭用量显著减少,空气质量明显改善,每年好于二级的天数比以前平均增加了100多天。

像晋城这样以科学发展观为指导,转变发展方式,变废为宝,节能减排,改善环境、惠及民生的事例在全国数不胜数。在科学发展观指引下,我国经济社会面貌发生了明显变化。

2003年春夏之交,一场突如其来的非典疫情,凸显了我国的经济发展和社会发展、城市发展和农村发展还不够协调的矛盾。(下转4版)

红旗飘飘

一群人 一辈子 一件事

——记奋战在马克思主义中国化第一线的中共中央编译局优秀翻译家群体

本报记者 薄洁萍

编者按

回首中国共产党领导中华民族走向伟大复兴的90年奋斗征程,我们不能忘记马克思主义理论武装的至关重要性。而在这个过程中,尤其不应该忘记那些为马克思主义中国化的第一步奉献了青春年华、甚至生命的经典著作翻译家群体。这是一个不辱使命、创建功业而又容易被忽略的群体。没有他们用心血铸就的百年经典著作编译事业,没有他们用毕生精力为马克思主义中国化提供系统、完整、坚实的文本基础,就谈不上我们党不断的理论创新,就谈不上我们党用中国化的马克思主义指导革命、建设和改革开放的伟大实践。为历史作出贡献的人,历史终究不会忘记他们。在纪念中国共产党成立90周年之际,本报特刊发此文,以表达我们对这一经典著作翻译家群体的崇高敬意!

马克思主义中国化的第一道门坎在哪里?经典文本的翻译。

在中国共产党波澜壮阔的革命发展史上,就有这样一批人跨过这道门坎为全党输送着精神食粮,他们就是马克思主义经典著作编译者。这个默默无闻的群体,用毕生精力传播真理之火,很多人奋斗到生命的最后一刻;他们一生只有一个不变的目标——一定要把马克思主义经典著作中国化。

毛泽东说:如果没有翻译工作者的努力,中国哪晓得什么是马列主义?

1920年,在中国浙江省义乌县分水塘村的一间破旧柴草屋内,诞生了中国第一部马克思主义经典著作全译本——共产主义小组成员陈望道在这里翻译出了《共产党宣言》。见证这一创世伟业的是一盏昏暗的煤油灯和不时吹入陋室的刺骨寒风。同年夏天,在北京到处搜寻共产主义书籍的毛泽东,将这本用中文出版的第一部马克思主义的书深深地铭刻在心中,从此开始了改变中国命运的征程。

在真理曙光的照耀下,传播真理火种的经典著作编译工作也在中华大地上艰难但却坚定地推进着。推进这一事业的有党的早期领导者李大钊、瞿秋白、蔡和森、张闻天、李达等,有党的理论工作者吴黎平、张仲实等,也有来自不同专业领域的著名学者如郭沫若、郭大力、王亚南、侯外庐等。他们筚路蓝缕、百折不回,翻译出了《共产党宣言》、《哥达纲领批判》、《反杜林论》等名篇。特别是《资本论》三卷本在1938年出版,成为我党早期经典翻译史上的奠基性译著。

抗日战争爆发后,为了迎接新的革命任务,党中央更加重视用马列主义理论武装全党,1938年成立了延安马列学院,下设马列主义经典著作编译部,这就是今天中共中央编译局前身。王实味、王学文、艾思奇、何思敬等一批优秀的翻译家和理论家集中在那里,开始有组织成规模地翻译经典著作。北京大学经济系毕业的何锡麟是第一个被调入的英文翻译。

回忆起在那里的8年时光,97岁的老人何锡麟觉得历历在目:"我那时口译笔译都可以,延安能来一个北大经济系的学生,洛甫同志非常重视。当时缺乏参考资料,只有一本英汉大辞典。我们参加了《资本论》学习小组,整整学了一年,对我的翻译帮助很大。洛甫同志无论多忙,每次都亲自主持。"

"毛主席对你们的翻译怎么评价?"

"学个唐三藏,功德无量啊!"

毛泽东曾不止一次对自己的秘书讲,党的知识分子干部应该向何锡麟学习。至今何老依然关心着党的编译事业,先后两次给中央编译局捐款都超过10万元,而他自己的生活却十分节俭。

在中央编译局的图书馆,记者看到这样一些"名不副实"的书,如书名是《世界全史》,翻开后却是《列宁选集》第12卷;《摩登周报》,实际上是《红旗周报》第58期。在严酷的白色恐怖环境里,思想的火花许多是通过这样的"伪装书"汇成燎原之势的。到新中国成立前,马列著作的中译本已经达到530种,这里面饱含着经典编译战线早期奠基者们的鲜血和生命、信仰和毅力。

"陈望道和《共产党宣言》的关系,是译者和译著的关系,是战士和旗帜的关系,也是信仰者和信仰的关系。"中央编译局原局长韦建桦说。"这样一种精神和传统在整个马克思主义经典著作研究和传播领域得到了继承并发扬光大,集中体现在新中国成立后建立的中央编译局这个重要的阵地上。"

用集体智慧编译三大全集

1953年,中共中央编译局成立了,这是马克思主义百年传播史上的大事,标志着马克思主义经典著作编译事业进入了全新时代。党中央要求,不仅要高质量地翻译出版经典作家的全部著作,还要组织和培养一个编译和研究相结合、个人能力和集体智慧相结合、代代相传的高水平的马克思主义理论研究群体。(下转2版)

时代先锋

为民造福 为党树碑

——记优秀共产党员、武警新疆总队医院院长庄仕华(上)

本报记者 温庆生 本报特约记者 舒春平 本报通讯员 温常青

2011年6月18日,庄仕华带领医疗队来到乌鲁木齐县板房沟乡,为已帮扶7年的双腿残疾村民阿合买提巡诊。图为阿合买提高兴地拉着庄仕华参观自家种植的30亩麦地。 刘海山摄

无影灯下,一位70多岁的维吾尔族患者静静躺在手术台上,穿刺器快速穿透他的腹腔,冷光源监视器准确导入腹腔,17英寸荧屏清晰显示着他的胆囊投影。一双明亮的眼睛聚焦在显示屏上,灵巧的双手娴熟地操纵着分离钳、解剖钩。只用一分多钟,患者的胆囊被成功剥离。

这是6月17日上午,优秀共产党员、武警新疆总队医院院长庄仕华为高龄患者进行胆囊手术的镜头。至此,庄仕华创造了101308例腹腔镜下胆囊切除手术无一例失败的人间奇迹。

另外一个奇迹在医院的墙上——楼道墙壁上挂满了用汉语、维吾尔语、塔吉克语、英语等文字写就的1万多面锦旗,形成一条条锦旗走廊。

有人说,那是老百姓的口碑;也有人说,那是中国共产党爱民的丰碑。

百姓心里有杆秤

是真情还是虚意,老百姓掂量得出,天平就在他们心里。

在新疆,有庄仕华手机号码的老百姓有很多。今年肉孜节,庄仕华的手机收到500多条少数民族群众发来的祝福短信。

南疆库车74岁的维吾尔族老汉尤努斯阿布拉就有庄仕华3G手机号码。这几天他心里为给不给庄院长打电话很纠结:打,要给庄院长添麻烦,搭钱又费力;不打,21岁的脑瘫儿子咋办?虽然现在有了医保,库车民政局又给了些补助,但手中的钱依然不够儿子动手术。

去年这个时候,尤努斯阿布拉老汉带脑瘫的儿子到武警新疆总队医院看病,刚到医院,儿子就晕倒了。恰遇一个中年医生路过门诊大厅,又掐人中,又喂药,孩子很快抢救过来。

那个中年医生待孩子醒过来,才问是咋回事,并指导老汉怎样给孩子看病。临走,他又把电话号码留下,说:"如果钱不够,就给我打电话。"

尤努斯阿布拉老汉这才知道这个中年医生就是"庄院长"。他对庄仕华的印象是:"个儿不高,胖胖的,挺善良的样子。"

与尤努斯阿布拉老汉不同,60多岁的沙娜夫妇这几天高兴得不得了——武警医院的医生、护士刚刚免费给他们进行了体检。庄院长一年前给他们做了胆结石手术,现在身体恢复得非常好。

2009年12月,沙娜夫妇的女儿患白血病,离开了这个世界,这让老来失女的这对老夫妻伤心不已。为治疗女儿的病,这对老夫妻已经变卖了家里所有值钱的东西,现在根本无钱医治他们患下多年的胆结石病。

去年春节前的一天,庄仕华到荣窝僚林场巡诊,得知沙娜夫妇的遭遇,立刻来到她们家里,为沙娜夫妇进行体检,发现她们的胆囊已经塞满了结石,庄仕华当即决定把沙娜夫妇接到医院治疗。沙娜夫妇说:"院长,谢谢您的好意,看看我们这个穷家,哪有钱治病?"庄仕华说:"钱的问题你不用担心,治病要紧。"

三天后,庄仕华为这对夫妻做了胆结石手术,从两人体内取出350粒绿豆般大的结石。在沙娜夫妇住院的10天时间里,庄仕华每天把在家熬好的营养粥端到他们的面前。出院那天,庄仕华又带头组织医护人员捐款12000元,为沙娜夫妇交清全部的医疗费。(下转2版)

西藏和平解放60周年·重走进藏路⑥

阳光下的拉萨

本报记者 徐丹鹿

通嘎村村民拉巴一家三口在安居房前。 本报记者 徐丹鹿摄

这个季节的拉萨偶尔会来一场小阵雨,可是不久就会云开雾散、雨过天晴。太阳出来了,照在身上暖洋洋的,穿件衬衫走在街上不嫌单薄。

在暖暖的阳光里,记者团两天多来走访了拉萨市及周边地区,切切实实感受到在党的惠民政策暖阳照耀下,拉萨市民和农牧民的日子越过越红火。

"翻天覆地",许多拉萨人说出了这个词,来向记者形容现在的生活与以前相比所发生的变化。

平措杰博:回忆"老西藏精神",展望幸福生活

67岁的平措杰博老人的退休生活不算寂寞。

早晨跟老伴去家附近的公园散步,打打太极拳。早晚老两口拉着外孙外孙女上幼儿园、上学校,是他们感觉最幸福的事。两个女儿都有工作,周末一定会回家。

"内地不少大城市我都去过,跟它们相比,我还是喜欢拉萨,空气好,人质朴。就是现在好多人家都买了车,马路上有些拥挤。"老人在家里告诉记者。白天他常常会到附近的茶馆跟老友们喝茶谈天。

用平措杰博的话讲,他是"土生土长的民族干部"。老家在日喀则地区拉孜县,西藏和平解放前,家里是"贫困牧民"。自己很小就给领主放牛羊,稍有不好,就会被管家打。他清楚地记得曾被打过两次皮鞭和两次耳光。西藏和平解放后他被送到共产党办的学校学习,民主改革后又被送进西藏公学,苦孩子真正翻身做了主人。毕业后平措杰博先后在林芝、日喀则、拉萨等地工作,并曾在拉萨市政府和拉萨市政协担任领导职务,2004年退休。

老人说,是共产党和人民政府培养了他。"刚参加工作时,领导和同事们就想着怎么把你培养成有益于人民的人,怎么为人民服务,在具体工作中怎么处理一些事情,真是手把手地教。"(下转4版)

献礼中国共产党90华诞

来自宣传思想文化战线

小戏小品专场献礼演出举行

本报北京6月25日电(记者苏丽萍)由中国文联、中国剧协联合主办的"见证历史、重铸辉煌——纪念中国共产党成立90周年小戏小品专场献礼演出",昨晚在梅兰芳大剧院举行,小品《红色珍宝》、赣南采茶小戏《夏姑》、陕北说书剧《老憨照相》、小品《神圣的草地》、小品《摸一下你的手》、小话剧《那一瞬间》等6个作品与首都观众见面。这些作品是戏剧家近两年来在革命老区和灾后重建地区采风创作所得成果的一部分,也是戏剧家以满腔热情向党的90岁生日献上的一份厚礼。

中国剧协长期坚持组织戏剧家深入基层、深入生活采风创作,取得了很好的社会效应。特别是2008年汶川地震后,中国剧协直接参与组织戏剧家创作了反映抗震救灾题材的话剧《坚守》、绍剧《生命的飞翔》,在社会上产生很大影响,彰显了戏剧家的责任意识,体现了协会的专业优势。

从2009年底到2010年下半年,中央先后两次号召优秀艺术家深入革命老区、灾后重建地区采风创作。中国剧协组织了精干的戏剧创作队伍,先后前往延安、井冈山、西柏坡以及四川灾后重建地区进行了采风创作活动。历时一年半的采风与创作,戏剧家们经历了奔波的辛劳、发现的感动、创作的激动和打磨的煎熬。采风活动激发了戏剧家们的创作热情,取得了丰硕的创作成果。中国剧协遴选了其中较有特色的作品,组织了本场小戏小品汇报演出。这台小戏小品既有专业院团演出,又有文化馆站的业余演员出演。在一个个感人的故事和鲜活的人物中,以"见证历史、重铸辉煌"为主题,缅怀革命历史,展现老区人民奋发向上的精神,勾画灾后重建的新风新貌,热情地颂扬了在党的坚强领导下,中华民族自强不息的伟大精神。整场演出主题昂扬向上,生活气息浓郁,语言生动自然,体现了革命老区和灾区人民心向共产党、坚定跟党走的信念,受到首都观众的热烈欢迎。

短 评

不镌顽石树口碑

德 冀

优秀共产党员、武警新疆总队医院院长庄仕华扎根边疆38年,用一腔真情和一手绝技解除患者病痛,在手术台架起党与各族群众血肉联系的桥梁。他待患者如家人,倾情扶贫济困,是各族群众心中的巴郎(儿子)、阿嘎(哥哥)、阿达(爸爸),高风大德,有口皆碑。

口碑一词,在辞海中被解释为"众人口头上的称颂",也泛指"众人的议论"。其实际反映的是老百姓心里的"认同感",是民心向背。自古先人有"劝君不用镌顽石,路上行人口似碑"警句,可见树"口碑",胜于刻"石碑"。

中华民族的崛起,依靠各族人民的大团结。我们每个党员都应该像庄仕华那样,珍视民族团结,真情为民服务,把党的温暖送到各族群众的心坎上。

本报地址:北京市东城区珠市口东大街5号 邮政编码:100062 电话查号台:010—67078111 广告部电话:010—67078217 定价每月24.00元 零售每份0.80元 京崇工商广字第0060号

一群人　一辈子　一件事

——记奋战在马克思主义中国化第一线的中共中央编译局优秀翻译家群体

光明日报记者　薄洁萍

编者按

回首中国共产党领导中华民族走向伟大复兴的90年奋斗征程，我们不能忘记马克思主义理论武装的至关重要性。而在这个过程中，尤其不应该忘记那些为马克思主义中国化的第一步奉献了青春年华、甚至生命的经典著作翻译家群体。这是一个不辱使命、创建功业而又容易被忽略的群体。没有他们用心血筑就的百年经典著作编译事业，没有他们用毕生精力为马克思主义中国化提供系统、完整、坚实的文本基础，就谈不上我们党不断的理论创新，就谈不上我们党用中国化的马克思主义指导革命、建设和改革开放的伟大实践。为历史做出贡献的人，历史终究不会忘记他们。在纪念中国共产党成立90周年之际，本报特刊发此文，以表达我们对这一经典著作翻译家群体的崇高敬意！

本文原载《光明日报》2011年6月26日第1版，收入本书时有删节。

马克思主义中国化的第一道门坎在哪里？经典文本的翻译。

在中国共产党波澜壮阔的革命发展史上，就有这样一批人跨过这道门坎为全党输送着精神食粮，他们就是马克思主义经典著作编译者。这个默默无闻的群体，用毕生精力传播真理之火，很多人奋斗到生命的最后一刻；他们一生只有一个不变的目标：一定要把马克思主义经典著作中国化。

毛泽东说：如果没有翻译工作者的努力，中国哪晓得什么是马列主义？

1920 年，在中国浙江省义乌县分水塘村的一间破旧柴草屋内，诞生了中国第一部马克思主义经典著作全译本——共产主义小组成员陈望道在这里翻译出了《共产党宣言》。见证这一创世伟业的是一盏昏暗的煤油灯和不时吹入陋室的刺骨寒风。同年夏天，在北京到处搜寻共产主义书籍的毛泽东，将这本用中文出版的第一部马克思主义的书深深地铭刻在心中，从此开始了改变中国命运的征程。

在真理曙光的照耀下，传播真理火种的经典著作编译工作也在中华大地上艰难但却坚定地推进着。推进这一事业的有党的早期领导者李大钊、瞿秋白、蔡和森、张闻天、李达等，有党的理论工作者吴黎平、张仲实等，也有来自不同专业领域的著名学者如郭沫若、郭大力、王亚南、侯外庐等。他们筚路蓝缕、百折不回，翻译出了《共产党宣言》《哥达纲领批判》《反杜林论》等名篇。特别是《资本论》三卷本在1938年出版，成为我党早期经典翻译史上的奠基性译著。

抗日战争爆发后，为了迎接新的革命任务，党中央更加重视用马列主义理论武装全党，1938年成立了延安马列学院，下设马列主义经典著作编译部，这就是今天中共中央编译局前身。王实味、王学文、艾思奇、何思敬等一批优秀的翻译家和理论家集中在那里，开始有组织成规模地翻译经典著作。北京大学经济系毕业的何锡麟是第一个被调入的英文翻译。

回忆起在那里的8年时光，97岁的老人何锡麟觉得历历在目："我那时口译笔译都可以，延安能来一个北大经济系的学生，洛甫同志非常重视。当时缺乏参考资料，只有一本英汉大辞典。我们参加了《资本论》学习小组，整整学了一年，对我的翻译帮助很大。洛甫同志无论多忙，每次都亲自主持。"

"毛主席对你们的翻译怎么评价？""学个唐三藏，功德无量啊！"

毛泽东曾不止一次对自己的秘书讲，党的知识分子干部应该向何锡麟学习。至今何老依然关心着党的编译事业，先后两次给中央编译局捐款都超过10万元，而他自己的生活却十分节俭。

在中央编译局的图书馆，记者看到这样一些"名不副实"的书，如书名是《世界全史》，翻开后却是《列宁选集》第12卷；《摩登周报》，实际上是《红旗周报》第58期。在严酷的白色恐怖环境里，思想的火花许多是通过这样的"伪装书"汇成燎原之势的。到新中国成立前，马列著作的中译本已经达到530种，这里面饱含着经典编译战线早期奠基者们的鲜血和生命、信仰和毅力。

"陈望道和《共产党宣言》的关系，是译者和译著的关系，是战士和旗帜的关系，也是信仰者和信仰的关系。"中央编译局原局长韦建桦说。"这样一种精神和传统在整个马克思主义经典著作研究和传播领域得到了继承并发扬光大，集中体现在新中国成立后建立的中央编译局这个重要的阵地上。"

用集体智慧编译三大全集

1953年，中共中央编译局成立了，这是马克思主义百年传播史上的大事，标志着马克思主义经典著作编译事业进入了全新时代。党中央要求，不仅要高质量地翻译出版经典作家的全部著作，还要组织和培养一个编译和研究相结合、个人能力和集体智慧相结合、代代相传的高水平的马克思主义理论研究群体。

"马列主义大部头著作的翻译决非个别人或极少数人关起门来单独地、孤立地完成的，姜椿芳同志不为名利，把自己全部精力用于马列著作的集体编译事业中。"这是中央编译局首任局长师哲回忆副局长姜椿芳的一段话，其实这也是对编译局成立后一批长期为经典编译事业殚精竭虑、无私奉献的编译工作者的真实写照。师哲、陈昌浩、姜椿芳、张仲实，正是在老一辈翻译家的带领下，中央编译局完成了《马克思恩格斯全集》《列宁全集》和《斯大林全集》的翻译出版工作。三大全集是马克思列宁主义诞生后首次在中国出版的比较完整的中文译本，从而向全世界无声地宣告了新中国在马列主义指导下走社会主义道路的坚定决心和信心！

“有一次翻译《英国工人阶级状况》，全局返工，因为翻译的痕迹太明显了，译文不流畅，全局为此召开讨论会，让大家都来挑毛病。这对我们教育很深，统一了译风。”1953年大学一毕业就来到编译局工作的张钟朴先生向记者回忆起当时编译局集体学习、集体翻译、集体校审，精益求精、一丝不苟而又热情高涨的场面。这位几乎能把《资本论》背下来的81岁老人，曾经参加了各种版本的《资本论》翻译校订工作，至今仍然坚守在岗位，还在为这项事业尽力量。

“我国政治生活和党的建设中的大事”

1959年10月1日前，《列宁全集》一版38卷作为“向国庆十周年献礼”全部译完出齐。但由于这个译本完全是按照苏联斯大林时代的俄文第四版翻译的，有严重缺陷。于是从1975年起，编译局开始筹划重新编译《列宁全集》。

1990年，《列宁全集》中文第二版60卷全部出齐，比《列宁全集》俄文第五版卷次和收文还要多，成为我国自行编辑的、迄今为止在全世界各种列宁著作版本中收载文献最丰富的版本，这标志着我国经典著作编译事业达到了一个世界的高度。中央编译局近百位同志参与了这一历时 15 年的工程，这是一项耗费精力体力，甚至耗费生命的巨大工程，在这项工程完成后的不长时间内，竟有 11 位翻译家相继辞世。

“我们都称他是拼命三郎，走路快，吃饭快，为了节省时间，牙坏了，就在小摊上解决，始终是那种一心为事业的紧迫感，去世时才 64 岁。”76 岁的李洙泗回忆起已经逝去 18 年的自己的老领导、《列宁全集》中文第二版的设计师和组织者、时任编译局副局长的林基洲，依然泪眼婆娑。“他这一辈子，对马列的信念是坚定不移的，这种信念深深融入到他对《列宁全集》中文第二版的指导思想和组织策划中。”

“岑鼎山是最优秀的定稿员，他就靠一杯浓浓的茶，一根接一根地吸烟来提神，完成他一天一万字的校订。”年届 80 的杨祝华女士说起另一位倒在翻译桌上的老战友时，充满惋惜和痛楚：“他本来可以有自己的兴趣，会唱歌，喜欢弹琴，但一干起工作就什么都没有了。《列宁全集》编完了，他的病也来了，我去看他，那个瘦的呀！”

就是这样一群拼了命的群体，成就了“我国政治生活和党的建设中的大事”。《列宁全集》中文第二版 60 卷出齐时，也正是世界社会主义运动处于低潮时期，这一宏伟工程无疑再一次有力地向世界表明：中国共产党注重科学地理解和把握列宁学说，把马克思主义基本原理同中国实际相结合，坚定地走中国特色社会主义道路。

“这个人脑子里只有工作”

在互联网上搜寻“周亮勋”这个名字，记者非常失望。周亮勋，国内权威的马克思主义经典著作翻译家、国际马恩基金会《马恩全集》历史考证版学术咨询委员会委员、全国“五一”劳动奖章获得者，但不为人所知。而在《马克思恩格斯全集》第二版和《马克思恩格斯文集》的编译战场上，他是冲在最前面的一员。

以《马恩全集》历史考证版为蓝本编译《马克思恩格斯全集》中文第二版，是中央编译局在新世纪初期开展的最重要的经典编译工程。鉴于70卷本的全集第二版需要经过多年努力才能出齐，为满足社会各界对经典著作最新版本的要求，遂考虑在较短的时间内先将马恩最重要的论著加以审定，编为十卷出版，这就是《马克思恩格斯文集》。2004年，中央将其确定为“马克思主义理论研究和建设工程”的重点项目。为完成这个艰巨复杂的任务，编译局许多老同志发挥了中坚作用，周亮勋是代表之一。

“老周的去世是我们马列部的一大损失。”现任编译局马列部主任柴方国告诉记者，“我们这几年为了接续上他的工作，颇费心思。这次，德国两个专家来和我们讨论二版第四部分笔记卷编目，认为我们取得很大进展，我觉得老周搞的关于马克思恩格斯笔记卷的材料提供了很好的基础。”

2005年，周亮勋患脑溢血病倒在工作岗位上，醒来后能记得的只有稿件和工作。“他后来好一点的时候就琢磨他的工作，人家问他你们俩怎么结婚的，他想不起来了。这个人脑子里只有工作。”周亮勋的老伴，同样是中央编译局优秀的“资深翻译家”群体中一员的周家碧女士，这样“抱怨”他。

代圣人立言，笔重千钧

2009年，《马克思恩格斯文集》和《列宁专题文集》的编译出版胜利完成，中央领导同志给予了高度评价，认为“两部文集是党中央实施马克思主义理论研究和建设工程所取得的标志性成果，全面反映了马克思主义的科学体系，是党员、干部学习马克思主义经典著作的权威性教材”。而这一成果的取得是新时期编译局讲求团队合作、善于以老带新的又一次集体智慧的结晶。

顾锦屏，又一位至今坚守在岗位上的老人。“顾老师天天来，你可以随时来请教他。”年轻人们说：“他经常告诫我们，代圣人立言，笔重千钧。”记者让全国先进工作者、参加十卷本文集编辑和译文审定工作的柴方国谈谈自己的事迹，他说：“我没有什么可说的，你们倒是应该反映一下我们现在人才培养存在的困难。”同事们则说：“他天天晚上都在办公室工作，周六日都来。”

“让马克思的科学发现原原本本地按照他自己的叙述传给后世”——恩格斯的这一教导是编译局一代代编译群体永远的职守。

截至2011年，中央编译局共有138名长期从事经典著作编译和中央文献翻译的专家学者获得了全国“资深翻译家”荣誉称号，成为中国翻译界最大的资深翻译家群体。

为中国马克思主义理论创新提供不竭的源头活水

经过近百年编译征程，特别是中共中央编译局成立以来半个多世纪的努力，我国的马克思主义经典著作编译事业取得了举世瞩目的成就，先后翻译出版了《马克思恩格斯全集》中文第一版50卷；《列宁全集》中文第一版39卷、《列宁全集》中文第二版60卷；《斯大林全集》13卷；《马列主义文库》中文版21种；《马克思恩格斯文集》10卷；《列宁专题文集》5卷；《马克思恩格斯选集》第一、二版各4卷；《列宁选集》第一、二、三版各4卷，等等。我国已经成为世界上翻译出版马克思主义经典著作最多、最全的国家。

现在，中央编译局新一代编译群体手头的任务依然繁重：有编译《马克思恩格斯全集》第2版、《列宁全集》第2版（增订版）、《马克思恩格斯选集》第3版、《列宁选集》第3版（修订版）和各种马列著作单行本等一系列工作。正如中央所强调指出的：“马克思主义经典著作的编译工作也要与时俱进，不可能一劳永逸。”

新时期，经典著作编译事业的继续提高和创新，是时代对他们提出的神圣使命。他们依旧默默无闻地在经典著作编译这块土地上耕耘着……

光明日报

2011年6月27日 星期一 农历辛卯年五月廿六 今日16版

光明网网址:http://www.gmw.cn 国内统一刊号 CN11-0026 第22427号(代号1-16)

伟大历程 1921—2011

世纪跨跃谋发展

——记跨世纪发展中一系列强国战略的提出

新华社北京6月26日电 (记者刘铮、肖思思)面对国际电信巨头摩托罗拉提出的有关知识产权方面的诉讼,中国华为公司凭借自主知识产权沉着应对,不但在今年4月份达成和解协议,而且以摩托罗拉向华为支付技术转让费告终。

"面对国际知识产权纠纷,中国企业从加入世贸组织之初的紧张到如今的沉着,就是因为我们有了自主研发和知识产权积累,这离不开国家科教兴国战略的强有力支持。"华为公司副总裁宋柳平说。

1995年5月,《中共中央 国务院关于加速科学技术进步的决定》公布,提出坚定不移地实施科教兴国战略。就在这一年,华为成立了企业知识产权部门,开始有意识地积累知识产权,并将每年不少于10%的销售收入投入研发。(下转13版)

红旗飘飘

把马克思主义火炬传下去

——各界人士热议中央编译局翻译家群体的报道《一群人 一辈子 一件事》

本报记者 薄洁萍 王斯敏

中央编译局原副局长、长年从事马列研究的老专家顾锦屏与大学生们座谈。 CFP

"一群人 一辈子 一件事"。

6月26日,《光明日报》头版头条的九个字标题,吸引了读者们的眼光。

这是本报对中央编译局优秀翻译家群体的礼赞,在社会各界引起热烈反响,当日便有电话电邮对作者表示,报道非常感人,读后催人泪下,对奋战在马克思主义中国化第一线的翻译家群体表达由衷的敬意!

著名哲学家、曾经担任李达学术助手的武汉大学陶德麟教授对记者说:"读了这篇特写我非常感动!马克思主义经典著作的翻译工作是马克思主义中国化的第一个必要条件,它本身就是马克思主义中国化不可或缺的内容之一。近代中国先进分子经过千辛万苦寻找救国救民的真理,终于找到了马克思主义,就是从翻译原著开始的。"他说,"现在的中共中央编译局优秀翻译家群体把这一事业继承下来并且发扬光大。我们现在读到的马克思主义经典著作译本比以往任何时候的译本都更准确、更畅达、更规范,这对新时期马克思主义中国化将发挥巨大的无可替代的作用。我们有理由对他们的贡献致以崇高的敬意。"

"《光明日报》在纪念建党90周年之际推出这样的报道非常好。经典著作翻译对于中国传播和研究马克思主义起到特殊的桥梁作用。"在马克思经典著作教学和研究领域奋斗了半个多世纪的著名学者、中国人民大学陈先达教授在电话中告诉记者,"我对这些翻译家们怀有极大的感谢,我自己一生受惠于他们的工作,他们是真正的'盗火者'。没有他们,绝大多数研究马克思主义的中国学者不可能从事研究。在马克思主义中国化过程中,他们做出了不是所有人都能做的事,值得我们永远铭记。"

另一位已过古稀之年的知名学者、黑龙江大学张奎良教授告诉记者,他自己一辈子都在读编译局编译的书,现在案头上仍然摆放着他们编译的经典。"我是噙着热泪读完这篇感人文章的。报道中所提到的老同志许多我都很熟悉,可是读了之后,我才感到我实际上并不真正了解他们,不知道他们工作的艰辛和甘苦,不了解他们在极端困难的条件下所做出的巨大牺牲。他们的事迹感人至深,令我震撼不已。作为一名理论工作者,我是靠着他们所提供的精神食粮才得以学习、研究、宣传和成长的。饮水思源,感谢他们,钦佩他们,永远学习他们,用他们的榜样鞭策自己努力上进!"

"看了这篇报道,非常激动!"北京大学哲学系的聂锦芳教授一直从事马克思的文本、文献研究,深知编译工作的重要和艰辛。"很长一段时间,这些为马克思主义传播和研究作出过巨大贡献的翻译家默默无闻,很少报道。对中国特色社会主义世界意义的阐发,必须借助对经典马克思主义的深刻理解和当代全球化态势的准确把握。离开这些翻译家的工作,马克思、恩格斯当年思考的宽广视野、深刻议题、严密论证和丰富情怀就得不到充分的展示,对马克思主义复杂内涵的理解就只能停留在狭隘、简单、片面和极端的程度和水准。"他进一步向记者指出,对马克思、恩格斯的原始文献、文本过去所做的工作主要是翻译和阐释,现在编译局把收藏、保存、整理和编辑等环节也纳入进来,这就形成一个完整的研究系统,使我们在这一领域的基础更加准确、权威和全面。这是功德无量的事情。

中央编译局的老翻译家们也在第一时间阅读了报道,感触深刻。今年78岁的资深翻译家王锡君依然奋战在《马克思恩格斯全集》中文第二版经济学部分的编译战线上。他对报道的意义十分看重:"老一辈翻译家们编译的马列经典,在那个时代带来了胜过千军万马的力量。今天,我们已经老了,但是这项事业不会老去,马列主义精神常青,我为自己参与了这项事业而自豪!"

为经典编译事业献出生命的资深翻译家周亮勋的动人事迹使许多人流下热泪。同为资深翻译家的他的夫人周家貌看过报道后,感到激动与欣慰:"老周虽然走了,但是编译局没有忘记他,全社会没有忘记他。看到今天马列主义经典著作的编译成就,我觉得他的付出是值得的!"周家貌认为,自己所在的这个群体以前鲜为人知,现在让更多的人了解是很有必要的,她希望有更多的年轻人加入到这个团队中来继承这项红色事业。

报道刊发当日,中央编译局的编译团队正在集体加班,抓紧编纂《恩格斯画传》。报道在中青年骨干中也产生了强烈反响。

"《一群人 一辈子 一件事》,这个题目取得太好了!充分概括了一代代翻译家们为了马克思主义中国化而团结协作、忘我奉献的精神风貌。能在他们的言传身教下工作是人生的一大幸福。"马列部编译三处的徐洋说。马列部编译一处的沈红文则告诉记者,她最大的感受是文章勾画出了马克思主义理论中国化的宏阔脉络,对自己是个生动的教育,使自己更加坚定了"坐冷板凳、做有益于整个国家民族事业的事"的决心。而编译团队里年轻的"80后"张凤凤读过文章后心潮难平:"从这篇报道里,我详细了解了老一辈编译工作者那种'一心为事业的紧迫感'、'一干起工作就什么烦恼都没有了'的精神,这让我深感汗颜。"她说,马克思主义经典著作编译工作需要年轻人的参与,也值得年轻人去泼洒自己的青春和汗水。

马列部主任柴方国表示,看过报道后更加感到肩上的责任与使命。"成就卓著,精神感人。老一辈翻译家不仅取得了丰硕的编译成果,也为我们留下了可贵的编译传统和精神。"他表示,他和同志们会秉承老一代翻译家忠诚事业的精神,发扬他们一丝不苟、精益求精的优良传统,努力钻研,扎实工作,为党的理论宣传事业,为马克思主义中国化、时代化和大众化不断作出新的贡献。

中央编译局杨金海秘书长说:"《光明日报》刊登的这篇报道对编译局全体员工是巨大的鼓励和鞭策。作为新世纪的理论工作者,我们要大力弘扬老一辈翻译家、理论家的优良传统和作风,坚定理想,无私奉献,把马克思主义的真理火炬接过来,传下去,为中华民族的伟大复兴贡献自己的力量。"

(本报北京6月26日电)

创先争优在各地

北京告诉你,楼宇党建怎么做

本报北京6月26日电 (记者杜弋鹏)每天,有130多家非公有制企业,4000余名员工在北京市朝阳区叶青大厦进进出出忙忙碌碌上班经营……今天,一位经营者告诉记者:"很幸运入驻这里,有序、安全,有很浓的人情味儿。真的!"

有关社会专家把叶青大厦式的商务楼宇称作"竖起来的社区"。资料显示,目前,新社会阶层大约有5000万人。加上在相关行业的所有从业人员总人数约1.5亿人,掌管约10万亿元的资本,使用着全国半数以上的技术专利,贡献了全国三分之一的税收。

对这个新的形态,社会该如何关怀,如何管理?

北京叶青大厦创新了一种管理办法,叫"商务楼宇统战新模式",亦称"叶氏模式"。

"叶氏模式"最基本的经验是:在企业中设立党组织,发挥党组织在社会管理工作中不可替代的作用,用统一战线的方法管理"立起来的社区"。

叶氏集团董事长、民建老会员叶青与集团总裁、叶青大厦党委书记秦剑锋密切配合,投入人力心力物力财力,关注驻厦企业经济发展,关注商务楼宇和谐建设,关注大厦非中共优秀人士健康成长,切实履行职责,主动服务,为驻厦企业提供一流安全、舒适、便捷的办公环境。

叶氏集团创造性地将为驻厦企业提供日常物业管理服务与统战工作开展紧密有机地结合起来,从促进本企业内部的和谐扩展延伸至促进驻厦企业之间的联系和发展,将商务楼宇统战工作的着力点自始至终放在支持和促进驻厦企业的经营发展与壮大上,寓党建统战工作于叶氏集团物业管理服务、驻厦企业的日常经营管理活动以及企业文化建设之中;在为驻厦企业做好物业服务的同时,与驻厦商户共同创造欢乐和谐、积极向上的楼宇文化氛围,形成互惠互利多赢的局面。叶氏集团走上了一条以党建带统战、以统战促党建的道路。

叶青大厦党委书记秦剑锋总结叶氏模式的经验是:"社会管理加强创新,社会服务注重科学,楼宇建设统战先行,政企交流'设窗口,社会活力合力激发,和谐氛围共同营造"。

"阳光"的力量

——第四军医大学探索"阳光治校"纪事

本报特约记者 唐向东 本报通讯员 段晓宏 檀 琳

发展更快了,如何保证方向不偏、步子不乱?竞争激烈了,如何保证公平正义、人尽其才?蛋糕做大了,如何保证成果共享、幸福和谐?交往更多了,如何保证风清气正?

第四军医大学党委的回答是:"让权力在阳光下运行"。

从2008年底开始,这个曾创造70多个全国全军"第一"的学校,在全国高校率先推行"阳光治校"——"党委阳光决策、机关阳光操作、基层阳光运行、个人阳光发展",由此产生的"阳光用人、阳光基建、阳光采购、阳光分配、阳光交往"……开出学校全面发展大格局,让人感受到"阳光"的力量。

"阳光打擂"

——选出一流人才

"我刚从国外学习回来,年纪轻轻就当上国家重点学科的副主任,是学校搭建的'阳光擂台',给了我脱颖而出的机会"。讲起自己的成长经历,四医大某教研室副主任李臻脸上充满欣慰的笑容。

无论是人事任免,还是专业技术职务晋升、课题经费申请等等,而今的四医大都要通过"阳光打擂"定"输赢"。不管校内校外还是国内海外,只要有能力有想法,谁都可上四医大的"阳光擂台"比一比。

2008年底,基础部10个科室23个正副主任任期届满,校党委决定向军内外、国内外公开竞聘。

针对各个岗位的不同特点和要求,学校建立了5个大项22个子项的人才选拔评价体系,每项标准都瞄准国际先进水平,条条规定都是"高门槛"。竞聘过程,推荐、评审、答辩等每个操作环节都全程公开,现场"直播"。

这样的公开竞聘,引来50多名海内外优秀学者、大牌教授。他们与年轻的"后起之秀"同台"打擂"那一天,观者如云,大家都想看看四医大是否"玩真的"。结果,11名年轻的"后起之秀"以绝对优势获胜,走上正副主任领导岗位,令许多人大呼"意外"。 (下转10版)

西藏和平解放60周年·重走进藏路⑦

雪域高原蔬菜丰

本报记者 崔志坚

在海拔4300多米的阿里地区扎达县,比蓝天、白云、挺拔的杨树更令人陶醉的景色,是日光温室大棚里长势正旺的西红柿、黄瓜、青菜,砂甜可口的西瓜。这些与砂砾、荒山相伴的日光温室大棚始于2007年,当初只有3个大棚种植白菜、萝卜,现在已发展到64个,蔬菜品种增加到十几个。

见到次仁罗布冬种蔬菜夏种瓜,一年下来能挣几万元,扎达县托林镇藏族退伍军人拥军今年毫不犹豫租种了7个大棚,侍弄着大棚里长势喜人的西红柿,他粗略算了一下,今年收入两万元不成问题。

49岁的日喀则地区萨嘎县加加镇镇长巴桑潘多更看重绿色无公害理念的起步。虽然只建了13个日光温室大棚,巴桑潘多却坚持试种了13个品种,她几乎天天盯着技术员,只准施牛羊粪,不准用化肥。加加镇地处拉萨通往阿里的交通咽喉,巴桑潘多镇长特别看好无公害绿色蔬菜的未来。

干肉加干菜,就是廖文敏27年前初到阿里援藏过冬时的最佳口感了。他最深的感受就是,现在雪域高原啥蔬菜都能吃上了。据了解,直到上个世纪70年代,"日喀则一号"解决了大白菜先期抽薹问题后,大白菜才在西藏有了大发展。

从阿里到日喀则,经过一个又一个县乡镇,雪域高原蔬菜丰的感受令人难忘,也令人深思。

孤零零的一个塑料大棚,里边青菜长得稀稀拉拉,加木村头的这一幕,并没有让噶尔县常务副县长巴桑央宗灰心。加木是个2006年建成的安居工程定居新村,从规划到建设巴桑央宗没少关注过,试着种植大棚就是实现游牧意识和生产方式转变的尝试之一。

巴桑央宗在用心丈量着蔬菜与藏族同胞的未来:从满足越来越多的到阿里游客的需求说,蔬菜必将成为牧民生产的内容之一;从藏族同胞生活生产文明需求说,蔬菜也会给饮食等藏族特色增添新的生命。

一个蔬菜产业公司、一个示范园、一个协会、25个标准化基地,日喀则地区白朗县在山东省济南市对口支援下,1998年至今,从无到有,发展成为西藏自治区最大的高原反季节蔬菜生产基地。仅一年来,这个国家级蔬菜标准化生产示范区就培育了十几个果蔬新品种,已经能够生产60多个高原品种。

蔬菜既受自然条件制约,又受到交通环境的影响。雪域高原蔬菜丰,还需要科学持续的外援。昨天早上至今晚,从阿里到日喀则,千余公里一路行来,我们欣喜地看到蔬菜上了越来越多的藏族同胞的餐桌,也期待着并不简单的吃菜,成为藏族同胞最普通的幸福指数。 (本报日喀则6月26日电)

题图:侍弄着长势喜人的西红柿,藏族退伍军人拥军喜上眉梢。

本报记者 崔志坚摄

中央苏区革命传统主题展览启动

本报北京6月26日电(记者李韵、朱波)摆放长凳的一苏大会场,毛主席亲手开挖的红井,虚拟还原的兴宁小学场景……置身展厅,记者仿佛回到了80年前苏区峥嵘岁月。纪念中国共产党成立90周年,"发扬革命传统、争取更大光荣"——中央苏区革命传统主题展览今日在中国国家博物馆开幕。

据介绍,展览将持续到7月9日,展区由"马克思主义必须和中国革命实际相结合"、"用无产阶级思想建党建军"、"真心实意为群众谋利益"、"建设真正的廉洁政府"等七个部分和序厅、尾厅组成,实行免票进场,并提供义务讲解。为增加展览的参与性,展览设置了电子留言台和多媒体触摸屏,方便观众发表感想,或查询自己感兴趣的具体资料。

在众多参观完展览后的观众看来,老一辈无产阶级革命家的优良传统,不仅是战争时期我党从小到大走向胜利的制胜法宝,必然对新时期社会主义建设事业起到巨大的推动作用。

90 特刊 庆祝中国共产党成立九十周年

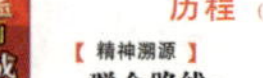

本报地址:北京市东城区珠市口东大街5号 邮政编码:100062 电话查号台:010—67078111 广告部电话:010—67078217 定价每月24.00元 零售每份0.80元 京崇工商广字第0060号

把马克思主义火炬传下去

——各界人士热议中央编译局翻译家群体的报道《一群人　一辈子　一件事》

光明日报记者　薄洁萍　王斯敏

“一群人　一辈子　一件事”。

6月26日，《光明日报》头版头条的九个字标题，吸引了读者们的眼光。

这是本报对中央编译局优秀翻译家群体的礼赞，在社会各界引起热烈反响，当日便有电话电邮对作者表示，报道非常感人，读后催人泪下，对奋战在马克思主义中国化第一线的翻译家群体表达由衷的敬意！

著名哲学家、曾经担任李达学术助手的武汉大学陶德麟教授对记者说：“读了这篇特写我非常感动！马克思主义经典著作的翻译工作是马克思主义中国化的第一个必要条件，它本身就是马克思主义中国化不可或缺的内容之一。近代中国先进分子经过千辛万苦寻找救国救民的真理，终于找到了马克思主义，就是从翻译原著开始的。”他说，“现在的中共中央编译局优秀翻译家群体把这一事业继承下来并且发扬光大。我们现在读到的马克思主义经典著作译本

本文原载《光明日报》2011年6月27日第1版。

比以往任何时候的译本都更准确、更畅达、更规范，这对新时期马克思主义中国化将发挥巨大的无可替代的作用。我们有理由对他们的贡献致以崇高的敬意。”

“《光明日报》在纪念建党 90 周年之际推出这样的报道非常好，经典著作翻译对于中国传播和研究马克思主义起到特殊的桥梁作用。”在马列经典著作教学和研究领域奋斗了半个多世纪的著名学者、中国人民大学陈先达教授在电话中告诉记者。“我对这些翻译家们怀有极大的感谢，我自己一生受惠于他们的工作，他们是真正的‘盗火者’。没有他们，绝大多数研究马克思主义的中国学者不可能从事研究。在马克思主义中国化过程中，他们做出了不是所有人都能做的事，值得我们永远铭记。”

另一位已过古稀之年的知名学者、黑龙江大学张奎良教授告诉记者，他自己一辈子都在读编译局编译的书，现在案头上仍然摆放着他们编译的经典，“我是噙着热泪读完这篇感人文章的。报道中所提到的老同志许多我都很熟悉，可是读了之后，我才感到我实际上并不真正了解他们，不知道他们工作的艰辛和甘苦，不了解他们在极端困难的条件下所做出的巨大牺牲。他们的事迹感人至深，令我震撼不已。作为一名理论工作者，我是靠着他们所提供的精神食粮才得以学习、研究、宣传和成长的。饮水思源，感谢他们，钦佩他们，永远学习他们，用他们的榜样鞭策自己努力上进！”

“看了这篇报道，非常激动！”北京大学哲学系的聂锦芳教授一直从事马克思的文本、文献研究，深知编译工作的重要和艰辛。“很长一段时间，这些为马克思主义传播和研究做出过巨大贡献的翻译家默默无闻，极少报道。对中国特色社会主义世界意义的阐发，必须借助对经典马克思主义的深刻理解和当代全球化态势的准确把握。离开这些翻译家的工作，马克思、恩格斯当年思考的宽广视野、深刻议题、严密论证和丰富情怀就得不到充分的展示，对马克思主义复杂内涵的理解就只能停留在狭隘、简单、片面和极端的程度和水准。”他进一步向记者指出，对马克思、恩格斯的原始文献、文本，过去所做的工作主要是翻译和阐释，现在编译局把收藏、保存、整理和编辑等环节也纳入进来，这就形成一个完整的研究系统，使我们在这一领域的基础更加准确、权威和全面。这是功德无量的事情。

中央编译局的老翻译家们也在第一时间阅读了报道，感触深刻。今年 78 岁的资深翻译家王锡君依然奋战在《马克思恩格斯全集》中文第二版经济学部分的编译战线上，他对报道的意义十分看重：“老一辈翻译家们编译的马列经典，在那个时代带来了胜过千军万马的力量。今天，我们已经老了，但是这项事业不会老去，马列主义精神常青！我为自己参与了这项事业而自豪！”

为经典编译事业献出生命的资深翻译家周亮勋的动人事迹曾让许多人流下热泪，同为资深翻译家的他的夫人周家碧看过报道后，感到激动与欣慰：“老周虽然走了，但是编译局没有忘记他，全社会没有忘记他。看到今天马列主义经典著作的编译成就，我觉得他的付出是值得的！”周家碧认为，自己所在的这个群体以前鲜为人知，现在让更多的人了解是很有必要的，她希望有更多的年轻人加入到这个团队中来，继承这项红色事业。

报道刊发当日，中央编译局的编译团队正在集体加班，抓紧编纂《恩格斯画传》。报道在中青年骨干中也产生了强烈反响。

“《一群人 一辈子 一件事》，这个题目取得太好了！充分概括了一代代翻译家们为了马克思主义中国化而团结协作、忘我奉献的精神风貌。能在他们的言传身教下工作，是人生的一大幸福。”马列部编译三处的徐洋说。马列部编译一处的沈红文则告诉记者，她最大的感受是文章勾画出了马克思主义理论中国化的宏阔脉络，对自己是个生动的教育，使自己更加坚定了“坐冷板凳、做有益于整个国家民族事业的事”的决心。而编译团队里年轻的“80后”张凤凤读过文章后心潮难平：“从这篇报道里，我详细了解了老一辈编译工作者那种‘一心为事业的紧迫感’、‘一干起工作就什么烦恼都没有了’的精神，这让我深感汗颜。”她说，马克思主义经典著作编译工作需要年轻人的参与，也值得年轻人去泼洒自己的青春和汗水。

马列部主任柴方国表示，看过报道后更加感到肩上的责任与使命。“成就卓著，精神感人。老一辈翻译家不仅取得了丰硕的编译成果，也为我们留下了可贵的编译传统和精神。”他表示，他和同志们会秉承老一代翻译家忠诚事业的精神，发扬他们一丝不苟、精益求精的优良传统，努力钻研，扎实工作，为党的理论宣传事业，为马克思主义中国化、时代化和大众化不断做出新的贡献。

中央编译局杨金海秘书长说："《光明日报》刊登的这篇报道对编译局全体员工是巨大的鼓励和鞭策。作为新世纪的理论工作者，我们要大力弘扬老一辈翻译家、理论家的优良传统和作风，坚定理想，无私奉献，把马克思主义的真理火炬接过来，传下去，为中华民族的伟大复兴贡献自己的力量。"

"他们有足够理由获得世人尊敬"

——中共中央编译局事迹报道《一群人　一辈子　一件事》继续引发热议

本报记者　王斯敏　薄洁萍

一篇倾注心血的报道,一个可歌可泣的群体,两天来引发了越来越多的关注。

6月26日,本报头版头条以《一群人　一辈子　一件事》为题,报道了中共中央编译局马克思主义经典著作编译团队的事迹。截至6月27日晚,众多网站转载,读者来信来电更加热烈。很多并非马列理论研究领域的读者纷纷表示,编译团队传播真理、坚守信念的精神是成就事业的法宝,值得各行各业的人们学习、弘扬。

人民网、求是理论网、中国新闻网、搜狐网、中国文明网、华龙网、中国江苏网、东南网、龙虎网……在众多网站主页上,这篇报道的点击量不断攀升。

报道发表后短短数小时内,光明网上就有众多网友留下感言。"理想与信念是人生不可缺少的精神支柱,是促使人前进和奋斗的精神动力。中央编译局翻译家们正是中国共产党人践行理想和实践的典型代表。"邯郸网友戴渝龙表示。"《一群人　一辈子　一件事》是对中央编译局优秀翻译家群体的礼赞,也是我们这个时代所需要的执著信念",四川网友罗智刚说。"他们是一群坚守在人类探索悬崖上的普罗米修斯"、"在充满各种诱惑的今天宁愿坐冷板凳,实在令人钦佩不已"……来自湖北、安徽、江苏等地的网友们纷纷留言。

各个学科领域的学者们,也对编译团队的精神感佩至深。

中国社会科学院社会学所景天魁研究员高度肯定了本报选取的这个题材:"在纪念建党90周年之际,光明日报把中央编译局优秀翻译家群体的事迹报道出来,非常有意义。这在知识分子群体中,是一个难得的感人典型。"他表示,多少年来,自己只知道中央编译局翻译的马克思主义著作具有极强的权威性、准确性、可信性,但并不知道这些著作是怎样翻译出来的。看了这篇报道,才知道中央编译局的翻译家群体不愧是中国知识分子的优秀代表。

"这批优秀的翻译家群体所体现出来的精神是我国学术界的宝贵财富,在今天值得我们认真学习、继承和发扬。我们特别要学习他们对党的事业无限忠诚,学习他们淡泊名利、无私奉献、严谨治学的精神。"中国社会科学院世界历史研究所张顺洪所长说。

中南财经政法大学刘可风副校长热情洋溢地感叹:"我要向他们致以崇高的敬礼!"他回忆起自己还是青年工人时,第一次学习《共产党宣言》等译著,"那时我觉得马克思的文字美极了,每次读来,都感到热血沸腾,这既得益于马克思本人的理论的力量和文采,也得益于翻译家们再创造的神来之笔。读了这篇报道,我更加深切地体会到了中央编译局优秀翻译家群体的巨大牺牲和贡献。毛泽东曾说:一个人做好事并不难,难的是一辈子做好事。他们就是当之无愧的一辈子做好事的无名英雄!"

天津社会科学院马克思主义研究所张博颖所长也表示,"光明日报的这篇报道,展示了这个翻译家群体高度的责任感,他们把对马克思主义的信仰与忠诚,倾注在兢兢业业、忘我勤奋、科学严谨的日常工作中,把外人看来枯燥的文字翻译工作,演绎成书写无悔青春的乐曲。"

南京师范大学公共管理学院青年学者王露璐盛赞报道是"好题,好文"。"作为一名理论工作者,珍惜几代翻译家们用毕生心血为我们提供的最为系统、完整和准确的文本成果,潜心研究,当是我们向他们表达敬意的最好方式。"

翻译家们的感人事迹也在高校学子中间产生了强烈反响。在北京师范大学,学生们聚集在报栏前阅读报道,并纷纷交流感受。

"他们为共和国的大厦铆上了关键的螺丝钉。他们的事业不会终结,他们的精神永不磨灭。我们也应该做点什么,把对他们的崇敬珍存。"文学院研一学生邓沫南说。哲学与社会学学院大四学生刘阳深有同感:"历史让我们铭记这些不辱使命的英雄,未来我们当继承先辈传统,力争在平凡的岗位上创造不平凡的业绩!"化学学院研究生张新系统研读过不少马列著作,曾不止一次地折服于译者的精妙手笔。他表示,看过这篇报道,更加为编译者们的高妙水平、高尚精神所折服。

"他们是和煦的暖风,助星星之火兴旺燎原;他们是奔腾的江水,送扬帆大船激流远航……大音稀声,大象无形,我们应该牢记他们的默默耕耘和无私奉献。"教育学部研一学生龙止瑜用一串诗意的排比,抒发着自己对编译家们的景仰。

在长沙岳麓山下,湖南大学的学子们也被这篇报道深深吸引了。

湖南大学本科毕业生尹一凡即将走上工作岗位,她说:"有信仰的坚持是件快乐的事情,中央编译局翻译家群体一辈子做好一件事的事迹对我启发很大。对我们这些即将走入社会的大学生来说,无论去城市还是去农村、去西部还是去东部,哪里都需要人才,哪里都可以奉献。关键是要对事业充满感情、充满激情。"

新闻与传播学院研一学生易平认为,中央编译局翻译家群体的模范事迹和崇高精神,生动诠释了中国共产党人的先进性。坚守一辈子,说起来容易,做起来难,需要坚忍,更需要激情。年轻学子要以他们的精神鞭策自己,以他们无私的理想信念激励自己。

机械与运载工程学院本科生郑诚说,马克思主义经典著作的翻译家群体在极端困难的条件下打开了马克思主义中国化的第一道大门。他们工作条件艰苦,但是工作却细致而认真,"他们有足够理由获得世人尊敬!"

激情颂歌满神州

——各地干部群众以各种形式喜迎党的九十华诞

从北国林海到太行山麓,从南海渔村到江南水乡……盛夏的神州大地上,处处呈现出一幅幅凝聚人心、鼓舞斗志的生动画卷。

连日来,全国各地干部群众自发组织开展丰富多彩的活动,以多种形式表达由衷的心声和祝福,共同庆祝中国共产党九十华诞。

学党史、读经典、寻红根……各种红色主题活动蓬勃展开

随着建党90周年纪念日的临近,一项项红色主题活动在全国各地掀起热潮。从乡村到城市,从机关干部到普通群众,从天真可爱的孩子到白发苍苍的老人,不同的人群,不同的形式,汇聚成同样的幸福、感动和激情。

北京市开展"党在百姓心中"宣讲活动,由工人、农民、知识分子、机关干部、民营企业家、大学生等组成的百姓宣讲团,通过他们讲述亲历、亲闻、亲为的生动故事,与大家分享爱党之情。据不完全统计,全市直接参加宣讲的群众有1万多人,有2500多个爱党故事通过宣讲广泛流传。

百姓宣讲团所到之处,掌声不断、笑声不断、泪水不断。一位76岁听众编出顺口溜:"宣讲员,讲得好,真人真事假不了,说出百姓心里话,共赞党的领导好。"

在中国共产党诞生地上海,"我们共产党人——上海市纪念中国共产党成立90周年大型主题展览"、"开天辟地九十年"大型图片展、"走进农村,情系热土——建党90周年90村寻访活动"相继拉开帷幕。

进入6月,中共一大会址参观人数节节攀升。截至26日,一大会址纪念馆近一个月里累计接待参观者97000多人。

在拥有红色遗址500多处的湖北红安,广大青年朋友踊跃参与"十万青年重走大别山"活动,满怀对老区人民的深厚情感,重走老区路、重温建党史,进一步坚定理想信念,增强民族复兴的历史责任感和使命感。

中央和国家机关干部职工积极参加党史报告会、征文、知识竞赛、书画展、演讲比赛等庆祝纪念活动,在展示自己风采的过程中,歌颂伟大的党。他们还在参加"学党史、读经典"系列讲座和专题报告会过程中,共同走进历史时空,品读峥嵘岁月,掀起学党史、知党情、跟党走的热潮。

为给党的生日营造浓郁文化氛围,中国交响乐团合唱团于4月底至7月初在呼和浩特、青岛、武汉、重庆等13个城市进行红色经典音乐会巡演;中国芭蕾舞团以纪念建党90周年为主题,自主编排芭蕾创意工作坊晚会。演员通过学党史、读经典,将自己对"革命"和"理想"的理解融入作品中,用芭蕾的语言阐释给观众。

"绣"出感恩情、"剪"出新生活　民间艺术家以独特方式庆贺党的90岁生日

为给党的90岁生日献礼,民间艺术家们也纷纷施展自身才华,把自己对党的感情融入手指间,融入各类艺术作品的创作过程中。

连日来,新疆尼勒克县喀拉苏乡柯赛绣刺绣厂的妇女们忙得不亦乐乎。为了向建党90周年献礼,90名哈萨克族妇女正在绣一幅长达90米的刺绣作品,以此来表达对党的感恩之情。

据介绍,这件刺绣作品全长90米、宽90厘米,90名妇女用9种不同颜色的毛线,绣上9种不同的花朵。他们还在作品中间绣上妇女组织的标志,反映新疆妇女自强自立、依靠勤劳的双手发家致富的光辉岁月。

阿克苏地区老人艾则孜·艾迪里斯历时50多年,精心收藏党报、党刊以及英雄楷模的图片等。这些天来,他开办的"红色收藏室"迎来了一批又一批参观者。

"我收藏这些东西,是感谢共产党让我们过上了好日子,我要让子孙后代都记住这一切。"艾则孜·艾迪里斯说。

河北省阜城县誉栗寺村农民刘建国日前创作完成剪纸长卷"领头雁",作品图文并茂、神形兼备,32位获得过省级以上表彰奖励的农村党支部书记形象跃然纸上,歌颂了在党的领导下基层干部一心为民、饱满向上的精神面貌。

在江西省樟树市,陈样保等8位剪纸创作者用半年多时间,创作完成剪纸作品《红色江西》,作品按历史事件的时间顺序装裱排列,记录了八一南昌起义、永新三湾改编等革命历史事件。

各族儿女热情欢歌　唱出共产党好、社会主义好、伟大祖国好的时代主旋律

6月16日下午,北京展览馆剧场,激情涌动,歌声飞扬。

"党旗飘扬——中央国家机关庆祝建党90周年文艺演出"在这里举行,百名部长组成的演唱方阵气势宏大、精神饱满。他们怀着对党的无限深情和爱戴高声合唱《没有共产党就没有新中国》,抒发了爱党之情、报国之志,激扬的歌声响彻全场,将全场演出推向高潮。

连日来,激情红歌响彻祖国大江南北,在重庆、吉林、山西、新疆、西藏、河北等地,各族儿女热情欢歌,唱出共产党好、社会主义好、伟大祖国好的时代主旋律。

在吉林省镇赉县莫莫格蒙古族乡,歌手们身穿民族服装,一首首红歌歌颂了家乡建设繁荣景象,唱出了少数民族兄弟姐妹对党的深情厚谊。马头琴合奏《嘎达梅林》表达了孩子们祝福祖国繁荣富强的心声。

在乌鲁木齐市红山公园,1000多名离退休的党员和职工放声高歌。79岁的离休干部李玉章说:"现在国家强盛了,人民生活富裕了,社会越来越和谐,我们能有这样好的生活,离不开伟大的党。"

在被誉为歌舞之乡的内蒙古,唱红歌活动如火如荼。人们用汉语、蒙古语、鄂温克语等多种语言歌唱党的丰功伟绩。其中,蒙古族传统说唱艺术"好来宝"受到热捧,人们利用"好来宝"即兴编词的特点,在其欢快旋律中配上歌唱共产党的歌词,以内蒙古草原独有的方式来表达心声。

藏族人喜欢唱歌,愿意把新生活唱出来。西藏拉萨"红色歌曲·拉萨唱"主题活动近日来进入高潮。拉萨市群众纷纷来到宗角禄康公园,合唱《共产党来了苦变甜》《青藏高原》《一个妈妈的女儿》等歌曲,展现拉萨群众昂扬向上的精神风貌。

拉萨市民索朗班觉说:"唱起这些歌,让我想起生活的变化。我是农奴的后代,在旧西藏我可能都活不到现在。我从心里感谢党。"

(新华社北京6月27日电)

1921—2011　伟大历程

心系"三农"安天下

——建设社会主义新农村

对于安徽农民车海亮一家来说,建设社会主义新农村,是一个促其生活质量不断提升的过程。

"先是家里的农业税不交了,省下的钱虽不多,可一家人很高兴。"

"接着领到一张信用社的卡,每年国家向卡里存粮食补贴的钱。"

"两个孩子的学杂费免了。"

"家里四口人都有了医疗保险。"

"多予""少取""反哺",这些新农村建设的关键词,在车海亮一家的"幸福轨迹"中,体现得淋漓尽致。

重视农业、农村、农民问题是中国共产党一贯的战略思想。"三农"问题始终是关系党和人民事业发展的全局性、根本性问题,农业丰则基础强,农民富则国家盛,农村稳则社会安。

走进"中国农村改革第一村"安徽小岗村,当年的"大包干"带头人严宏昌忆起小岗之变,依然感慨不已。

1979年早春,小岗村的18位农民在一纸分田到户的"秘密契约"上按下鲜红的手印,实行"大包干"。"大包干"拉开了中国农村改革的序幕,解决了亿万农民的温饱问题。

温饱之后,如何让数亿农民过上幸福安康的生活?这是党在新时期面临的一个重大挑战。

"一年跨过温饱线,二十年没过富裕坎"。严宏昌说,分田到户第二年,小岗村就基本解决了温饱问题。可之后的20年,小岗的经济发展基本上处于停滞。

小岗村的经历,是当时中国农村的一个缩影。当时的农业和农村发展,处于十分艰难的爬坡阶段:农村基础设施脆弱、农村社会事业发展滞后、城乡居民收入差距扩大的矛盾突出……

对于中国来说,9亿农民是一个作出过巨大奉献的群体。

国家统计局的资料显示:"1950年至1979年,农业为工业建设提供的资金约为4500亿元,为国家建立起门类齐全的工业作出了巨大牺牲和贡献。"

从1980年到农业税完全取消的2006年,虽然农业向工业提供积累的比重不断缩小,但长期以来形成的城乡差距仍然是巨大的。

2002年12月,中央政治局召开会议,强调要把农业、农村、农民问题作为全党工作的重中之重,放在更加突出的位置。

2004年12月,胡锦涛在中央经济工作会议上指出,中国现在总体上已到了以工促农、以城带乡的发展阶段。

在着眼城乡统筹发展的基础上,党的十六届五中全会提出了建设"生产发展、生活宽裕、乡风文明、村容整洁、管理民主"的社会主义新农村的历史任务。

"在国内国际形势深刻变化的今天,回眸建设社会主义新农村,这是党中央依照科学发展观,统揽全局、着眼长远、与时俱进作出的历史性选择,是一项惠及亿万农民,关系国家长治久安的战略措施。"安徽省委党史研究室专家刘廷年说。

2006年,胡锦涛总书记在中央政治局第二十八次集体学习时说:"我国有13亿人口,农村人口占大多数,农业和农村发展搞不上去,农民生活得不到显著改善,我们就不能实现全面建设小康社会的目标,不能实现全国的现代化,不能实现全国人民共同富裕,不能实现国家长治久安。"

为了推进社会主义新农村建设,近年来中央多项重大涉农政策高强度密集出台,其支农力度之大、强农措施之强、惠农政策覆盖之广,前所未见。

从向农村"取"到向农村"予",这一历史性转变,仅仅用了短短几年时间。

2006年,延续了2000多年中国农民"种田交税"的历史,被中央一号文件画上了句号,每年减轻农民负担超过1335亿元。

"十一五"期间,中央财政"三农"投入累计近3万亿元,年均增幅超过23%。

一系列强农惠农政策接踵而至。从粮食直补、农机具购置补贴,到良种补贴、农资综合补贴;从新型农村合作医疗、农村免费义务教育,到农村最低生活保障、新型农村社会养老保险……

农村和农业发展取得了历史性成绩。粮食产量屡创历史新高,粮食产量连续4年稳定在1万亿斤以上。2010年达到54641万吨,连续7年增产。农民收入大幅提高,2010年农民人均纯收入达到5919元,比上年实际增长10.9%;增量达到766元,刷新历史纪录;实际增幅超过城镇居民……

车海亮告诉记者,这几年国家对农民的政策很好,农民生活变化很大。现在,他利用国家重视粮食生产的政策,在合肥市郊承包了110亩耕地种粮,今年预计收入6万元。

为了让孩子受到更好的教育,他的妻子在老家将自家耕地以每亩每年100斤稻谷转租出去,"妻子不再种田,而是安心在家为两个上学的孩子做饭。孩子吃得好,学得好,我在外地种田也高兴。"车海亮得意地说。

农民日子越过越好,农村发展进入一个新时代。

如今的安徽小岗村,再次成为全国农村的一个缩影。农民人均收入突破6000元,近三分之一的农户购置了小汽车,村里铺上了柏油路,路边有新房,田间有大棚。

小岗农民编了一段"惠农政策顺口溜",来描述农民生活:"种田不交税、种粮有补贴、看病有农合、养老有保险、上学免学费、走路'村村通',家电还下乡。"

虽然新农村建设取得了令人瞩目的成就,但不容回避的是,我国的农村依然还有不少人口处于贫困中,农业和农村基础在一些地区依然薄弱。

建设社会主义新农村是一项长期的、艰巨的历史性任务,要靠几代人艰苦奋斗。在中国共产党领导下,在科学发展观引领下,社会主义新农村建设必将取得新的胜利,广大农民的生活将越来越幸福!

(新华社北京6月27日电　新华社记者代群)

链接

■歌曲《走进新农村》(演唱:王宏伟)

走进那新农村哟
有许多新感受啊
农民没负担哟
盖起了安居楼
教育有保障哟
温饱不再愁啊
道路村村通哟
网络处处有
哎呀哟滋嘞
……

(本报记者　殷泓整理)

青藏高原上的"尖兵连"

(上接1版)时任二十局集团党委书记的周玉成,动过两次心脏手术,安放了5个支架,不顾医生的劝阻,以惊人的毅力,先后9次来到可可西里无人区。正是在这种精神的感召下,风火山冻土隧道被成功攻克,打破了西方人"青藏铁路过不了风火山"的预言,创下吉尼斯世界纪录。

2010年,当贯穿我国西部艰险山区的兰州至新疆铁路第二双线开工建设,这个团队再次承担了全线海拔最高的祁连山隧道的建设任务。风火山隧道施工队原队长任少强再次出征,将"风火山尖兵连"的红旗扛上了祁连山。

"过去肩挑手扛,而今要靠科学技术"

当高铁隧道遭遇碎屑流,这道世界性难题如何解决?

2010年10月18日凌晨两点,当沉睡地底亿万年的冰碛裹挟着碎石突然喷涌而出,正在掘进面施工的祁连山隧道掘进队架子一队的总工程师杨立燃当时就惊呆了——这不仅是他第一次,也是全球的铁路建设者第一次遭遇碎屑流。

顷刻间,泥沙涌出量就达到50余立方米。怎么办?他们迅速调来器械进行掌子面回填。由于出水量极大,他们想出了将编织袋装上弃渣进行封堵的办法,一边堵沙,一边排水。

解决了眼前问题,但如何能实现长期封堵?为了找到最有效的办法,他们将实验室搬到了工地上,水泥、水玻璃、马立散……一样一样地试,边配比,边试验,边施工,终于将碎屑流成功凝固,封堵在岩石中。

这次短兵相接也翻开了铁道建设研发攻克碎屑流的历史性一页。"过去,老一辈人修铁路肩挑手扛,现在我们不但要有意志,还要依靠先进的技术手段,力争为国家贡献出一批叫得响的科研成果。"任少强说。

铁道兵精神始终在青藏高原绵延激荡

一年前,架子三队技术主管刘恒玮大学毕业后拿着报到证找到项目部领导,头一句话就是:"请把我分配到工程难度最大、技术含量最高的岗位上去。"

这是他祖父、父亲两代铁路建设者对他的殷切期望,更是这位第五代青藏人实现自身价值的内在要求。

"一次队长孙引浩带着工友们在安装拱架,没想到碎屑流突然涌出,三个来不及躲避的工友被倾泻而下的泥石流埋在齐腰高的泥水中。"不久前发生的一次险情让刘恒玮至今历历在目。情况万分危急,孙引浩爬起来马上号召大家一块儿抢救伤员。很快三人得救了,但孙队长的手也被落下来的大石头砸伤了。到医务室简单缝针包扎后,他又赶回工地,带领大家处理险情。孙引浩严谨负责的作风深深打动了年轻的刘恒玮,他暗自下决心要成为队长那样的人。

修路人换了一代又一代,铁道兵精神却始终在青藏高原绵延激荡。中国铁建董事长孟凤朝不无感慨:半个多世纪以来,这支队伍的施工技术、装备水平和职工的生活条件、安全保障都发生了很大的变化,有了很大的进步。但是不变的,是挑战极限、吃苦奉献、勇创一流的青藏铁路精神。

(上接1版)

"注释工作和编译一样艰辛,甚至更为琐碎、枯燥。张瑞亭一条一条审看,遇到疑难还和我们一起核实,大海捞针一样。"何宏江研究员记忆犹新。为了注释、索引的准确完备,张瑞亭和同事们核对了不同版本所涉人名,一直调查到笔名、化名、绰号,仅列宁的名字就达148个之多。他们制作了大量卡片,还编写出版了140多万字的《列宁著作资料汇编》,50万字的《列宁著作典故》,编发了近100期《译名通报》。

付出堪称全心全力,物质回报却不成正比。

1990年,《列宁全集》第二版全部出齐后,编译团队终于拿到了稿费。此前15年,他们都是在没有一分钱稿费的情况下劳作的。为每卷书作出贡献的都有十余人,一分摊,酬劳多则近万元,少则数千元,岑鼎山和张瑞亭虽身为"功臣",领到的也不过五六千元钱。

"如果讲求名利,他们早就'发家'了。"杨祝华说,岑鼎山等人经常接到外界约稿,翻译一部书,轻轻松松好几万元入账,但他们怕耽误工作,一概回绝。还有一些出版社找上门来,要把他们的事迹载入"名人录",他们也都谢绝了。"就是这样的传统,心里只有马列,从没装着自己。"

周亮勋:唱着国际歌憾然离去

周亮勋人生最忙碌的阶段,是从退休开始的。

1985年,《马恩全集》第一版最后一卷刚刚出齐,第二版的编译就提上了日程。作为曾参与此前局里多项重大编译工程的"灵魂人物",原马恩著作编译室主任周亮勋被推举担任第二版主要定稿人。

5年后,周亮勋年满60岁。出人意料的是,他谢绝了局里的返聘,执意退休。

"老周,反正一样做事,干嘛放着返聘工资不要呢?"同事们好心相劝。

"坐在办公室杂事太多,不如在家专心些。"他笑笑,淡淡地说。

只有老伴周家碧知道,这种"专心"专到了什么程度。

从俗事杂务里脱身出来的周亮勋,把自己锁在了书房,校订源源不断送来的稿件和清样,除了吃饭睡觉,几乎闭门不出。周家碧担心他的身体,时不时推门进去看看,次数多了,平素温和的老伴竟然吼起来:"你想干什么!"

周家碧觉得委屈,更忧心他太过"痴魔"。周亮勋最爱交响乐,春节快到了,她像往年一样买来新年音乐会的票,哄着骗着把他从书房拉了出来。谁知,车刚到音乐厅门前,周亮勋就焦躁难耐,闹着要回家。回到家里,周家碧忍不住了:"那你总能陪我说会儿话吧?""有啥好说的?稿子等着呢!"他推门就进了书房。

日子一久,周家碧发现老伴身体不对劲了:头脑发木,反应变慢,一活动就浑身大汗。一天,他从书桌前站起来,一阵眩晕,头撞在了柜子上,呕吐不止。

"你病了,赶快去医院!要不我告诉领导去!"

"你这是干扰我工作!看病,哪有这时间!"周亮勋急了,一把推开老伴。

常年伏案,他的痔疮已经到了最严重的地步。第三次开刀时,医生郑重警告:"不能再坐着不动了!你开刀已达上限,再复发,不堪设想。"周家碧"勒令"他改正,他却依旧坐在灯下:"让我干!大不了做个安乐死……"

2005年的一天,周亮勋去局里讨论稿子,午餐后突发脑溢血,晕倒在办公室里。医院紧急实施开颅手术,术后,他丧失了记忆,却唯独记得未竟的工作。在重症监护室里,他总是喊"开会,开会","稿子,稿子哪里去了?"情况稍好,他就求护工帮自己"逃"出医院,生怕误了文集出版。出不了院,没法做事,老人躺在床上唱起国际歌,直至哽咽失声……2007年4月17日,他带着遗憾溘然长逝,终年77岁。

新生代:把火炬永远传下去

一个个殉道者的身影,搭起了通向真理的阶梯,也把"奉献"刻印在了每个后来者心里。

今天的编译局,迎来了发展的黄金时期。党和国家对经典著作翻译高度重视,给予政策支持、经费投入,年轻人被定期送到国外深造,扎实的理论功底、良好的外语能力,让老一辈放心地把火炬传递下去。

为了《马克思恩格斯文集》十卷本的编译,马列部主任柴方国长期加班加点,工作最紧张的时候,一连几个月没有休过周末。去年夏天,编译进入关键期,他连母亲生病住院也没顾得上看望。他不愿多谈自己,说得最多的,是团队里这批"可爱的年轻人"。

"都很拼命。你看他,年纪轻轻,头发快掉光了。"在午后早已过了饭点的食堂里,柴方国指着刚赶来吃饭的徐洋,满眼疼惜。

38岁的徐洋和同事们正忙着《马恩全集》第二版、《列宁全集》第二版(增订版)、《马恩选集》第三版等好几项工作。最紧张的时候,同时有30多卷书等着加工。于是,他们常常忘记了时间。每到晚上,编译局办公楼里总是满楼灯光。局里给每人配备了一张躺椅供午休用,很多人把它当成了晚上的床。

同一时间,为编译《马恩全集》中文第二版,45岁的沈红文还在办公室里静静忙碌着。面前是一份已用红、蓝、绿、黑四种笔体标出错漏的文稿清样,她正拿铅笔校订第五遍。早年间,编译者们把整个编译流程分解为大小60道工序,今天,后辈们依然照章操作,毫不苟简。

176年前,马克思寄语青年:"如果我们选择了最能为人类福利而劳动的职业,那么,重担就不能把我们压倒,因为这是为大家作出的牺牲。"

69年前,毛泽东勉励筹组中的中央编译局:"做翻译工作,学个唐三藏及鲁迅,实是功德无量的。"

伟人的嘱托穿越时空,化作编译群体内心如火的信念——燃烧生命,守护经典,让真理的火炬辉耀中华大地。

“他们有足够理由获得世人尊敬”

——中共中央编译局事迹报道《一群人　一辈子　一件事》继续引发热议

光明日报记者　王斯敏　薄洁萍

一篇倾注心血的报道，一个可歌可泣的群体，两天来引发了越来越多的关注。

6 月 26 日，本报头版头条以《一群人　一辈子　一件事》为题，报道了中共中央编译局马克思主义经典著作编译团队的事迹。截至 6 月 27 日晚，众多网站转载，读者来信来电更加热烈。很多并非马列理论研究领域的读者纷纷表示，编译团队传播真理、坚守信念的精神是成就事业的法宝，值得各行各业的人们学习、弘扬。

人民网、求是理论网、中国新闻网、搜狐网、中国文明网、华龙网、中国江苏网、东南网、龙虎网……在众多网站主页上，这篇报道的点击量不断攀升。

报道发表后短短数小时内，光明网上就有众多网友留下感言。“理想与信念是人生不可缺少的精神支柱，是促使人前进和奋斗的精神动力。中央编译局翻译家们正是中国共产党人践行理想和实践的典型代表。”邯郸网友戴渝龙表

本文原载《光明日报》2011 年 6 月 28 日第 13 版。

示。“《一群人　一辈子　一件事》是对中央编译局优秀翻译家群体的礼赞，也是我们这个时代所需要的执著信念”，四川网友罗智刚说。“他们是一群坚守在人类探索悬崖上的普罗米修斯”、“在充满各种诱惑的今天宁愿坐冷板凳，实在令人钦佩不已”……来自湖北、安徽、江苏等地的网友们纷纷留言。

各个学科领域的学者们，也对编译团队的精神感佩至深。

中国社会科学院社会学所景天魁研究员高度肯定了本报选取的这个题材：“在纪念建党90周年之际，光明日报把中央编译局优秀翻译家群体的事迹报道出来，非常有意义。这在知识分子群体中，是一个难得的感人典型。”他表示，多少年来，自己只知道中央编译局翻译的马克思主义著作具有极强的权威性、准确性、可信性，但并不知道这些著作是怎样翻译出来的。看了这篇报道，才知道中央编译局的翻译家群体不愧是中国知识分子的优秀代表。

“这批优秀的翻译家群体所体现出来的精神是我国学术界的宝贵财富，在今天值得我们认真学习、继承和发扬。我们特别要学习他们对党的事业无限忠诚，学习他们淡泊名利、无私奉献、严谨治学的精神。”中国社会科学院世界历史研究所张顺洪所长说。

中南财经政法大学刘可风副校长热情洋溢地感叹：“我要向他们致以崇高的敬礼！”他回忆起自己还是青年工人时，第一次学习《共产党宣言》等译著，“那时我觉得马克思的文字美极了，每次读来，都感到热血沸腾，这既得益于马克思本人的理论的力量和文采，也得益于翻译家们再创造的神来之笔！读了这篇报道，我更加深切地体会到了中央编译局优秀翻译家群体的巨大牺牲和贡献。毛泽东曾说：一个人做好事并不难，难的是一辈子做好事。他们就是当之无愧的一辈子做好事的无名英雄！”

天津社会科学院马克思主义研究所张博颖所长也表示，“光明日报的这篇报道，展示了这个翻译家群体高度的责任感，他们把对马克思主义的信仰与忠诚，倾注在兢兢业业、忘我勤奋、科学严谨的日常工作中，把外人看来枯燥的文字翻译工作，演绎成书写无悔青春的乐曲。”

南京师范大学公共管理学院青年学者王露璐盛赞报道是“好题，好文”。“作为一名理论工作者，珍惜几代翻译家们用毕生心血为我们提供的最为系统、完整和准确的文本成果，潜心研究，当是我们向他们表达敬意的最好方式。”

翻译家们的感人事迹也在高校学子中间产生了强烈反响。在北京师范大学，学生们聚集在报栏前阅读报道，并纷纷交流感受。

“他们为共和国的大厦铆上了关键的螺丝钉。他们的事业不会终结，他们的精神永不磨灭。我们也应该做点什么，把对他们的崇敬珍存。”文学院研一学生邓沫南说。哲学与社会学学院大四学生刘阳深有同感：“历史让我们铭记这些不辱使命的英雄，未来我们当继承先辈传统，力争在平凡的岗位上创造不平凡的业绩！”化学学院研究生张新系统研读过不少马列著作，曾不止一次地折服于译者的精妙手笔。他表示，看过这篇报道，更加为编译者们的高妙水平、高尚精神所折服。

“他们是和煦的暖风，助星星之火兴旺燎原；他们是奔腾的江水，送扬帆大船激流远航……大音稀声，大象无形，我们应该牢记他们的默默耕耘和无私奉献。”教育学部研一学生龙正渝用一串诗意的排比，抒发着自己对编译家们的景仰。

在长沙岳麓山下，湖南大学的学子们也被这篇报道深深吸引了。

湖南大学本科毕业生尹一凡即将走上工作岗位，她说：“有信仰的坚持是件快乐的事情，中央编译局翻译家群体一辈子做好一件事的事迹对我启发很大。对我们这些即将走入社会的大学生来说，无论去城市还是去农村、去西部还是去东部，哪里都需要人才，哪里都可以奉献。关键是要对事业充满感情、充满激情。”

新闻与传播学院研一学生易平认为，中央编译局翻译家群体的模范事迹和崇高精神，生动诠释了中国共产党人的先进性。坚守一辈子，说起来容易，做起来难，需要坚忍，更需要激情。年轻学子要以他们的精神鞭策自己，以他们无私的理想信念激励自己。

机械与运载工程学院本科生郑威说，马克思主义经典著作的翻译家群体在极端困难的条件下打开了马克思主义中国化的第一道大门。他们工作条件艰苦，但是工作却细致而认真，“他们有足够理由获得世人尊敬！”

光明日報

2011年6月28日 星期二 农历辛卯年五月廿七 今日16版

光明网网址：http://www.gmw.cn 国内统一刊号 CN11-0026 第22428号(代号1-16)

经中央军委主席胡锦涛批准 提高军队离休干部生活补贴标准和扩大发放范围

中国的“普罗米修斯”

——中共中央编译局马克思主义经典著作编译团队掠影

本报记者 王斯敏

红旗飘飘

青藏高原上的『尖兵连』

——记中国铁建二十局集团祁连山隧道掘进队

本报记者 温源

祁连山隧道封闭施工 资料图片

献礼中国共产党90华诞 来自宣传思想文化战线

浓墨重彩描绘光辉历程

中国出版集团摆上红色图书盛宴

西藏和平解放60周年·重走进藏路⑧

米玛次仁：把非遗技艺传承下去

本报记者 徐丹鹿

米玛次仁在绘制唐卡上的佛像 本报记者 徐丹鹿摄

公安部号召：200万民警争做群众“最喜爱的人民警察”

特刊 庆祝中国共产党成立九十周年

本报地址：北京市东城区珠市口东大街5号 邮政编码：100062 电话查号台：010—67078111 广告部电话：010—67078217 定价每月24.00元 零售每份0.80元 京崇工商广字第0060号

中国的“普罗米修斯”

——中共中央编译局马克思主义经典著作编译团队掠影

光明日报记者　王斯敏

6月27日，人民大会堂，中央直属机关先进基层党组织、优秀共产党员、优秀党务工作者表彰大会隆重举行。

48岁的柴方国是受到表彰的优秀党员之一。在他身后，是一个肩负着神圣使命的团队——中共中央编译局马克思主义经典著作编译群体。

没有人比他们更平凡：抬头四壁卷册，俯首一张书桌；从延安窑洞煤油灯下，到繁华城市寂寂书斋，皓首穷经，把海量字符由外文转换成汉字。

很少人比他们更不凡：当革命导师用文字作火种点燃共产主义的火炬，便由他们把这捧烈焰高高擎起，舍命奔跑，传遍华夏大地。

耀眼的是火焰，隐没的是擎火人——本该极尽灿烂，却甘愿把人生过滤成黑白，用自己的单色调，映衬手中那抹鲜艳的红。

本文原载《光明日报》2011年6月28日第1版。

几十年里，有人献出了生命，更多的人献出了毕生年华。他们就像希腊神话中为人类盗火的普罗米修斯，在马克思主义中国化道路上前仆后继，始终走在前列。走近他们，我们聆听到的，是这个群体中最澎湃的几首人生乐章；我们感受到的，是一股代代相承、奔涌不息的精神血脉。

林基洲："人是要有点精神的"

"老林"离去八年了，编译局的同志们仍时刻念叨着他。

从1953年来到刚刚成立的编译局，到1993年猝然离世，中央编译局原副局长林基洲为编译事业奋斗了整整40年。

"毛主席说过，'人是要有点精神的'，在老林身上，最集中地体现了老一辈编译家的精神与信仰。"中央编译局原局长韦建桦说。

他始终记得自己刚调到编译局时，林基洲如兄长般的关怀与教导："翻译马列著作，是'代圣人立言'的千秋大事，要下苦工夫学"。"这个工作需要马列理论，需要哲学、经济、历史知识，也需要广泛涉猎西方文化，必须清醒不懈、循序渐进地积累"。

林基洲自己就是在自学中成长起来的。

"他没读过大学，基础不好。我看过他的中文语汇本，密密麻麻地抄着成语俗语。为学俄文，他把陈昌浩主编的《俄汉词典》通读了好几遍。"中央编译局图书馆原馆长杨威理回忆。

对马列真理的笃信和坚守，驱使林基洲不舍昼夜。他参与了《斯大林全集》《列宁全集》《马克思恩格斯全集》编译工作，为中国最早的马列主义经典文库建设屡立功勋。

然而，马列主义经典著作编译不可能一劳永逸，他时刻酝酿着新的出发。

1975 年，一项新的艰巨工程——《列宁全集》第二版编译全面启动了，林基洲是发起者与组织者。他亲自制定了时间表，要求用最短的时间、最好的质量，把这个硬仗打下来。

“为什么要这么赶？强度太大了！”连轴转了一段日子，有人忍不住“抗议”。

林基洲坚持着。很多老革命的渴望牵动着他的心：“我们都行将就木了，如果看不到中国出版的新的马列经典，怎么去见马克思呀？”更重要的是，就在此时，一股“马列主义过时了”的思潮渐露苗头。抢时间就是抢阵地，林基洲决心“恢复马列主义的本来面目”，来还击那些“把‘经’念歪了，还要责怪‘经’不好”的人。

15 年艰辛奋战，林基洲付出了全部心血。他放弃休假，放弃最爱的戏曲和球赛，“连散步都觉得浪费时间”，常常是一个馒头一杯清茶充当午餐，然后继续伏案工作。

1990 年，洋洋 60 卷、3000 万字的《列宁全集》第二版终于问世，是全世界收载列宁文献最全的版本。

时值苏东剧变，马列主义受到空前挑战，国际气候十分恶劣。林基洲以全集出版为契机，多方呼吁，坚决捍卫马列主义。他多次说："马列主义的生命力是持久的……不是马列主义本身不科学，而是我们研究和传播得太不够了。"

书斋内辛勤爬梳，书斋外勇于开拓。全集出版后，林基洲还深入企业调研走访，举办了一届届"企业家座谈会"。

"老林，你们编译局和企业有什么关系？"有人不解。"马列思想博大精深，但他们那个时代不可能提出怎么搞社会主义。这件事我们中国共产党做了！改革开放，这是理论的发展、时代的进步，我们做马列研究的更要理论联系实际，多听听实干家们的意见。"他还鼓励企业家们，多研究马列主义普遍真理，把生产经营与国家需要结合起来。

常年的高强度劳作令他透支了身体。1993年7月21日，林基洲在办公楼里突然晕倒，再也没有醒来，享年64岁。

岑鼎山、张瑞亭："闷头拉套的人"

2011年1月21日，"资深翻译家表彰大会"在中央编译局隆重举行，全局138名"全国资深翻译家"受到表彰。

编译局原列斯著作编译室主任岑鼎山，就是这样一个默默离去的人。

"他一点儿杂念也没有，只知道'闷头拉套'。"老同事杨祝华忆起岑鼎山，唏嘘不已。

编译《列宁全集》第二版时，岑鼎山负责总定稿，60

卷中外文版本参照着看了好几遍。为了提神，他每天喝浓茶，一根接一根地抽烟，以至于办公室总是烟腾雾绕，“不开窗根本进不去人”。平时活泼的他，一工作就像换了个人，不爱理人，怕接电话，经常在下班后通宵加班。15年熬下来，他得了严重的皮肤病、肝腹水，全集出版不久，便永远地走了。

和他一样“走在《列宁全集》第二版桌子上”的人，还有全集注释总编审张瑞亭。

1993年5月底，68岁的张瑞亭因癌症溘然长逝，生前留下遗愿：不开追悼会，不要遗体告别，一切从简。老同事们说起他，异口同声：不讲究吃穿，只讲究工作，15年校改了300万字的注释，白天黑夜连轴转。其间手脚两次骨折，也不休息。

“注释工作和编译一样艰辛，甚至更为琐碎、枯燥。张瑞亭一条一条审看、遇到疑难还和我们一起核实，大海捞针一样。”何宏江研究员记忆犹新。为了注释、索引的准确完备，张瑞亭和同事们核对了不同版本，所涉人名一直调查到笔名、化名、绰号，仅列宁的名字就达148个之多。他们制作了大量卡片，还编写出版了140多万字的《列宁著作资料汇编》、50万字的《列宁著作典故》，编发了近100期《译名通报》。

付出堪称全心全力，物质回报却不成正比。

1990年，《列宁全集》第二版全部出齐后，编译团队终于拿到了稿费。此前15年，他们都是在没有一分钱稿费的情况下劳作的。为每卷书做出贡献的都有十余人。一分摊，酬劳多则近万元，少则数千元，岑鼎山和张瑞亭虽身为“功臣”，领到的也不过五六千元钱。

“如果讲求名利，他们早就‘发家’了。”杨祝华说，岑鼎山等人经常接到外界约稿，翻译一部书，轻轻松松好几万元入账，但他们怕耽误工作，一概回绝。还有一些出版社找上门来，要把他们的事迹载入“名人录”，他们也都谢绝了。“就是这样的传统，心里只有马列，从没装着自己。”

周亮勋：唱着《国际歌》憾然离去

周亮勋人生最忙碌的阶段，是从退休开始的。

1985年，《马恩全集》第一版最后一卷刚刚出齐，第二版的编译就提上了日程。作为曾参与此前局里多项重大编译工程的“灵魂人物”，原马恩著作编译室主任周亮勋被推举担任第二版主要定稿人。

5年后，周亮勋年满60岁。出人意料的是，他谢绝了局里的返聘，执意退休。

“老周，反正一样做事，干嘛放着返聘工资不要呢？”同事们好心相劝。

“坐在办公室杂事太多，不如在家专心些。”他笑笑，淡淡地说。

只有老伴周家碧知道，这种“专心”专到了什么程度。

从俗事杂务里脱身出来的周亮勋，把自己锁在了书房，校订源源不断送来的稿件和清样，除了吃饭睡觉，几乎闭门不出。周家碧担心他的身体，时不时推门进去看看，次数多了，平素温和的老伴竟然吼起来：“你想干什么！”

周家碧觉得委屈，更忧心他太过“疯魔”。周亮勋最爱交响乐，春节快到了，她像往年一样买来新年音乐会的票，哄着骗着把他从书房拉了出来。谁知，车刚到音乐厅门前，周亮勋就焦躁难耐，闹着要回家。回到家里，周家碧忍不住了：“那你总能陪我说会儿话吧？”“有啥好说的？稿子等着呢！”他推门就进了书房。

日子一久，周家碧发现老伴身体不对劲了：头脑发木，反应变慢，一活动就浑身大汗。一天，他从书桌前站起来，一阵眩晕，头撞在了柜子上，呕吐不止。

“你病了，赶快去医院！要不我告诉领导去！”

“你这是干扰我工作！看病，哪有这时间！”周亮勋急了，一把推开老伴。

常年伏案，他的痔疮已经到了最严重的地步。第三次开刀时，医生郑重警告：“不能再坐着不动了！你开刀已达上限，再复发，不堪设想。”周家碧“勒令”他改正，他却依旧坐在灯下：“让我干！大不了做个安乐死……”

2005年的一天，周亮勋去局里讨论稿子，午餐后突发脑溢血，晕倒在办公室里。医院紧急实施开颅手术，术后，他丧失了记忆，却唯独记得未竟的工作。在重症监护室里，他总是喊“开会，开会”，“稿子，稿子哪里去了？”情况稍好，他就求护工帮自己“逃”出医院，生怕误了文集出版。

出不了院，没法做事，老人躺在床上唱起《国际歌》，直至哽咽失声……2007 年 4 月 17 日，他带着遗憾溘然长逝，终年 77 岁。

新生代：把火炬永远传下去

一个个殉道者的身影，搭起了通向真理的阶梯，也把“奉献”刻印在了每个后来者心里。

今天的编译局，迎来了发展的黄金时期。党和国家对经典著作翻译高度重视，给予政策支持、经费投入，年轻人被定期送到国外深造，扎实的理论功底、良好的外语能力，让老一辈放心地把火炬传递下去。

为了《马克思恩格斯文集》十卷本的编译，马列部主任柴方国长期加班加点，工作最紧张的时候，一连几个月没有休过周末。去年夏天，编译进入关键期，他连母亲生病住院也没顾得上看望。他不愿多谈自己，说得最多的，是团队里这批“可爱的年轻人”。

“都很拼命。你看他，年纪轻轻，头发快掉光了。”在午后早已过了饭点的食堂里，柴方国指着刚赶来吃饭的徐洋，满眼疼惜。

38 岁的徐洋和同事们正忙着《马恩全集》第二版、《列宁全集》第二版（增订版）、《马恩选集》第三版等好几项工作。最紧张的时候，同时有 30 多卷书等着加工。于是，他们常常忘记了时间。每到晚上，编译局办公楼里总是满楼灯光。局里给每人配备了一张躺椅供午休用，很多人把它当成了晚上的床。

同一时间，为编译《马恩全集》中文第二版，45 岁的沈红文还在办公室里静静忙碌着。面前是一份已用红、蓝、绿、黑四种笔体标出错漏的文稿清样，她正拿铅笔校订第五遍。早年间，编译者们把整个编译流程分解为大小 60 道工序，今天，后辈们依然照章操作，毫不苟简。

176 年前，马克思寄语青年："如果我们选择了最能为人类福利而劳动的职业，那么，重担就不能把我们压倒，因为这是为大家作出的牺牲。"

69 年前，毛泽东勉励筹组中的中央编译局："做翻译工作，学个唐三藏及鲁迅，实是功德无量的。"

伟人的嘱托穿越时空，化作编译群体内心如火的信念——燃烧生命，守护经典，让真理的火炬辉耀中华大地。

光明日报

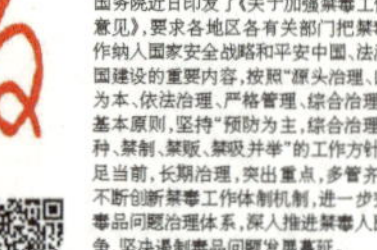

2014年7月7日 星期一 农历甲午年六月十一 今日16版

光明网网址:http://www.gmw.cn 国内统一刊号CN 11-0026 第23533号(代号1-16)

《关于加强禁毒工作的意见》印发

新华社北京7月6日电 中共中央、国务院近日印发了《关于加强禁毒工作的意见》,要求各地区各有关部门把禁毒工作纳入国家安全战略和平安中国、法治中国建设的重要内容,按照"源头治理、以人为本、依法治理、严格管理、综合治理"的基本原则,坚持"预防为主,综合治理,禁种、禁制、禁贩、禁吸并举"的工作方针,立足当前,长期治理,突出重点,多管齐下,不断创新禁毒工作体制机制,进一步完善毒品问题治理体系,深入推进禁毒人民战争,坚决遏制毒品问题发展蔓延。

《意见》指出,近年来,各地区各有关部门认真贯彻落实禁毒法和党中央、国务院决策部署,深入开展禁毒人民战争,全面落实综合治理措施,禁毒工作取得了阶段性成效。但是,受国际毒潮持续泛滥和国内多种因素影响,我国毒品问题已进入加速蔓延期,毒情形势严峻复杂。加强禁毒工作,治理毒品问题,对深入推进平安中国、法治中国建设,维护国家长治久安,保障人民群众健康幸福,实现"两个一百年"奋斗目标和中华民族伟大复兴的中国梦,具有十分重要的意义。

《意见》提出,到2020年,实现全民禁毒意识普遍增强,新吸毒人员滋生速度明显减缓;戒毒康复体系更加科学完善,戒治挽救吸毒人员能力明显增强;境外毒品走私渗透、国内制贩毒活动受到严厉打击,毒品问题严重地区和突出毒品问题得到有效整治;禁毒国际合作务实开展,境外毒源地对我国危害减少;禁毒工作责任全面落实,党委和政府统一领导、禁毒委员会组织协调、有关部门齐抓共管、全社会共同参与的禁毒工作社会化格局真正形成,毒品治理能力明显提高;禁毒专业力量不断加强,各项保障更加有力,法律法规日益完善,切实掌握禁毒斗争主动权。

(下转7版)

红色印记·寻访中国梦开始的地方

架设通向世界的思想之桥

——记中共中央编译局对外翻译群体

本报记者 王斯敏 王琎

编者按 日前,《习近平关于实现中华民族伟大复兴的中国梦论述摘编》一书多语种版出版发行。该书由中央编译局翻译,用英、法、西、俄、日、阿6种语言,第一次系统地对外介绍了习近平同志关于中国梦的重要论述。

中央文献对外翻译,一项艰巨而光荣的使命。借助这项工作,中国共产党理论创新的历程与成果、中国经济社会全面发展的成就与经验,准确而清晰地展现在世界面前。从20世纪60年代起,在中央编译局,就有一群人为此默默奋斗、倾力付出。和本报2011年连续报道并产生强烈反响的马克思主义经典著作编译群体一样,他们也是一个"不辱使命、创建功业而又容易被忽略的群体",也在书写着"一群人、一辈子、一件事"的壮丽史诗。让我们走近他们,记录他们,向他们献上一份敬意与礼赞!

姜椿芳

中国文化走出去,中国化马克思主义理论不可缺席;中国理论走出去,党和国家领导人著作及其他重要文献势必先行。

近百年前,中国共产党人找到了马克思主义并将其根植于中华大地,从此,革命、建设、改革开放,一幅波澜壮阔的图景在中国化马克思主义指导下展开。

世界开始寻找"红色中国"崛起的密码;中国也积极展现自己的理论体系,与世界沟通。

阻碍沟通的第一道墙,是语言。有一群人,用勤劳和智慧,把中文文献转换为各种文字传递出去。他们在中国理论与各国读者之间架起桥梁,也擦亮了中国化马克思主义的不灭灯盏。

很少有人感受到中央编译局对外翻译群体的存在。数十年青灯黄卷、字斟句酌;几代人前仆后继、默默奉献。和一项永恒的事业风雨同行,他们用信念与恒心,诠释出一种别样的伟大。

"你们的图书,像刚出炉的面包,供不应求"

——"毛著室"诞生,《毛选》热掀起

当新中国如日出东方跃上国际舞台,一段"毛泽东热"应运而生。

"你们的图书,像刚出炉的面包,供不应求。"正像埃塞俄比亚20世纪六七十年代传递出的信息一样,毛泽东著作影响着许多国家和个人——委内瑞拉前总统查韦斯、古巴领导人劳尔·卡斯特罗、欧盟委员会主席巴罗佐、德国前外长费舍尔……这一切,离不开我国长期开展的毛泽东著作对外翻译工作。

早在20世纪二三十年代,便有部分毛泽东著作译本传播到海外。1950年,中共中央成立"毛泽东选集出版委员会",开始翻译毛泽东著作俄文版。主要译员除了苏联哲学家尤金、苏联驻华使馆翻译费德林,还有中央编译局首任局长师哲。

最先定稿的《实践论》,于1950年12月在苏联理论刊物《布尔什维克》上发表。

1953年,莫斯科大学中国历史系学生杨蕴华读到了《实践论》。这位始终以"宁波人"自居的中俄混血儿被深深打动。"毛泽东思想让我激动、自豪。翻译水平也高,就像是毛泽东面对面地用俄文和我交谈。"

6年后,杨蕴华随中国丈夫回国定居。不曾想到的是,一年后,她也和毛泽东思想有了交集,从此与中央文献对外翻译事业再未分开。

1960年,《毛泽东选集》第四卷问世,中央决定"集中力量出好《毛泽东选集》的英、俄、法、西、日等外文版"。当年5月,英、俄两个语文组率先组建。英文组组长是著名翻译家程镇球、徐永瑛,俄文组组长则由被称为"沙漠里的骆驼"的翻译家、中央编译局副局长姜椿芳担任。

(下转2版)

成果照

文献部工作照

均为资料照片

"七七事变"警示后人

本报评论员

今天,是"七七事变"77周年纪念日。1937年的今天,中国卢沟桥的炮声骤起,将华北平原带入了凄风苦雨,也宣告了日本帝国主义全面侵华战争的开始。

"七七事变"后,日军铁骑长驱直入,攻上海、占南京、掠徐州、进武汉,使大半个锦绣中国陷入山河破碎、生灵涂炭的悲惨境地。在上海,淞沪会战造成我军民死伤数十万人;在南京,日军屠杀了30万战俘和无辜平民;在河北、山西等敌后抗日根据地,日军以烧光、杀光、抢光的"三光政策"进行大面积扫荡,制造了无数惨绝人寰的惨案。侵华恶行,见诸各种史料。最近,从中央档案馆陆续公布的45名受审日本侵华战犯的亲笔供词中,也可以获得佐证。这些人类历史上罕见的暴行,已经永远被钉在了历史耻辱柱上,并成为了今天全世界反思法西斯主义的必修课。

值得警惕的是,在中国抗日战争和世界反法西斯战争胜利近70年后,日本右翼势力仍然在为这种罪恶进行辩护和美化,仍然不遗余力地在为军国主义和法西斯主义招魂。从炮制南京大屠杀虚构论到掩盖生化武器细菌战,从参拜靖国神社到修改历史教科书,日本右翼势力竭力模糊侵略战争的性质,与世界人民的反法西斯共识公然对抗、对人类良知与基本价值进行践踏。近期,安倍政府冒天下之大不韪,解禁日本集体自卫权,更如同使"虎兕出于匣",让日本自身和亚太地区都多了一个危险的变数。

实际上,70多年来,日本历届政府大多没有在侵略战争问题上真诚反省过,也没有得到过亚洲邻国的彻底原谅。日本右翼势力对待历史的态度不但为日本民族文化留下了可怕的基因,也使得日本外交壁垒重重,很难与东亚邻国建立良好的互动、友好关系。在战后国际新秩序已经稳固了近70年的今天,日本仍然被视为军国主义的自留地,仍然被视为亚太和平的威胁因素,这何尝不是一种悲哀。

一直在推动对日诉讼的王选女士曾说,"我相信历史是可以看见的"。看见历史、正视历史,是一个国家、一个社会能够继续发展、迈向文明的大前提,同样是一个民族的自我修正与塑造。人类的经验已经表明,战争的罪恶,越掩盖就越昭彰;历史的记录,越粉饰就越刺目。而上蹿下跳要为历史翻案、企图挑衅人类底线和良知的人,也以这样的姿态把自己刻进了历史里。

77年过去了。当夜卢沟桥的炮声,仍然还回响在亚洲人民的耳边。这声穿越时光的警钟不会那么容易消失,因为没有反省,历史就永远不能翻页。

(更多报道见3版《纪念全民族抗战爆发77周年》)

河南永城把信访局建到群众家门口

本报郑州7月6日电(记者刘先琴 特约记者李易衡)"现在政府在家门口就把事情解决了!"在河南省永城市刘河镇孟集村,村民李某在"流动接访点"很快弄明白了心中的疑问。

永城是河南省最东部的城市,处于豫、皖、苏、鲁4省交界处,区位优势给经济社会快速发展带来了动力,也给群众工作带来了压力。今年1月被定为省直管市后,永城市积极探索做好群众工作的新途径、新方法,决定在全市建立"群众家门口的信访局",集中时间、集中力量解决老问题、化解新矛盾,促进社会和谐稳定。

为此,永城市委在150多个行政村设立"流动接访点",成立了由市级领导带队、相关部门领导参与的6个工作组,深入田间地头或重大信访问题所在地,现场听取群众诉求、现场研究解决方案、现场答复群众。

"我们要将这一工作机制作为密切联系群众的重要举措和有力抓手,彻底解决服务群众'最后一公里'的问题。"永城市委书记吴孟铎要求,保证流动接访常态化。他协调成立了市委指导小组,统一指挥调配,保障这项工作所需的人力、物力、财力,同时要求对群众反映的问题逐件登记,建立明细台账,明确包案责任和解决时限,集中力量妥善解决。每个工作组都要坚持写《工作日志》,对受理和办理的各类信访案件及时进行梳理。

在第四工作组的《工作日志》上,记者看到了这样的记录:2014年5月7日上午,"流动接访点"在高庄镇王庄村现场办公。这天,共接待群众20多人,现场处理、交办信访问题4件。其中村民王金华反映家里住房紧张,考虑在自家废闲地上建房,不知道找谁审批。工作组现场交给高庄镇土管所工作人员欧阳佳负责办理,并把"信访咨询服务明白卡"和欧阳佳的联系方式交给王金华,方便其随时能找到人、说上话……

自"群众家门口的信访局"在永城全市29个乡镇736个行政村全面铺开以来,许多问题现场得到处理,上访比例明显下降。永城经济社会呈现良好发展态势,实现了一季度"开门红",全市地区生产总值87.91亿元,同比增长11.2%,总量和增速名列全省直管县第二位。

今日导读

光明专论

努力掌握看家本领

——学习习近平同志系列重要讲话精神的体会

王伟光

习近平同志多次强调指出,党的各级领导干部特别是高级干部,要原原本本学习和研读马克思主义经典著作,努力把马克思主义哲学作为自己的看家本领。我们党在中国这样一个有着13亿人口的大国执政,面对着十分复杂的国内外环境,肩负着繁重的执政使命,如果缺乏理论思维的有力支撑,是难以战胜各种风险和困难的,也是难以不断前进的。认真学习马克思主义理论,这是我们做好一切工作的看家本领,也是领导干部必须普遍掌握的工作制胜的看家本领。

一、认真学习和熟练运用马克思主义哲学是我们党的优良传统

我们党自创立起就高度重视在思想上建党,其中十分重要的一条,就是坚持用马克思主义哲学教育和武装全党。学哲学、用哲学,是我们党的一个好传统。从以毛泽东同志为代表的党的第一代领导集体,到以邓小平同志为代表的党的第二代领导集体,以江泽民同志为代表的第三代领导集体,以胡锦涛同志为总书记的党中央,以习近平同志为总书记的新一届党中央,在革命、建设、改革的各个历史时期,都始终高度重视学习掌握马克思主义哲学,坚持正确运用马克思主义哲学世界观和方法论,在认识世界和改造世界过程中不断把握规律、积极运用规律,推动党和人民事业不断从胜利走向胜利。与此同时,马克思主义哲学也在中国革命、建设和改革的实践进程中不断得到丰富和发展,被赋予新的时代特征和新的活力。

毛泽东同志是伟大的马克思主义理论家,当然也是举世公认的杰出的马克思主义哲学家。他始终认为,党的领导干部能否学好马克思主义哲学,是一个重大的思想问题和政治问题。毛泽东同志强调指出,马克思主义有几门学问,即马克思主义的哲学、马克思主义的经济学和马克思主义的社会主义即科学社会主义,但基础的东西是马克思主义哲学。如果不学通马克思主义哲学,就不会有共产主义世界观方面的共同语言,也不会有共同的工作方法;有了辩证唯物论的思想,就省了许多事,也少犯许多错误。毛泽东同志把学习、研究、发展马克思主义哲学作为毕生的事业,反复告诫全党要学习掌握马克思主义哲学。

邓小平同志曾经指出,我们干部中的很多人不懂哲学,很需要从思想方法、工作方法上提高一步,很需要学习马克思主义哲学。江泽民同志和胡锦涛同志也曾多次号召,党的领导干部要认真学习和研究马克思主义哲学,掌握科学的世界观和方法论,提升马克思主义理论素养,善于运用正确的立场、观点、方法分析和解决问题。

以习近平同志为总书记的党中央把学习马克思主义哲学放在党的建设特别是思想建设更加重要的位置。习近平同志主持中央政治局专门以历史唯物主义基本原理和方法论为题进行集体学习,充分反映出新一届中央领导集体对学习马克思主义哲学的高度重视。他指出,今天我们要正确判断形势,在错综复杂的形势变化面前保持头脑清醒,坚定理想信念,科学分析我国发展面临的机遇和挑战,全面看待前进道路上的主流和支流、出现的矛盾和问题,都离不开马克思主义哲学的指导,离不开辩证唯物主义和历史唯物主义的思想方法。全党上下要把学好用好马克思主义哲学当作一个战略问题来抓。党的各级领导干部要学懂学通马克思主义基本原理,深入理解马克思主义的精神实质和思想精髓,努力掌握贯穿其中的马克思主义立场观点方法。在学好用好马克思主义哲学问题上,习近平同志这样要求全党,也躬身力行,为全党学习和运用马克思主义哲学作出了表率。

二、习近平同志系列重要讲话是运用马克思主义立场观点方法分析、认识、解决问题的典范

马克思主义立场观点方法,就是马克思主义的哲学世界观和方法论,就是我们通常讲的辩证唯物主义和历史唯物主义。这是共产党人观察和解决一切问题的政治上的望远镜和显微镜,是我们党解决当前和今后一个时期关系党和国家工作全局的一系列重大理论和现实问题的哲学依据,是全党思想统一、行动一致的最根本的思想基础。

党的十八大以来,习近平同志在党和国家重要会议,在国内考察、出国访问和国际论坛等多种场合,发表了一系列重要讲话。这一系列重要讲话通篇贯穿了一脉相承、一以贯之的一条红线,就是马克思列宁主义、毛泽东思想和中国特色社会主义理论体系所贯穿的基本立场、基本观点、基本方法,即马克思主义哲学世界观方法论。换言之,马克思主义哲学世界观方法论是贯穿于习近平同志系列重要讲话之中的活的灵魂和精神实质。深入学习贯彻习近平同志系列重要讲话精神,最根本的是学习讲话贯穿的思想精髓即科学的哲学世界观方法论,学会用马克思主义的立场观点方法认识问题、分析问题和解决问题,不断提高马克思主义哲学素养和运用马克思主义哲学处理问题的能力。

实事求是,一切从实际出发,是马克思主义哲学特别是中国化马克思主义理论成果——毛泽东哲学思想的精髓。习近平同志系列重要讲话本身就是坚持解放思想、实事求是的思想路线,准确把握客观实际、科学掌握客观规律的创新产物,是对当今中国和世界的实际进行全面把握和实事求是分析的科学成果。

辩证唯物主义是关于自然、社会和思维发展一般规律的普遍概括,是我们共产党人观察分析处理一切问题的思想方法。习近平同志善于运用辩证法分析复杂事物,全面把握事物变化及其关系,通透辩证思维方式和辩证分析方法。他反复强调要增强战略思维、辩证思维、系统思维、创新思维和底线思维能力,要善于运用辩证法,正确地观察分析事物,研究解决改革发展中的困难和问题,不断增强决策的科学性、前瞻性、主动性。

(下转4版)

本报地址:北京市东城区珠市口东大街5号 邮政编码:100062 电话查号台:010-67078111 读者服务热线电话:010-67078442 67078427 广告部电话:4001080987 定价每月24.00元 零售每份0.80元 京崇工商广字第0060号

架设通向世界的思想之桥

——记中共中央编译局对外翻译群体

光明日报记者　王斯敏　王琎

编者按

日前，《习近平关于实现中华民族伟大复兴的中国梦论述摘编》一书多语种版出版发行。该书由中央编译局翻译，用英、法、西、俄、日、阿6种语言，第一次系统地对外介绍了习近平同志关于中国梦的重要论述。

中央文献对外翻译，一项艰巨而光荣的使命。借助这项工作，中国共产党理论创新的历程与成果、中国经济社会全面发展的成效与经验，准确而清晰地展现在世界面前。从20世纪60年代起，在中央编译局，就有一群人为此默默奋斗、倾力付出。和本报2011年连续报道并产生强烈反响的马克思主义经典著作编译群体一样，他们也是一个“不辱使命、创建功业而又容易被忽略的群体”，也在书写着“一群人、一辈子、一件事”的壮丽史诗。让我们走近他们，记录他们，向他们献上一份敬意与礼赞！

中国文化走出去，中国化马克思主义理论不可缺席；中国理论走出去，党和国家领导人著作及其他重要文献势

本文原载《光明日报》2014年7月7日第1版。

必先行。

近百年前，中国共产党人找到了马克思主义并将其根植于中华大地，从此，革命、建设、改革开放，一幅波澜壮阔的图景在中国化马克思主义指导下展开。

世界开始寻找“红色中国”崛起的密码；中国也积极展现自己的理论体系，与世界沟通。

阻碍沟通的第一道墙，是语言。有一群人，用勤劳和智慧，把中文文献转换为各种文字传递出去。他们在中国理论与各国读者之间架起桥梁，也擦亮了中国化马克思主义的不灭灯盏。

很少有人感受到中央编译局对外翻译群体的存在。数十年青灯黄卷、字斟句酌；几代人前仆后继、默默奉献。和一项永恒的事业风雨同行，他们用信念与恒心，诠释出一种别样的伟大。

“你们的图书，像刚出炉的面包，供不应求”
——“毛著室”诞生，《毛选》热掀起

当新中国如日出东方跃上国际舞台，一股“毛泽东热”应运而生。

“你们的图书，像刚出炉的面包，供不应求。”正像埃塞俄比亚20世纪六七十年代传递出的信息一样，毛泽东著作影响着许多国家和个人——委内瑞拉前总统查韦斯、古巴领导人劳尔·卡斯特罗、欧盟委员会主席巴罗佐、德国前外

长费舍尔……这一切，离不开我国长期开展的毛泽东著作对外翻译工作。

早在20世纪二三十年代，便有部分毛泽东著作译本传播到海外。1950年，中共中央成立“毛泽东选集出版委员会”，开始翻译毛泽东著作俄文版。主要译员除了苏联哲学家尤金、苏联驻华使馆翻译费德林，还有中央编译局首任局长师哲。

最先定稿的《实践论》，于1950年12月在苏联理论刊物《布尔什维克》上发表。

1953年，莫斯科大学中国历史系学生杨蕴华读到了《实践论》。这位始终以“宁波人”自居的中俄混血儿被深深打动。“毛泽东思想让我激动、自豪。翻译水平也高，就像是毛泽东面对面地用俄文和我交谈。”

6年后，杨蕴华随中国丈夫回国定居。不曾想到的是，一年后，她也和毛泽东思想有了交集，从此与中央文献对外翻译事业再未分开。

1960年，《毛泽东选集》第四卷问世，中央决定“集中力量出好《毛泽东选集》的英、俄、法、西、日等外文版”。当年5月，英、俄两个语文组率先组建。英文组组长是著名翻译家程镇球、徐永瑛，俄文组组长则由被称为“沙漠里的骆驼”的翻译家、中央编译局副局长姜椿芳担任。

时值中苏关系破裂，《毛选》俄文版翻译困难重重。姜椿芳开始千方百计网罗人才。在他的努力下，李立三夫人、俄语教育家李莎，外文出版社苏侨翻译伊科尼科夫等权威专家都加入进来，为《毛选》俄文版贡献力量。

在此期间，一批批苏联学成回国的优秀人才陆续加入这个团队，林伯渠之女林利、烈士之女欧阳菲就是其中的代表。

工作条件十分艰苦。“没有电脑，专家们都是手写，还常改得很难辨认。我们就一遍遍转抄、校对、油印。一天下来头昏眼花，浑身油墨。”时年24岁的北京外国语学院毕业生姜桂华，在《毛选》第四卷英文组开始了翻译生涯。

就这样自力更生、精益求精，到1964年，翻译组不但完成了四个语种的《毛选》第四卷翻译，还修订出版了《毛选》一至三卷。其间，在姜椿芳、中联部负责人伍修权等的提议下，1962年4月，我国第一个从事中译外工作的常设机构——毛泽东著作翻译室诞生了，归属中央编译局管理。“临时编译小组”的很多成员留了下来，从此有了自己的大本营。

“阵地交给了我们，绝对不能丢”

“阵地交给了我们，绝对不能丢”
——态度严谨，工作忘我

从踏进对外翻译领域的第一天起，西班牙语翻译家徐宜林就深知这项工作的难度。

“从大学外语本科毕业，到成为一个合格的中译外人才，起码得10年。”这10年尤其需要磨练的，是坚定的政治性、对中外语言的熟练掌握，以及对语言背后文化历史、风土人情的了解。

为保证译文质量，集体作战是最好的选择。“毛著室”成立不久，就对编译流程做了严格规定：初译、改稿、核稿、初定稿、外国专家通读、改稿、统一、集体讨论、解决疑难……十几道工序环环相扣，毫不苟简，有时一份稿件要修改十几次之多，必要时还请来有关方面的专家，对写作背景、具体名词进行答疑。

“有一次讨论《关于正确处理人民内部矛盾的问题》俄文稿，争论了两天也没有统一意见。例如，‘百花齐放、百家争鸣’怎么译？姜局长带着我们十几个人，去中联部王稼祥家中找他讨论，一直到深夜，才改定全文。”曾参与《毛选》四卷编译的杨秀琴回忆。“针锋相对”“土围子”“摘桃子”等译法，也是在多次讨论后确定下来的。

“这种精雕细刻、反复推敲的严谨作风，是《毛选》翻译留给我们的宝贵财富，也贯穿了之后每一项翻译工作。”作为《毛选》翻译亲历者，中央编译局原副局长尹承东感慨道。

令日语翻译家陈弘自豪的，是中日翻译界的一次竞争。“1982 年，日本开始翻译《邓小平文选》，我们得知后，争分夺秒和他们竞争。两边译本出来后，日本 NHK 广播邓小平语录时，选了我们的译本，因为我们的更权威、更准确。”

高质量的成果背后，是一个个全心奉献的动人故事——

掌握法、俄、英、日、西数门外语的陈用仪，每次遇到难题，都能给出意见，被外国专家称为“sabio”（智者）。由于夫人身体不好，他每天除了繁重的翻译工作，还要承担大量家务。在排队买菜的间隙，他仍捧着字典，反复记诵。

蔡同廓长期患有高血压、心脏病，但始终带病坚持工作，勤勤恳恳、任劳任怨，退休后还主动回来继续翻译。

“有时遇紧急任务集体住招待所，几乎每晚都工作到12点之后。夜餐只有一碗面条，偶尔加个鸡蛋，大家就喜出望外了。”尹承东回忆。“为什么这么投入？这是党和国家的事业。阵地交给了我们，绝对不能丢。”

“让报告驾着电波，传向世界”
——会议场上的翻译尖兵

1979年末，中央做出指示：不仅毛泽东著作，老一辈无产阶级革命家的著作都要译成外文。于是，周恩来、刘少奇、朱德、邓小平、陈云，这些领袖人物的著作陆续被翻译、推介。

1982年，毛泽东著作翻译室改名为中央文献翻译室（1994年改称中央文献翻译部）。在此前后，另一副重担落在了翻译家们肩上——将历届党代会、全国两会文献等及时译为多种外文，向海外介绍党和国家的大政方针、最新成就。

与著作翻译相比，这项任务时间更紧、强度更大，政治性和高要求却丝毫不减。

“比如两会，我们要在会前20天左右开始集中翻译各种相关文献，春节基本上没休息过，都是加班加点、没日没夜地干。”文献部原主任边彦耀回忆。

2012年11月8日，党的十八大召开。10月15日，由79人组成的7个译文组便开始集中作战。其中，文献部成员占了三分之二。首先翻译大会报告。这是整个任务中篇幅最大、分量最重、修改次数最多的一项。整整一个月精耕细作、反复推敲，终于完成。紧接着，党章和党章修正案说明、闭幕词及三个决议、总书记记者会讲话、中央新的领导机构成员简历……大会胜利闭幕，翻译组的工作才算圆满结束。

每次的中央文献中都会包含大量新内容、新词汇。如何把这些“前无古人”的中国特色表述精准译出？“小康社会”“三个代表”“科学发展观”“中国梦”“打铁还要自身硬”……看似简单的表述，都要多查多问，反复推敲，力求找到最佳方案。

在法文处翻译家施康强看来，正是这种“既坚持原则性保证准确，又兼顾灵活性大胆创新”的作风，才使文献翻译的“急就章”同样经受住了大会代表、众多记者、各国读者的检验，“因为精准畅达而备受好评”。

党和国家不会忘记他们的辛劳。“他们是我国优秀的翻译工作者，是我们党的宝贝。他们是新时代的老黄牛，向他们致敬，给他们请功！”中央的高度肯定，是他们继续前行的不竭动力。

“希望更多人像我一样了解中国，热爱中国”
——翻译队伍里的外国友人们

20 世纪 70 年代，东京街头。一位衣着简朴的日本男子正在叫卖《人民中国》《北京周报》，并向围观者介绍新中国。这位将中国视为灵魂故里的中年人，叫作川越敏孝。

二战期间川越曾因强制征兵来华参战，战后，深感忏悔的他留在中国，从事毛泽东著作翻译工作。正当他对这个友善而正直的民族感情渐深时，却因“文革”被迫回国。1975 年，川越接到北京发来的邀请，毫不犹豫地重返中国，成为编译局的第一位日本专家。此后，他把全部生命都献给了翻译事业，直到 2004 年以 83 岁高龄离世。

“川越改过的译稿经常‘满篇红’，我们受益匪浅。”忆及当年，陈弘感慨万千。“外国专家把关很严，他们的贡献不容忽视。”

早在 20 世纪五六十时代，爱德乐、柯弗兰、夏庇若、爱泼斯坦、李敦白等外国专家便参加了中国的文献翻译工作。当年在爱德乐指导下翻译《毛选》四卷的情景，姜桂华至今难忘。“爱德乐很民主。当大家不赞成他的意见时，他就去查字典，发现错了，就坦率承认，还总幽默地说‘字典不支持我’。”

如今，在中央文献翻译部工作的外国专家更多了。他们不仅认同中国文化，还都迎娶了中国妻子。

在编译局工作十余载的康灵童认为，现在中国领导人的视野更加开阔，对世界的认识更加清晰，他们的政治理念也更容易为外国人所接受。“习近平的演讲，有一种语言的魅力。他提出的‘中国梦’令人感动。”

吉田刚到编译局两年，就已结交了不少朋友。“现在中央文献翻译工作越来越难了。比如，政府工作报告的专业性越来越强，也囊括了更多的传统文化。我正在努力学习，提高翻译水平，希望更多人像我一样了解中国，热爱中国。”

“80后”朱义豪在文献部下设的《求是》外文翻译处工作。“局里人人都是工作狂，我也是。”他每晚都带着工作回家，从读者角度反复朗读译稿，看是否还有可改之处。“这个工作很有挑战性，不少文章都有大段长句的表述，需要先解构再重构，既要忠实原文，又要传神。”朱义豪说。

“物质上的满足，抵不上把中国说给世界听的荣耀”
——代代坚守，薪火相传

1987年7月，卿学民从上海外国语大学毕业时，正值改革开放高潮时期，外语人才供不应求。不少同学去了公司、旅行社等高收入单位，而他则怀揣当一名翻译家的梦想，来到了中央编译局。

“虽然有一定的思想准备，但工作比想象中更寂寞清苦，我们翻译的东西都不署名，很难找到成就感。”卿学民也曾有过放弃的念头，但老专家们无私奉献的精神很快感染了他。自此，“冷板凳”一坐就是27年，从一名新手成长为文献部副主任。

1995年，初到中央编译局的李铁军正赶上一项艰巨任务——赶译我国即将与俄罗斯合作出版的30万字的《江泽民文稿》。“初出茅庐，我就被带上前线。我的译稿经常被老专家改得惨不忍睹，但现在想想，那是最好的锻炼。”

那段时光令李铁军终生难忘。工作之余，大家用俄语交谈；散步时，老专家特意讲俄语笑话来培养年轻人的语感。“甚至连做梦都在翻译。”李铁军说。

年轻人正怀着信仰成长起来。他们团结奋战的精神，一如当年。

2013年，中央编译局在原有5个语言翻译处的基础上，增设阿拉伯语和德语翻译处。

2013年12月初，中央编译局接到任务——将3万字的《习近平关于实现中华民族伟大复兴的中国梦论述摘编》译成6种语言。文献部全体同志加班加点，经过一个多月奋战，终于不辱使命。年轻的翻译家们发挥了中坚作用。

“为了使外国读者准确理解‘中国梦’，在经有关部门认可后，我们还在题目、内容等方面采用了适合西方阅读习惯的译法。”英文处副处长王丽丽说。《摘编》多语种版面向世界发行后，俄罗斯科学院远东研究所等机构和人员多次来信来电索书。中国形象和中国梦想，借由准确的译文，愈发清晰地展现在世人面前。同样，他们的其他译作也已成为各国政府及研究者的首选读本，常有国外学者表达肯定——“你们的译文让人放心”。而他们并不因满足而停歇，继续为多语种译介党和国家新的重要文献努力工作。

“中央文献对外翻译是中央编译局的基本职责之一。在当前新的形势下，这方面工作面临着新的任务和要求，我们将不断拓展工作范围，加大工作力度，积极促进马克思主义中国化最新成果的对外传播，推动中国理论走出去。”中央编译局局长贾高建表示。

燃烧自己、奉献国家，是这支“殿堂级的翻译队伍”最宝贵的精神财富。文献部西语处青年翻译胡玥宁感受深切：“在大家心里，物质上的满足抵不上一次翻译工作的突破，抵不上把中国说给世界听的荣耀。”

是荣耀，更是使命。今天，随着新一轮“中国热”的掀起，对外翻译团队更感肩上职责之重。他们的心跳，永远和祖国律动的脉搏节拍相合；他们的精神，已经随中国智慧的传扬载入史册。

中央编译局的“上外人”：马列经典著作翻译的“国家队”

编者按

与新中国同龄的上海外国语大学，是新中国成立后兴办的第一所高等外语学府，是新中国高等外语教育发祥地之一。自创建伊始，上外便继承了革命学校的“红色基因”，与新中国同呼吸、共命运，参与并见证了新中国的历史发展。

官微推出“学习‘四史’回眸校史”系列，讲述校史故事，以校史为切入点，学习党史、新中国史、改革开放史和社会主义发展史（“四史”）。

每年的9月30日是国际翻译日，今天，就让我们一起重温上外校史，走近那群为我国马列经典著作翻译做出杰出历史贡献的上外人。

经典著作翻译是翻译界的皇冠，马列经典著作的翻译传播则是皇冠上的明珠。能摘下这颗明珠的就是中共中央马克思恩格斯列宁斯大林著作编译局（以下简称中央编译局）。在中央编译局创建和发展的67年历程中，有一支从上外走出来的队伍，以姜椿芳同志为首，堪称中坚力量，对

本文原载上海外国语大学网站2020年10月9日［https：//100.shisu.edu.cn/0e/a5/c9248a134821/page.htm］

此做出了十分重要的历史贡献。

受命北上，创建中央编译局

上海外国语大学创建于1949年12月，首位校长是我党著名教育家、翻译家姜椿芳。建校伊始，姜校长就以服从革命需要，加快培养外语翻译人才为立校之本，教育学生要牢记国家使命，掌握外语工具，为党和人民服务。在创建初期两年多时间里，姜校长不仅负责学校全面工作，还亲自为中、高级班学生上翻译课，作翻译示范，讲解翻译原则与技巧，为学校培养1000多名学员，组织了两支令后人敬仰的红色队伍：一支是响应国家抗美援朝伟大号召，前往朝鲜战场的“语文工作队”；另一支是接受党中央战略使命，前往北京的马列著作“翻译国家队”。后一支队伍由姜椿芳校长亲自带队。由此奠定了学校建设的红色基因和发展方向。

1952年，老校长姜椿芳受命北上，赴北京担任中共中央宣传部斯大林全集翻译室主任。1953年初，经毛泽东主席批准，党中央决定斯大林全集翻译室与中共中央俄文翻译局合并，成立中共中央马克思恩格斯列宁斯大林著作编译局，任命师哲为局长，陈昌浩、姜椿芳为副局长。上外一期学员中有10位同学和原在中央俄文翻译室的顾锦屏、周亮勋等校友，也随姜校长一起调入中央编译局。之后，又有不少上外毕业生先后分配到编译局来工作。从此，以

上外师生原创音乐剧《一生心译》，讲述上外学子在创校校长姜椿芳的感召和带领下，赴京从事马列著作编译事业、皓首穷经奉献一生的故事

老校长姜椿芳为首的这群上外人就成为中央编译局里的中坚力量！

攻坚克难，编译三大全集

根据中央要求，中央编译局成立后的主要任务是翻译出版“三大全集”，即《马克思恩格斯全集》《列宁全集》《斯大林全集》。这是三大全集第一次要在中国的翻译出版，也是我党第一次全面译介马列主义系统理论。作为党的建设宏大的基础工程，任务光荣，责任重大。翻译马列著作不像翻译文学作品，其涵盖的知识面更宽更广。编译局上外校友董荣卿后来回忆说："马恩列斯著作的内容包罗万象，上涉天文，下及地理，通古博今，人文、美学、政治、经济、历史、哲学，无所不猎，要把他们的著作译得意思准确、文字优美、语句流畅，让读者看得懂，读得进，可不是件易事。"但当时像一、二期学员这样刚走出校门的学生，俄、汉语水平有限，文化科学知识平平，"要完成这样重大的任务，难度很大"。而且三大全集都是大部头理论著作，翻译过程苦涩而漫长。这些都是考验！

老校长姜椿芳在上外校友董荣卿和王燕华的婚礼上，这样勉励编译局的上外人："你们要安下心来好好工作，在编译局生根发芽，生儿育女，把自己的一生献给马列主义经典著作的翻译出版事业"。"把一生献给马列主义经典著作的翻译出版事业"，就成为编译局上外人的使命诺言！他们在这里勇敢接受考验，开始一生的"苦难行军"，锻造激情燃烧的岁月。

上世纪 50 年代是编译局的"黄金时代"。"在几个局长中，姜椿芳同志的工作担子最重"，老局长师哲说，"交给他任何工作，他总是不声不响认真地完成，从不挑拣"。为了年轻人的学习成长，他四处联系聘请专家来开办讲座，举办汉俄语法知识培训，组织政治理论学习，制定翻译计划、翻译程序和集体翻译制度等等；为了统一翻译风格与标准，他组织召开业务研讨大会，确定原则，制发文件；

为了严把翻译质量关，他亲自执笔担任译文和全集的定稿工作。事无巨细，关怀备至。

上外人不负厚望，在具体译校过程中，他们精心阅读马列原著，查找各类背景资料，摘抄注释卡片等等，从读懂弄通入手，逐字逐句地抠，兢兢业业，一丝不苟，有时一本书要抠一年。写出初稿后，还要交互校译，决不放过一点瑕疵。有重大问题还要提交大会讨论审定。校友姜其煌回忆说，那真是一段“人人发奋”“专心翻译，培养人才，人们之间关系融洽向上，学术空气浓厚的黄金时代”。校友顾锦屏说：“那时办公楼里经常是整晚灯火辉煌，每个人都激情燃烧，斗志昂扬！”特别是1958年“大跃进”时，中央提出要加快《列宁全集》的翻译出版，局里决定集中全局力量加快《列宁全集》的翻译，争取向国庆十周年献礼。全局同志深受鼓舞，日夜奋战。姜校长也同年轻人一样，经常挑灯夜战，彻夜通稿。“他的言传身教给全局同志以莫大鞭策和激励。”翻译进度也大大提高。至1959年，“在全局同志的共同努力下，《列宁全集》中文第一版，在国庆十周年时全部出版，党中央给予了表扬。”

在此期间，老校长姜椿芳还参加了《毛泽东选集》中译外的工作。1959年，《毛泽东选集》第四卷出版后，“中央要求尽快把它翻译成外文。这项工作由中联部主管，姜椿芳具体负责”，“他为组建翻译班子竭尽全力，亲自与有关部门商议，请来一批翻译高手，先后组建了俄、英、法三个翻译组，还亲自主持毛选第四卷俄译文的审定工作。”

上世纪70年代以后，中央编译局又开始《列宁全集》中文第二版的编译工作。这一次，《列宁全集》的卷本收集更加全面而浩繁。母校上外也给予他们有力的支援。上外主动承接了编译《列宁全集》第53卷的任务，专门设立“列宁著作翻译研究室”，集中全校俄语力量来进行，并制订了严格的操作程序，按要求保质保量完成了任务，中共中央宣传部和中央编译局还向学校参与教师颁发了荣誉证书。同时，学校还为编译局翻译和校订了《列宁文稿》《回忆列宁》《列宁年谱》等10多部著作，字数达千万以上。这些著作在全国出版以后，都有很好的影响。

中央编译局有一句口号，叫做“出书出人”。从上世纪50年代起，经过中央编译局的努力，《马克思恩格斯全集》《列宁全集》和《斯大林全集》陆续翻译出版，还翻译出版了一大批马列经典选集与文摘。仅20世纪50年代，就翻译出版《马克思恩格斯全集》中文第一版10多卷，《列宁全集》中文第一版39卷，《斯大林全集》中文版13卷，有效地解决了当时学习研究马克思主义的急需，为马克思主义基本理论的大宣传、大传播、大学习、大普及作出历史性的贡献。三大全集翻译出版，“向全世界无声地宣告新中国在马列主义指导下走社会主义道路的坚定决心与信心。”

经过三大全集的翻译实践，编译局成长起一支马列经典著作翻译“国家队”。其中不少上外人从初级翻译成长为中级翻译、高级翻译，直至资深翻译家。上外校友顾锦屏后来成长为中央编译局常务副局长，周亮勋任马恩室主任，岑鼎山任列斯室主任，何宏江任列斯室副主任，有11名校友荣获“资深翻译家”称号（顾锦屏、周亮勋、岑鼎山、张奥、冯申、孙开焕、董荣卿、王燕华、何宏江、汤钰卿、傅子荣）[①]，在编译局获“全国先进生产者”称号的4人中，有3人是上外校友（岑鼎山、顾锦屏、周亮勋）。

把一生献给马列经典翻译传播事业

校友顾锦屏在回忆当年出版《列宁全集》中文第一版的情况时曾说过，“由于当年出版《列宁全集》大多数没有署译者的名，（上外）一、二期校友具体参加哪几卷工作今天已无法确定”。但就是这样一群默默无闻的人，不为名，不为利，只为马列经典著作翻译传播，甘于寂寞，呕心沥血，殚精竭虑，默默奉献，直至自己的生命。近年来《光明日报》曾连续撰文报道中央编译局优秀翻译家群体，其中讲到编译局里几位上外人的事迹，令人十分感佩而动容。

校友岑鼎山，是“资深翻译家”，被认为是局里“最优秀的定稿员”，但“最后倒在翻译桌上”。同事们说他“就是靠一杯浓浓的茶，一根接一根地吸烟来提神，完成他一天一万字的校订”。他的房间里终日烟雾缭绕，“不开窗根本走不进去”。“他本来可以有自己的兴趣，会唱歌，喜欢弹琴。但一干起工作就什么都没有了。”为了什么？就是为

---

① 荣获“资深翻译家”称号的上外校友还有冯文光、黄有自、王锦文等。——编者注

了翻译出版《列宁全集》的第二版，他是总定稿人，责任重大。结果“《列宁全集》编完了，他的病也来了”，后来同事去看他，痛心地说，“那个瘦的呀！”

另一位上外校友、国内马列经典著作权威翻译家、全国“五一”劳动奖章获得者周亮勋，虽办了退休手续，但退而不休，还是继续负责译文校订，还和年轻同志一起加班加点。2005 年的一天，他在局里开会研究稿件，突发脑溢血晕倒在办公室门口。送到医院紧急开颅手术，术后丧失记忆，有人问他，你与老伴是怎么结婚的呀？他想不起来了，唯独记得工作，在病房里还喊“开会，开会！”还问“稿子？我的稿件呢？”稍好一点，又想要“逃”出病房去工作。最后出不了医院，看不成稿件，老人就在病床上哼唱《国际歌》，直至哽咽失声……报道说他是“唱着《国际歌》，憾然离世的”。同事们痛惜啊，“老周的去世是我们马列部的一大损失。”岂止马列部？对中国马列经典著作翻译传播事业都是一大损失！

而顾锦屏，这位曾经的编译局常务副局长，看着一起来的校友逐渐离世，他仍未改初衷，退休后仍然承担一些重大研究课题，文章称他是“一位至今坚守在岗位上的老人”。年轻人说他“天天都来，你可以随时请教他”，同事们说他，“天天晚上都在办公室工作，周六、周日也来”，一辈子也放不下事业。他经常告诫年轻人，“代圣人立言，笔重千钧”。

报纸感慨，“就是这样一群拼了命的群体，成就了‘我国政治生活和党的建设中的大事'”。

三大全集出版，煌煌鸿篇巨制，熠熠思想光辉，背后站着的是一群默默奉献的人，其中就有上外贡献！毛泽东主席说过，“如果没有翻译工作者的努力，中国哪晓得什么是马列主义？”今年6月，习近平总书记指出，“100年前陈望道翻译了首个全译本《共产党宣言》，为引导大批有志之士树立共产主义远大理想，投身民族解放振兴事业发挥了重要作用”，并希望把传播马克思主义理论这件事“坚持做下去，做得更好。”

编译局老局长师哲曾对翻译工作者有个形象的比喻，他称誉姜椿芳为“沙漠里负重的骆驼”。这也正是上外人的集体群像：在中国学习传播马克思主义的艰难历程中，以老校长姜椿芳为首的上外人甘愿成为“负重的骆驼”，在马列经典著作三大全集翻译出版的荒漠中坚守初心，坚韧不拔，默默耕耘，一步一个脚印，踏出硕果累累、万紫千红的春天！

今天，上外人向老校长和前辈校友致以崇高敬礼，并接过前辈接力棒，把老校长当年栽下的“翻译学”幼苗不断培养壮大。2003年，上外在传统外语教学的基础上，向全球最高翻译教学标准对标，成立了高级翻译学院，把“翻译学”建设提高到一个新的阶段；2005年11月该院的教学成果成功获得国际会议口译员协会（AIIC）的最高评级，并获全球“一级会议口译教学单位”称号；2007年该院成为我国首批能兼招培养笔译与口译的翻译硕士专业学位的高等学院，此后又成功获得博士点。

新时代以来，上外以“多语种+”的新理念、新方法，热情地翻译、阐释、宣传和传播当代的马克思主义——新时代中国特色社会主义思想理论科学体系，组织参与《习近平谈治国理政》《平“语”近人——习近平总书记用典》等多部著作的多国语言版本外译，并通过各个研究中心的区域国别研究和多语种网站，把中国在治国理政和改革发展方面的经验，全面、准确地传播出去，向世界阐释中国共产党人的思想理论力量，充分展现当代上外人在马克思主义思想理论传播方面的传承与使命。

“诠释世界，成就未来”，上外人正为构建人类命运共同体而继续努力奋斗，勇往直前！

老中青三代编译人，坚守马列经典编译阵地——

他们让真理穿越时空

本报记者 康 岩 郑海鸥

核心阅读

从祁连山麓到金沙江边，辗转千里，不忘刻苦攻读马恩著作；从青葱少年到华发萧萧，一生坚守，一字一句打磨润色推敲……中央党史和文献研究院第五研究部的专家们，树立起马列经典编译的光辉典范。如今，中青年业务骨干们接续薪火，将他们的学术思想和道德风范，融入经典编译事业。

讲述·一辈子一件事

北京西单西斜街36号，一个位于京城繁华地段却显得异常宁静的院落。这里是中央党史和文献研究院第五研究部所在地，聚集着一批从事马列经典著作编译和研究的学者。韦建桦就是其中一员。自1978年起，他已在这里耕耘了42个春秋。直到今天，当他伏案工作、掩卷沉思时，还会想起1978年的四川攀枝花，想起在简朴招待所里的那番对话。

“在这里，我找到了守志报国的阵地、安身立命的家园”

1978年，中共中央马恩列斯著作编译局（以下简称“中央编译局”，第五研究部原属机构）招收编译研究人员。经北京大学西方语言文学系严宝瑜教授推荐，编译局专门委托副局长顾锦屏来攀枝花，考察韦建桦。

韦建桦1970年毕业于北大，先被分配到甘肃武威农场，后来调到攀枝花钢铁基地。从祁连山麓到金沙江边，风雨八载，辗转千里。他种过果树、烧过砖瓦、当过机关秘书。不管做什么，他都努力利用一切机会研读马恩著作。

清晨，在激流汹涌的金沙江畔，他高声诵读德文版和中文版《共产党宣言》，领会原文要旨；夜晚，在川滇交界的吊脚楼里，他对照中德文本学习《哥达纲领批判》《反杜林论》等著作，体悟译文妙笔。那些艰苦岁月里，马恩著作始终是他心中的灯塔，而经典译本的诞生地——中央编译局，更是他向往的地方。

在攀枝花招待所，韦建桦见到了顾锦屏，向他汇报了多年来的学习体会，并借此向顾老师请教有关马列经典作家生平、经典理论要义和经典著作翻译等问题。顾锦屏一一解答，又仔细翻阅了韦建桦所做的笔记和卡片。顾锦屏喜出望外，他没想到：“大山里竟然还有这样一个熟读马列经典的年轻人！”

临别时，顾锦屏交给他一篇德语文献。那是德国著名工人运动活动家弗里德里希·列斯纳撰写的回忆马恩的文章。韦建桦回去后彻夜未眠，将文章译成中文。翌日清晨，他将誊清后的译文交给了顾老师。顾锦屏读后，发现译文准确又流畅，内心深处觉得不虚此行。他希望这个勤勉又热诚的年轻人，能尽快加入队伍。

在此之前，韦建桦参加了中国社会科学院研究生院招生考试，准备师从冯至教授攻读德国语言文学专业。1964年，韦建桦从江苏省扬州中学考进北大，被分配在德语专业。那时，他对学习外语没有思想准备，一度感到犹豫和彷徨。一次新生座谈会上，系主任冯至特别强调：“德语是伟大的思想家、革命家马克思和恩格斯的母语，希望你们当中有人立定志向，学好德语，为翻译和研究两位导师的光辉著作贡献智慧。”

冯至的话深深地震撼了韦建桦。从此以后，他刻苦学习德语，锲而不舍地阅读马恩著作。革命导师对人类历史规律的深刻阐述、对未来社会的科学设想，像一缕阳光充盈着他的内心，使他在一片喧嚣和混沌中，始终保持冷静、清醒和坚定。

1978年初秋，韦建桦几乎同时收到了社科院的录取通知书和编译局的商调函。最终，韦建桦选择了编译局。冯至赞同他的选择，并在以后的工作中给予了支持。韦建桦一直铭记着冯至的话：“经典著作编译，事关指导思想和前途方向，使命光荣、任重道远。”他想起了中国古人的名言：“经师易求，人师难得。”在韦建桦心目中，冯至是身兼经师与人师的卓越学者。

1978年10月，韦建桦终于走进中央编译局。他说：“在这里，我找到了守志报国的阵地、安身立命的家园。”

“将编译事业视为崇高的使命，在其中实现人生价值”

与韦建桦的一波三折相比，顾锦屏进入编译局工作顺理成章。

顾锦屏出生在原江苏省崇明县（现上海市崇明区），从小在江边长大。江南水土肥沃，收获时节满眼是金黄的稻穗。“难道让孩子耕一辈子田吗？”在上海纱厂做过工的母亲希望儿子去外地上学。

1947年，顾锦屏考上了名校格致中学。格致中学好是好，但学费贵。最终，顾锦屏选择去了江苏省立太仓师范，因为可以免费入学。1949年5月，太仓解放了，顾锦屏和同学们群情涌动，有的参军，有的到地方挥洒汗水。

顾锦屏偶然看到报纸上的广告：华东革命大学附属上海俄文学校招生，国家急需俄文人才。他跟几个同学步行二三十里到昆山坐火车，辗转去上海考试。最终，16岁的顾锦屏被录取。“那真是激情燃烧的岁月啊！时任上海市长陈毅参加了开学典礼，动员我们学好俄语。”从此，顾锦屏埋头学、刻苦学、发奋学。

1951年9月，中组部要调25名同学到北京工作。“不可能有我啊，我当时那么小。”出乎顾锦屏的意料，他被选中了。一个星期后，刚满18岁的顾锦屏和同班同学周亮勋一同北上，进入了编译局工作。

在局里，所有人都叫顾锦屏“小孩儿”。他被分到哲学组，翻译罗森塔尔、尤金编的《简明哲学辞典》。顾锦屏懵了，他对哲学一窍不通，唯有边干边学。顾锦屏每天泡在资料室，既学俄语，也学理论。

掌握语言和理论后，顾锦屏迷上了哲学。列宁《哲学笔记》、恩格斯《自然辩证法》等的翻译、修改、校订，他都是重要经手者。

时间在笔端、纸面呼啸而过，当年的杏花春雨江南，换做北方长街卷起的千堆雪；那个意气风发的少年，也早已华发萧萧。前些年老同学老同事周亮勋倒在了工作岗位上，给他很大刺激。老周有心脑血管病，但经常因为一字一句一个标点的斟酌，忘记吃饭休息。

在编译局，这样的老同志不少。怀着一颗红心来，留下卷卷书香去。“岁月待我不薄啊，到现在这个年纪，还能干着自己喜爱的工作。”87岁的顾锦屏说话没那么利索了，但精气神儿仍很足。

因为业务性强，编译局有“以老带新”的传统。如今，韦建桦和顾锦屏每天仍到单位来，编书译稿做研究，帮年轻人改稿。1998年参加工作的徐洋，当年“以老带新”的老师就是韦建桦。“他们是将编译事业视为崇高的使命，在其中实现人生价值。”徐洋说。

“编译工作不是仅仅查查字典、给词语搬家，而是要忠实反映原著的科学内涵”

编译之难，徐洋深有体会。他曾承担马克思《1861—1863年经济学手稿》的编译工作。马克思和恩格斯精通多种语言，据不完全统计，马恩著作约65%用德文撰写，30%用英文，剩下的用法文、意大利文、西班牙文、丹麦文、保加利亚文等语言撰写。

同时，马恩著作涵盖的科学领域极广，涉及哲学、经济、政治、法学、史学、军事、教育、科技、新闻、文艺等各学科。“编译工作不是仅仅查查字典、给词语搬家，而是要忠实反映原著的科学内涵。”韦建桦说。

编译时，徐洋发现马克思的手稿中有大量英文法文，还有在大英博物馆摘录的17、18世纪出版的书籍的引文。“很多句子都太艰深了，只能请教韦老师。”

徐洋把问题理出来，A4纸小四号字打印，有100多页。韦建桦当时正忙于《马克思恩格斯全集》第二版某些卷次的审定，他放下手头工作，用清晰工整的行楷字，在纸边标注自己的回答，以及对徐洋译稿的修改，并注明修改原因。

除了编译，韦建桦也在思考如何让当代中国青年更加真切地感悟革命导师的人生境界。为此，韦建桦主编了《马克思画传》《恩格斯画传》《列宁画传》，这些作品理论感召力和艺术感染力兼具。

近年来，一批年轻人加入了第五研究部。1988年出生的高杉是其中一位。最近进行的《马克思恩格斯全集》中文第二版研讨会上，高杉等年轻同志提出的学术问题、撰写的讨论材料得到了韦建桦的高度评价：“年轻同志功底扎实，工作严谨。马列经典著作编译工作者的传统正在延续，我们的事业后继有人，前景光明！”韦建桦说。

图①：顾锦屏。图②：韦建桦。图③：高杉。图④：徐洋。

冯 维摄

图⑤：中央党史和文献研究院南院外景。

高 杉摄

记者手记

点亮生命的信仰之光

马列经典博大精深，如何用汉语准确、科学地翻译革命导师著作，第五研究部的编译家们用一本本译著做出了回答。

编译工作是寂寞的。一盏灯、一杯茶、一支笔、一沓纸、一摞书、一个悠长的夜晚，这是编译人在岗位上兢兢业业的写照。他们不在意外界的喧哗，只坚守内心的宁静。到底是什么力量让他们在寂寞中坚守，并将这种精神一代代传承下去？那就是内心深处信仰的力量。

一个有信仰的人，哪怕再艰苦的工作、再寂寞的时光，他都能感受到富足和快乐。包日无碑，译著为碑。何用留名，人心即名。在一代代编译家的身上，我们感受到了坚守信仰的力量。

陕西安康市联沟村兴产业拔穷根，让村民富起来——

『村里也能干成大事业』

本报记者 原韬雄

鸡刚叫，刘坤秀赶羊上山，钻进霏霏雾气。路上，刘坤秀掰起指头，“拌料、赶羊、割草……要干的活真不少，不早起咋能行？”

刘坤秀是陕西省安康市蔺水镇联沟村村民，2014年成为建档立卡贫困户。这些年，刘坤秀的生活笋子变竹——节节高，一如联沟村近年来的变迁。

地处秦巴山集中连片特困片区的联沟村，曾是深度贫困村。如今，脱贫攻坚，山乡巨变。路通了、网联了、业兴了、人富了。截至目前，联沟村204户631人全部脱贫，彻底甩掉了穷帽子。

加强基建，人才回流

见到村民温纪伦时，他正要下山寄快递。作为村电商中心负责人，老温是个热心肠，谁家有山货想出手，他都帮忙卖。温纪伦说，“茶叶、魔芋、蜂蜜、腊肉……山里农货在大城市紧俏得很！”

山村兴不兴，看路行不行。从2015年开始，联沟村前后共投入230多万元用于道路建设。截至201
年底，全村新建村组道路8公里，道路硬化7.58公里
完成电网升级改造，4G网络覆盖全村。

看到村子换了新颜，去年，在外经商的温继刚“
打方向盘”，转了180度弯，把小汽车开回了山梁上
老屋。海拔1000多米的山上，他承包了几十亩茶叶
20亩李子树，还养了一些家畜、家禽。开了十几年
厂的他，安心回来重新当个农民。

温继刚说，“我这是‘二次创业’。现在一个电话
肥料运到家门口，比我自己下山买往回扛还便宜。
今，村里也能干成大事业！”

一村多品，因地制宜

夕阳收尽最后一丝光亮，贫困户陈春明才回
家。他说，以前马刀梁这片荒山杂草丛生，地薄
人耕。

陈春明记得，2017年春节后的那个雨天，在外
业的老乡陈传银跟6组的村民们都挤在陈传银家，
量土地流转。

“基础设施好了，荒地也能搞产业！”陈传银的话
得大伙心热。村里的桃园一建成，陈春明承担起了
护工作。“我拿‘年薪’，一年一万八，还学到不少种桃
验。”陈春明说。

联沟村不仅有“甜果子”，还有“蜜罐子”。“你看，
个大个儿，就是蜂王……”贫困户蔡英翔仔细听着钟
江的讲解。当地甜蜜蜜养蜂专业合作社负责人钟少
介绍，“针对贫困户，600多元的蜂箱，贫困户只用
150元，村集体出150元，剩下的企业垫付。如果蜂
卖不出去，合作社还会以每斤50元的价格收购。”蔡
翔说，“赚的是踏实钱！”

联沟村从产业一片空白，到茶叶、冬桃、蜂蜜、魔
等漫山遍野地次第开花结果。村民感慨：“这么多
路，还怕‘穷’不走穷？”

“都说扶贫要‘一村一品’搞产业，我们这穷山地
一品哪够？必须多管齐下，多产兴村！联沟村‘一村
品’的产业发展格局，正是蔺水镇深度贫困村产业发
的缩影。”蔺水镇镇长邹生堂说：“蔺水镇因地制宜，
施百亩流水养鱼基地、千亩冬桃园、万亩精品生产茶
等特色产业‘百千万’工程。我们从绿水青山中找到
金山银山！”

勤学苦干，提质增产

刘坤秀话少，在她不多的言语中，“只要人勤快，
得差不了”是经常听到的一句。

2014年，刘坤秀一家被评为建档立卡贫困户。“
年在外打工10年，存款只有2000块。”刘坤秀说，驻
帮扶工作队一次次上门鼓气，她才跟丈夫下定决心
“扶贫干部把门槛都踏坏了，人家带着咱跑，可脱贫
得靠自己。”

帮贷款、送技术，在驻村工作队帮扶下，刘坤秀
渐摸到了门道，自己琢磨的同时，主动上网学习相关
识，成了养羊能手。现在，刘坤秀已经是村里有名的
富带头人，上门“拜师求技”的人络绎不绝。她说：“
前看、朝后看，咱要踏踏实实干。”

村领导班子也注入新血液。去年，原是做茶企
全德孝当选为联沟村村委会副主任。他说：“天天跟
家住在一起、干在一起，不是乡亲也成了乡亲。”

今年，全德孝入了党，现在，他觉得担子更重了
“我们不仅要让原有产业提质增产，还准备再成立中
材种植合作社和山羊养殖合作社。山脚、山腰、山头
地适宜发展产业，未来啊，联沟村遍地是金！”

记者手记

汗水浇灌脱贫硕果

眼下正是决胜全面小康、决战脱贫攻坚的关键
刻。深入一座村庄，便能寻觅到中国脱贫奇迹的密码
这个地处大山深处的小山村，山大沟深，致贫因素多
脱贫难度大；山乡巨变，硕果累累，每一个平凡家庭
改变，都是村干部和村民用汗水一点一滴浇灌出来的

实际上，摆脱了贫困的群众，日子越过越美、
越来越鼓，就是新时代最美的注脚之一。

核心价值观百场讲坛第102场举办

据新华社北京10月27日电　27日，由中宣部宣教局、光明日报社共同主办的“核心价值观百场讲坛”第102场以“云宣讲”的方式举办。中国法学会民法典编纂项目领导小组成员、秘书长，中国人民大学副校长王轶，作题为《民法典的中国特色、实践特色、时代特色》演讲。

“要解码民法典，就要从民法典对人类所面对的一系列基本问题的看法入手。”王轶说，“人格权编是民法典在编排体例上的一项重大创新。这是对中国特色社会主义进入新时代、人民对美好生活的向往所作出的回应。”王轶表示，民法典对民事主体特别是自然人的生命权、身体权、健康权、姓名权、肖像权、名誉权、荣誉权、隐私权等人格权利，以及个人信息、基于人身自由和人格尊严产生的人格权益进行了确认和保障。

本场活动由光明网承办，“学习强国”学习平台、人民日报客户端、央视新闻客户端、新浪微博、西瓜视频、哔哩哔哩等平台对演讲内容进行同步播发。

国防部：

中方强烈敦促美方立即取消对台军售计划

本报北京10月27日电　（记者李龙伊）国防部新闻发言人任国强27日就美售台武器答记者问。他表示，中方强烈敦促美方立即取消对台军售计划，停止美台军事联系和售台武器。

有记者问，据报道，美国务院已决定批准向台湾出售“鱼叉”导弹系统及相关设备，估算总价值23.7亿美元。就在前几天，美国行政当局刚刚批准了另外三项总额超过18亿美元的对台售武方案。请问对此有何评论？

任国强说，近日，美政府再次批准向台湾出售武器，严重违反一个中国原则和中美三个联合公报，严重干涉中国内政，严重损害中国主权和安全利益，严重破坏中美两国两军关系和台海和平稳定，中方对此坚决反对，并已向美方提出严正交涉。

任国强表示，台湾问题事关中国主权和领土完整，攸关中方的核心利益，绝不容任何外来干涉。美国和台湾地区一些人妄图以台制华、以武拒统，这是根本行不通的，最终必然是死路一条。中方强烈敦促美方立即取消对台军售计划，停止美台军事联系和售台武器，慎重处理涉台问题，以免给中美两国两军关系和台海和平稳定造成严重后果。中国人民解放军有坚定的意志、充分的信心和足够的能力，挫败任何形式的外部势力干涉和“台独”分裂图谋，将采取一切必要措施坚决捍卫国家主权和领土完整，持续推进国家统一进程。

国台办：

民进党当局顽固“以武谋独”只会给台湾民众带来更大祸害

本报北京10月27日电　（记者程龙）针对美国政府10月27日宣布批准向台湾出售价值约23.7亿美元的武器计划，国台办发言人朱凤莲同日应询表示，美国政府一而再再而三违背一个中国原则和中美三个联合公报特别是“八·一七”公报规定，向中国台湾地区出售武器，向“台独”势力发出错误信号。我们对此坚决反对。民进党当局顽固“以武谋独”，只会进一步破坏台海和平稳定，给台湾民众带来更大祸害。

本版责编：张彦春　宋 宇　本版制图：蔡华伟

老中青三代编译人，坚守马列经典编译阵地

——他们让真理穿越时空

人民日报记者　康岩　郑海鸥

从祁连山麓到金沙江边，辗转千里，不忘刻苦攻读马恩著作；从青葱少年到华发萧萧，一生坚守，一字一句打磨润色推敲……中央党史和文献研究院第五研究部的专家们，树立起马列经典编译的光辉典范。如今，中青年业务骨干们接续薪火，将他们的学术思想和道德风范，融入经典编译事业。

北京西单西斜街36号，一个位于京城繁华地段却显得异常宁静的院落。这里是中央党史和文献研究院第五研究部所在地，聚集着一批从事马列经典著作编译和研究的学者。韦建桦就是其中一员。自1978年起，他已在这里耕耘了42个春秋。直到今天，当他伏案工作、掩卷沉思时，还会想起1978年的四川攀枝花，想起在简朴招待所里的那番对话。

本文原载《人民日报》2020年10月28日第6版。

“在这里，我找到了守志报国的阵地、安身立命的家园”

1978年，中共中央马恩列斯著作编译局（以下简称“中央编译局”，第五研究部原属机构）招收编译研究人员。经北京大学西方语言文学系严宝瑜教授推荐，编译局专门委托副局长顾锦屏来攀枝花，考察韦建桦。

韦建桦1970年毕业于北大，先被分配到甘肃武威农场，后来调到攀枝花钢铁基地。从祁连山麓到金沙江边，风雨八载、辗转千里。他种过果树、烧过砖瓦，当过机关秘书。不管做什么，他都努力利用一切机会研读马恩著作。

清晨，在激流汹涌的金沙江畔，他高声诵读德文版和中文版《共产党宣言》，领会原文要旨；夜晚，在川滇交界的吊脚楼里，他对照中德文本学习《哥达纲领批判》《反杜林论》等著作，体悟译文妙笔。那些艰苦岁月里，马恩著作始终是他心中的灯塔，而经典译本的诞生地——中央编译局，更是他向往的地方。

在攀枝花招待所，韦建桦见到了顾锦屏，向他汇报了多年来的学习体会，并借此向顾老师请教有关马列经典作家生平、经典理论要义和经典著作翻译等问题。顾锦屏一一解答，又仔细翻阅了韦建桦所做的笔记和卡片。顾锦屏喜出望外，他没想到：“大山里竟然还有这样一个熟读马列经典的年轻人！”

临别时，顾锦屏交给他一篇德语文献。那是德国著名工人运动活动家弗里德里希·列斯纳撰写的回忆马恩的文章。韦建桦回去后彻夜未眠，将文章译成中文。翌日清晨，他将誊清后的译文交给了顾老师。顾锦屏读后，发现译文准确又流畅，内心深处觉得不虚此行。他希望这个勤勉又热诚的年轻人，能尽快加入队伍。

在此之前，韦建桦参加了中国社会科学院研究生院招生考试，准备师从冯至教授攻读德国语言文学专业。1964年，韦建桦从江苏省扬州中学考进北大，被分配在德语专业。那时，他对学习外语没有思想准备，一度感到犹豫和彷徨。一次新生座谈会上，系主任冯至特别强调："德语是伟大的思想家、革命家马克思和恩格斯的母语，希望你们当中有人立定志向，学好德语，为翻译和研究两位导师的光辉著作贡献智慧。"

冯至的话深深地震撼了韦建桦。从此以后，他刻苦学习德语，锲而不舍地阅读马恩著作。革命导师对人类历史规律的深刻阐述、对未来社会的科学设想，像一缕阳光充盈着他的内心，使他在一片喧嚣和混沌中，始终保持冷静、清醒和坚定。

1978年初秋，韦建桦几乎同时收到了社科院的录取通知书和编译局的商调函。最终，韦建桦选择了编译局。冯至赞同他的选择，并在以后的工作中给予了支持。韦建桦一直铭记着冯至的话："经典著作编译，事关指导思想和前进方向，使命光荣、任重道远。"他想起了中国古人的名言：

“经师易求，人师难得。”在韦建桦心目中，冯至是身兼经师与人师的卓越学者。

1978年10月，韦建桦终于走进中央编译局。他说：“在这里，我找到了守志报国的阵地、安身立命的家园。”

“将编译事业视为崇高的使命，在其中实现人生价值”

与韦建桦的一波三折相比，顾锦屏进入编译局工作顺理成章。

顾锦屏出生在原江苏省崇明县（现上海市崇明区），从小在江边长大。江南水土肥沃，收获时节满眼是金黄的稻浪。“难道让孩子耕一辈子田吗？”在上海纱厂做过工的母亲希望儿子去外地上学。

1947年，顾锦屏考上了名校格致中学。格致中学好是好，但学费贵。最终，顾锦屏选择去了江苏省立太仓师范，因为可以免费入学。1949年5月，太仓解放了，顾锦屏和同学们群情涌动，有的参军，有的到地方挥洒汗水。

顾锦屏偶然看到报纸上的广告：华东革命大学附属上海俄文学校招生，国家急需俄文人才。他跟几个同学步行二三十里到昆山坐火车，辗转去上海考试。最终，16岁的顾锦屏被录取。“那真是激情燃烧的岁月啊！时任上海市长陈毅参加了开学典礼，动员我们学好俄语。”从此，顾锦屏埋头学、刻苦学、发奋学。

1951年9月，中组部要调25名同学到北京工作。“不可能有我啊，我当时那么小。”出乎顾锦屏的意料，他被选中了。一个星期后，刚满18岁的顾锦屏和同班同学周亮勋一同北上，进入了编译局工作。

在局里，所有人都叫顾锦屏“小孩儿”。他被分到哲学组，翻译罗森塔尔、尤金编的《简明哲学辞典》。顾锦屏蒙了，他对哲学一窍不通，唯有边干边学。顾锦屏每天泡在资料室，既学俄语，也学理论。

掌握语言和理论后，顾锦屏迷上了哲学。列宁《哲学笔记》、恩格斯《自然辩证法》等的翻译、修改、校订，他都是重要经手者。

时间在笔端、纸面呼啸而过，当年的杏花春雨江南，换做北方长街卷起的千堆雪；那个意气风发的少年，也早已华发萧萧。前些年老同学老同事周亮勋倒在了工作岗位上，给他很大刺激。老周有心脑血管病，但经常因为一字一句一个标点的斟酌，忘记吃饭休息。

在编译局，这样的老同志不少。怀着一颗红心来，留下卷卷书香去。“岁月待我不薄啊，到现在这个年纪，还能干着自己喜爱的工作。”87岁的顾锦屏说话没那么利索了，但精气神儿仍很足。

因为业务性强，编译局有“以老带新”的传统。如今，韦建桦和顾锦屏每天仍到单位来，编书译稿做研究，帮年轻人改稿。1998年参加工作的徐洋，当年“以老带新”的老师就是韦建桦。“他们是将编译事业视为崇高的使命，在其中实现人生价值。”徐洋说。

“编译工作不是仅仅查查字典、给词语搬家，而是要忠实反映原著的科学内涵”

编译之难，徐洋深有体会。他曾承担马克思《1861—1863年经济学手稿》的编译工作。马克思和恩格斯精通多种语言，据不完全统计，马恩著作约65%用德文撰写，30%用英文，剩下的用法文、意大利文、西班牙文、丹麦文、保加利亚文等语言撰写。

同时，马恩著作涵盖的科学领域极广，涉及哲学、经济、政治、法学、史学、军事、教育、科技、新闻、文艺等各学科。“编译工作不是仅仅查查字典、给词语搬家，而是要忠实反映原著的科学内涵。”韦建桦说。

编译时，徐洋发现马克思的手稿中有大量英文法文，还有在大英博物馆摘录的17、18世纪出版的书籍的引文。“很多句子都太艰深了，只能请教韦老师。”

徐洋把问题理出来，A4纸小四号字打印，有100多页。韦建桦当时正忙于《马克思恩格斯全集》中文第二版某些卷次的审定，他放下手头工作，用清晰工整的行楷字，在纸边标注自己的回答，以及对徐洋译稿的修改，并注明修改原因。

除了编译，韦建桦也在思考如何让当代中国青年更加真切地感悟革命导师的人生境界。为此，韦建桦主编了《马克思画传》《恩格斯画传》《列宁画传》，这些作品理论感召力和艺术感染力兼具。

近年来，一批年轻人加入了第五研究部。1988年出生的高杉是其中一位。最近进行的《马克思恩格斯全集》中文第二版研讨会上，高杉等年轻同志提出的学术问题、撰写的讨论材料得到了韦建桦的高度评价："年轻同志功底扎实，工作严谨。马列经典著作编译工作者的传统正在延续，我们的事业后继有人，前景光明！"韦建桦说。

点亮生命的信仰之光

马列经典博大精深，如何用汉语准确、科学地翻译革命导师著作，第五研究部的编译家们用一本本译著做出了回答。

编译工作是寂寞的。一盏灯、一杯茶、一支笔、一沓纸、一摞书、一个悠长的夜晚，这是编译人在岗位上兢兢业业的写照。他们不在意外界的喧哗，只坚守内心的宁静。到底是什么力量让他们在寂寞中坚守，并将这种精神一代代传承下去？那就是内心深处信仰的力量。

一个有信仰的人，哪怕再艰苦的工作、再寂寞的时光，他都能感受到富足和快乐。岂曰无碑，译著为碑。何用留名，人心即名。在一代代编译家的身上，我们感受到了坚守信仰的力量。

编后记

1956年11月15日，毛泽东同志出席中共八届二中全会并作总结性讲话。他在讲到我们党的艰苦奋斗政治本色时说："人是要有一点精神的，无产阶级的革命精神就是由这里头出来的。"在新中国75年波澜壮阔的发展历程中，一代又一代马克思主义经典著作编译工作者坚守信仰、接续奋斗，用心血、汗水乃至生命铸就了马克思主义经典著作编译事业，为马克思主义中国化时代化作出了重要贡献。"人是要有一点精神的"就是他们奋斗精神和工作作风的真实写照。

本卷收录了37位马列经典著作编译者本人或亲属、同事的口述、回忆资料45篇，另附有相关媒体采访报道8篇。生动记述了新中国成立以来，老一代编译人从事马克思主义经典著作编译事业的不平凡经历，同时也讲述了编译家们的成长过程，对马克思主义的坚定信仰，为经典著作编译事业奋斗终生的炙热情怀，淡泊名利、无私奉献的精神风范，严谨治学、精益求精的工作作风。在我们编辑本卷书稿的过程中，师哲、陈昌浩、张仲实、姜椿芳这些翻译大家的名字时时映入我们的眼帘，他们为新中国马克思主义经典著作编译事业树立了不朽的丰碑；我们也认识了"拼命三郎"林基洲老师；认识了去世前只记得译稿的周亮勋老师；近距离接触了宋书声、韦建桦、顾锦屏等仍奋斗在马列经典著作编译战线上的老领导们……我们深深感到，为历史做出贡献的人们，历史终究不会忘记他们，历史也不应该忘记他们。

本卷编辑工作由丛书总编魏海生同志统一领导，在选题建议、总体框架、资料搜集、编辑方法、内容编排等方面给予我们悉心指导；部分老编译工作者贡献了智慧，如宋书声、韦建桦、顾锦屏三位老专家多次与我们交流，反复审改文稿；副总编徐洋、刘强同志以及编委会成员给予了很多帮助；苑洁、胡毅、姚颖、柳宁、詹珩、孙迪、李朋飞等同志参与了部分口述材料的整理。在此一并致以谢意！

在新中国 75 年的马克思主义经典著作编译事业中，平凡而又伟大的翻译家有许许多多，他们身上的感人故事和精神风范值得我们好好书写。遗憾的是，由于资料的缺乏，我们不能在这里一一记述。需要说明的是，本卷收入了部分已公开发表的回忆资料。此外，还有些口述文稿未经本人审定，故难免存在表述不当或史实错讹，恳请读者包容并提出宝贵意见建议。

编者

2024 年 12 月

图书在版编目（CIP）数据

人是要有一点精神的 / 龚格格，路军主编．-- 北京：中央编译出版社，2025．4．--（马克思主义经典文献编译口述史 / 魏海生总主编）．-- ISBN 978-7-5117-4886-7

Ⅰ．A85

中国国家版本馆 CIP 数据核字第 2025K0S688 号

人是要有一点精神的

选题策划　张远航
责任编辑　李媛媛
责任印制　李　颖
出版发行　中央编译出版社
网　　址　www.cctpcm.com
地　　址　北京市海淀区北四环西路 69 号（100080）
电　　话　（010）55627391（总编室）　（010）55627313（编辑室）
　　　　　（010）55627320（发行部）　（010）55627377（新技术部）
经　　销　全国新华书店
印　　刷　北京盛通印刷股份有限公司
开　　本　710 毫米 ×1000 毫米　1/16
字　　数　355 千字
印　　张　37
版　　次　2025 年 4 月第 1 版
印　　次　2025 年 4 月第 1 次印刷
定　　价　150.00 元

新浪微博：@ 中央编译出版社　　微　　信：中央编译出版社（ID：cctphome）
淘宝店铺：中央编译出版社直销店（http://shop108367160.taobao.com）（010）55627331

本社常年法律顾问：北京市吴栾赵阎律师事务所律师　闫军　梁勤
凡有印装质量问题，本社负责调换，电话：（010）55627320